U0820467

广东省深圳特区招商局蛇口工业区

尊敬的陳慕華同志并報張勁夫同志：

感謝您對蛇口工業區的關心和支持。目前，工業區百業正舉，萬物蓬勃，一幅欣欣向榮的工作場面。從祖國各地、五湖四海來的蛇口人已經有了一個共同的口號："時間就是金錢，效率就是生命"。前瞻未來，蛇口工業區是有信心、也有能力成為中國改革開放的窗口。

目前，從蛇口的整體發展部署而言，工業區的配套工作仍不理想。一個日趨成熟的工業區，不僅需要水、電、通、路等基礎配套設施，而完善的金融設施將更會為發展增添后力。我們深知保險乃社會之穩定大器，故創業之初，已積聚職工社保基金，但囿于計劃體制之局限，變革拓展之難度，服務意識的建立和完善尚有待時日。特別是目前，外商對蛇口普遍看好，來往之際以誠相待，提供周到和細致的服務，周全和有效的保障就尤顯重要。因此，保險就成為蛇口發展的一個重要環節。

百年招商，當需重振舊業。早在光緒元年(公元一八七五年)十月初七輪船招商局于滬成立了保險招商局，時為欲求富國之強，需華商自立公司，自建行棧，自籌保險，以總股金十五萬兩白銀，專保中國境內往來客貨，后因某些原因歇業。一百一十年后，招商局再秉輪船招商，傳繼富民強國的信念，望能重振舊業，一可為蛇口工業區的發展提供金融保障，又可突破中國金融體制的計劃限制，探索股份制保險公司的道路，擬設立社會主義股份制保險公司，將業務拓展至社會。

茲委托蛇口社會保險公司馬明哲、卓國寶兩同志北上赴京向您面陳憾切，望能在百忙之中給予指示，至禱。

招商局蛇口工業區

一九八六年七月十六日

1

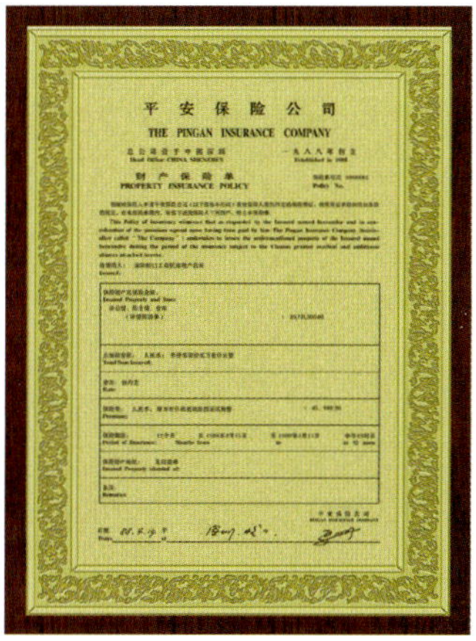

平安保险公司

THE PINGAN INSURANCE COMPANY

财产保险单

PROPERTY INSURANCE POLICY

2

3

1 1986年7月16日，香港招商局常务副董事长袁庚致信时任中央财经领导小组秘书长张劲夫、中国人民银行行长陈慕华等领导，详述创办社会主义股份制保险公司的必要性

2 1988年4月14日，平安保险公司拿到营业执照后签下第一张保单

3 1988年5月27日，平安保险公司开业典礼在平安办公楼大厅（深圳特区招商局蛇口工业区招商路北六栋）举行

4

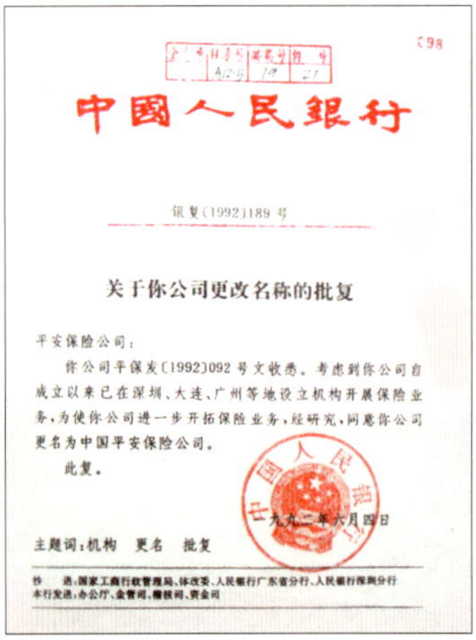
C98

中國人民銀行

银复〔1992〕189号

关于你公司更改名称的批复

平安保险公司：

你公司平保发〔1992〕092号文收悉。考虑到你公司自成立以来已在深圳、大连、广州等地设立机构开展保险业务，为使你公司进一步开拓保险业务，经研究，同意你公司更名为中国平安保险公司。

此复。

一九九二年六月四日

主题词：机构　更名　批复

抄　送：国家工商行政管理局、体改委、人民银行广东省分行、人民银行深圳分行
本行发送：办公厅、金管司、稽核司、资金司

5

4　1991年8月，平安以证券业务部的名义开始经营证券，中国平安的综合金融梦想由此开启

5　1992年6月4日，国务院正式批准平安保险公司更名为中国平安保险公司，平安成为一家真正的全国性保险公司

6　1993年10月26日，中国平安保险公司成立捐助希望工程基金会。次年，平安捐赠的第一所希望小学安徽六安平安希望小学建成，1000名失学儿童返学

7　1994年6月，摩根士丹利和高盛两大世界级投行正式参股中国平安保险公司。平安成为中国第一家引进外资的金融企业

6

7

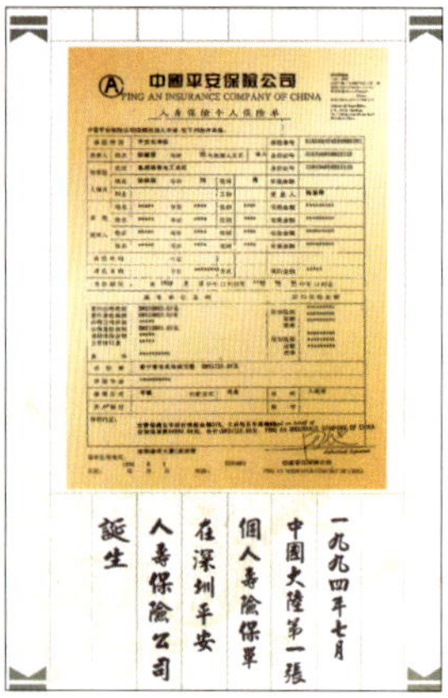
中國平安保險公司
PING AN INSURANCE COMPANY OF CHINA
一九九四年七月
中國大陸第一張
個人壽險保單
在深圳平安
人壽保險公司
誕生

8

9

10

11

8 1994年7月31日，平安签下公司成立后第一张长寿保单

9 1997年5月9日，平安与麦肯锡签订合作协议。善于利用“外脑”是平安重大战略升级的必要保障

10 2001年9月15日，平安全国客户服务专线95511实现了在全国30个省市的全面开通，建立起了首家短号码的全国集中式服务网络

11 2002年，面对“投连险”风波和“诚信危机”，平安主动实施“百万客户大回访计划”，共回访104万名客户，重塑了客户对平安的信任

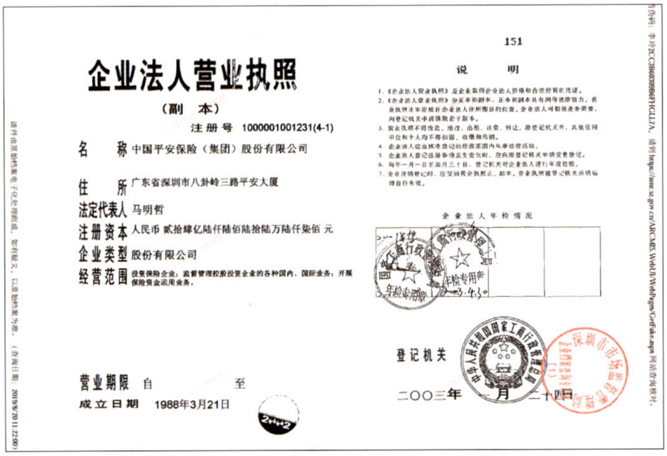

该件由原始档案电子化处理而成，如有疑义，以原始档案为准。（查询日期：2019年8月20日 11:22:00）

企业法人营业执照

（副　本）

注册号 1000001001231(4-1)

名　　称 中国平安保险（集团）股份有限公司

住　　所 广东省深圳市八卦岭三路平安大厦

法定代表人 马明哲

注册资本 人民币 贰拾肆亿陆仟陆佰陆拾陆万陆仟柒佰 元

企业类型 股份有限公司

经营范围 投资保险企业；监督管理控股投资企业的各种国内、国际业务；开展保险资金运用业务。

营业期限 自　　　至

成立日期 1988年3月21日

151

说　明

1.《企业法人营业执照》是企业取得企业法人资格和合法经营的凭证。
2.《企业法人营业执照》分正本和副本，正本和副本具有同等法律效力，营业执照正本应放在企业法人住所醒目的位置，企业法人可根据业务需要，向登记机关申请领取若干副本。
3. 营业执照不得伪造、涂改、出租、出借、转让，除登记机关外，其他任何单位和个人均不得扣留、收缴和吊销。
4. 企业法人应在核准登记的经营范围内从事经营活动。
5. 企业法人登记注册事项发生变化时，应向原登记机关申请变更登记。
6. 每年一月一日至四月三十日，登记机关对企业法人进行年度检验。
7. 企业注销登记时，应交回营业执照正、副本，营业执照被登记机关吊销后即自行失效。

企业法人年检情况

年检专用章

登记机关

二〇〇三年　一月　二十四日

防伪码：李玲2CC3B6030B6FHGLL7A，请到 https://amr.sz.gov.cn/ARCMIS.WebUI/WebPages/GetFake.aspx 网站查询核对。

12

12 2002年10月，汇丰集团入股平安。这是当时国内金融业金额最大的引进外资项目。汇丰在管理和技术方面与平安进一步合作，帮助平安建设了后援集中和风控体系

13 2003年1月24日，平安正式完成分业重组，更名为中国平安保险（集团）股份有限公司。公司品牌名称正式确定为“中国平安”

14 2003年，平安联合汇丰收购福建亚洲银行，拿下银行牌照。平安的银行业务正式开启。2005年7月5日，福建亚洲银行迁址上海，并更名为平安银行

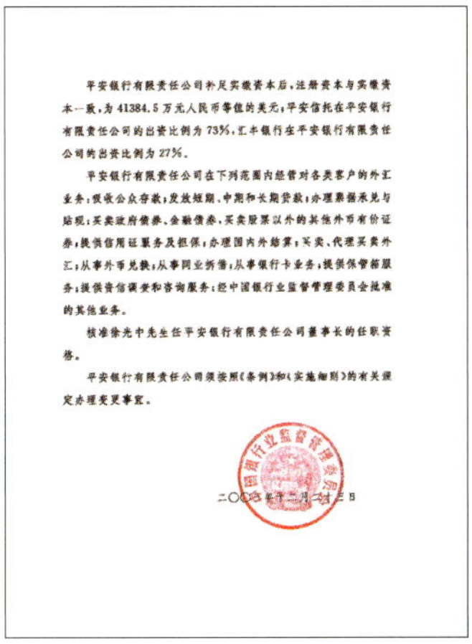

平安银行有限责任公司补足实缴资本后，注册资本与实缴资本一致，为41384.5万元人民币等值的美元；平安信托在平安银行有限责任公司的出资比例为73%，汇丰银行在平安银行有限责任公司的出资比例为27%。

平安银行有限责任公司在下列范围内经营对各类客户的外汇业务：吸收公众存款；发放短期、中期和长期贷款；办理票据承兑与贴现；买卖政府债券、金融债券，买卖股票以外的其他外币有价证券；提供信用证服务及担保；办理国内外结算；买卖、代理买卖外汇；从事外币兑换；从事同业拆借；从事银行卡业务；提供保管箱服务；提供资信调查和咨询服务；经中国银行业监督管理委员会批准的其他业务。

核准徐光中先生任平安银行有限责任公司董事长的任职资格。

平安银行有限责任公司须按照《条例》和《实施细则》的有关规定办理变更事宜。

二〇〇[illegible]年[illegible]二月[illegible]三日

14

16

17

15 2004年6月24日，中国平安集团在香港整体上市，成为当年度香港最大宗的首次公开招股，壮大了公司的资本实力

16 2006年5月，中国平安全国运营管理中心在上海张江投入运营，成为亚洲最大的集中运营平台

17 2006年5月26日，平安金融管理学院正式开业。其占地面积20万平方米，建筑面积7.85万平方米，是国内规模最大的企业培训基地之一

18 2007年3月1日，中国平安A股在上海证券交易所挂牌上市，创下当时全球最大的保险公司IPO

19 2008年7月，平安首次进入《财富》世界500强，并成为入选该榜单的中国内地非国有企业第一名

15

18

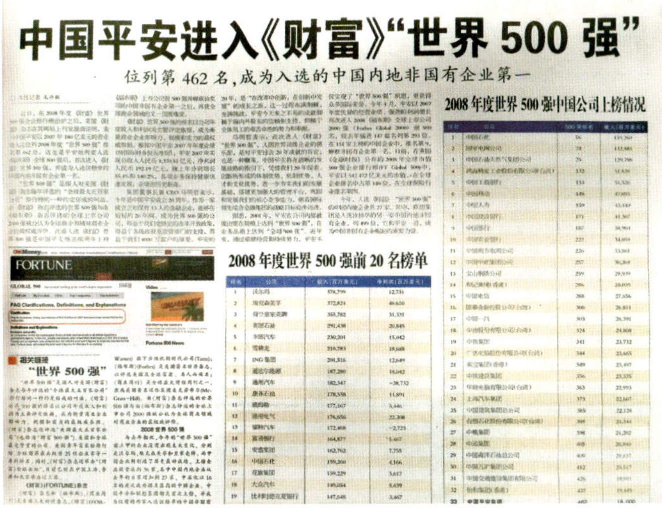

中国平安进入《财富》"世界500强"

位列第462名，成为入选的中国内地非国有企业第一

2008年度世界500强中国公司上榜情况

排名	公司	500强排名	收入(百万美元)
1	中国石化	16	159,260
2	国家电网公司	24	132,885
3	中国石油天然气集团公司	25	129,798
4	鸿海精密工业股份有限公司(台湾)	132	51,829
5	中国工商银行	133	51,526
6	中国移动	148	47,055
7	中国人寿	159	43,440
8	中国建设银行	171	41,307
9	中国银行	187	36,994
10	中国农业银行	223	34,659
11	中国南方电网公司	226	33,861
12	中国中化集团公司	257	30,268
13	宝山钢铁公司	259	29,939
14	和记黄埔(香港)	286	28,035
15	中国电信	288	27,656
16	国泰金融控股公司(台湾)	306	26,811
17	中国一汽	303	26,391
18	中油股份有限公司(台湾)	324	24,808
19	中铁集团	341	23,732
20	广达电脑股份有限公司(台湾)	344	23,665
21	来宝集团(香港)	349	23,497
22	中铁建设集团	356	23,335
23	华硕电脑有限公司(台湾)	363	22,993
24	上海汽车集团	373	22,607
25	中国建筑集团总公司	385	22,128
26	台塑石化股份有限公司(台湾)	395	21,344
27	中粮集团	398	21,202
28	中远集团	405	20,840
29	中国海洋石油总公司	409	20,637
30	中国五矿集团公司	412	20,517
31	中国交通建设集团有限公司	426	19,991
32	怡和集团(香港)	437	19,445
33	中国平安集团	462	18,000

FORTUNE

GLOBAL 500

FAQ Clarifications, Definitions, and Explanations

Fortune 500 News

2008年度世界500强前20名榜单

排名	公司	收入(百万美元)	净利润(百万美元)
1	沃尔玛	378,799	12,731
2	埃克森美孚	372,824	40,610
3	荷兰皇家壳牌	355,782	31,331
4	英国石油	291,438	20,845
5	丰田汽车	230,201	15,042
6	雪佛龙	210,783	18,688
7	ING集团	201,516	12,649
8	道达尔	187,280	18,042
9	通用汽车	182,347	-38,732
10	康菲石油	178,558	11,891
11	戴姆勒	177,167	5,446
12	通用电气	176,656	22,208
13	福特汽车	172,468	-2,723
14	富通银行	164,877	5,467
15	安盛集团	162,762	7,755
16	中国石化	159,260	4,166
17	花旗集团	159,229	3,617
18	大众汽车	149,054	5,639
19	比利时德克夏银行	147,648	3,467

相关链接

"世界500强"

2008 世界 500 强

《财富》(FORTUNE)杂志

19

20

20 2009年6月开始，平安启动对深圳发展银行的收购、兼并。2012年深发展吸收合并原平安银行，并更名为平安银行，建立起了全国性的银行业务布局。历时三年的中国资本市场最大的收购重组案完成

21 2012年，陆金所成立，平安互联网金融全面布局

22 2014年，平安车险实现95%以上的万元以下案件1小时内赔付，理赔效率、服务体验、客户满意度均达到全球领先水平。后续持续升级极速理赔，成为平安重要的服务品牌

23 2015年4月30日，深圳平安金融中心主体结构封顶，主体高度约600米，跻身世界超高层建筑前列

21

22

23

24

25

24 2017年10月23日，平安市值达到1.07万亿元，跻身万亿市值，成为全球第一大市值保险集团

25 2018年初，公司成立30周年之际，平安启动“三村工程”扶贫公益项目，围绕“村官”、“村医”和“村教”三个方向，面向全国贫困地区实施产业扶贫、健康扶贫和教育扶贫

26 2018年5月4日，平安好医生在香港联交所主板挂牌交易，全球AI医疗科技第一股诞生。成立4年，平安好医生成为中国规模最大的互联网医疗健康平台

27 2018年平安中期业绩发布会上，马明哲宣布平安的战略路径：科技赋能金融，科技赋能生态，生态赋能金融。平安开启“金融+科技”“金融+生态”的战略新篇章

26

理查德·杰克逊
李源祥
平安集团联席CEO
陈心颖
平安集团联席CEO
计葵生
斯蒂芬·迈尔
共筑中国梦
致敬新中国70华诞
中国平安五位外籍高管荣获中国政府友谊奖
国际化人才战略助力改革创新
28

DECEMBER 13,
OCFT
LISTED
NYSE

29

30

28 2019年9月30日，平安联席CEO陈心颖获颁中国政府友谊奖。奖项设立的28年里，共有5位金融领域的外国专家获此殊荣，这5人均出自平安

29 2019年，祖国70华诞之际，马明哲带领180万平安人合唱《我和我的祖国》，与祖国同频共振

30 2019年12月，金融壹账通登陆美国纽约证券交易所，成为平安首个在美上市的“独角兽”，也是国内首家上市的商业科技云服务平台企业。同年8月，平安获颁科技部普惠金融全国新一代人工智能开放平台创建资质，成为唯一入选的金融机构

31

31 2019年，平安名列《福布斯》全球上市公司2000强第7位，《财富》世界500强第29位，BrandZ™全球品牌价值100强第40位，蝉联全球保险品牌第1位

Boundless

无止之境

中国平安成长之路

秦朔　陈天翔 / 著

中信出版集团 | 北京

图书在版编目（CIP）数据

无止之境：中国平安成长之路 / 秦朔，陈天翔著
. -- 北京：中信出版社，2020.5（2025.12重印）
ISBN 978-7-5217-1742-6

Ⅰ. ①无… Ⅱ. ①秦… ②陈… Ⅲ. ①保险公司—企业史—中国 Ⅳ. ① F842.31

中国版本图书馆 CIP 数据核字（2020）第 059913 号

无止之境——中国平安成长之路

著　　者：秦朔　陈天翔
出版发行：中信出版集团股份有限公司
　　　　　（北京市朝阳区东三环北路 27 号嘉铭中心　邮编　100020）
承 印 者：北京盛通印刷股份有限公司

开　　本：787mm × 1092mm　1/16　　印　　张：27
插　　页：8　　字　　数：339 千字
版　　次：2020 年 5 月第 1 版　　印　　次：2025 年 12 月第 22 次印刷
书　　号：ISBN 978-7-5217-1742-6
定　　价：78.00 元

版权所有 · 侵权必究
如有印刷、装订问题，本公司负责调换。
服务热线：400-600-8099
投稿邮箱：author@citicpub.com

Peter Ma is one of the truly extraordinary entrepreneurs I have had the privilege of knowing and admiring over the course of my career. Peter founded Ping An and then built it into one of the most successful companies in the world. This is a remarkable story of ingenuity, perseverance and leadership which is all the more compelling because it is also a story of China's economic miracle.

Henry M. Paulson

Former US Secretary of Treasury and Former Chairman and CEO,

The Goldman Sachs Group, Inc.

Peter（马明哲先生）是我专业生涯中曾有幸合作且令我敬慕的一位杰出企业家。他从一无所有创建了平安，并成功地将其建成了世界上最优秀的公司之一。平安的成长故事是一个不断创新、坚韧不拔和展现超群领导力的壮举，也是中国经济奇迹的一个缩影。

亨利·保尔森

美国第74任财政部长、高盛集团前董事长兼CEO

目 录

第九章 科技化武装

第十章 新基因

第十一章 生态圈里的“独角兽”（上）

第十二章 生态圈里的“独角兽”（下）

第十三章 智慧的集大成者

第十四章 管控的艺术

第十五章 人是根本

第十六章 无边有恒

创新不止　平安长青

前中国保监会主席　吴定富

四十年来，我国保险业主动置身国家改革开放的时代潮流，在行业全体从业者的共同努力下，取得了深刻变革和举世瞩目的发展成就，探索出了一条中国特色保险业发展道路。保险业已经成为服务和保障民生的重要手段，支持投资、扩大消费和保障出口的重要因素，优化金融结构、提高资源配置效率的重要力量，以及促进社会管理和公共服务创新、提高政府行政效能的重要方式。我有幸见证、亲身参与了这一波澜壮阔的历程，深感欣慰和骄傲。

在这一过程中，中国平安作为新中国第一家股份制保险公司，在诸多领域勇于创新，为行业积累了很多成功经验，探索出了大量行之有效的经营和管理模式，堪称行业改革排头兵。秦朔先生等创作的新书《无止之境》首次系统、完整地记录了中国平安自成立至今 30 多年的发展历程，再现了众多重要的历史时刻。很多故事读来备感亲切，历历在目，非常精彩。

我与中国平安结缘于 20 多年前，我当时任原中国保险监督管理委员会副主席。平安给我的第一印象是“勇于挑战，敢为人先”，这一点至今未变。平安用 30 年的时间，从偏居一隅的地方性产险公司，成长为国际领先、国内一流的科技型综合金融集团，这从不同角度，可以给出多种解读。我曾多次带队到平安调研，我以为平安取得今天的成绩，离不开其科学高效的公司治理、国际化的专业团队和充满活力的创新文化。近年来，我很高兴地看到平安与时俱进，开创性地推动“金融＋科技”“金融＋生态”的发展模式。中国平安堪称中国保险业改革创新的一面旗帜。我相信只要创新不止，平安一定能够基业长青。

中国平安的发展是中国保险业发展的一个缩影，更是中国改革开放四十年的生动写照。平安经验值得认真研究和借鉴。未来，希望能够出现更多的“中国平安”，为中国保险业、为中国经济社会发展做出更大贡献。

生命力源于不断的自我革新

汇丰控股集团主席　杜嘉祺（Mark Tucker）

作为平安的老朋友，我与其创始人 Peter（马明哲先生）既是业务伙伴，也是莫逆之交。在亚洲工作 30 多年，我见证了中国现代保险业从萌芽到成为全球第二大保险市场，以及平安从默默无闻的小产险公司到全球优秀金融集团的历程。秦朔博士等创作的著作，为我们观察平安提供了一个全景且独特的视角。感谢秦博士邀请作序，我很愿意谈点自己的看法。

企业持续增长的生命力，来源于一次次的自我否定、自我革新、自我提升。

1986 年，我加入保诚；1988 年，平安成立。20 世纪 90 年代，我们才逐渐关注这家年轻的、迅速成长的保险公司。2010 年，我转战友邦，平安已跻身中国三大综合金融集团之一、世界 500 强。除了保险，平安在银行、投资领域亦蓬勃发展。2017 年，我来到汇丰，平安已是全球最大保险集团、前五大金融集团，其科技业务方兴未艾。如今平安在金融科技、医疗科技领域跑在国际前列。

三个十年，三次大跨越，三次战略升级，不断改变人们对平安原有的印象，让平安拥有更强的生命力和竞争力。这种速度和量级的蜕变，必定经历了大大小小、伤筋动骨的磨难和变革，其中的甘苦旁人不容易体会到。

这需要远见和魄力。变革要成功，首先要能提前看到大趋势、大机遇，并在大环境改变之前颠覆自己。我曾和 Peter 聊过，是什么促使平安不断挑战新的边界。Peter 回答，是“危机感”，平安从诞生之日起，就时刻处在求生存、求发展的强烈的危机感中。

这令我印象深刻。中文的“危机”是“危险”和“机遇”的结合。一家公司，不满足现状，保持警觉，主动变革，于危险中捕捉机遇，会不断激发强大的生命力。世界上成功的企业概莫如是，包括保诚、友邦、汇丰等。

自我革新是一种蜕变，艰辛且痛苦，不仅需要远见，还需要准确快速的学习能力和优秀的执行能力。

在中国金融业，平安第一家引进现代精算体系，学习了保诚；第一家引进寿险营销体制，学习了友邦；第一家建成综合金融集中后援平台并成为全亚洲最大，学习了汇丰……

更重要的是，平安的学习不是简单的模仿，每次学习都有所超越，超越自己，超越行业。平安依靠集中后援平台和科技，将全球车险理赔速度，从平均十余天，提速到万元以下的案例三天赔付，再缩至一天赔付，现在是 1 小时内完成，令人称奇。这背后必有坚强、坚毅的执行力和推动力。我曾是一名职业足球运动员。从足球的角度看，听说有人将平安团队比成“德国战车”，称其为“平安战车”，很有趣，这应该是平安不断壮大却能保持强大执行力的关键。

如今的平安已不是学习者、引进者。十余年来，科技产业渗透金融业已是事实，而 Peter 及其团队以对科技的前瞻思想和深刻洞察，带领这家金融公司反向进军科技界，科技赋能金融、生态赋能金融，成果有目共睹，走出了与国际大型金融集团不同的道路。平安在人工智能、区块链、云、金融科技、医疗科技、智慧城市等领域的努力和收获，让人相信，这家公司的持续蜕变之路不会停息，生命力无远弗届。

Peter 有句话我也非常认同，“想得到，做得到，做到最好”。平安的确是这么做的。

最好的正在来临

麦肯锡全球总裁　施南德（Kevin Sneader）

自 1978 年邓小平先生宣布改革开放以来，中国历经了非凡的转变，年均经济增速几近 10%。这带来了巨大的变化——中国有超过 8.5 亿人脱离贫困，中产阶层数量居全球首位。

深圳是中国改革的典范。1978 年，深圳是个落后的渔村，人口仅 5 万左右。1980 年，深圳成为中国首个经济特区。现在，这座城市已成为拥有 1300 万常住人口的大型金融和科技中心。昔日的池塘、灰蒙蒙的建筑和为数不多的公路，现已被熠熠生辉的高楼和飞驰的高铁取代。如果将深圳视为一个国家，其国内生产总值（4020 亿美元）将在全球排第 29 位。

平安的故事同样令人瞩目。1988 年，平安作为中国首家股份制保险公司在深圳蛇口成立。平安和其创始人 Peter 很好地体现了深圳的创业文化和拼搏精神。从创立之初，Peter 便希望平安不只是一家保险公司，而是发展为多元化的金融集团。他完全做到了：今天，平安已然成为全球市值最大的保险集团，在保险业务保持领先的同时，平安逐步进入银行、消费金融、不动产、证券、信托和资产管理等领域，成为中国三大综合金融集团之一。

当然，这个过程并非一帆风顺。平安度过了 2008 年全球金融危机，也经历了迅猛发展的新兴市场所通常必须面对的曲折坎坷。Peter 致力于建立一家伟大且基业长青的企业，而我亲眼见证了他这种专注是如何帮助平安度过危机并持续向前发展的。Peter 领导力的特征之一，是能够带领平安持续自我颠覆，与时俱进变革组织和运作模式。他具备极强的危机感知能力和机遇识别能力，面对重大抉择和改变时毫不犹豫，即便周围人都没能意识到变革的需要。而随着时间的推移，他这样做的理由将显而易见。这种战略前瞻性和自我调适能力是平安成功的关键。

新兴金融科技和快速变化的消费行为是金融机构将要面临的挑战和机遇。平安已在这场竞赛中遥遥领先，成为赔付管理、风险评估、人工智能和大数据应用领域公认的领导者。事实上，许多麦肯锡的客户都参观过平安，学习平安的科技应用能力。这也是 Peter 本人的特点：他清楚地了解掌握科技不是为了炫技，而是将技术应用到业务中，服务好公司和客户，无论是通过手机客户端处理轻微事故的赔付，抑或提升疾病预测能力，都是如此。

我一直钦佩 Peter 的领导力、视野、活力和富有前瞻性的见解。他的这些特征，在几次会面中令我印象深刻。第一次是在一个会上，当时 Peter 是发言嘉宾。就在与会者落座、准备一如往常地听取嘉宾以趣事和建议开场时，Peter 开口第一句就表示“在座恐怕很少人能认识到变革的必要性”，真是直率而犀利。随后他敦促大家抛开畏怯心理，着眼长远和大局，并且以身示范，用一腔热情和毫不妥协的精神折服了众人。当然，他说的都是对的，这是他的优势。第二次见到 Peter，是在平安金融中心董事会议室举行的一次小型高管会议上。我们刚落座，他就掷地有声地说道：“你们都要改变，否则一切将迅速走向完结，你们的公司就完蛋了。”他用这句话宣布会议的开始。可以肯定地说，到会议结束时，所有人对于改变的必要性，以及 Peter 认为需要发生的变化都已深信不疑。

这本书中，通过作者的观察，我们得以再次了解 Peter 的商业见解和管理哲学。对此，我表示感激。过去 32 年，平安取得了令人赞叹的成绩，我和麦肯锡也有幸参与了这一历程。对于未来，我相信——最好的正在来临。

使命驱动，持续创新——我所熟知的中国平安

知名经济学家，春华资本集团主席　胡祖六

在我的专业生涯中，曾有幸与许多世界级的优秀企业长期深入地合作，其中不乏大家耳熟能详的国内外知名金融机构。但多年来与中国平安集团的合作一直是让我感触最深，无比殊荣的经验。

自高盛投资平安起，我就一直非常密切地关注跟踪平安的成长，并参与了汇丰银行战略入股、香港H股上市发行、收购深圳城市商业银行、收购深圳发展银行等，见证并参与了平安发展历程中的一系列重要里程碑事件。

平安的成长之路，就像任何一个伟大企业的故事一样，并非平平坦坦、一帆风顺，而是历经过许多迷茫彷徨、崎岖坎坷、曲折艰险。但是，平安从无到有、由小变大、自弱而强，一步一个脚印，始终抱有信念、坚毅前行，终于取得了今天令人惊叹称羡的市场地位与股东价值。

今天，在全球排名前十位的大保险金融集团中，平安资产名列第一，收入和市值名列第二。值得一提的是，平安是这个名单上最年轻的企业，其余多数都是国际上久负盛名的百年老店。

许多国内外金融专家、政府监管官员和投资机构常问我，平安为什么能够后来居上？它究竟厉害在哪里？它的商业模式或者运营管理有什么特别的奥秘？我相信有兴趣的读者，可以从秦朔先生的力作中找到丰富的线

索和具有启发性的答案。

而在十年前，我曾提供过于简单化、公式化的回答：天时、地利、人和，三者合一即是平安的成功秘诀。现在，还请读者恕我继续延用俗套，来解读平安的非凡成长故事。

先说天时（timing）。平安创立于1988年，中国启动改革开放第一个十年的一个特殊时点。当时，举国上下，众志成城，决心把中国从一个极端落后贫困的国家变成一个繁荣富强的现代化国家。在平安挂牌成立后的岁月里，国家的整体氛围、环境非常有利于创业创新。在邓小平“发展是硬道理”的指引下，平安这样一个本有发展冲动基因的年轻企业先行先试，能够不断冲破计划经济时代遗留下来的诸多陈旧制度、政策与观念的藩篱，从而享受了千载难逢的发展良机。不难设想，如果是处于一个闭关锁国、政治动乱的年代，平安和其他千千万万的中国民营企业一样，可能根本就没有机会破土而出，或者早在成长为参天大树之前就夭折了。生逢中国改革开放盛世，受惠于国内生产总值高速增长的宏观红利，以及人类历史上前所未有的工业化、城市化、信息化与中产消费阶层浪潮的强大推引，是平安核心保险与相关金融业务成长期撞上的天时鸿运。任何商学院研究企业史的专家都不能忽视“时机”这一因素。

再说地利（geography）。在众人惊叹巴菲特这样一位投资天才所取得的超人业绩时，巴菲特说他其实要感谢上帝，让他生长在美国这样一个金融业发达的国家。倘若他生长在经济落后的地方，不管他天资如何超群绝伦，也就成不了现在的巴菲特了。其实，巴菲特不是在故作谦逊。他只是提醒人们关注一个国家或者地区的制度与文化环境因素对于企业和企业家命运的重要性。如果平安是一家在经济发展没那么快、经营环境没那么好的国家经营的公司，那么平安也成不了现在的平安。幸运的是，平安成立于改革开放方兴未艾时期的中国，而且恰恰诞生在中国改革开放的第一块试验田——深圳蛇口。“时间就是金钱，效率就是生命”，只争朝夕，苦干务实的蛇口精神激励熏陶了朝气蓬勃的年轻企业平安，在其身上打下了不甘现状、勇于进取的文化烙印。直到今天，深圳的市场经济制度建设与整体营商环境在国内仍然首屈一指。可以说，平安从出生伊始，在其整个成长期充分享受了国家与所在城市地理位置的优越性。

那么，人的作用呢？毫无疑问，在既定的时机与地理条件下，人是最关键的因素。就外部而言，深圳地方政府历来对于平安非常支持和宽容。仅举一例。在协助平安酝酿策划收购深圳城市商业银行与深圳发展银行项目时，我当时认为地方政府的态度是成败关键。但出乎意料的是，与深圳政府的沟通竟是整个交易过程中最顺利的环节。深圳主管领导在这个项目上所展现的开明见识与决策效率让我刮目相看。平安在起步维艰的创业期及后续发展的关键时点上，有幸得到了一些有长远眼光、叱咤风云、敢于担当的改革型领导者，如袁庚等的支持。平安也非常善于并有效地利用了外部的人才和专业资源，在发展过程中得到了麦肯锡、高盛、摩根士丹利与汇丰等的技术援助和专业支持。

但是，最具决定性的是平安逐步建立的内部文化机制和人才队伍。平安对高管团队绩效考核、薪酬激励和任免机制是中国金融产业最市场化和与国际最佳惯例最接轨的。因此，平安能够持续不断地从国内外吸引一流的管理人才，从高盛、麦肯锡、友邦、花旗银行等机构吸引了一批人才。之前，平安往往需要重金聘请友邦集团的现任或退休高管来平安任职，而现在平安已经开始向外输出人才，比如前联席 CEO 李源祥先生，反被友邦集团聘为新任 CEO。建立了一支优秀的专业管理团队，是平安取得今天行业与市场领军地位的重要原因。

平安领导团队的灵魂人物自然是马明哲先生。作为企业创办人，马先生的个人气质、能力秉性与价值观对于平安的影响是无与伦比的。他有高远的战略见识、狂热的工作激情、开阔的全球视野、求贤若渴的胸怀，尤其是他有孩童般的好奇心，善于不断学习新知识。我每次访问平安，最愉快的就是与他讨论宏观大势、市场动态、行业趋势以及最前沿科技，如大数据、AI（人工智能）、区块链、基因编辑、精准医疗、神经科学等对于保险、银行、证券、理财、资产与风险管理的影响，未来金融行业格局在颠覆性技术和全球竞争压力下如何变化，市场上将冒出哪些新的挑战和机会等话题。

一晃，从创办公司之日起，马明哲先生执掌平安已经32个春秋，而平安已经成长为全球金融业的一个巨人。但在马先生的眼中，平安还只是一个稚嫩的初创公司，还有许多不足之处，未来尚有巨大的成长空间和发展潜力。因此，我认为，马明哲不会真正退休。我相信，明天，就像今天和昨天一样，他将继续以创业者的身份，带领着平安人不忘初心、使命驱动、持续创新、奋勇前行、永不停息。

2020年4月于硅谷

第一章

从蛇口出发

新的转机和闪闪星斗，
正在缀满没有遮拦的天空。

－北岛《回答》－

只有创造过辉煌的民族，才懂得复兴的意义。只有历经过苦难的民族，才对复兴有如此深切的渴望。

历史千回百转，今天波澜壮阔，未来浩浩荡荡。每个人都是时代的见证者、参与者和创造者。

在广袤的中国市场上，有无数充满创业精神和创新气概的企业与企业家，他们的每一分努力、每一次超越，都如涓涓细流，汇入江海，让复兴的航船离现代化的彼岸越来越近。

2020 年，21 世纪的第三个十年开启。

整整 200 年前，中国 GDP（国内生产总值）占世界的 32.9%，那是在自给自足的年代里，一个单一经济体所能占世界经济的最大比重。但在工业革命加速了全球融合、进入以市场为主导的时代之后，封闭的中国逐渐落后，甚至陷入半殖民地半封建社会的悲惨境地。

以新中国成立为标志，中国现代化的百年复兴真正启动。在这部跌宕起伏的史诗中，肇始于 1978 年的改革开放，让企业家精神得到了空前绽放，为民族复兴奠定了坚实的经济基础。

从 1978 年到 2018 年，中国经济年均实际增长 9.5%，远超世界经济同期 2.9% 的增速，中国经济在世界经济中的比重也由 1.8% 上升到 16%。2019 年，中国社会商品零售总额突破 41 万亿元人民币，中国很快就要超过美国成为全球最大的消费市场。同时，中国的人均 GDP 突破 1 万美元，未来 30 年中国将朝着高收入经济体和发达经济体的新目标迈进。

中国比以往任何时候都更加接近实现“中国梦”。

100 多年前，一批开眼看世界的中国人就意识到，“商富即国富”[①]，“商务者国家之元气也，通商者疏畅其血脉也”，“欲自强，必先致富；欲致富，必首在振工商”[②]。然而，山河破碎，国无宁日，“以商立国”只是工商界的奢望。

改革开放后，中国终于踏上“人能尽其才，地能尽其利，物能尽其用，货能畅其流”的发展快车道，几十年间跨过了发达经济体一两百年走过的道路。中国企业也从学人之先到创己之新，正在跻身全球引领者的行列。

“培育若干世界级先进制造业集群”，“培育具有全球竞争力的世界一流企业”——十九大报告提出了对中国企业的新期待。

经世济民，济世及人，商之义大哉！

平安为什么？

2019 年 7 月 22 日，《财富》世界 500 强排行榜揭晓。在销售收入最高的 500 家公司中，有 129 家来自中国，首次超过美国（121 家）。即使不计算中国台湾地区的公司，中国大陆及香港的公司也达到 119 家，与美国旗鼓相当。

自 1995 年《财富》开始发布包括工业和服务业在内的世界 500 强开始，中国元素从来没有像今天这样凸显。

如果聚焦 500 强的前 50 强，中国占 10 家；前 30 强，中国占 7 家。这 7 家公司分别是：中石化（第 2）、中石油（第 4）、国家电网（第 5）、中国

① 王韬《弢园文录外编 · 代上广州府冯太守书》。

② 郑观应《盛世危言》。

建筑（第 21）、鸿海精密（第 23，富士康母公司）、中国工商银行（第 26）、中国平安（第 29）。

事实上，这 7 家公司在 2018 年世界 500 强中均已进入前 30 强，是连续两年入围。

在中国的这 7 家世界 30 强公司中，中国平安引起了我们特别的兴趣：

它成立于 1988 年，是 7 家公司中最年轻的；

除了鸿海精密，它是唯一一家总部不在北京，而是在深圳的企业；

它的名称冠以“中国”字头，但又不是央企，而是一家从地方性的股份制企业发展起来的混合所有制的现代公司，是中国内地规模最大的非国有企业；

它的主要领导人从企业创立就没有改变过，一直是马明哲；

中国平安自 2004 年上市以来的这 15 年，业绩十分强劲，归属于母公司股东权益复合增长率超过 23%，基本每股收益复合增长率、内含价值复合增长率、股息分配复合增长率、总资产复合增长率均在 25% 左右，是名副其实的大蓝筹。

根据该公司年报，2019 年全年营收达 1.17 万亿元，平均每天实现营收 32 亿元；期内归属母公司股东的净利润接近 1500 亿元，平均每天实现净利润接近 4.1 亿元。截至 2019 年末，集团总资产达 8.22 万亿元，集团个人客户数首次突破 2 亿。

粗略统计，每 800 个中国人中有一个是平安人，每 7 个中国人中有一个是平安的客户。

更令人惊讶的是，平安不像大多数人以为的只是一家金融公司，它正向着全球领先的科技公司的目标进军。

平安的科技板块旗下有 11 家互联网科技公司，2019 年的市场总估值已达到 700 多亿美元，倘若它们整合为一家公司，在中国互联网公司中的市值仅次于阿里巴巴、腾讯、蚂蚁金服，与字节跳动（今日头条和抖音的母公司）和美团点评相当。平安服务的互联网用户已接近6亿人。

在全世界，一家金融公司利用新技术提升服务绩效，这并不鲜见。比如，平安通过“卫星遥感+无人机+地面观测数据+移动终端”的作业模式，可以将农业保险的查勘效率提升40倍。平安产险运用自主研发的AI（人工智能）图片定损技术和精准客户画像技术，针对安全驾驶行为良好的车主推出了“信任赔”服务，通过后台的零人工作业模式，可将案均赔付完成时间缩短至168秒。

但是，平安的科技发展愿景远不止于此。

通过持续的高投入，平安已经在人工智能、区块链和云服务等方面掌握了多项领先的核心技术，被《麻省理工科技评论》评为全球“50家聪明公司”之一。在一些世界级的对话系统技术挑战赛、文本理解大赛、机器阅读理解竞赛、深度学习推理竞赛中，平安旗下的科技公司和研究院均获得过第一。在这些竞赛中，平安的对手包括美国的微软、谷歌、亚马逊，以及中国的腾讯、阿里巴巴、科大讯飞等。

正是基于技术的突破，平安明确了其未来的发展方向是“金融+科技”的双坐标，并且已经构建起了金融服务、医疗健康、汽车服务、房产服务、智慧城市五大生态圈。在平安，科技不只是工具和手段，科技本身就是目的。

这样的科技探索，大大超越了金融的业务边界，在全球金融业里是独一无二的。

在中国规模最大的企业中，平安是最具创新精神的一家。通过“金融+科技”“金融+生态”的努力，它也是全球金融企业中，最有希望成为世界级科技巨头的一家。科技赋能金融，科技赋能生态，生态赋能金融，形成循环。

凡此种种，让我们有足够理由对这样一家年收入过万亿元，同时依然保持旺盛的创业精神和创新活力的企业加以研究。这不只是一个企业的成长故事，也是一个时代的成长故事。

2018 年 5 月 27 日下午，在庆祝创立 30 周年的司庆中，中国平安董事长兼 CEO（首席执行官）马明哲发言。他在结尾时说：

> 党的十八大以来，习总书记提出并深刻阐述了实现中华民族伟大复兴的“中国梦”，引发全体中华儿女的强烈共鸣，激励大家为之而奋斗。那么，什么是平安的“中国梦”？
>
> 20 年前，我在《平安新价值管理文化》一书中曾写道，“中国的崛起是一个不争的事实，中国崛起的背后，一定是以几家全世界最杰出、最优秀的企业作为支撑，平安必定是其中的核心企业之一”。让我们铭记初心、感恩奋进，共同实现平安的“中国梦”！

平安从不止步的驱动力何在？马明哲这段话，给我们提供了一把理解的钥匙。

我们找到了这本 1999 年面世的大 16 开的册子——《平安新价值管理文化——以价值最大化为导向完善平安企业文化》。

“民族的强大是每一个人的心愿，弱国无外交，落后就要挨打，国家富强，人民才能扬眉吐气；一个国家的强大归根到底来自民族企业的强大，民族企业直接为国家创造财富，为人民生活创造物质，为人民生活提供保障。”

在这本册子中，马明哲援引了当时《财富》世界 500 强的一些例子，提出衡量企业实力的标准是“价值”。

据当事人回忆，该书的核心理念、企业文化内涵，是马明哲亲自设计，并和写作团队一起几易其稿完成的。当初的基本思路是，在信息时代，一切非物化因素构成的实力比以往更加重要，这些因素包括：企业经营管理的标准究竟是什么，企业的价值究竟是什么，价值和市值是什么关系，为什么价值创造必须依靠专业，等等。其间，平安还请了全球知名咨询公司麦肯锡，寻找国际参照标准，加深理解。

该书推出后，平安内部专门召开推进会。马明哲一边演示 PPT（演示文稿），一边充满激情地宣讲。他说，公司价值有财务价值和内在价值两种，前者反映在各种财务表现上，后者是公司可持续发展的动力，如优秀企业文化、强势品牌、核心技能、发展潜力、未来趋势把握。后者可以归纳为企业整体经营能力、可持续发展、公司治理透明度、品牌价值四个维度，以及对股东、客户、员工、社会的四大责任。

“平安‘价值最大化’的目标是成为国际一流的综合金融服务集团，‘价值最大化’的路径是兼顾包括四大责任在内的平衡可持续发展。”马明哲说到这里，PPT 上出现了由上至下的六个层次：国家繁荣富强—民族企业实力—民族企业价值—公司价值最大化—个人价值基于公司价值—以价值最大化为导向。从最高层次的“国家繁荣富强”向下逐步落实到“以价值最大化为导向”，驱动公司方方面面的发展。

21 年前的这个场景定格在历史中，也一次次在平安后来的发展中再现。在很长时间里，平安的标识上都有“专业、价值”这四个字，后来才改为“保险、银行、投资”，最后再定位为“金融、科技”。

伟大公司必有伟大愿景，伟大的领导人总是善于讲故事的人（storyteller），同时他还能带领大家把故事变成现实，最终让整个组织对愿景深信不疑。

马明哲说，其实平安 1988 年创业时并没有想那么远，第一年收入是 500 万元保费，当时想的下一个目标是 5000 万元保费。但随着业务发展，他很快意识到中国是一个大市场，提供了做大做强的绝佳机会，于是逐步抬升目标。1989 年，平安就有了发展银行、证券、信托、资产管理，背靠深圳走向全国的想法。“好比一个人一开始挑 80 斤水，第一个目标是 150 斤，然后是两三百斤，最后才是千斤重担。大概在创业十年后，平安形成了‘要做中国崛起过程中，全世界最杰出、最优秀的核心企业之一’的长期目标，并和国家富强、人民扬眉吐气关联在一起。”

回顾平安成长之路，几乎十年一次蝶变。

第一个十年的特征是搭建体制机制平台，探索现代保险道路；

第二个十年的特征是专注保险经营发展，探索综合金融模式；

第三个十年的特征是强化综合金融实践，探索“金融＋科技”；

从 2018 年开始的第四个十年，开启“金融＋生态”的新格局。

马明哲胸怀宏愿，但为人非常低调。他除了一年两次因业绩发布会在媒体聚光灯下露面，极少出现在公众视线里。业界偶然能看到一些他演讲的 PPT，逻辑严谨，一丝不苟。在平安内部，从高管到一线员工，只要听过他的主题演讲，无不被其远见和热情所感染。有平安高管告诉我们：“最初听马总主题演讲，总觉得在‘画大饼’，但一段时间后目标真就实现了，几十年来几乎没有例外。有些时候项目失败了，但并没有放弃目标，通过继续探索，目标最终又实现了。慢慢地，大家对他提出的目标就深信不疑了。”

马明哲在平安 30 周年司庆上说，平安第四个十年的最新目标是——深化“金融＋科技”，探索“金融＋生态”，“成为世界前十大市值的科技公司、前十大市值的公司、全球领先的个人金融科技生活的服务集团”。

“科技的发展给全世界带来了巨大的变化，如今全球前十大市值排行榜里，已经几乎不见传统金融企业的身影，前七大均为科技公司。20 年前，全球前十大市值公司中有 7 家来自金融行业，3 家来自钢铁石油行业。现在要进前十名很不容易，但我相信，给平安 10 年时间，我们一定能做到。”

从无到有，从小到大，从世界 30 强到世界 10 强，企业家的雄心引领企业迈向无止之境。

平安为什么能走到今天？为何始终生生不息？它是如何成为中国企业的佼佼者之一和世界金融业创新标杆的？它的成长之路对更多企业有何借鉴？这是我们将在本书中探究的核心命题。

而这一切，要从 40 多年前中国主动拥抱世界，拉开改革开放的序幕说起。在这场中国的“新航海运动”中，蛇口有幸成为探索的旗，深圳有幸成为领航的帆。

出发之地

位于深圳南头半岛东南部的蛇口，现在属于南山区。它东临深圳湾，西依珠江口，与香港新界隔海相望，占地 10.85 平方公里。改革开放前，这里是一片海滩和荒山，路面坑坑洼洼，不要说没有一个干净的公共厕所，就连干净的洗脸水都不能正常供给。

时代大潮造就了新蛇口。1978 年 6 月，受交通部委派，交通部外事局负责人袁庚赴香港调查。10 月 9 日，交通部党组向党中央呈报了袁庚起草的报告，提出充分利用交通部所属的香港招商局的优势，“立足港澳、背靠内地、面向海外、多种经营、买卖结合、工商结合”，“走出门去搞调查、做买卖”。三天后，党中央和国务院批准了这一请示。袁庚也被任命为香港招商局常务副董事长，全面主持招商局的工作。

1979 年 1 月 31 日，交通部负责人彭德清和袁庚向国务院副总理李先念、谷牧做了招商局在蛇口建立外向型工业区的汇报，这一天成为招商局蛇口工业区的生日，这也是新中国成立后建立的第一个打开国门、对外开放的工业区。

机会来了！1979 年 7 月 2 日，在“改革开放第一炮”震耳欲聋的开山炮声中，蛇口工业区破土动工。

招商局是民族工商业的先驱，1872 年在“以商务立富强之基”的洋务运动中成立。这年 12 月 26 日，清廷批准了直隶总督李鸿章在三天前呈上的《试办招商轮船折》的奏折，同意“设局招商，试办轮船”，创设轮船招商局，执行“分运漕粮，兼揽客货”的经营方针，依照官督商办的管理体制，开展轮运业务活动。

招商局创立时在上海报纸上刊登启事，说明设局宗旨。“潮流如斯，势难阻遏，中国惟有急起直追”，李鸿章提出，创办招商局“乃借纾商民之困，而作自强之气”，“冀为中土开风气”，“谋深虑远，实为经国宏谋……（国家）转贫为富、转弱为强之机，尽在此举”。

在招商局身上，家国情怀与生俱来。如同清政府驻欧洲四国公使薛福成所说的，“国运即商运”，“公司不举，则工商之业无一能振；工商之业不振，则中国终不可以富，不可以强”。

招商局创立百年之后，袁庚在蛇口创造了它的第二次辉煌。袁庚以“敢为天下先”的精神，勇闯禁区，全面改革，缔造了一个激情燃烧的“改革试管”。

时势造英雄。袁庚曾在接受《南方都市报》采访时说：“蛇口工业区 2.14 平方公里，相对于全国 960 万平方公里来说，不过九牛一毛。若改革成功，对全国来说很有意义，但若是失败，也无伤大局。试验遇到挫折也无关宗旨，中央放心让我们探索，先行一步，我们也比较有胆量去进行各种富有挑战性的试验。”

从洋务运动到改革开放，招商局始终肩负富强自立、民族复兴的重任，既谋“商情”更筹“国计”，为中国经济的现代化矢志前行。这一基因也传承到中国平安、招商银行等一批生于蛇口、脱胎于招商局工业区的企业身上。

“时间就是金钱，效率就是生命”，这句被刷在大街小巷的口号，源于袁庚本人。其实袁庚写的一共有六句，其余四句为“顾客就是皇帝，安全就是法律，事事有人管，人人有事管”。考虑到社会接受程度，这四句没有宣传，只保留了开头两句。这两句能够传开，也有一段特别的插曲。

1984 年 1 月下旬，袁庚接到通知，中共中央顾问委员会主任邓小平将视察蛇口。几天后确认，邓小平抵达深圳的时间为 1 月 26 日。

曾任招商局蛇口工业区副总经理、后曾长期担任中国平安监事会主席的顾立基是邓小平视察蛇口时的亲历者。他祖籍浙江，在上海出生长大，1982年从清华大学毕业后到蛇口工作，1984年时任蛇口工业区管委会办公室主任。他回忆，袁庚给他的任务就是紧紧跟着小平同志，“他说了什么话都要一字不漏地记下来”。顾立基的笔记，后来经人誊写保存在蛇口改革开放博物馆里。

作为工业区一级的领导，袁庚并不知道首长的车队路线。他让人把“时间就是金钱，效率就是生命”的标语牌连夜赶工做出来，竖在从深圳到蛇口的必经之路上。牌子又高又大，十分醒目。

袁庚后来说，这个口号不是他的发明，而是在香港受到的启发。他到香港招商局主持工作后，找银行贷款买楼，看中了港岛干诺道上一栋24层的大厦，以6180万港元成交。买卖谈成后，袁庚邀请对方一起吃午饭，对方不肯去酒楼，只简单吃了几碗河粉、面条，同时要袁庚下午2点一定准时到律师楼办相关手续，交付2000万港元订金。当时香港已经实行了双休日制度，周五下午3点各大银行停止营业，如果不在此前把支票交到自家账上，会损失三天的活期利息，将近3万港元。

袁庚深受触动，多次提及这堂“香港第一课”。“古人说一寸光阴一寸金，香港人在激烈的竞争环境下真正把时间当作了金钱。这是天经地义的道理。我们提出这个口号，酒是旧的，但瓶是新的，目的就是鼓励人们争分夺秒创造效益。”

在向邓小平汇报工作时，袁庚又提到了这句口号。邓小平的女儿邓榕在旁边提示说：“就是我们进来的路上看到的。”邓小平说了一句：“对！”

“深圳的发展和经验证明，我们建立经济特区的政策是正确的。”几天后，在广州，邓小平为深圳经济特区题词。

1984年国庆节，在天安门广场举行的庆祝新中国成立35周年的游行队伍中，“时间就是金钱，效率就是生命”的标语赫然在目。

1984年初在广东、福建的视察，让邓小平对改革开放的政策效应有了更直观的认识。他回到北京后说，我们建立经济特区，实行开放政策，有个指导思想必须明确，就是“不是收，而是放”。特区是个窗口，是技术的窗口、管理的窗口、知识的窗口，也是对外的政策窗口。除现在的特区之外，可以考虑再开放几个港口城市，这些地方不叫特区，但可以实行特区的某些政策。

1984 年 3 月 26 日到 4 月 6 日，中共中央召开沿海部分城市座谈会，决定进一步开放 14 个沿海港口城市。

回首往事，顾立基说：“国家进一步扩大改革开放，袁庚是有功劳的，通过蛇口的实践和小平同志的视察，很多人对经济特区的质疑被打破了。”

蛇口按照国际惯例和社会主义商品经济的要求，最早更新了价值观念、时间观念、人才观念，最早建立了全新的劳动用工制、干部聘用制、薪酬分配制、住房制度、社会保险制、工程招标制及企业股份制。这片体制改革的沃土，也是中国第一批现代公司的摇篮——蛇口是万科创立后的第一站，华为诞生在蛇口的一个三室一厅里，平安保险和招商银行更是孕育在蛇口工业区的母体中。在袁庚主持蛇口工业区工作的最后几年，他还力排众议，让平安保险和招商银行深化股份化改革，进一步跳出传统体制，为它们走向全国奠定了制度基础。

改革开放 40 多年，中国涌现出了一批市场化、现代化、法治化、国际化和以人为本的优秀公司。来自深圳的平安、华为、万科、腾讯、中集等，其精神血脉都有同一个原点，那就是蛇口。蛇口赋予了它们一些共同的特质：

财富不聚敛于个人，不是私人企业，也不是产权不明晰的传统国企，而是率先探索建立现代治理结构的新兴股份制公司；

企业文化都有明显的移民特征和开放特征；

起于蛇口，但放眼全国乃至全球，敢于和世界最佳标杆对照，有很强的学习能力和忧患意识；

公司创始人充满企业家精神，对创办一家基业长青的大公司的兴趣远胜过积累个人财富的欲望；

追求卓越，矢志创新，超越自我，永不满足；

注重可持续发展，注重专业化经营，注重承担社会责任，走光明正大的正道。

这些打着蛇口烙印的公司的成功，既有企业家精神的作用，也拜蛇口的新理念、新机制、新文化所赐。

2016 年 1 月 31 日凌晨，袁庚在蛇口去世，享年 99 岁。似乎是冥冥之中的安排，这一天，恰好是蛇口工业区成立 37 周年的纪念日。

斯人已去，精神长存。原《蛇口通讯报》总编辑韩耀根说，“蛇口精神”远非一句“时间就是金钱，效率就是生命”这么简单，真正的“蛇口精神”是“敢想、敢言、敢试、敢闯、敢为天下先”的“五敢精神”。

马明哲其人

在深圳市档案局汇编的《深圳市大事记》中，关于平安的诞生，是这样记载的：

“1988 年 5 月 27 日，全国第一家由企业与专业金融机构合办的保险公司——平安保险公司在我市蛇口开业。”

“第一家”的字样，表明平安从一开始就有些与众不同。

1988 年是平安诞生之年，这一年，来自台湾的郭台铭在深圳成立了富士康精密组件厂。稍早几个月，1987 年底，任正非等 5 人筹资 2.1 万元人民币在蛇口创立了华为，1988 年任华为公司总裁。

1988 年，马明哲 33 岁，郭台铭 38 岁，任正非 44 岁。

马明哲的父亲是解放战争时期中国人民解放军第四野战军的干部，吉林蛟河人，祖籍山东龙口，随“四野”一路南下，直至解放海南岛；之后转业到广东省公安厅，再到湛江地区公安系统担任领导职务，曾任公安局局长。

马明哲的外祖父是马来西亚华侨，祖籍广东汕头澄海，早年移居海外经商，在东南亚一带打拼了数十年。汕头市委统战部有关资料记载，从1938年开始，这位经商成功的老人就捐资家乡修学、架桥修路，被誉为乐善好施的潮商侨领之一。

因有不错的家境以及开放的家庭氛围，马明哲的母亲早年曾在南洋大学接受教育，并在父亲鼓励下，于新中国成立初期归国参加了解放军。她身上有传统潮汕人持家教子的浓厚气质，孩童时代的马明哲就有自己的小提琴，家中书香四溢琴声不断。

1983年夏天，28岁的马明哲从粤西的湛江赶到蛇口工业区劳动人事处报到。他瘦瘦高高的，之前在湛江地委工交政治部当通讯员，再之前在湛江市八甲水电厂当工人。他有冲劲、愿干事、能干事，湛江一位老领导对他说，与其待在相对封闭的粤西，不如趁年轻到开放的蛇口闯一闯，那里可以让年轻人挑担子。

马明哲就这样到了蛇口。当时蛇口在全国开人事制度改革之先河，在各重点大学及各地公开招聘人才，建立起人才自由招聘制度、劳动合同制和干部聘任制。

社会上曾有传言，“马明哲幼年丧父，由母亲一手带大”，实为误传。马明哲的父亲于20世纪90年代中期才去世。马明哲身上既有父亲坚毅不服输的军人本色，又有母亲热爱学习、善于内省的性格。而他日后表现出的敢闯、敢干、敢负责、敢担当的精神，则与年少时的“孩子王”气质颇有关联。马明哲念到初一，“文革”开始了，父母被下放，他和许多同龄人一样，有过当红卫兵、知青，上山下乡的经历。由于母亲有“复杂的海外关系”，家庭受到不小的冲击，即使他成绩优秀，也没有机会被推荐上大学。

马明哲从小就喜欢动手，摆弄一下这个，拆装一下那个。现在很多人吃惊于平安开创了如此之多的新业务，几乎每个新业务都是马明哲提出来做的，而且他总是把商业模式和流程在纸上先画出来。我们曾问他，为什么能想出那么多主意？他说："我从小就爱拆爱装，所以每当脑子里出现一个新东西，就好像有具体的形状，想得会比较透，知道怎么操作。比如，这一步是什么，下一步又是什么，内在结构是怎样的。就像小时候用零件拼玩具，拼装完成的时候就是最开心的时候。"

以平安的平台、机制和文化为依托，马明哲源源不断地进行创意试验，"制造"了一批优秀公司。他多次说，他最喜欢做的是"从0到1"的工作，一旦完成了突破，兴奋度就会下降，又要找寻下一个机会。

在蛇口，马明哲遇到了袁庚这位对他影响深远的人。

坊间有"马明哲是袁庚的司机"一说，在平安内部，大家都知道这不过是误传，特别是早期的蛇口工业区的人。顾立基在袁庚身边工作过很长时间，他说，不是说司机这个职业有什么不光彩，而是事实并非如此。

马明哲曾和同事开玩笑，如果大家认为从司机做到董事长是"草根逆袭"，那他很愿意给大家当一个奋斗榜样。袁庚去世时，马明哲悲痛万分，撰文怀念，中间还插了一句，"一直有传言说，我曾是袁董的司机，可惜我无此荣幸"。

袁庚之于马明哲，是精神上的引领者，是创新探索的引路人。袁庚生前不止一次说，蛇口精神最好的继承者是平安。

马明哲说："袁老对我个人的影响非常大，主要有三点：第一，他对新事物的敏感和学习能力令人佩服，他永远追求而不满足，即使已经有很高成就，也不故步自封；第二，他胸怀宽广，能听取不同意见，对新人、新事物在发展中出现的问题非常包容；第三，在平安遇到挫折时，他无私地站出来支持平安，保护平安的新机制、新道路。"

正是在袁庚的支持下，平安得以创立。

本书作者和马明哲相识多年，也对平安众多高管进行过采访。在这里，我们也谈谈和他以及和其他平安高管接触过程中的一些感受。

一是热爱事业，超级勤奋，生活简单，不断学习。

建构一个组织的文化，最见效的方法是以身作则 (set an example)，优秀公司的文化在某种程度上都是企业家本人的延伸。马明哲是那种在手术后的病床上，都想着如何改进寿险业务效率的企业家。他身上的气质构成了公司的文化内核。

2019 年 9 月，网上有一篇刷屏文章——《马化腾凌晨 4 点看产品　马云一年飞行 1000 小时》。在勤奋程度上，和比他年轻许多的互联网巨头掌门人相比，马明哲有过之而无不及。我们从他身边的工作人员处了解到，他现在每天晚上工作到凌晨 2 点，早上 7 点半起床，每天只要在公司就有 6 到 8 个会议的安排，每周还会面试 10 到 20 个管理岗位的候选人。对他来说，工作和生活完全不分，甚至离开工作就找不到生活的乐趣。由于习惯了工作节奏，他回到家休息反而有些不适应，后来他才意识到，家和公司是两个不同的世界，这才慢慢“降低要求”。

平安集团原联席 CEO 李源祥（2020 年 3 月起出任友邦保险全球 CEO 兼总裁），有一次和马明哲去北京参加监管部门召开的会议，事关一项新政策的制定。“这个政策比较重要，马总也要做一个简短的发言，阐述公司的想法。在很多企业，这种发言稿都由秘书写好，董事长看一看、改一改、读一读就行了。但他不是这样，而是和我从晚上 11 点多讨论到凌晨 2 点，一边讨论，一边自己把发言要点一句一句敲进电脑。”

李源祥说，他见过很多大企业家，像马明哲这样事无巨细，对工作精雕细刻的很少。“他平时开会或见重要客人，一定会提前和高管们讨论要点是什么，并先归纳好。按理说人都有惰性，我有时候也会觉得自己经验丰富，久经沙场，开会时临场发挥发挥就好了，但马总永远不会这样，永远都要认真准备。”

“他像管理企业一样管理自己，非常有韧性。”这是平安集团总经理兼联席 CEO 谢永林的感受。他说马明哲多年来一直有个习惯，就是每晚睡觉前，把当天的事在脑子里过一遍；每周都会在固定时间，把一周的重要事情过一遍；每年的最后一天，一定会做全年的个人总结。

马明哲多年的“战友”、现任平安集团监事会主席孙建一说，马总对生活的要求极其简单。一天开 12 小时的会，可能中午只吃两块三明治或一个汉堡包。“我们都说他既不会玩，也不会吃。除了必要的应酬，很多时候他就吃快餐。他也不太会点菜，不太会喝酒，一喝就容易醉。他酒量不是很好，但对别人敬酒很少推辞。平安回归 A 股上市庆祝酒宴上，他多喝了几杯，话多了一些，边喝边说：‘我这辈子不想做别的事，只想把平安做好，让这个民族企业和国际公司一样好，甚至比它们还要好。’”

马明哲的时间似乎永远不够用。他和高管说话，往往一句话刚说完就走，只留下转身离去的背影，因为他脑子里又跳出了下一件事。

孙建一问过马明哲累不累，他说累。孙建一劝他，有些事该放就放，不必都亲自参加。他说：“我习惯了，不参与好像觉得差点什么东西。”有了邮件系统、移动办公工具后，很多高管会在凌晨 2 点多收到马明哲的邮件，过问的都是工作上的事情。“有时会担心他的身体是否吃得消，问他为什么那么晚还不睡觉，他说突然想起一件事情，怕睡醒忘了，就重新爬起来发邮件。”

马明哲的好奇心和学习能力极强。平安初创时，他经常坐火车到全国各地出差，路上总抱着一本英语词典背单词。通过自学，马明哲可以用英语和外籍高管顺畅沟通。只是在最近几年，他意识到在英语上花了太多时间，机会成本太高，所以在对外交流中转为依靠翻译。多年前，黑莓手机刚刚兴起，他看到国外大公司高管都在用，就给每位高管配了一个，方便邮件联系。

孙建一说：“我们在一起工作了这么多年，凡是见到有意思的东西，他都要去琢磨，去学习。他不是金融科班出身，是半路出家，但他真是这方面的顶级专家，在综合金融方面研究得头头是道。”

平安集团副董事长任汇川认为，马明哲身上有四个特征，是他能“掌控”住平安的直接因素：好奇心、智力、EQ（情商）、韧性。“谁做得优秀，他就要去看去学。每个人的学习精力都是有限的，于是他和平安就利用顾问公司来帮助提升学习速度，国际上知名的顾问公司可以给他很多有价值的、最新的信息，让他很快掌握最新趋势。”

马明哲对自己永不满足。他的口头禅就是“昨天的马明哲绝对领导不了今天的平安”。为此，他对每个业务板块，尤其是对互联网等可能颠覆现有商业模式的新事物，全力学习，亲自参与。

二是对战略和创新充满兴趣，不怕失败，集梦想家和实践者于一身。

马明哲不爱交际，不爱扎堆，一个原因是为了把时间空出来，想战略的事情，想 5 年、10 年甚至 15 年后的东西。他最热衷的就是给平安集团以及各个子公司做规划，勾勒未来的路径和模式。平安内部有种说法，“平安的发展跟不上马明哲的思路”。行业里的说法则是，“如果你想知道未来金融业的趋势是什么，去看下马明哲在干什么”。而且马明哲的规划不是纸上谈兵，有清晰的流程、严肃的考核、严格的执行。

孙建一说：“平安的每个业务板块，马总都带领大家做中期的五年战略发展规划，而且还要每年更新。五年规划之下，还要有与之相匹配的每年的具体计划。未来五年你在行业的地位是什么样的，要通过什么路径去实现目标，必须想得很细。”

不少平安高管告诉我们，马明哲对每笔投入、产出的要求都很高，很在乎创造出来的价值高不高。他认为，只有在平安股东价值、客户价值、员工价值都得到满足的情况下，平安的商业模式、业务模式才能长久地实施下去。如果看到原来设定的经营模式很难走通，他会马上纠错。他叫停过数家公司，哪怕是他自己想出来和曾经看好的。

作为梦想家，马明哲和乔布斯、任正非、马云、马化腾等企业家一样，深信科技发展能够为人类创造福音。他对自己描绘出来的未来坚定不移，为愿景所驱使，为创造性地解决社会问题感到快乐。只要平安进入一个新领域，他必定第一个“跳进去”。

同时，马明哲又是不折不扣的实践家。平安现在有30多家子公司，他总是说，有喜也有忧，实践出真知，有经验要及时总结，在十字路口发现走错了，就要赶快调整。

平安集团董秘兼品牌总监盛瑞生说，马明哲的内心超级强大，敢于尝试，也不怕承认失败。“马总全情投入，但做到一定阶段，一定会总结、复盘，到底这件事情的方向有没有走错。他经常说，‘不怕花错钱，只怕走错路’。如果觉得这件事值得做，那就花大钱去做。只要走的路是对的，就不用怕花钱，暂时亏了，以后可以再赚回来。但如果方向没把握准，未来再要转变方向的话，那么成本就会大很多，甚至对整个公司来说是毁灭性的。如果承认失败，马总总是将失败的原因归到自己身上，不给具体执行者过大的压力。”

马明哲有很多奇思怪想。有段时间，他花了相当多时间研究中医。中医讲究“望闻问切”，看舌苔便是“望”中的重要一环，他就提出：“假如AI读了十万张舌头的片子，是否可以根据中医理论，读懂某个人的身体表征情况？”

三是强烈的个性和精神驱动力。

马明哲数十年如一日超常工作状态背后的动力何在？孙建一说：“我一直认为，马明哲是用自己的灵魂入股了平安。除了平安，他真的没有什么其他爱好，他把工作当成了最大乐趣，视工作为生命。”

顾立基说，马明哲是个普通人，喜怒哀乐都有，但平安能走到今天，和他的性格高度相关。“他个性非常要强，也很强势，但强势的个性并不是专断独行，是为了一个远大的目标。他为人也很公平，所以大家心服口服。

‘平衡’也是他非常注重的，也是难度最大的。”

谢永林、任汇川等人，长期和马明哲近距离工作，所以在他们眼里，马明哲肯定不是“神”。“但在他的意识里，早就把身家性命、个人荣辱等一切都绑定在了平安的成败上。他的精神世界，排除了一切其他东西，就是集中精力做好平安这一件事。他的‘神秘感’并不是特意营造出来的，而是的的确确一心一意放在工作上，心无旁骛。他喜欢看本质，本质之后的本质。”任汇川说。

马明哲身上有一种特质，就是成功欲很强，不服输，非常喜欢赢。谢永林说：“马明哲始终保持高强度的工作状态，一方面是因为志存高远，另一方面则是危机感的驱使。他总是担心，有某种潜在的力量会颠覆平安。于是他要主动变革，无休止地创新。”

四是注重制度和团队建设，个人保持低调。

马明哲对我们说，他希望外界能把更多关注度，放在平安集团和各子公司的管理团队上。他说，平安这些管理者，基本上个个都是行业中的佼佼者，并且是跟随平安在市场上千锤百炼打拼出来的，他们是平安的栋梁和未来。

早在 2009 年我们就问过他，关于低调的问题。他当时说：“宣传个人看起来效果最好、成本最低，但将个人的荣辱兴衰与企业发展绑起来，是对企业的不负责任。从平安像个婴儿开始，我就看着他成长，成为对社会有价值的人。我的责任是不断完善和加强平安的团队、文化、制度，建立一个可持续发展的平台，无论我个人未来何时退出，平安都会像一艘有自驱力的航空母舰，勇往直前。人就是人，是人就会有这样那样的缺点，都有犯错误的时候。一家公司如果和具体的个人牢牢绑死，长期而言，一定不是好公司。平安要成为‘百年老店’，永续经营，就不能依赖于某个人的品牌和作用，而要靠整个团队的力量。”

顾立基说：“平安那么大的体量，还能每年以这么快的速度增长，毫无疑问是因为平安有一大批被马总感召起来的追随者，全力以赴地工作。他们对马明哲和平安的认同，超出了‘打工者’和‘老板’之间的关系。他们是为了一个伟大的愿景，在事业上合伙、合作。”

我们多次问过马明哲关于平安和他本人“为什么能够成功”的问题，他回答说，平安还没到谈成功的时候，只是永远处于追求成功的过程之中，因此他个人也谈不上成功。如果有可以分享的心得，那就是“帮助他人成功”。自己要刻苦学习、锐于思考、勤于动手，同时要认识到，“成功绝不是某个人的成功，只有积极地帮助同事、下属成功，你才能成功”。

动念新保险公司

现在让我们再回到平安创立之初的岁月。

1984 年邓小平视察蛇口后，到蛇口洽谈业务的外资企业多了起来。

1985 年初，作为蛇口工业区劳动人事处调配一组组长，马明哲被派去接待联合国劳工署的一个考察团。在对蛇口工业区实行的社会保障资金管理方式做了一番了解后，劳工署一位副署长提出异议说：“按照国际惯例，这笔钱应该由独立的实体来管理。”

这里需要交代一个背景。蛇口工业区建立初期，一些安全生产事故造成工人受伤，从而生活失去保障，这就需要工业区想办法加以解决。为提高工人保障水平，1981 年工业区要求区内的工厂为每个工人缴纳养老、医疗、雇主责任险等费用，缴纳比例为劳务费的 20%，由此建立起类似“资金库”的保障制度。这也是全国最早的社保基金的雏形。

这一制度很快得到区内企业的赞成和拥护，这部分费用由工业区劳动人事处（后来是劳动服务公司）代收。经过几年累积，资金库中的资金已经不少了。

副署长的意见得到了工业区的重视。1985 年，招商局社会保险公司挂牌成立，全权接管蛇口工业区劳动人事处的社保相关职能，并参考了香港劳动保险的一些经验。这年刚好是马明哲的而立之年，他被调到社会保险公司担任经理助理，1986 年升任副经理。

1985 年前后的蛇口工业区，劳动服务公司和社会保险公司要为区内上百家企业提供服务，不管是外商独资企业还是中外合资企业，只要在工业区范围内，用工都必须缴一笔保险金。保险金由劳动服务公司收缴，保险金的投资则由社会保险公司负责，通过资金运作让保险金保值增值。社会保险公司汇聚了工业区内的大量统筹资金，相当一部分将来要用于支付职工退休金，但把钱只是放在银行里，肯定是要贬值的。

有这样担忧的人，并非只有马明哲一个，但大家似乎也没有更好的办法。于是，在将大多数资金存入银行吃利息以外，还有部分资金被用于实业投资，例如投资领带厂、丝绸厂、百货商店等。但这类资产的投资回报很不稳定，变现能力也差，显然不可能满足统筹资金的要求。

此外还有一个背景，根据当时的政策，在中国境内投资的外商投资企业给员工购买保险，必须在中国境内投保。20 世纪 80 年代，中国保险业刚刚恢复，市场处于完全垄断，只有中国人民保险公司（人保）一家公司、一种服务、一种价格，没有其他选择。外商们习惯了在海外发达的保险市场中根据自身实际情况选择投保，对“只此一家，别无分店”的反应非常强烈。

新的需求必然倒逼新的供给。蛇口社会保险公司开始仿照香港地区的商业保险，将雇主责任险转变为工伤保险，并从这个险种入手，开始操持办理商业保险。

然而，这一做法不经意间踩到了人保的“地界”上，招致强烈反对。当时人保深圳特区分公司总经理是由保险业的监管单位——中国人民银行深圳特区分行副行长兼任的，相当于经营主体和监管单位集于一身。

人保反对的理由非常充分：工伤保险被认定属于商业保险的范畴，社保公司是无权参与经营的。严重点说，这属于“违反监管规定”。

蛇口社保公司如果要经营商业保险业务，该怎么办？答案是，要经过"监管部门允许"，也就是要获得"牌照"。

蛇口社保公司和人保之间的第一次正面冲突，让马明哲动了申请成立一家新保险公司的念头。既然市场有需求，而在只有一家经营主体的情况下，难以给出更好的价格和服务，为什么不去试试新事物，办一家保险公司呢？

但马明哲的想法最初没有得到所有领导的认同和支持，袁庚一开始也没有同意。他们的道理很简单，如果监管者不许蛇口社保公司从事商业保险，又怎会认可成立一家新公司去挑战自己呢？

很快，马明哲等来了一个好机会。

早在洋务运动时，李鸿章感到"须华商自立公司，自建行栈，自筹保险"，遂发起组建保险招商局。1875 年，由时任招商局总办的唐廷枢和徐润负责筹办的保险招商局成立，开了中国人自己经营船舶、货栈、货物运输保险之先河，打破了外国保险公司对中国保险市场的垄断。当时，有人把保险（insurance）音译为"燕梳"。

1876 年，保险招商局创办了仁和保险公司，1878 年又创办了济和水火险公司。1886 年，仁和、济和合并，成立"仁济和保险公司"。1986 年，正好是"仁济和保险公司"百年之庆，招商局专门开会纪念。马明哲作为蛇口社保公司的代表前去参会，并在会上发言。他回顾了保险招商局的历史，也说了蛇口社保公司面临的困难，然后建议："我们能不能像 100 年前招商局办保险公司一样，让工业区重操旧业呢？"

"是啊，马明哲说得有道理。"不少与会者点头称是。

成立一家新体制的保险公司的想法，在马明哲心里扎下了根。他将想法写成材料，托时任蛇口工业区副总经理的车国宝带到香港，交给袁庚。袁庚看了材料，认为这个构想不错，一些内容非常超前。

1986年，蛇口还发生了一件后来深刻影响了中国银行业发展的大事。当年5月5日，蛇口工业区管理委员会向中国人民银行金融管理司递交了《关于成立“招商银行”的报告》，提出在1985年成立的蛇口工业区财务公司（前身是1984年成立的蛇口工业区内部结算中心）的基础上，创建一家完全由企业持股、严格按照市场规律运作的商业银行。3个月后，中国人民银行发文同意试办招商银行。1987年4月8日，招商银行在深圳蛇口招商路北十栋诞生。这是中国境内第一家完全由企业法人持股的股份制商业银行。

马明哲了解到招商局申办招商银行，希望从信贷和外汇两个领域拓宽工业区融资渠道的进展，而且得知在申请过程中，袁庚曾给北京的相关领导写过信、打过招呼。于是，他专门从蛇口乘船到香港拜见袁庚，恳请他为构想中的保险公司也写一封信。

袁庚同意了。1986年7月16日，他在给国家经济委员会主任张劲夫的信中提出，设立保险公司，既可为蛇口工业区的发展提供金融保障，又可突破中国金融体制的计划限制，探索股份制保险公司的道路。信中还提出说，委托马明哲、车国宝具体推进此事。12月6日，蛇口工业区向中国人民银行递交了《关于合资成立“平安保险公司”的请示报告》。

1986年，马明哲动念办新体制的保险公司、袁庚提出办“社会主义股份制保险公司”，还赶上了一个可以借力的时机。当年7月，国家体改委和中国人民银行总行把广东列为全国金融体制改革试点省，强调试点省要在保险改革方面迈出较大步伐。

在改革春风下，蛇口社保公司要办保险公司，中国工商银行深圳分行也有创办一家保险公司的意向。两个意向同时产生，有一个共同的政策前提，即1985年3月3日，国务院发布《保险企业管理暂行条例》，规定了设立保险公司的条件，为打破垄断扫除了法律上的障碍。只是当时对新生主体的限制还很多，比如新保险公司不能从事法定保险、各种外币保险业务、国际再保险业务等。这些条件非常苛刻，因为一家保险企业如果没有再保险和一定的分保能力，不但无法分散风险，而且也无法取得大客户的信任。

政策在松动，但认识并未统一。中国到底需不需要人保之外的第二家保险公司？如果一家新保险公司只能经营该地区一个市场的业务，不能跨地区经营，它有没有足够的资金投入和保费收入以确保生存与发展？换句话说，就算批准成立，它能不能养活自己？

尽管知道难度很大，但招商局选择了积极尝试的态度，让马明哲亲自跑北京，看看能不能把许可批文给“跑”下来。

“谁叫他姓马，马就喜欢跑”

有袁庚支持，加上蛇口工业区副总经理车国宝是从北京来的，在北京有些人脉资源，马明哲接下来的工作就是“跑”，“让政策落地”。他不怕生面，不怕屡次三番被拒，不断去“跑”。有人开玩笑，“谁叫他姓马，马就喜欢跑”。

在2006年的中国平安寿险明星高峰会上，马明哲亲口讲述了当初去北京“跑牌照”的情景。“1986年7月16日，我向人民银行深圳分行递交了一份申请成立保险公司的报告，之后就带着一个秘书、一名司机，开始了筹建。两年间，三次北上首都，两次直书，屡挫屡战。”这一日因此被马明哲看成自己的“司龄起始日”，比平安正式成立还早一年多。

在深圳递交申请后的不到一周时间，就被驳回了。领导的批复是“建议很好，但目前条件暂不成熟”。

被泼了一盆冷水后，马明哲决心继续争取。这次他越过了人民银行深圳分行，把报告直接交到中国人民银行总行，这也是他第一次上北京。

中国人民银行总行将马明哲递交的报告批转给当时还是半官半商、双重职能的中国人民保险公司。人保的意见是：“建议很好，但目前的法规环境和再保体系均不完善，暂缓。”

申请计划搁置了数月之久。马明哲和同事们仍不放弃。1987 年初，马明哲带着当初袁庚写的信，第二次赶赴北京。由于担心袁庚的信会石沉大海，他决定直接去中南海找领导。

通过不断努力和沟通，来自蛇口的申请方案终于得到了中国人民银行、国务院特区办等部门的支持。在特区办等部门领导的亲自主持下，由国务院相关部委、中国人民银行、中国人保代表参加的专题研讨会召开。

马明哲第三次来到北京，终于把握住了难能可贵的机会。他在会上充分陈述了想法和思路，获得了大部分领导的认同。尽管有些领导还是提出异议，但经过一番争论，会议决定，采取让新公司“限于深圳特区开展业务”的折中方案。

保险业不同于其他金融行业，其经营难度与复杂程度更高。中国人民银行要求蛇口工业区必须找一家金融企业作为股东。由于工商银行深圳分行本来就有开设保险公司的意图，时任工商银行深圳分行行长刘鉴庭当即表示同意。双方决定共同发起成立平安保险。

“平安”这个名字的来历，是马明哲有一次在香港参加一个保险行业研讨会，和香港地区老牌保险公司太平保险、民安保险的参会代表交换名片后，灵机一动，从“太平”“民安”里各取了一个字。

作为一家保险公司，“平安”的寓意实在吉祥和美好。在中国文化中，“平安”始终是人们祈求和追寻的愿望。平安所在，福祉所在。

在平安最终拿到牌照之前，国务院特区办还主持开过两次协调会。在第一次协调会上，包括中国人民银行代表在内的大多数与会者达成共识，认为成立一家商业保险公司的条件和基础是有的，但会议没能解决成立一家新保险公司的一些技术方面的问题，以及能不能开办再保险业务的问题。

第二次协调会召开的时间，是 1988 年 3 月 12 日“植树节”前。会前几天时间里，马明哲都很忐忑，几天都没睡好。会上各方终于达成共识，纷纷表态支持，原来持“不支持”态度的参会代表也把意见改成了“不反对”。

1988 年 3 月 21 日，批文正式下发，平安保险有了“准生证”。一个月后的 4 月 22 日，马明哲和同事们取得了深圳市工商行政管理局核发的营业执照（深新企字 05716 号），公司注册名称为“深圳平安保险公司”，注册资本为人民币 4200 万元。深圳蛇口社会保险公司持有 51% 的股份，中国工商银行深圳市信托投资公司持有 49% 的股份。

1988 年 5 月 27 日，中国第一家股份制、地方性的保险企业——平安保险正式对外营业。这一天被定为“司庆日”。

马明哲清楚地记得，从 1986 年 7 月 16 日递交申请，到 1988 年 5 月 27 日正式营业，一共是 690 天。

蛇口，一个不平凡的地方。20 世纪 80 年代，一段不平凡的创业岁月。

“平安是蛇口的孩子，30 年来，我们从未改变当年从蛇口出发时的精神和品质。永远在创业，战战兢兢，如履薄冰。‘在竞争中求生存，在创新中求发展。’这句话是蛇口基因的集中体现，也是平安文化的精髓概括。在这样的鞭策下，平安一路走来，从无到有，从小到大。蛇口基因能保存多久，平安未来就能走多远。”这是本书出版前夕我们书面采访马明哲，他在回答蛇口和平安的关系时给出的答案。

“平安”二字，初心如童，却有着一股因理想而生的非凡之气。

第二章

改革者当自强

不改革就没有出路。

—邓小平（1987年6月12日会见外宾时的讲话）—

“30多年前，公司在蛇口招商路租来的一间440平方米办公室开业，扣除洗手间和通道，办公使用面积仅200平方米左右。平安提出一年完成500万元的保费目标，这一目标仅是中国人保保费的几千分之一。很多老同事都是内地的干部，刚到深圳，无法解决住宿问题也毫不介怀，白天一起骑自行车跑业务，晚上回公司打保单，夜里就睡办公室地板。”这是马明哲回顾平安创业之初时的记忆。

每个老平安人聊起这样的故事，都如数家珍。

平安人深知，改革者当自强。如果平安创业失败，不只是一家公司之失，而且意味着保险业改革方向的失败。那样，保险市场还将延续一家独大的局面，并非一个真正的市场。

当初批给平安保险“准生证”的时任中国人民银行行长陈慕华，特意让人给平安递话，转达她的希望：“要把平安保险办成改革的产物，而不是改革的对象。”

这句话意味深长，含有两层含义：一是要改革，希望平安锐意创新，带动竞争，体现改革精神，而不是和过去的体制机制一个样；二是也要稳中求进，不能出现大的问题，那样改革也推进不下去。

在某种意义上，这也是整个经济改革中的政策基调。初创的平安，规模虽小，责任重大。

“挑了一块最难啃的骨头”

平安创业初期，商业保险的概念还很超前。在筹备过程中，即使在思想解放的蛇口，也有不少人说闲话，“保险公司自己保险不保险，都是一个问题”，“靠平安这点资本，根本活不了多久”。就连蛇口社保公司的一些员工也不愿意加入平安，因为他们认为自己是收钱去做投资的，“手里有钱才是老大”。更有人说，广东人讲究吉利，卖保险首先要给人家讲风险，可能会被认为是在谈论丧气之事。

蛇口工业区一位领导对马明哲说：“你是挑了一块最难啃的骨头给自己！”

但所有怀疑，都低估了平安的主观能动性。

事在人为。一拿到中国人民银行的批文，按奈不住的平安人就开始到市场上找饭吃。

1988 年 4 月 15 日，深圳特区招商蛇口工业区房地产公司（招商地产前身）和平安签了第一张财产险保单，保险金额为 3072.1 万元人民币，保费为 43998 元。这张保单在当时堪称一笔“大买卖”。

4 月 28 日，平安董事会第一次会议，与会者再次提到“希望把平安保险办成改革的产物，而不是改革的对象”。天行健，君子以自强不息。既然选择了改革，就要勇担改革的艰难，还要严格自律，注重合规和风控。否则，“弄潮儿可能变成闯祸者”。

董事会决定，由工商银行深圳分行行长刘鉴庭出任第一任董事长，马明哲任公司总经理。刘鉴庭说：“平安来之不易。我们要深刻领会‘改革的产物’和‘改革的对象’的不同含义。公司的起点一定要高，路子一定要对！”

第一届董事会成员还包括：深圳工商银行方面的董事谭平、何润成、赵代喜、何沛泉，招商局方面的顾立基、刘昌汉、陈尚武、李振南等人。

在这次会议上，还制订了平安短中长期的战略规划：

初期（1~3 年），在深圳市内建立三个分公司，20~30 个办事处及 50 个代理点，全面开展业务；

中期（3~5 年），在国内四个经济特区、海南省、14 个沿海城市及香港建立分公司、办事处及代理点，经营人寿险以外的一切险种；

长期（5~8 年），基本在全国范围内建立分公司、办事处及代理点，经营国内所有保险险种。

一年多后，1989 年 8 月，在第一届董事会第五次会议上，上述规划被修订为平安的十年战略。这也是平安第一个十年战略，其中提到：

短期（1989 年 9 月—1990 年 12 月），形成总公司—分公司—办事处架构；

中期（1991 年 1 月—1993 年 12 月），将“平安保险公司”改名为“中国平安保险公司”；

长期（1994 年 1 月—1998 年 12 月），将“中国平安保险公司”改名为“中国平安保险集团公司”。

平安的架构后来严格按照了这份时间表的进度，每一步几乎分毫不差。

先生产，后生活

创业初期，平安员工住的是 6 至 8 人一间的集体宿舍，有的人直接睡在了办公室。事实上，当时的首要工作还不是推销保险产品，而是向大众普及“什么是保险”“为什么需要保险”等知识。他们四面出击，苦口婆心，几乎天天加班。

当时，平安租用的办公大楼里有一家银行的金库，每晚 7 点要检查清场，全楼不能再有人。平安的员工只能晚上 6 点半关灯，藏起来不作声，等保安巡过了，再开灯工作。公司第一笔资本金到位了 3000 万元，是一笔不小的数目，但平安人不舍得随便花股东一分钱，公司仅有一台汽车，平时开出去，只要一到目的地就立马熄火，为的是节省油费。

团队成员每天挨家挨户拜访“准客户”。人们觉得很新鲜，偶尔还有人问：“你们卖的保险柜都有什么尺寸？”有业务员到公安局展业时被质问：“一个城市怎么可以有两家保险公司？如果有两家公安局，谁管谁？”

保单是跑出来的。平安的业务员一上班就离开办公室，每人骑一辆自行车，顶着烈日，穿街走巷，挨家挨户“扫楼”。中饭常常是随便在外面买两块面包。晚上回来每个人的脸都晒得通红，每天起码要完成拜访十个以上客户。

由于公司没什么名气，业务员必须揣着营业执照的复印件去展业，证明自己不是“无照经营”。看到他们实在辛苦，工商银行深圳分行把一辆要淘汰的面包车拿来支援，他们立即把公司名称和标识直接刷在车身上，当作广告。

现任平安产险董事长孙建平就是当初最早出去展业的一员。20 世纪 80 年代他从大学毕业后，在上海一家国有大型造船厂工作。船厂有一两万人，论资排辈，住房按职级和年限分配，从师傅们的现在就能看到他的未来。

1988 年三四月间，已经工作三年多的孙建平想动一动，来到蛇口。他寻摸到当时还没有开业的平安，33 岁的马明哲面试了 26 岁的他。和孙建平一起被面试的其他几位应聘者都有保险从业经验，很快就被录用，而他是搞船舶的，显得专业不对口。但马明哲和他聊着聊着，觉得懂船舶的人将来可能会在水险业务上用得着，就让他留下了。

孙建平回上海办离职手续，流程烦琐，以致错过了平安开业剪彩，也没赶上合影，至今都觉得有些遗憾。但入职后，他并没有去做水险，而是直接去做了业务员。平安的要求是，三个月到半年是试用期，保费要做到 50 万元，不达标就要离开。“这是大家都要遵守的规矩，”孙建平对我们说，“就算现在让一个完全没有经验的人去做 50 万元保费，都不是轻而易举的，而平安当时就定了这么高的目标，能通过的人都挺厉害的。”

孙建平被派到深圳总代理处。说是总代理处，其实只有四个人。领导丢给他两本关于保险的书和五盒名片，让他一边跟着跑，一边跟着学。

当时深圳的企业客户主要有两类，一类是来料加工企业，一类是贸易公司。孙建平主要跑中央企业在深圳的贸易公司，虽然每笔业务保费都不小，但攻下来却不容易。国贸大厦是深圳的地标，也是外贸公司最集中的地方，有几百家各类贸易公司。孙兵（后任新华保险总裁）和孙建平就从位于 51 层的深圳房地产公司开始往下“扫楼”。

“过去只有人保一家在经营，客户有啥材料，要自己跑一趟到人保去交。平安的业务员愿意上门取资料，随叫随到。”孙建平经常为客户取衣服、搬家，不觉得作为名牌大学毕业生帮人跑腿掉价，反而觉得，客户让帮着跑个腿、办点事，是一种信任，因此只要客户一提出需求，特别心甘情愿地去干。

虽然辛苦，但平安当时的“两创”（创业、创新）和“三能”（人员能进能出、干部能上能下、薪水能高能低）气氛，打破了“一个人，一家单位，一辈子”的老传统，令人耳目一新，吸引了一大批有志青年加盟。

“大家心里都明白，平安保险是个新生儿，用什么来证明它的生命力呢？一是靠一颗对客户的真诚的心，二是靠每个人忘我的工作。除此之外，别无他途。”这是马明哲后来的总结。

对客户（customer）的服务一定要定制（customize），才能使客户感到亲切。马明哲给大家讲了一个故事。香港丽晶酒店的一位经理在和一个客人共餐时，问客人最喜欢喝什么饮料，客人说是胡萝卜汁。几个月后，客人再次住进丽晶酒店，在房间冰箱里，意外地发现了一大杯胡萝卜汁。客人后来感慨：“不管什么时候住进丽晶酒店，他们都为我备有胡萝卜汁。十年间，尽管酒店的房价涨了三倍多，我还是住这里，就因为他们为我准备的胡萝卜汁。”

马明哲借此分享说，平安身处的也是服务业，以客户为中心就是立业之本，每个客户都有独特的需要，关键是你能不能用心记住并加以满足。

在平安成立30周年之际，马明哲写了一篇《铭记初心，我是一名保险推销员》。文中说，不忘走过的路，不忘从事保险的初衷——“推销的不仅仅是一个保险产品，更是一份对亲人的关爱和责任，一份对未来的保障和承诺”。

除了平安人的努力，在初创期，作为股东的工商银行深圳分行对平安的业务拓展起到了很大作用。他们在积极经营银行业务的同时，大力推介平安保险。特别是刘鉴庭，多次在银行的信贷工作会议上强调，要把保险业务作为深圳分行日常工作不可缺少的一部分。这对扩大平安的知名度和影响力很有帮助。

Peter Ma 的由来

和艰苦的办公条件以及社会对保险的不了解相比，内部缺乏懂保险的专业人才，是更加火烧眉毛的事。

马明哲把招聘专业人才当成重中之重。他自己虽然经营过社会保险，但如何经营商业保险，仍然是个新课题，因此也更加明确了“必须要找到真正懂商业保险经营的人才”的目标。

求贤若渴的平安曾花费几万元在深圳报纸上登广告，但前来应聘者寥寥。即使管理团队到内地一些大中城市主动招聘，也收获不多。

依照当时的人事管理制度，人保的员工要加入平安，必须辞职，舍去一切福利待遇。同时蛇口的进人指标又特别少，而且进一个人还需要6个月的试用期。这都是延揽人才的障碍。

为此，平安向蛇口工业区专门打报告，请求准许他们一次性发正式调函。领导考虑再三，最后批准了，条件是马明哲必须自己写担保书，为这些愿意加入平安的人“作保”，他们出任何问题，马明哲要负责。

平安成立时只有 13 名员工，后来增加了 10 名。他们打趣说，“到 1988 年底，作为中国第二大保险公司，我们已经有了 23 名员工”。

1988 年 9 月，平安创办了内部刊物《平安之友》，栏目有英语角、保险实务、案例摘登、保险故事、名人名言、表扬稿等，哪些员工将在下个月过生日，也一一登出。内刊起初只有 4 个版，后来增加到 8 个版，不但记录公司大事，也关注小节，比如在“文明寝室评选”中，刊登提醒男员工文明使用洗手间的 tips（贴士）。

我们在翻阅《平安之友》时，发现相当多篇幅都用在了英语学习上。1989 年 6 月加入平安、后来担任过平安副总经理的王利平说，当时的气氛是对外开放，学习海外的先进技术和经验，所以学英语蔚然成风。马明哲带头学，他把《新概念英语》的单词记在一张张小卡片上，一张卡片十个单词，十张卡片一小捆，每天带几捆在身上。当时马明哲是自己开车上下班的，经常会捎带顺路的同事，很多人都记得，当时他在开车时，也开着录音机练英语听力。

蛇口的外资企业、合资企业非常多，为了业务来往方便，很多员工为自己起了英文名。在中国企业界，马明哲、马云、马化腾被并称为“三马”，他们的英文名分别是 Peter Ma、Jack Ma、Pony Ma，Peter Ma 是 1990 年 7 月取的，马明哲为此还写了一则“Peter 公告”在《平安之友》刊登。他幽默地说：“诸位同仁，今后除了‘马明哲’外，还可以称我为 Peter Ma，若在此之前已有某位同仁叫 Peter 的，可找敝人抗议，Peter Ma 愿与之寻求解决的途径。”

蛇口工业区的外向型环境，使马明哲很早就意识到“公司外交”的重要性。除了要在内地做好公关沟通工作，还要面向海外。取个英文名就是为了对外交往的便利。

平安成立后短短一年多时间，和海外 300 多家保险机构建立了业务联系，接待了多个国家的保险公司、保险经纪人公司的高管，与港澳地区保险机构的来往更是频繁。所有这些，使平安一开始就有了国际化眼光。

保险的专业性很强，为此，平安多次组团赴海外学习。1989 年，马明哲赴纽约保险学院学习，由于英文还不过关，上课听不懂，下课还要借同学的笔记抄。最后，花了两个月左右时间，他才弄懂大部分内容。“当时听不懂、说不出，非常痛苦，专门找了个翻译在课前课后帮助，但这打开了自己的视野。”

理想主义的气息

20 世纪 80 年代末，在中国，合资、独资企业实力雄厚，很有风险意识和投保意愿，但它们对保险公司的要求也很高。不少“三资”企业的资本都大于平安保险，它们投保时会问：“你们用什么方法实行分保？”“哪些国际大保险集团是你们的分保公司？”

平安的资本金是 4200 万元，而一个厂房的保险标的就要一两亿元，这让客户如何放心?

没有资本方面的优势，平安人只能靠把服务做到极致去争取客户，不管刮风下雨、上班下班，只要一接到客户通知，就以最快速度赶去。平安真正的产品，就是充满诚意的服务。即使一些企业没有购买平安的保险产品，也会因为这些年轻人的诚意，对平安留下深刻印象。

1988 年底盘账，平安用半年多时间做了大概 500 万元保费。虽然规模不大，但作为金融保险业改革试点单位，还是让行业感受到几分惊喜：国内保险市场长期由一家公司独家经营、纹丝不动的局面打开了一个小小的缺口。

“高尚的竞争是一切卓越才能的源泉”（大卫·休谟语）。在深圳，由于平安的冲击，人保也不断改善经营管理方式，特区保险业的整体服务质量和业务水平迅速提高。

之前有人担心“平安成立会使人保的业务量下降”，但从两年后的数据看，人保的业务量不但没有下降，相反，其业务增速达到多年来的最高水平。平安所做的业务中有 95% 以上是新开发的业务，属于市场增量；深圳特区的保险覆盖面也从平安成立前的 22.5% 上升到 54%。

特区投资环境进一步改善，吸引了越来越多的投资者。平安还为国家创造了新增外汇收入和财政收入。

创业初期，平安员工的平均年龄为 28 岁。这些年轻人平日在想些什么？我们在《平安之友》上翻到一篇对一位部门负责人的访谈。

问：在平安工作，你是否感到愉快？

答：当然愉快。我十分钟意在平安工作。在这里可以充分施展自己的才华。记得蛇口有这样两条不成文的规定：第一，总经理永远是正确的；第二，当你和总经理发生矛盾时，请参照第一条。对于这个问题，我曾经向马总请教过，马总直言相告：此话有个前提，便是“一切为了工作”，如果你认为所提建议属合理化建议，对于公司的发展有一定作用，不妨多做说服工作，使领导充分认识到内在意义，争取得到领导的支持和采纳。反之，若你的意见不切实际、缺乏正确性，那就不可能得到理解和支持了。当然，我们平安公司热烈欢迎每一位员工对公司的发展提出好的意见和建议，如果所提意见或建议被采纳，公司除给予表扬外，还给予一定的物质奖励。

问：平安的工作是否使你产生心理障碍？

答：说没有，似乎不太可能。像我从内地来到深圳仅有 9 个多月的时间，感到环境变了，生活变了，一切都变了。尤其觉得自己有许多方面显得落伍。如：观念、认识、时间价值，还有业务中许多新出现的问题等。诸如此类，都出现在眼前，迫使我去思考。如果仅仅依靠过去的业务经验和理论知识来应付眼前的工作和环境，则好景不长，会被淘汰、被“炒鱿鱼”。因此，我时常有一种紧迫感，这就是努力去适应新环境、新观念、新知识，一切为业务的发展而学习，不断地充实自己、提高自己。

这就是20世纪80年代末特区人、平安人的精神面貌。那个时代的主流文化是相信明天，相信奋斗，生怕自己落伍，要通过拼搏实现自我。如同列夫·托尔斯泰所说，“一个人若是没有热情，他将一事无成；而热情的基点是责任心”。这些年轻人肩挑的既是对客户的责任，也是对荣辱与共的平安的责任，还有对自己成长的责任。

那个时代流行的精神营养是《傅雷家书》、路遥的《人生》这样的作品。在年轻人心中形成强烈共鸣的，是《傅雷家书》中这样的话：

“一个又一个的筋斗栽过去，只要爬得起来，一定会逐渐攀上高峰，超脱在小我之上。辛酸的眼泪是培养你心灵的酒浆。不经历尖锐的痛苦的人，不会有深厚博大的同情心。”

1989年的最后一天，天很冷，还下着大雨。

许多公司都已放假，但平安保险蛇口分公司办公室还热火朝天，大家都想在年底最后一天多收些保费回来。团队兵分六路，奔赴国际海运集装箱公司、蛇口培训中心、西丽湖度假村、深圳湾大酒店、华益铝厂、联合饼干厂等企业，忙活了4个多小时，最后全部“搞定”，这一天的保费收入就有60多万元。

那是改革开放的第一个十年，人的觉醒的气息弥漫在城市、校园和新兴工业区。人们追求物质成果，追求美好生活，被内在的激情荡漾，被远大的志向激发。特区的开放环境更让年轻人对未来充满憧憬，环境加上青春无敌的奋斗姿态，塑造了王石、任正非、麦伯良、黄宏生、侯为贵等太多深圳创业传奇。

很多已经退休的老平安人回忆往事，都说20世纪80年代是逐梦前行、精神养分特别充足的年代。“那时干得特别带劲，特别有盼头，只要努力就能见到收成。”

从蛇口到全国

改革开放后，中国经济经历了从农村到城市、从商品市场到要素市场、从企业改革到金融改革的不断演进的过程。

李克强曾在十二届全国人大三次会议闭幕后答中外记者问时说：“正是因为承包制政策的实施，调动了亿万农民生产和经营的积极性，也因为允许人口流动，亿万农民工进城，创造了中国经济的奇迹。”由下至上的探索试验和由上而下的包容支持，交相呼应，磨合互动，达成平衡，然后再探索，再平衡，循环往复以至无穷，这就是中国经济制度变迁的基本特征。

平安的发展史，是一部不断探索创新、打破原有边界、找到新舞台、开拓新空间的历史。企业家精神是平安发展的引擎，而没有各级政府特别是监管机构的认可，这辆新型跑车也行而不远。

可以说，平安的空间是自己“争”出来的，也是监管机构“放”出来的。

1989年初，马明哲提出“立足深圳、辐射全国”的口号。在中国人民银行的批文中，平安是“深圳平安保险公司”，按理说在整个深圳都可以开展经营，但实际上只能在蛇口展业，连宝安县都去不了，常常有人以“蛇口开的公司凭什么到我们宝安来拉保险”为由进行质疑。区域局限，大大束缚了平安施展手脚。

马明哲把“走出蛇口”的想法向袁庚做了专题报告。袁庚认为，平安是要做大的，蛇口实在太小了。他完全同意、积极支持平安保险迈出“把总部迁往深圳”的关键一步。各位董事也赞成平安保险应当“打出去”，到全国闯一闯，“就算出点差错也不要紧”。

但走出蛇口、迁往深圳，无论是对平安还是蛇口，都要承受一定压力。当时有一篇报道称，“平安保险从蛇口迁到了深圳，使得蛇口成为南方金融中心变成了泡影”。靠着袁庚和董事会的支持，平安才放下了包袱。

为了表示支持，袁庚出任平安的名誉董事长，并连续三年参加平安董事会，每次最后都表态说：“平安是一家很好的有前途的公司，以马明哲为首的年轻人，有理想和追求，有激情，想做些事情，我们要给他们空间，要对他们包容，不要让老的体制来干预它，招商局、工行、市政府都不要干预它，我们一起来为这些年轻人保驾护航。”

生于蛇口的平安，带着蛇口精神又走出了蛇口。

为了实现走向全国的战略目标，平安必须在各地设立机构，然后才能经营业务。但人民银行的口子一直没有放松。平安的《公司章程》也有限制，就是公司只能在深圳开展业务。为此，整个管理团队一直在寻找突破的时机。

保险公司没有网点就无法很好地开展理赔，这对保险公司的声誉有很大影响。之前平安采用的方式是和具有全国网点的人保签订全国性的检验理赔协议，让人保代为查勘理赔。但1989年初，人保宣布取消代理关系。这使平安的很多业务没法继续再做，因为即使接了单，如果承保的车辆、货物在内地出了问题，人保也不会再给平安提供检验、理赔服务。

孙建平回忆，当时的交通不像现在这么发达，等平安自己派人花几天时间赶到现场处理时，往往已经造成了货物积压，平安要承担大量罚款的损失。

“不能再这么下去了。”平安向监管部门请求，在部分沿海城市设立代表处，开办理赔、检验业务，但一直没有得到反馈。

唯一能突破的口子是海南。1988年海南建省，从广东的一个行政区成为共和国最年轻的省和改革开放的新前沿。这年10月5日，马明哲一行三人为筹建平安保险公司海南省分公司赴海南省考察，并与人民银行海南分行、工商银行海南分行进行了多次商谈。

一个月后，11 月 21 日，中国人民银行总行批复深圳人行（88）深人融管字 75 号文《关于对平安保险公司在海南设立分支机构的意见的函》，同意平安设立分公司。这是平安保险在特区外设立的第一家分公司。

一个海南市场当然不能实现平安的全国梦。但踏破铁鞋无觅处，机会一直垂青有准备的人。

1989 年 3 月 21 日，时任中国人民银行副行长刘鸿儒到招商银行检查工作。马明哲听说后，抓起外套就赶过去“截胡”。他说，平安保险离招商银行就 100 多米，希望领导们能移步视察一下。

刘鸿儒被马明哲的热情和诚恳所感染，移步平安。在并不太长的时间里，马明哲做了精准汇报，针对平安面临的困难提出了三项请求：追加公司注册资本，由原来的 3000 万元人民币和 3000 万港元追加至 1 亿元人民币和 1 亿港元；在国内部分沿海开放城市建立办事处；增加开办人身险、石油险、航空险等业务。

平安很快等来了好消息，开设办事处的申请获得了批复。几年后，人行建议平安规范运作分支机构，这些代表处又申请变更为分公司。

保险业同行经常说，平安总能先做一步，“真的是太能‘捡便宜’了”。事实上，“便宜”不是捡来的，是千方百计争来的。

1989 年 5 月 27 日，平安第一个司庆日。这一天，海南分公司正式成立。

改到深处是治理

雄厚的资本、强大的股东、合理的资本结构，对保险公司发展起着至关重要的作用。

在开展业务的过程中，马明哲深深体会到，资本金不足会大大制约平安发展。

从公司史料看，马明哲很早就看到了寿险业的未来，尽管没有成形的思路，但他感到这可能是一个大市场。他向董事会报告："随着深圳地区、沿海开放城市居民生活水平的提高，保险观念的深入影响，已逐渐形成了开办人寿保险的市场。但按（人民银行）总行规定，开办人寿险业务实缴资本至少在 5000 万元资金以上，目前公司的资本远远不足。应择机扩大资本，吸收股东。重新核算资产，其中包括有形和无形资产，对公司实行股份化，现有双方股东拥有控股权，把公司现有总资产提高到 5000 万元人民币、5000 万港元，再从社会吸收 5000 万元人民币或 5000 万港元，把注册资本加到 1 亿元人民币及 1 亿港元。"

保险行业的经营特点决定了保险企业初期投资巨大，而且不可能快速获得回报。平安要增资扩股，仅靠蛇口工业区已经不够，可行的目标股东是国内大型企业。但当时真正有资金又有战略眼光的投资者并不多。马明哲一度四处碰壁。

通过一个偶然的机会，马明哲得知时任中国远洋运输总公司总经理刘松金到蛇口公干。中远不仅规模大，旗下有 600 多艘远洋船舶，每年要支出大额保费，而且还成立了中国船东保赔协会，办理保赔保险，有一批专业人才。刘松金精于远洋运输业务，和船东协会有大量业务往来，对保险业的理解和研究也非常深。

马明哲和刘松金在蛇口海边的一个酒店碰面。马明哲把增资扩股设想做了阐述，刘松金表示完全同意，马上打电话指示中远公司组织一个专门小组研究入股平安事宜。

在平安董事会上，董事们一致同意中远参股平安。大家说，平安如果能借助招商局和中远在航运上的优势，发展海上保险，再借助工商银行全国业务网点星罗棋布的优势，发展开拓人身保险，就能逐步办成有自己业务特色的保险公司。

1989 年 9 月，中国人民银行深圳经济特区分行批准《关于平安保险公司吸收中远公司参股问题的报告》，中国远洋运输总公司成为平安股东，占权益总额的 25%，平安注册资本增加到人民币 7395 万元。

紧接着，平安又引入深圳市政府作为股东。在 1991 年第一届董事会第八次（扩大）会议上，董事们一致同意深圳市财政局参股。深圳市财政局向平安保险总公司投资 3000 万元（包括 50% 外汇）资金，以 1991 年 7 月 1 日作为正式参股时间。

1991 年 7 月 28 日，平安向中国人民银行总行递交了《关于深圳市参股我公司的请示报告》。8 月 29 日，中国人民银行出具《关于平安保险公司增股的批复》，批准平安增资引入深圳市财政局，其占公司权益总额的 14.91%。

在增资扩股过程中，马明哲还提出了一个对平安后来的发展影响深远的建议——员工参股计划。

马明哲做过多年的人力管理工作。到蛇口工业区劳动人事处工作后，在和诸多外资企业特别是港资企业打交道的过程中，他意识到，员工是企业最宝贵的财富，要使员工不断进取，就要将员工利益和股东利益结合在一起。

当时蛇口工业区有一个类似保证金的制度。蛇口最早打破“铁饭碗”，吸引了很多外地人才。按规定，每人要向公司交一笔 3000 元的保证金。这在当时不是一笔小钱。为提高保证金的使用效率，平安于 1989 年成立了“员工风险基金”。1992 年平安改制时，经董事会批准，“员工风险基金”改造为“平安职工合股基金”。1992 年 12 月 31 日，中国人民银行深圳特区分行出具《关于同意以“平安职工合股基金”名义申请法人注册的批复》，批准平安职工合股基金（即深圳市新豪时投资发展公司）获得法人地位，成为平安股东。

孙建一回顾说，平安在员工持股方面的探索，和当时整个蛇口鼓励开拓创新的氛围是分不开的。没有政策支持，平安也不会贸然而行。当初平安员工持股计划的认购并不好，没有得到员工们特别积极的响应。

“毕竟公司还处在初创期，那时大家对资本市场还没有认识。很多高管要率先示范，一开始是向银行贷款来认购，后来索性连自己的奖金也不拿了，奖金直接往持股计划里转。”

平安做大上市后，有人说“管理团队是借助员工持股计划来控制公司”。孙建一说：“当初的持股计划是费了九牛二虎之力才做完的，甚至可以说是靠着‘硬摊派’才完成的。管理团队在持股计划里只有百分之几的股份，根本谈不上控制。”

有蛇口基因的平安、万科、华为等公司，都有一个共同特点——股东多元化，管理现代化，具有企业家精神的创始人的薪酬也是市场化的，但持有的股权很少。

曾任蛇口工业区地产公司总经理的周为民回忆说，在公司治理方面，袁庚主张国有企业改制，最好是多种成分的混合所有制，不一定实行私有制，不要由一个大股东说了算。

创始人股权很少，还与他们的出身高度相关。马明哲是蛇口工业区社会保险公司的，王石是广东省外经委派到深圳办公司的，任正非复员转业后先在深圳南海石油后勤服务基地工作。他们都很有追求，但多多少少都带有国有单位的痕迹——他们创业的第一目标不是个人成为富豪，只是想找到一个大有作为的新发展空间。事业成就是最大的驱动力，不像纯粹的个人创业者那样重视个人股权。

从 1989 年到 1992 年，平安从招商局、工商银行两家股东，新增了中远、深圳市财政局以及员工合股基金三家新股东。五家股东让平安波澜不惊地走出了成立初期资本不足的困境，开始步入快速发展时期。

蛇口工业区流行的和国际接轨的公司治理方式，也对平安产生了深刻影响。比如股东方和管理层的关系，1990 年平安董事会就明确规定，凡参与公司经营的股东单位派来的代表，一律按股份制企业原则办事，与原单位切断一切“供给关系”——“不缺位、不越位、不错位”，以保证平安管理层既能采纳各家股东意见，又能集中统一领导，避免“近亲繁殖”，使平安的运作机制能保持独立，真正做到经营者和所有者分离。

按照平安董事会决议，股东无论大小，都秉持“三不”原则，即不干预日常经营管理、不派管理层、不与平安发生关联交易。

“管理层通过符合行业特点的专业化运作，来实现所有者资产的保值和增值，这是平安快速发展背后的一个关键。从一开始，董事会、监事会联席会议就达成了一个决议，股东不干涉经营。而管理层则对全体股东利益负责，维护财务报告的诚信和外部审计的独立，及时透明地披露信息。”顾立基说。

盛瑞生介绍说，公司治理结构没有“最好”，只有“最合适”。中国的公司治理结构以英美法系模式为主，以大陆法系模式为辅，既有董事会，又有监事会。平安为避免董事会、监事会职能重叠、权责冲突，同时坚持党的领导与国际化公司治理相结合，逐步形成了股东大会、董事会、党委会、监事会、执行管理委员会“五会一体”、各司其职、规范运作的治理结构。经过实践检验，这样的结构是成功的。

股东不干预具体经营，管理层则要切实履行对股东的责任与承诺。马明哲打过一个比方，平安是“铁打的营盘、流水的股东”。“铁打的营盘”指的就是平安的管理体制、商业模式和优秀的人才团队。

袁庚曾对马明哲说，“没有人能保护你，只有自己能保护自己，靠自己是最好的保护”。这句话马明哲一直牢记在心，管理层只有做好自己分内的事、勤勉尽责、不断创新和超越，才能让股东放心，也才能获得更大的发展空间。

为了进一步促进发展，1993 年，经中国人民银行总行批准，平安在全国范围内募集定向法人股。该年底，深圳市投资管理公司代表深圳市政府认购平安发售的定向法人股 6775 万股，总金额 40650 万元，成为平安保险前五大股东之一。认购方法颇有创新性，不是现金出资，而是把其持有的部分上市公司国有红股 5850 万股，协议转让给平安保险，具体包括深圳市物业发展 (集团) 股份有限公司股票 3600 万股、深圳市石油化工 (集团) 股份有限公司股票 1500 万股、深圳市深宝实业股份有限公司股票 750 万股。股份转让后，平安保险在这三家公司所持有的定向法人股股份，分别占 10.45%、7.71%、6.35%。

深圳市投资管理公司行使对市属企业国有资产的管理、监督、投资与服务职能，本身又是市属国有企业的控股公司。它和平安进行股权相互转让，等于是将国有资本控股的上市公司股份转让给金融机构持有，国有资本又参股了金融机构，是一种产融结合的探索。

而平安通过交换：一是可以增扩部分定向法人股，进一步增强公司实力，大大提高承保能力；二是通过与上市公司合作，有助于促进公司保险业务、证券业务、投资业务的发展；三是通过持有上市公司的股份，作为长期投资，不仅每年可以获得稳定的投资回报，而且渗透到了房地产、石油化工、饮料、商贸等行业，有助于产业多元化的形成。

深圳市投资管理公司和平安之间的股权协议转让，是当时国内最大宗的国有股份转让，开国有股份流通转让之先河，在资本市场上有着深远意义。

20 世纪 90 年代末，由于监管政策的变化，工商银行在平安的股份转给了深圳市投资管理公司。此后，招商局在“持有平安，还是招商银行”之间做出了选择，最终出售了平安的股权；中远集团因为海运市场低迷，遇到经营困难，也选择将股份进行多次挂牌出让。

这三家老股东都带着巨大的收益离开，深圳市投资管理公司则一直位居平安大股东前列。

平安的性质

平安的企业性质，在公司章程、合同中均注明为“股份制企业”，但在过去的工商注册中并未予以明确。为此需要通过在国家工商总局重新注册，明确平安保险的公司性质为股份制企业。

1990 年 7 月，平安开始推进重新注册。1991 年，中国人民银行总行审定和批准了新的《平安保险公司章程》，确立平安保险为多种经营的区域性社会主义股份制保险企业。

这里我们稍微跳出一下，对企业的所有制性质做一点探讨。

在今天入选《财富》500 强的中国公司中，有央企、国有大型金融机构（如六家国有商业银行），有地方国企（如上海汽车），有股份制金融机构（如招商银行、兴业银行、浦发银行、民生银行），也有民企。

在全球经济中，中国这样的微观结构可能是独一无二的，它异常混合且多元，似乎要让每种所有制形式的企业都有一个发展空间。

多种所有制形态的并存与竞争，创出了一种既相互促进又相互制约的结构。在需要灵活决策、快速反应的领域（如互联网和消费品领域），民企占优；在带有一定的公共产品属性、国家安全属性、基础设施属性的领域，因为要长期投资，利润率一般不高，国企是主力军；而在高技术、高价值、高品牌的领域，外资还有一定优势。

各种成分之间也不是截然分开的，它们有各种合作，可能杂交出更多新物种，从而使市场主体的类型更为丰富。新技术的发展更使得很多领域呈现出“无边界竞争”，比如蚂蚁金服和微信支付事实上在推动银行业变革，QQ 和微信则打破了传统电信运营商的服务框框。

竞争，在整体上大大提高了国民福祉。

中国平安因有“中国”二字，会被一些人认为是大的国企甚至央企。确实，几大国有银行、证券、保险机构，或者像中信、光大这样的混业集团，凡有“中国”字头，基本上都是国企，主要股东是国家财政部门。但今天平安的大股东，既不是财政部，也不是深圳市政府或其他国有资本。“中国平安”的“中国”二字，是1992年中国人民银行在平安从地区性保险公司向全国性保险公司发展过程中，批复更名的。

平安姓什么？有人说，平安不是国企，是由马明哲一手创立且长期管理经营的企业，应该算民营企业。但纵观中国的民企，创始人在创业之初大都有大部分股份，至少能控股，即使后来融资稀释股份，也会保留相当比例股权。而马明哲却是一个“打工的”，仅持有非常少量的股份。这些少量的股份基本还是在2015年，证监会为了维护市场稳定，鼓励上市公司管理层持股，平安实施了核心人员持股计划，马明哲和其他管理层一样，用自己的长期奖励从二级市场公开购买而来的。

平安的单一最大股东，很长一段时间是汇丰，现在是泰国正大集团；深圳市政府的持股平台深圳投资控股公司是第二大股东。这两家股东持有的股份比例分别为9.3%和5.3%。中国平安在上海证券交易所及香港联交所的上市招股说明书中明确表示：本公司没有控股股东，也没有实际控制人。

作为一家集团整体上市的企业，平安的股权分散且全流通，其中60%是内地市场流通的A股，股东有中央汇金、社保基金等，40%是香港市场流通的H股。可以说，平安是名副其实的混合所有制企业，或者按国际资本市场的说法，是一家社会性的公众上市公司。

如果你问马明哲平安姓什么，他会说：“平安姓社会，平安姓公，属于全体股东。管理层就是打工仔，不为某一单个股东服务，而是服务于全体股东。”

“体制优势确保了平安管理团队的稳定，确保了公司战略的延续性及经营的稳健性。”这是多年来海内外机构投资者对平安的一致评价。

平安从基因上不是也不可能是私人企业，但又具备了一点也不亚于私人企业的拼搏奋斗精神，时刻追求领先。平安对高管强调最多的所谓“首要之急”，就是“必须确立领先的思想和理念，思考、研究并制定出领先的策略。所有平安人都要力争将‘领先’变成自己的基因。无论做什么事情，一定要牢牢记着‘领先’二字”。

与此同时，平安又有一种“平平安安的规范属性”。由于很早就引入外资作为战略投资者，按照国际化公司治理和财务规范开展经营，平安的管理团队有着鲜明的职业经理人和专业主义特征。平安要求管理干部高度重视风险控制和合规经营，坚守底线，“高处着眼、低处着手”：前者是指清晰的战略眼光，对行业方向及前景有精准的判断，对公司经营管理中的强弱点有清晰的认识；后者是指对产品的设计、营运的流程、促销环节能关注到细节，推进到实处，在落实的过程中追求极致、力争完美。

《欧洲货币》（*Euromoney*）2005 年将平安评为“全球新兴市场保险公司最佳公司治理”第三名。欧洲的专业投资机构认为，平安在公司治理方面的成就反映了两方面因素的结合：一是外资股东的帮助，另一个更关键的因素是平安管理层将好的想法付诸实施的决心。

在中国大公司中，平安可能是最像创业公司的。同时，在创业、创新的公司中，平安可能又是最具规范性、制度性、流程化的。以马明哲为代表的平安管理团队，其准确的角色描述应该是——有企业家精神的职业经理人，有职业经理人素养的企业家。

正念引领正道。企业家型的职业经理人，将勇于创新的企业家精神和恪守正道的职业化、专业化、制度化、流程化做法融为一体，实现了大公司和好公司的统一。

创业两年多之后，1990 年 8 月 1 日，《关于平安保险公司发展模式的初步构思》形成了。

设想中的发展模式是：以发展国内综合性大型集团企业为目标，一方面发挥股份制的优势，突破区域的限制，走与沿海城市、开放城市联合的道路，实行二级分公司二级法人制，即按经济区域建立一级分公司，其他城市建立二级分公司，总公司为一级法人、分公司为二级法人，分公司部分股份转让给地方，组成管理委员会，实行总、分公司横向及纵向综合管理，另一方面开展金融与非金融多方面的投资，分散投资风险，逐步扩大公司实力。

1991 年 10 月 21 日，平安保险深圳分公司经人民银行深圳经济特区分行批准正式成立。深圳地区原有的分支机构分别更名为蛇口支公司、福田支公司、罗湖支公司、宝安支公司和沙头角支公司，统一隶属于深圳分公司管理。

深圳分公司的成立，是平安保险业务发展史上的一座里程碑。

平安之前的架构是：总部有一个业务本部，每个地方设分公司，一个深圳地区就有五个分公司。新架构下，深圳分公司单独成立，和总部的职能进行了区隔，总部不再直接从事业务工作，变成战略管控型的组织；业务则下沉到分公司，分公司统一管理支公司。平安未来“集团绝对控股，各业务板块独立发展并相互协同”的架构模式，此时已有雏形。

1991 年底，国家体改委、人民银行组织了一个联合考察小组，对平安过去三年的发展进行了考察和研讨。绝大多数代表认为，平安保险实行的是一种新型的保险企业运作体制，是有条件向全国发展的。

在得到中国人民银行批准后，平安计划在北京、广州、大连、天津等地设立机构。

王利平去的是天津，当时的场景至今仍历历在目。

“离开深圳，两眼一抹黑，人生地不熟。唯一能证明自己身份的就是人民银行的批文和一封盖了公章的介绍信。我和黄启平（平安天津分公司第一任总经理）先去了北京的代表处，因为天津代表处是他们帮着跑下来的，他们对天津的情况熟悉一点。北京的同事弄了一辆小夏利，载着我们开到天津，拜访了当地政府领导和人民银行领导后，他们回北京，我们留下来，继续推进工作。”

王利平和黄启平先是勤快地跑政府部门汇报，虽有进展，但并不明显。接着，他们孜孜不倦地往监管部门跑，介绍平安是一家什么样的公司、来天津想做什么等。直到 1993 年除夕的前几天，他们还在找监管部门反复解释平安的来意。

原本紧闭的大门开始松动，当地监管部门提出“可以先做业务试试”，等业务做到一定规模了，再来谈设立分公司的事宜。听到这句话，王利平终于有了个好心情过春节。后来还有些波折，但几个月后，天津分公司终于还是办下来了。

在其他城市，平安的团队所碰到的情况和解决问题的方法都差不多，就是不停地跑政府部门，不停地汇报，不停地解释说明，争取理解。

1993 年，应美国保险公司邀请，马明哲等人去美国进行了为期两个月的访问考察，走访了旧金山、洛杉矶、纽约等 5 个城市，实地考察美国保险市场，拜访保险公司高层和专业人员。他们一共参观了近 30 家保险公司、经纪公司和代理公司，并在美国的保险学院高级管理人员培训班学习了一个多月。

这次游学对马明哲触动很大。回到深圳，他告诉同事：“越了解越后怕，美国的大公司主要靠管理，一切都计划得很周密，尤其是电脑技术水平，只要输入指令，要什么有什么。将来科技在企业中的作用可能会越来越大。”而国内的做法是东一榔头西一棒，虽然有冲劲，但经验主义的东西很多，随着规模扩大，管理难度一定会越来越大。他还说，美国保险公司对中国市场兴趣很大，总有一天要进来，平安必须积极夯实基础，步伐要加快，每个人都要有压力和紧迫感。

之前，国务院已正式批准了平安保险冠以“中国”二字。“深圳平安”此时已变成了“中国平安”，名正言顺地成为一家全国性的商业保险公司。这不仅仅是两个字的变化，更进一步确定了平安保险再保险的地位，允许平安保险不受《保险法》有关再保险条款的限制，可以自己办理国际再保险业务。

平安为何对再保险业务孜孜以求呢？因为再保险又叫“保险的保险”，是保险公司分散风险最重要的方式。比如，平安营业初期资本金只有几千万元人民币，而中国远洋的一艘船价值接近2000万美元，万一出了事故，平安没有再保支持的话，就会资不抵债。平安一开始也想寻找国际分保渠道，但由于自己是新公司，知名度又低，未能如愿。找不到其他分保公司，平安就不得不以非常低的价格把业务转分给当时的人保。

明明是自己的业务发展，却要得到竞争对手的同意，这是正常情况下很难想象的。当时，平安需要把自己20%的业务量“法定”地分保给人保。当给自己的客户开承保条件时，平安要等人保同意接受分保了之后才能签单，如果人保不同意，平安保险就没办法和客户签单。就算签单了，20%的业务量也要归人保所有。而人保当时又是平安的竞争对手，大项目承保需要先定好分保比例，这样人保就掌握了平安保险的信息，可以马上调整自己的承保条件，再和平安去竞争。

先天不足的平安和人保之间一度“打得不可开交”，人保甚至通知取消对平安的再保险，最终惊动了中国人民银行保险司（中国保监会的前身）。保险司负责人马鸣家亲自出面，组织两家公司负责人坐下来协调商讨，最终也不欢而散。不过，因为平安在协调会上陈述了诸多理由，监管部门给予了平安再保地位。有了这一地位，平安在国内外再保市场上才迈开了大步。

随着中国证监会、中国银监会、中国保监会的相继成立，以及更多的市场主体的出现，中国金融市场的开放度迅速扩大，很多政策法规陆续配套出台，市场环境不断规范。一个更开放、更公平的市场慢慢建立起来。

确立综合集团战略

作为改革试点，平安的发展之路，既有高歌猛进的豪情，也有磕磕绊绊的挫折。每一次面临危机，平安都要在夹缝中找出路。

一扇窗关闭了，但一扇门却打开了，平安走出国门，远赴伦敦，经过艰难接洽和沟通，打开了国际再保的大门。

1992 年加入平安的任汇川说，在残酷的生存环境中，平安形成了优胜劣汰、市场无常的强烈危机感，这也是平安文化的基因。危机感存在多久，平安就能走多远。

“平安这 30 多年，和国企竞争，和外资竞争，现在又和互联网公司竞争。每时每刻竞争，全方位竞争。平安自强不息，但也懂得顺应规律、包容妥协，哪怕忍受一些委屈。我们相信厚德载物。”这是任汇川的真切感受。

冠以“中国”字样后，平安成为一家真正的全国性保险公司。不久，一个更宏大的战略想法产生了。

1992 年 9 月，在第二届董事会上，平安提出了做以保险为主的综合金融集团的想法，即建成以保险业为主，兼营投资、融资、证券、租赁、实业、贸易、旅游等多功能综合性集团公司的发展方向。此时的综合性集团和后来的综合金融还不是一回事，但已经看得出平安的扩张雄心。

从一开始“立足蛇口，放眼深圳”到“立足深圳，放眼面向 14 个沿海开放城市”，再到“立足深圳，面向全国”，最后到“立足深圳，面向全国，走向世界”，每隔一段时间，平安的新气象就会扑面而来。

1993 年末，中国人民银行总行批准平安北京、青岛、天津、上海四个办事处升级为分公司，全国各地 17 个代理处相继开业，海内外分支机构达到 38 个。继香港分公司开业之后，美国、伦敦、新加坡等境外分支机构设立。平安在突破内地市场的同时，开始尝试国际化。

根据中国人民银行的新要求，从 1994 年起，平安将各保险机构二级法人规范变更为非法人分公司，基本完成了资产一体化的改造。这项清理工作进行了近一年时间。

资产一体化改造的过程并不轻松。比如一家地方投保企业出了险，希望获得更多赔偿，就会找地方政府干预，而地方政府又是二级公司的股东，干部也是由政府派的，自然而然会倾向于维护本地企业利益，往往不会顾及保险公司的利益。与此同时，资金方面也会受地方政府干预，一些违规投资的出现，形成了呆坏账。

此时平安采取了两个办法：一是清退地方政府的股权，二是将其持有的股权上收至集团，使其成为平安集团的股东。目的只有一个，取消二级法人制，按新机制运作。

“完成了资产一体化改造工作、实现二级法人向一级法人的平稳过渡。”这是 1994 年平安十件大事之一，也被认为是平安建司十年的大事之一。到 1995 年 7 月，平安完成了原具有法人资格的大连、广州、北京、上海、天津、青岛六家分公司的资产一体化工作，公司由二级法人制改为一级法人制。自此，平安的“总公司—子公司—分公司”模式基本确立。

平安发展的每一步，似乎都存在这样那样的问题，有些是必要的学费，有些是成长的烦恼，有些是稚嫩的错误，有些是苦涩的无奈。试验，修正，再试，再改。有时连监管部门领导都会抱怨，平安咋就能惹那么多麻烦呢？

不断惹麻烦，其实是不断挑战旧的边界。在挑战中突破，自然是一片新天空。如果是自身存在问题，暴露出来，千方百计去解决，最后也能通过制度和管理的完善，把教训变成财富。

朝着一个方向，按照一个标准，沿着一个轨道，平安奋力向前。

第三章

干中学，学中干

我们无法左右变革，只能走在变革的前面。

－彼得·德鲁克－

2019 年国庆前夕，中国政府“友谊奖”颁奖仪式在北京人民大会堂举行。这个已有 28 年历史的奖项，是中国政府颁发给外国专家的最高荣誉。这一年，中国平安的新加坡籍联席 CEO 陈心颖位列其中。

这已是平安外籍高管第五次获得“友谊奖”。此前，平安集团前总精算师斯蒂芬·迈尔、平安银行前行长理查德·杰克逊、陆金所联席董事长兼 CEO 计葵生、平安集团原联席 CEO 李源祥分别在 2001 年、2007 年、2014 年、2018 年获奖。

据我们了解，目前，中国平安前 100 名高管中，国际化人才占比超过 60%。这背后，是平安从创立之初就博采众长，积极吸收国际先进知识和管理经验的学习型基因。

20 世纪八九十年代在深圳，万科学习索尼的服务与新鸿基的建筑质量，华为引入 IBM（国际商业机器公司）的知识集成管理，平安引入高盛和摩根士丹利作为股东，引进麦肯锡作为外脑等决策，在业内都有很大影响。

美国经济学家阿伯拉莫维茨在研究后发国家对先发国家的追赶时曾指出，当一国的技术差距大但社会能力强的时候，总的增长潜力最大。“社会能力”是指通过教育等形成的能力，以及制度方面的条件。改革开放之初，中国和世界先进国家的技术差距很大，但由于恢复高考，尊重知识，倡导“科学技术是第一生产力”，打破了很多传统体制机制束缚，有了很强的社会能力，所以爆发出了惊人的增长潜力。

谁更开放、更善学习，谁就更有希望率先抵达成功的彼岸。

中国市场的魅力也在于此。它仿佛一个超级赛场，潜力巨大，又有足够的纵深度，只要想锻炼，总有地方可练，总能练下去，越练越好，越练越精。借鉴世界先进经验，这是“学中干”；实践出真知，这是“干中学”。在干中学和学中干的交互中，中国企业一天天变得聪明和强大。

寿险起步

海纳百川的上海，是中国率先向外国金融机构开放的城市之一。

1992 年 9 月 25 日，美国友邦保险公司作为内地引进的第一家外资保险公司，在上海设立了分公司，并带来了新颖的代理人制度。

那时的平安，也正想从产险进入寿险。

“保险，只是今日做明日的准备，生时做死时的准备，父母做儿女的准备，儿女幼小时做儿女长大时的准备，如此而已。今天预备明天，这是真稳健；生时预备死时，这是真旷达；父母预备儿女，这是真慈爱。不能做到这三步，不能算作现代人。”胡适的这段话，马明哲在平安创立前偶然读到，深受触动。

很多人都记得平安开始进入寿险业是 1994 年，但事实上，早在 1991 年，平安就曾考虑过做寿险，并启动了系列人身保险综合计划，设计修改了家庭平安保险、儿童康乐保险、平安长寿保险、平安福寿保险、保息保值保险、人身意外伤害保险等一系列品种，并制定了相应的实施步骤，还组织了一次大规模的宣传活动。除了密集的电视广告外，还在深圳地区的主要街道两旁悬挂了平安的公司标识及有关彩标，以提高知名度。

但马明哲真正理解寿险的前景，则源于一次台湾之行。

1992 年初，平安承保的一艘货轮“宝明”号载着价值 400 万美元的钢材前往泰国，途经台湾澎湖岛时触礁沉没。当时在海协会、海基会帮助下，当年 6 月，马明哲以大陆首位商务访台人士的身份到台湾处理赔案，同时拜访台湾同行。

“华人不能谈生死，是不欢迎人寿保险的。”这是马明哲 1989 年在纽约保险学院进修时老师们的说法。但与台湾保险同业交流了一圈后，马明哲发现这是一种误导：寿险完全不是想象的那样被华人社会排斥，而是非常繁荣的。

最好的例子是台湾的蔡万春、蔡万霖兄弟。他们一个经营国泰人寿，一个经营富邦产险。两家公司同一年成立，发展了 30 年，都是市场上的领军企业，但国泰人寿当时总资产接近 4000 亿新台币，而富邦才 100 多亿新台币，差距很大。

马明哲意识到，寿险业在华人社会有广阔的市场潜力。台湾地区人口那么少，大陆人口那么多，如果在大陆发展寿险，空间无法想象。他下定决心，回去后要立刻启动寿险业务。

友邦在上海开业后，求学心切的马明哲登门拜访友邦上海分公司负责人，虚心讨教如何开展寿险业务。但对方说，这些都是公司机密，不可外泄。马明哲空手而归，连一张纸都没拿到。

接着，马明哲到日本取经，拜访了三家公司，对方都是彬彬有礼，待客周到，但绝口不谈帮忙；再到香港地区拜访同业，一提及请人帮忙，对方不是面露难色，就是拖很长时间也不给答复。

一向要强的马明哲被深深地刺激了，抱定了早晚要超过他们的想法。

1993 年，深圳平安人寿保险公司经人民银行批准正式成立，在深圳地区首先按国际惯例运作，将人寿险业务与财产险业务分开经营。此时，一批来自人保体系的干部陆续加入平安，这批有经验的青壮年干部很快被安排到北京、上海等地，和人保、友邦保险开展面对面竞争。

东方不亮西方亮。1993 年夏天，台湾一家寿险公司国华人寿的副总经理王造时和精算师许星宏去北京拜访人保，听人保人险部负责人提到大陆有一家公司叫“平安”。由于王、许两人的下一站行程是香港，正好途经深圳，于是他们就去“看了一下”。没想到这次行程，为日后深度合作埋下了种子。

1994 年初，平安人险部的同事在一本过期的台湾保险杂志上看到一篇关于国华人寿的报道，根据上面的信息顺藤摸瓜，联系上了时任国华人寿常务副总经理黄宜庚。6 月，黄宜庚收到一份来自深圳的传真，是给国华人寿副总经理王造时的，此时他在美国出差。黄宜庚一看，是邀请他们到平安保险参加寿险营销发展研讨会的，于是就拉上国华人寿培训部副总经理郑舜文，一起赴约到了深圳。

为了这次深圳之行，黄、郑两人准备了 100 多张投影胶片，在深纺大厦（当时平安人险部的办公场地，也叫“二办”）进行了第一次培训，主题是“麻雀变凤凰”。培训一共进行了三天。

黄宜庚很认真地说，寿险未来的蛋糕要远远大过产险。他预言，三年后大陆寿险业务将会超过产险，到 2000 年大陆寿险保费将超过 1000 亿元。

对此，绝大多数听课的人半信半疑，有的人还认为这样的预测是天方夜谭。但坐在台下的马明哲，是相信的。

培训效果很好。黄宜庚和郑舜文当年 8 月再次受邀，到深圳为平安个险业务条线的新人进行了两天培训，11 月又在蛇口会议中心给平安 A 类干部做了一次寿险业务培训。

再后来，黄宜庚把国华人寿董事长翁一铭引荐给马明哲。马明哲在深圳第一次接待翁一铭，听说他好酒，就带了上等的黄酒。两人一见如故，相谈甚欢。马明哲把他的抱负和平安保险的困难尽数告诉翁一铭，翁一铭被马的诚意打动，当场同意，安排一个十几人的团队来帮助平安发展寿险。

“志合者不以山海为远。”马明哲和翁一铭就此结缘。当时国华人寿的规模不算大，人手不宽裕，也是“一个萝卜一个坑”。他们专门腾出十几个人帮助平安保险，对自己的业务是有影响的。所以，平安一直对国华人寿心存感激。

要不要在全国做寿险业务？平安内部曾有过激烈讨论。台湾同行的培训以及听众的反馈，让平安上下的意见更加统一——要把寿险业务的根越扎越深。

1994 年 7 月 31 日，26 岁的平安人寿深圳分公司营销部第三营业部业务员黄艾艾正与几个同事晚餐小聚，管理部经理突然告诉他，“平安长寿”的条款已经获得通过，明天就可以正式签单了。黄艾艾放下手中的半杯啤酒，立刻赶到华富村一个朋友家里，当晚 10 点，他们签了一份保额为 16 万元的保单。

10 天后，这份保单正式出单，黄艾艾和他的客户因此载入平安史册。这位购买了平安在大陆的第一份寿险产品的客户是深圳九星印刷公司生产主管杨建国。

杨建国是上海人，小时候便听父母提起 1949 年前购买过保险。他说：“我有很多在国外的朋友，在国外生活，保险几乎是最基本的支出之一，很多生活中不愉快的事都可以通过保险公司来解决，大家的心态因此也平和很多。在中国，很多人认为买保险是有钱人的事情，其实越是生活基础不牢靠的人越应该买保险。”

1994 年 9 月，在平安董事会上，14 位董事及董事代表建议，“注重发展潜力大的个人寿险市场”。当时担任证券业务部负责人的王利平被选中担当寿险业务的负责人。

“财险起家，寿险致富”，平安的寿险时代拉开了帷幕。

当选董事长，引进外资股东

1994 年 4 月 16 日，中国平安第二届董事会第五次会议在深圳召开，来自股东单位的 18 名董事出席。

会议由时任平安董事长刘鉴庭主持。在审议和通过马明哲所做的 1993 年度总经理工作报告后，会议同意刘鉴庭因年龄原因辞去董事长职务的申请，一致通过马明哲担任中国平安保险公司董事长兼总经理。

股东们认为，平安是中国保险业改革的试点，从一开始公司就有良好的体制和健全的机制。股东参与决策，公司做到自主经营、自负盈亏、自我约束、自我发展。中国企业的未来就是要走“真正股东决策的规范化国际化的现代企业道路”。

刘鉴庭在会上说：“中国平安发展得快，关键是有一个好的管理体制，正是这个好的管理体制使公司的所有权和经营权得到了真正的落实，有一个团结的董事会和团结的总经理经营班子。”

与会董事们说，最令人感动的是没有一个董事利用股东的身份去左右董事会、左右公司，大家都积极发挥集体的智慧把公司办好。从 1988 年开始的实践证明，改革的成果是明显的。平安的发展不靠任何领导的指令，也没有国家特殊的政策和优惠，靠的是新的机制，借鉴了国际上比较灵活的、真正的股份公司的企业机制，从而使企业充满了生机。平安未来的发展也取决于它能否坚持改革的思路，真正借鉴国际经验，结合中国实际，走出一条新的道路。

在平安，董事会真正起到了决策、制定战略方向、协调和监督的作用。在董事会领导下，以绩效为导向的文化和“竞争、激励、淘汰”的机制，激发出源源不断的内生动力。

麦肯锡前全球总裁鲍达民（Dominic Barton）曾说，据他所知，在众多中国企业当中，平安拥有最为全面的绩效文化，足以和通用电气以及百事这样的全球企业媲美。

“淘汰”一词，在平安，上到高管下到普通员工，皆不避讳。一个公司长治久安的法宝，就是进行正常的新陈代谢，这样组织才能充满活力。

马明哲与平安的管理团队，在落实董事会制定的目标方面，表现出“言必行、行必果”的强大执行力和职业素养。为了实现目标，从来“不为失败找借口，而为成功找理由”。他高度重视制度建设，但极力避免繁文缛节的官僚体制。他亲自设计各子公司的框架，几乎每天都给高管们发邮件，提出建议，进行提醒和督促。

有高管这样对我们说：“我们是睁着眼睛的时候在工作，马总是在我们休息的时候也在工作，就算他闭上眼睛休息的时候，估计也是在思考公司发展战略。”

鲍达民将马明哲视为他接触过的“最具战略远见的商业领袖”，“他总是能比别人看得更远，能够寄思于斐然迥异的未来。在这种远见的指引下，平安率先发展综合金融模式，将业内竞争者远远甩在身后，在其他人都还没有（数据）集中的概念时，平安已经建立了一体化的运营中心。同时，这种远见还促使平安在医疗保健、小额消费等领域开展了新的业务模式。而对平安在中国发展道路上所扮演的角色，马明哲同样有着深刻的认识，对国家的需要和发展的道路有着敏锐的嗅觉。马明哲积极投身各领域的公共服务事业，是新一代全球 CEO 的代表，无论什么领域，他都能应付自如。”

著名企业家鲁冠球曾说：“路不要多跨一步，话不要多讲一句，老老实实做自己的事。我们争不过别人，斗不过别人，但是干，谁也干不过我们。”在以马明哲为代表的平安团队身上，这种在市场上舍我其谁、“谁也干不过我们”的斗志也极为突出，就是全情投入、勇于竞争、从不后退、决不松懈。

“这辈子能吃下的所有汉堡包都在这一年吃掉了。”这是 1994 年留给孙建一的最深记忆。

这一年，孙建一代表平安和全球金融业聪明人最集中的两家投行进行了旷日持久的入股谈判，一家是摩根士丹利，另一家是高盛。在谈判中，他们常以汉堡包充饥。

平安为何找外资入股？一是缺钱，二是缺“脑子”。

“当时平安已经知道要干什么了，但并不知道怎么干才最好，所以我们要学习，向一切可以学习的对象学习。摩根士丹利和高盛就是非常好的学习对象。”孙建一回顾了引进外资股东前后的整个过程。

从 1992 年获批进入包括海南在内的 5 个特区，到进入 14 个沿海开放城市，平安上了一个大台阶。但资本金不足的瓶颈出现了。再加上 1994 年，平安在内资保险公司中率先开展个人寿险营销业务，随着寿险业务快速发展，对资本金的需求更加强烈。而原来的国有股东因为各种原因，很难再提供更多的资本金。

当时国内融资渠道比较狭窄，资本市场刚起步，国有股东对平安保险这种前期投入巨大、资本密集型的金融企业，缺乏长期注资能力。国企领导也都有任期责任，希望能在短期内看到好的投资回报，在投资决策上更偏好现金分红，这些考量也都在情理之中，但给平安的发展带来了一定困扰。

为此，平安把眼光瞄准了海外。1993 年 5 月，深圳市政府为招商引资搭建了一个经济文化交流平台——“深圳荔枝节”。马明哲在活动中认识了摩根亚洲投资有限公司执行董事保罗 · 希尔和高盛执行董事韩理。他们通过平安看到了中国保险业未来的巨大前景，表示要和平安“谈谈将来”，即通过资本注入的方式参与平安未来的发展。

孙建一说，以当时平安的实力，能把高盛、摩根谈下来，简直是天方夜谭。“高盛、摩根不可能是被平安‘忽悠’来的。它们是全球最顶尖的投行，而当时平安公司小、险种不全，甚至能不能在全国开展业务都不确定，但它们居然愿意用 6 倍 PB（市净率）的价格来买，说明它们的眼光是非常长远的。十年后两家公司退出时赚了近 20 倍，但当时它们承担的风险也是巨大的。”

深圳香格里拉酒店。摩根士丹利、高盛和平安正在这里进行一场具有决定性意义的谈判。

两家华尔街的“对头”，第一次采用合并谈判团队的做法，由高盛主谈。面对既专业又坚韧的对手，平安的主谈人孙建一倾注了全部精力，每天都很晚回家，第二天一早再骑自行车到酒店接着谈。

谈谈歇歇，歇歇谈谈。接近尾声时，出现的一个分歧使得整个谈判几乎难以继续——关于仲裁机构的选择，外方认为应选择海牙，而平安则认为应该选择中国贸促会。

孙建一说，外方的要求并不过分，毕竟当时中国的市场情况、经商环境、相关法律法规都不为外方所熟知，选择海牙进行仲裁是国际通行的做法。但平安的考虑也是合情合理的。

当时已经谈了一天一夜，大家都不让步，最后实在谈不下去了，准备就此结束。孙建一提议说，既然谈判要结束了，失败归失败，大家还是可以坐下来一起吃个早茶。对方也欣然同意。

早茶地点就选在酒店中餐厅。餐桌上，孙建一动情地说，这个谈判最后没有成功，并不是谁对谁错的问题，而是双方的文化观念不同。中国人谈恋爱，不喜欢谈财产谈钱，而外国人习惯把双方的财产先做好公证，以防日后不愉快时在财产分割方面产生麻烦。他颇为惋惜地说了一句：“平安其实是很有信心借助摩根、高盛的力量，把公司做大做好的。”

这话似乎让高盛的人有所触动，他们起身出门给美国总部打了个电话，回来时说“谈判还可以继续”。

拦路虎们最后一个一个都被搬掉了。签约，是水到渠成的事情。

孙建一激动地给马明哲打了个电话，并让同事赶快在公司布置签约场地。谈判组成员抽空赶回家洗了个澡，打上领带，直接去签约现场。平安5%的增资获得了5000万美元，资本金得到很大补充，摩根、高盛也得以进入中国，皆大欢喜。

“从拿到开业批文到扩展机构，再到和外资谈判补充资本金，工作是一点一点啃下来的。你不天天敲别人的门，别人凭啥主动给你开门？外界觉得平安非常成功，但只有自己知道，这个过程中克服了多少困难。”孙建一说。

平安和摩根、高盛的股权交割仪式于1994年5月4日在人民大会堂举行。用高盛前董事长汉克·保尔森的话来说，高盛投资平安的决定只是基于两个非常简单的判断：一是中国的宏观经济在中长期能保持比较快的增长，二是马明哲率领的平安管理团队诚信可靠并具备一流的执行能力。

在谈判过程中，时任招商银行行长的王世桢提醒马明哲：“你要想好了，用它们（摩根、高盛）的钱，你就要按人家的规则办事。”例如：为满足国际公司的治理要求，董事会和管理层要制定许多当时一般公司很少见的规则；要聘请国际会计师进行审计，依照国际会计准则做报表，对公司透明度要求非常高；要求公司制订非常清晰的发展规划和年度计划，说到做到。如果实现不了，就有一系列的处罚，重要岗位还必须聘请有国际经验的专家。

受当时国内法律政策所限，两家外资股东并没有获准进入平安董事会，但可以以“观察员”的身份来了解董事会的决策内容，以实现经营情况的透明化。至于其他的要求，在最短时间里，平安也都一一做到了，包括聘请了国际知名会计师事务所安达信担任财务顾问。安达信一上来就给了平安好几十个“保留意见”，提出了很多问题。平安一一做了改进。当时平安的财务部为了改报告，连续多日加班加点到深夜，马明哲看得心疼，经常晚上开车出去给员工买肠粉当夜宵。

摩根、高盛入股后，派出顾问团进驻平安，促使平安成为“境内唯一一家聘请国际会计师事务所，采用国际会计制度和国际精算师的公司”。考虑到当时的平安的确“家底不厚”，他们在费用方面做出了史无前例的让步——第一年聘请国际会计师的高昂费用全部由摩根、高盛承担，第二年它们仍承担一半。

孙建一回顾说，安达信会计师事务所按照国际标准审计公司财务并出具财务报告，初次合作对平安的报表提出了总计200多个问题，厚厚的一份报告让平安的管理团队看到了自身与国际标准的巨大差距。当时平安财务部有个老同志摆摆手，说老外不懂中国国情，"中国企业的一些财务处理手法是有中国特色的，只要符合国内准则就可以了"。而安达信的回复是，如果这样的话，就只能出具"保留意见"的财务报告。

这样的一个插曲，在当时国内的同行看来，觉得平安有点"自寻烦恼"，何必多花那么一大笔钱，请人来给自己挑刺呢？

但平安不这么看，平安认为，这是自己走向国际化必须补上的基础课。

就在和摩根、高盛谈判的同时，平安还完成了一项重要收购：通过收购1984年成立的中国工商银行珠江三角洲金融信托联合公司，获得了一张宝贵的信托牌照。

与此同时，平安还展开了一系列的全球化探索。

1991年，平安第一届董事会就曾对在香港地区、美国设立分支机构做过研究，管理层也就进入香港地区市场，以及在美国、印度尼西亚设立分支机构做过提议。从1992年底开始，平安先后在香港地区、美国、伦敦和新加坡设立了分公司或代表处。中国平安保险海外（控股）有限公司也于1996年10月24日正式在香港设立。但后来因为战略调整，一些境外机构相继被撤。

以美国为例。1992年11月12日，美国政府正式批准平安在特拉华州设立分公司，同年12月马明哲亲赴美国，领取平安保险（美国）有限公司的营业执照，结束了中国保险公司在美国保险市场无一席之地的历史。但由于对当地市场不熟悉，当地人口也很少，平安美国分公司从1993年8月起把主要精力转移到纽约。尽管如此，由于保险服务需要深度的信任，新公司很难打开局面，业务质量也很难提高。平安痛定思痛，关闭了在美国的机构。

和之前靠一己之力、猛打猛冲不同，摩根和高盛入股后，给平安带来了一些根本性的改变。一方面，平安看到了世界最高水平的金融机构是如何运作的，另一方面，外资股东给平安带来了许多世界金融领域前沿理念和规范化要求，全方位地提升了平安的现代化治理水平。

寿险业务启动，摩根、高盛入股，马明哲出任平安董事长，平安信托成立。这都是 1994 年发生的事情。这一年，堪为平安早期发展中最重要的年份之一。

寿险起步，组建海外军团

目前担任平安集团总经理的谢永林，于 20 世纪 80 年代从湖北新洲农村考上南京大学，1994 年研究生毕业后，加入平安。

谢永林小时候家里很穷，但三兄弟读书都很拼，最后都考上了大学。1994 年，他原来可以留校当老师，或者继续读博士，但想到不能再靠已经工作的哥哥资助生活费，又听说平安月工资有 500 元，而他哥哥的月工资才 72 元，于是想都没想，就选择了平安。

入职以后才知道，这 500 元不是那么好赚的，是要做业务的。当时，平安的要求是一个月完成保费 6 万元，试用期 6 个月里要完成 36 万元，不达标的要被淘汰。他的兴奋顿时变成茫然。

为达成目标，谢永林使出浑身解数，找老熟人介绍，签下了母校南京大学的“学平险”业务。这是他卖出的第一张保单，保费 9 万元。

“拿到工资的当天晚上，我就用这 500 元宴请同学们，一晚上就全给吃了。”谢永林说，“做保险一定要破心门。刚到平安的第一个月，我每天从办公室出来，都不知道该去哪里，只能在大街上来回晃。后来硬是逼自己把心门打开，全心全意地干业务，几个玩得来的同学都说我入迷了，聚会时只会谈保险。”

这样的故事并不单发生在谢永林身上。1994 年，一大批新人加入平安，这些新鲜血液面对的现实问题是，怎么才能把保险卖出去？他们急需找到师傅，把自己领进门。

1995 年初，平安保险与国华人寿签订了营销顾问合同。最初的方案是国华人寿从平安的保单销售中提取一定比例作为收入，类似“佣金”。但如果日后销量增大，再加上保单期限较长，这种支付方式所产生的费用就会很多。于是，平安提出另一种费用支付方式，由平安支付国华人寿来大陆人员的顾问费、往来差旅费、薪酬等，一年四五百万元左右。国华人寿爽快地答应下来。

国华人寿很快从台湾派了两个骨干到平安，分别帮助平安建立客服和收费体系，平安也派出几个员工跟着学，边学边设计自己的制度和流程。客户服务部、核保部、理赔部等专业职能部门慢慢成熟，从管理本部中分离出来。国华人寿还建议，培训部也从营销部中分离出来。从此，平安开始构建一整套完善的培训体制。

再后来，翁一铭建议，干脆不收费用了，变成“无偿援助”。

中国寿险业营销体制的发展，自平安保险始，而平安保险第一个长达十年的高增长，在营销基础的建立上，国华人寿是有贡献的。马明哲说翁一铭是他最好的朋友之一，对他一直很敬重。

成为平安股东之后，高盛、摩根士丹利高层多次拜访平安总部。1995 年 5 月，摩根士丹利执行董事保罗·希尔送了马明哲一本记录台湾国泰人寿草创、拓展、成熟历程的《亿兆传奇》。

仔细研读了两个月后，马明哲向公司 1000 名员工发了这本《亿兆传奇》，并专门写了一篇题为《共写平安传奇》的读后感。他认为国泰人寿和平安保险不仅形似，而且有一颗相似的灵魂。他写道，“聚集在平安旗帜下的，是一群理想主义者”，“历史的本身就是经验。我们要以更少的时间，争取更大的成功”，“我相信，我们一定能创造比国泰人寿更壮观的奇迹”，“我相信平安应对民族，对人类有较大贡献”。

寿险业务初具规模后，必须提升专业化经营能力，才能把市场做深做精。同时，监管政策也要求，平安必须把寿险、产险两种业务分开。

“一开始产寿分设，效果并不是很好。因为平安的产险业务已经很有规模，效益非常不错，产险的人才不太愿意去新设立的寿险业务部门。”王利平回忆说。她在接手寿险业务后，把很大一部分精力放在落实两个业务的分设上，给机构一个一个打电话、做工作。有几个地区的寿险、产险业务部门，曾为了各自的利益闹得不可开交，甚至惊动了总公司。马明哲为此也拍过桌子、红过脸。可见当时协调处理的难度之大。

所幸，平安的文化根基是立足于发展。为了发展，大家吵闹归吵闹，最后还都是能求同存异、以大局为重的。

由于当时公司里懂寿险业务的人很少，市面上也没有多少关于寿险的书籍，平安的寿险业务团队就自己组织人力写《寿险概论》，同时还不断开办学习班，让各地寿险机构的负责人来总部培训。虽然艰苦，但大家都觉得是在做一件特别有意义的事情。

当时整个大陆保险行业都没有核保手册，平安找了一本全英文的瑞士再保险公司的核保手册，请医科大学的老师帮着翻译。拿到“中译本”后，又怕不准确，特意再请瑞士再保险的中国业务负责人帮助校审。

大陆从此有了中文版的核保手册。

平安不光向外部的优秀同行学，在系统内部，也要求落后机构向先进机构学，发展慢的向发展快的学。

时任平安寿险上海分公司助理总经理的郑荣禄（后任太平人寿总经理）培训课讲得非常出色，即使台湾来的老讲师也赶不上他。于是，王利平组织各地分公司的管理人员去上海学习，大家听完都觉得获益匪浅。平安寿险的培训体系，就是这样一步一步搭建起来的。

1995 年是平安的寿险年，也是中国保险业的寿险年。平安在这一年通过产、寿分设，使寿险业务的二级机构基本都能独立运作。在部分分支机构间开展的协作、帮带活动，促进了全系统寿险业务的均衡发展。北京、上海、深圳等地重点发展的机构，成长速度惊人，市场占有率不断提高。

这一年的统计报表显示，平安寿险业务第一次超过了赖以起家的产险业务。个人营销渠道慢慢变成展业主力。全系统 30 个分支机构开展了个人寿险业务，超额完成全年保费计划的 100%，营销员队伍壮大到 1.2 万人，活跃在全国各地的 100 多个网点。

以此为基础，平安在规划下一年度的重点工作时，认为寿险发展的重点是个人营销，目标是尽快开拓、占领市场，不断扩大市场占有率，同时加强管理，强化培训，建立营销培训体系，加快招聘、培养和选拔一批中高级管理人员，不断开发适销对路的新险种，并努力实现规范经营。平安还提出规划，要在 1997 年成立寿险公司。

如火如荼的大踏步发展，也催生了一些问题。例如，当时寿险业务习惯于采取“以会代训”的形式，年中和年初（末）开两次会议，主要根据经营状况开展讨论，缺哪块补哪块，并没有特别强的战略规划。1996 年寿险队伍已经很大，粗放经营普遍存在，管理干部的素质也出现了明显脱节。直到聘请麦肯锡推进改革后，很多问题才有了解决方案。

1996 年 3 月，已履新台湾中兴人寿总经理的黄宜庚及其特别助理郑舜文再次来到平安，就两岸寿险发展进行交流。马明哲亲自接待他们。数月后，黄宜庚从中兴人寿离职，加入平安保险，着手建立平安寿险业务的独立营销小组。

这一年的 8 月 16 日至 18 日，首届平安寿险高峰会议在安徽黄山举行。目的既是鼓舞员工士气，完善寿险管理和激励体系，树立“平安英雄”，更是确立以市场为中心的思想，进一步扩大寿险市场占有率。

在马明哲看来，在拥有共同价值取向的前提下，无数社会人聚集在平安，成为平安人，他们中产生了平安精英、平安英雄、平安楷模，是平安价值观的代表。平安搭建了一个舞台，创造了一个英雄辈出的环境，“能让所有英雄和想做英雄的人找到价值的体现、自身的归宿”。

这次会议除平安的最高经营层外，总公司各职能部门、寿险各部门负责人、二级机构寿险负责人悉数到场。160 多位优秀寿险业务员济济一堂。国华人寿董事长张贞松也与会祝贺。

张贞松致辞说，平安在短短两年时间内训练出这么多的优秀行销人员，他们是非常可贵的种子，每一位头上都有一片天空，“登黄山松峰接天，率平安马跃中原”。

马明哲非常应景地引用了徽州地区常见的一句古楹联——“读书好经商好效好便好，创业难守成难知难不难”，指出平安今后的发展任重道远。

他借用“古为今用，洋为中用”的说法，说平安的“洋为中用”就是走向国际化。在资本结构上，之前已经吸引了摩根、高盛两大财团入股，人民银行总行新近又同意平安增资扩股 2.8 亿外资股，总股本从 15 亿元人民币扩至 25 亿元人民币；平安已设立了四个境外机构，正着手建立一家境外控股公司，还计划在香港建立培训中心；在管理流程国际化方面，准备聘请国际性的 IT（信息技术）公司作为顾问，聘请国际性财务顾问对资金运用、管理进行审核，聘请国际性人事顾问帮助建立人事管理系统。

黄山会议的一个月后，黄宜庚便在台湾遴选了 12 位具有 10 年以上寿险组训经验的资深人士，组成平安独立营销小组。他们先在平安总部进行了为期两个多月的培训。12 月底，这些人被分成四个小组，分别前往东北片区的沈阳、华东片区的南京、华北片区的北京以及西南片区的成都，开展第二阶段的深化衔接工作。

经过大半年与当地分公司的融合，再进入第三阶段，每人再被下派到驻点地区内的一个省，就近协助各省级公司负责人，深入基层落实营销辅导工作。

这一计划的具体实施，共用了将近两年时间，对平安寿险二级机构营销干部乃至三四级机构的培育培训，起到了积极作用。当时平安在各省的寿险营销管理人才极度不足，相当多基层机构负责人来自其他金融行业，对寿险专业的知识并不熟悉，营销拓展的要领也不得法，这个独立营销小组帮助他们打下了良好基础。

1996 年、1997 年，国内保险业发生了两件大事。一是中国人民保险公司更名为中国人民保险（集团）公司，1996 年 7 月 23 日在北京成立，下设财产保险、人寿保险、再保险三个专业子公司。这标志着中国人民保险公司机构体制改革基本结束，进入了新阶段。

另一件是，成立仅一年多时间的永安保险因违规经营和资本金问题等严重违法违规被接管，并触发中国人民银行总行于 1997 年 8 月下发文件，决定对全国保险市场进行一次全面整顿。

永安保险在组建过程中向中国人民银行申报的实付资本金是 6.8 亿元人民币，但创立后挪用了近 4 亿元建造办公楼。当时《保险法》规定：保险公司资本金中的固定资产部分不得超过其总资本的 30%，显然永安保险挪用的资本金大大超标。为此，人民银行总行要求永安保险尽快将资本金按规定落实到位。但 6 个月过去了，永安保险不但没有解决好上述问题，而且又出现了新的违规行为，监管部门只好下达了接管令。

个别同行出了那么大问题，对高速发展的平安来说，震动也是巨大的。在平安内部诸多会议上，这一案例经常被提起。问题究竟出在哪里？我们会不会出问题？很快，平安就在危机感驱动下开始了一场自我变革。

1997 年底，平安独立营销小组成员经过三阶段的相互衔接，以及分散到各地深入基层摸底各级机构的运作模式后，在厦门集中，参与制定平安寿险首部全国一致的《基本法》。《基本法》打破“平均主义”和“大锅饭”，采取“高效率高报酬”的原则，让真正致力于寿险事业的人能发挥潜能，这为平安寿险营销的发展起到关键作用。厦门会议在平安寿险发展史上被视为“遵义会议”。

但光有条款还不行，关键是落实，不落实的话，一切都白搭。为落实《基本法》，独立营销小组又在全国各省展开巡回穿梭演讲及辅导，开了一场又一场沟通会，目的都是阐述“高效率高报酬”的指导思想。再后来，平安引入麦肯锡建议的管理模式，大幅改造寿险的内部行政、财务流程、稽核、内部控制，开始与国际一流管理水平接轨。

孔子、牛顿和爱因斯坦

类似永安保险这样的教训，反映出一个公司的文化价值观和初心的重要性。没有正念正知，一定会摔跟头。

软实力建设，其重要性不亚于固定资产投资和业务扩张。

平安一直坚持认为，公司价值和员工个人价值是合为一体的：没有公司价值的实现，个人价值无法实现；没有个人价值的创造，公司价值无法成就。员工是平安最宝贵的资源，平安把充分实现员工的价值作为基本义务。

现任平安大华基金董事长的罗春风，在20世纪90年代还没有加入平安之前，原工作单位安排他到蛇口出差。“当时平安的管理文化让我非常吃惊。可能是靠近香港的缘故，我觉得平安身上很有‘港味’，也就是香港成熟商业环境中提倡的公平、高效、规范等氛围。”

罗春风看到，平安人普遍比较年轻，不少人是抛弃了原有的舒适生活甚至比较高的职位加盟平安的，顶着压力向过去的自我挑战。很多员工当时都感慨地说：“在平安工作过，到任何地方都能胜任。”

平安彻底改变了论资排辈的员工晋升方式，将是否能适应时代要求、不断创造新的价值，作为晋升标准。这对想做事、愿做事的年轻人来说，有很大的吸引力。

随着加入平安的年轻人越来越多，而他们的背景各有不同，平安加强了规范化的要求和培育。

罗春风说："公司大了之后，需要一个从'自觉'到'规范'的过程。这时，'文化'就被提到比较高的高度。当时我们理解的文化，就是'怎么做人'和'怎么做事'，前者是价值观，后者是方法论。价值观就是要做有道德感的公司，方法论就是要做有能力、有标准的公司。从初期的企业文化手册、礼仪规范，到后来提出'价值最大化'，平安做的很多工作都是在定标准。"

1995 年 8 月 13 日，平安总部、深圳分公司、深圳平安人寿公司、证券总部、平安信托的前身珠江三角洲金融信托联合公司，搬入位于八卦岭八卦三路的深圳平安大厦。

在成立 7 年后，平安终于有了一座展示自己综合实力和企业形象的总部。从蛇口的小店面到租用国投大厦和深纺大厦的写字楼，再到属于自己的总部大楼，折射出平安从蛇口到深圳，再走向全国的征程。

这座新办公楼，是在一家叫嘉丰的纺织企业旧址上改建的。嘉丰因连续几年经营不善，陷入危机，平安保险是其股东，不仅拿不到分红，连贷款也收不回来，于是干脆将其收购，并改建成公司总部。

搬家那天，本来下着大雨，但一开始搬家，雨就停了，艳阳高照，天上出现了彩虹。

有了新办公楼，怎么体现软性的文化气息呢？一开始，在大厦六楼公司培训中心，这个被平安人称为"真理大厅"的地方，摆放了孔子、牛顿两尊塑像。孔子不仅代表儒家文化，而且代表着优秀传统文化的精粹；牛顿不仅代表力学原理，而且代表西方文明中的科学和理性。孔子是文化的标准，牛顿是物化的标准。

选择孔子和牛顿作为企业文化的象征，是有深刻的社会原因的。当时国门大开，改革加速，由于商业文明基础不健全，商业道德缺失、急功近利、唯利是图的不良心态与风气在社会蔓延。社会风气也会影响员工心态。大家勤奋工作，努力拼搏，但很多人不知道究竟“为什么走到一起来的”，“到底在为什么而拼搏”。

为了让公司成为有思想、有文化、有生命力的公司，平安提出回归中华传统文化精髓，以传统儒家思想作为平安的为人之基、立司之本，以“仁、义、礼、智、信、廉”作为平安人的道德规范，以及处理各种关系的准绳：以“仁”为本，以“义”焕发社会责任，以“礼”规范员工行为，以“智”推动革新，以“信”作为人们沟通的基本准则，以“廉”作为洁身自爱的基本要求。

企业是树，文化是根。马明哲曾经多次引用德国哲学家康德的话：“有两种东西，我们越是持久地思索，它们就越能使我们的内心充满深深的敬畏，那就是繁星闪烁的星空和我们内心的道德律。”在他看来，敬畏星空，是敬畏大自然物换星移的法则，是敬畏自然的律令，是崇尚科学、遵循理性、破除迷信、扫除愚昧、消除落后；敬畏道德，是敬畏人之为人的尊严和人的价值，唯此才不会唯利是图、犬马声色、耽于享受，才不会忘记自己的义务、责任和使命，才不会忘记抱负和对未来的憧憬。

两年之后，一位美国记者到访平安总部，看到雕塑后很好奇：为什么是牛顿而不是爱因斯坦呢？在西方，爱因斯坦更代表现代文明。

马明哲听后一愣。没过几天，平安员工发现大厅里的牛顿换成了爱因斯坦。孙建一说：“马总的思想特别开放，只要是好的思路，就可以影响他。”

“花钱请人革自己的命”

如果把企业比喻为人，那么战略是其“思想”，组织是其“骨骼”，文化是其“血液”。

很多中国企业对赚钱的机会有着惊人的敏感，但对战略、组织、文化的重要性往往不以为然。比如：有盈利目标而没有战略目标，走一步算一步；将战略等同于“风口”，哪儿人多就往哪儿钻；靠拍脑袋和经验制定战略，仅顾眼前，不顾长远。

亚马逊创始人贝佐斯曾说：“公司领导人的工作现在变化得非常快，你必须把自己当作一位园丁，而不是设计师。你要耐心播种、浇灌、培育、滋养企业文化，还要保证员工会一一执行。”

在平安历史上，始于1997年的与麦肯锡的合作，不仅关系到战略的制定，还关系到组织的变革和文化的塑造。这一合作的背景是，平安即将进入第二个十年，将什么样的平安带入21世纪，以实现“最好的机制在平安，最好的人才在平安，最好的管理在平安，最好的服务在平安，最好的效益在平安”，必须在战略上有重大突破。

马明哲的方法就是面向未来，寻找行业最佳标杆，倒逼和鞭策自己实现超越。

1997年刚过完春节，2月23日至25日，平安在深圳召开全系统工作会议。马明哲的发言长达三个半小时，他认为平安的发展进入了一个关键的转折时期。虽然平安有“竞争、激励、淘汰”的机制和文化，但未来的挑战会不断增多：一是国内保险市场在迅速变化，同行们均在业务拓展和内部管理上寻求突破；二是国家监管部门对金融保险业的监管力度加强，严格管理、规范经营、稳健发展已成为保险公司持续发展的必然选择；第三，更紧急的是，随着竞争主体的增加，人才、价格、管理、服务等全方位的竞争将愈演愈烈。

他坦陈平安面临着“六大危机”，通过列举产险、寿险、证券、信托等业务子公司所面临的危机，着重提到了经营风险的增加，以及日益突出的干部队伍问题。

在和集团高管的一次交流中，马明哲还说道："1997 年之前，我们的管理水平和工作流程还能勉强适应业务；1997 年后，和公司业务迅猛发展劲头相比，管理能力逐渐显得脆弱起来。"

改革势在必行，但内部改革面临两大问题：一是受自己人视野的局限，不容易看到问题的实质；二是自己否定自己很难。平安需要借助外力推动改革。

麦肯锡进场了。

一些同业负责人在评论马明哲时说："这个人一点都不好个人面子，但极其在意平安的经营业绩，以及在市场上的地位、形象。所以，他看到公司存在的问题，绝不会躲着护着，而是立即提出来，找办法解决。"马明哲自己也告诉过我们，他最怕的就是"失去发现问题的能力"。

麦肯锡对平安的意义，就是找出问题并给出解决方案。

麦肯锡是全球负有盛名的战略管理咨询公司，成立于 1926 年。马明哲知晓麦肯锡，还有一段小故事。

1996 年 7 月下旬，平安保险赴台访问团在国华人寿的安排下到台湾访问了一周，马明哲亲任团长。在台期间，他们马不停蹄地拜会保险界人士。有些拜会被安排在高尔夫球场。马明哲在与台湾富邦产物保险董事长蔡明忠球叙时得知，作为台湾地区最大的产物保险公司，富邦之所以能够一直在市场上保持优势，和多年前推行的一场改革有关，当时为富邦改革做诊断和方案的就是麦肯锡。蔡明忠告诉马明哲，富邦财险借助麦肯锡的帮助，把赔付率降低了 2.7 个百分点。这让马明哲对麦肯锡产生了很大兴趣。

回来后，一个念头在马明哲心头萦绕。俗话说"摸着石头过河"，但如果河上有桥，为何还要摸着石头呢？顾问公司把外国成熟的经验介绍到中国，不就是在河上架了一座桥吗？顾问费的确比较昂贵，那就当是支付过桥费了，用金钱换时间也是值得的。

马明哲马上请蔡明忠约请麦肯锡的人和他面谈。大改革的序幕由此拉开。

对于马明哲“花钱请人革自己的命”的决策，相当多的人持反对或观望态度。一是平安有改革的必要吗？平安各项业务发展势头迅猛，管理水平虽然还不能与外资公司相比，但在国内同行中属于佼佼者。二是外人不了解平安，不了解保险，能帮平安做什么样的改革呢？不止一个人说，外国公司带来的经验在中国一定会水土不服。

虽然意见不统一，马明哲还是力排众议，将麦肯锡请进了平安。他看到了平安繁荣下的危机。他说：“你们争来争去，但谁有过做世界一流企业的经验？我们通过麦肯锡直接学习世界最先进的东西，就等于走捷径。”

麦肯锡派出全球合伙人之一的张子欣（后担任过平安集团总经理）等四个顾问和马明哲交流。之后双方便开始在一些项目上合作。

1996年12月，麦肯锡团队走进平安时，并没有引起太多人的注意。麦肯锡为平安做的第一个项目是针对投资体系的。一段时间之后，麦肯锡开出了第一剂药方——改变组织架构，把投资分成几个部分，即战略资产分配、战术性资产分配、投资风险控制，并成立相应部门，同时建议，平安要加大资金上划力度，成立结算中心，专门负责此事。麦肯锡建议，平安应该停止放贷和实业投资，所有资金投向国债，信托工作全部转向清理资产、回收贷款。

事后看，这一建议为平安带来了巨额效益。当时国债利率高达10.98%，平安把到期收回的贷款和上划的保费全部买成了国债。麦肯锡团队给平安算了一笔账，国债利率这么高，又免缴所得税，如果反算回来，实业投资要有20%的回报才等于同等资金规模的国债回报，而且国债具有良好的流动性，这是实业投资所不具备的。显然，买国债要划算得多。虽然日后国债利率出现下行，但平安在下行之前已经买进了100多亿元的高利率国债。

随后几年，平安投资收益不错，这是一个重要原因。

麦肯锡关于停止放贷的建议也使平安避免了相当大的投资风险。当时经济过热已接近尾声，1993 年下半年开始的宏观调控对“投资热”“乱投资”进行了严肃清理，大潮退去，裸泳者纷纷现形，而平安因为及早停止放贷，避免了被拖入泥潭。

平安尝到了与麦肯锡合作的甜头。孙建一对我们说，麦肯锡当时建议“上划资金”，招来了各地分公司的很多反对，“毕竟钱在自己手里，感觉会好一点。一些分公司找出各种理由反对总公司把资金划走，但马明哲要求坚决执行麦肯锡的方案。我们在 1997 年做的都是‘收’的工作，能收回来的资金都收回来了。我们依靠这个策略，成功地躲过了 1997 年的亚洲金融危机”。

1997 年 5 月 9 日，深圳平安大厦七楼的多功能会议厅灯火通明，杯盏交错。平安与麦肯锡公司合作协议签字仪式暨鸡尾酒会在这里举行。摩根和高盛也派了在中国的高层参加。大家心照不宣，平安要请“洋师傅”对自己“动刀子”了。

签字仪式上，时任麦肯锡大中国业务总裁的祈斯礼介绍了合作项目的目标，即帮助中国平安成为世界一流的公司，成为综合性金融服务集团。他同时还提出了麦肯锡小组的双重目标，即确立平安远景和呈现市场机会。麦肯锡的工作小组将从高效的组织与流程、清晰的发展思路、建立品牌、获得客户的信任、进行有绩效的管理等五个方向，为平安提供帮助。

马明哲在酒会上做了一个长达 40 分钟的讲话。

他说，平安在市场占有率、机构网点和人员数量等硬性指标上都取得了进步，但这是不够的，还必须有软性指标。平安提出“最好的机制在平安、最好的人才在平安、最好的管理在平安、最好的服务在平安、最好的效益在平安”，那么就必须寻找一种方法，加速与国际接轨、达成目标。在分析了国内保险市场的竞争格局，并对比了几种提高管理水平的方式后，他认为聘请国际知名咨询公司是最好的办法。

平安对麦肯锡的诉求非常清晰，具体咨询项目包括：发展平安寿险成为国际一流的寿险公司，加强投资管理功能以追求快速增长，全面提升平安集团人力资源管理效能等。其中，投资咨询项目已经完成了“诊断现状”的第一阶段工作，进入“重新规划”的第二阶段；寿险和人力资源咨询项目则将进入实质性阶段。

平安和麦肯锡从最初合作至今已经有 20 多年，之所以绵延不断，一个重要原因是双方从一开始就明确了一个原则，即合作并不是由麦肯锡单方面提供方案供平安来执行，而是组成联合小组，一起努力达成目标。这种方式的好处是，麦肯锡可以更深入地了解平安，有的放矢，平安则可以将战略与执行更好地结合，落到实处，产生效果。

不少中国企业也曾借助麦肯锡，但后来都不了了之，是因为它们只是“买一份报告”，而并不真正关注执行。

回到 1997 年 5 月，寿险业务已经被平安认为是未来的方向，发展很快，问题也很多。麦肯锡同时给平安做了三个项目，分别是“公司抱负”、“寿险规划”和“人力资源”，以此为依据，制定出了平安寿险远景（5~10 年）发展规划。

5 月 9 日合作协议签订，5 月 16 日项目启动会议便召开了，报告题目是《发展平安成为国际一流的保险公司》。

当时平安在深圳八卦岭的办公总部空间很紧张，能办公的地方都已被挤得满满的，一点空间也找不到，于是就在楼顶网球场边上加建了几间房，配上复印机、传真机、电话、桌椅等。麦肯锡和平安的项目组正式开张。

麦肯锡先对小组成员做了基本培训，比如访谈技巧、金字塔写作法、如何做图表等。麦肯锡团队的效率很高，6 月和 7 月分别去了作为试点的广州和上海调研寿险市场情况。

之后，项目小组开始了紧锣密鼓的访谈。访谈对象有总公司管理层、寿险总部及部门负责人、机构负责人和销售人员（重点是广州）。通过访谈，项目小组了解了各级公司的发展期望和目标、业务及管理方面的问题、销售管理与产品方面的问题，以及可能的解决方案等。

当时麦肯锡还要求平安请盖洛普公司为他们做市场调查。不少平安管理人员再一次表示了不解，既然已经请了一家咨询公司，为何还要再请一家咨询公司？后来发现，虽然麦肯锡和盖洛普都是咨询公司，但盖洛普擅长市场调查，它们各有专攻，一家并不能包打天下。

随着麦肯锡对平安各条线业务的介入越来越深，麦肯锡的成员被平安人称为“老麦”，与之配合的平安工作人员则叫“小麦”。在共事过程中，“小麦”们感到“老麦”常常能以独到的角度审视平安团队熟视无睹的事。同样的问题，平安自己的团队可能曾经争论多次或试图解决，但都难以摆脱自身的背景和局限，而麦肯锡完全站在第三方的角度，让平安内部听到一种更加公正的、没有利益关系的声音。

“开始的时候，平安内部对麦肯锡的作用，看法并不一致。后来公司在内部挑选了一批年轻人加入麦肯锡的小组之后，经过培训和一起长时间工作，才发现麦肯锡的方法的确是非常先进的，慢慢开始认同和接受。”当时的“小麦”成员任汇川说。

麦肯锡非常注重沟通，每个月都召开项目进展报告会。基本节奏是三个星期干活，第四个星期写项目进展报告。报告让平安的中高层了解他们前期做了什么，也知道下个月的工作内容。有什么问题，随时可以调整项目的进度和方向，确保“大家是一起在做同一个项目”。

当时，也有平安员工抱怨：“麦肯锡报告的内容，都是我们讲给他们听的。凭什么收我们那么贵的钱？”王利平出面解释说，如果不是麦肯锡的工作，这些观点还散落在各地员工的心里，不可能变成一套完整的解决方案。

麦肯锡进入寿险项目四个月后，从问题诊断、方案提出到广州分公司试点，形成的报告已经有厚厚几大本。这些东西不是让平安看看而已，而是希望在平安付诸实践，只有实践取得效果，才是麦肯锡的成功。

“老麦”的方案要付诸实践，推广时间起码需要两年，而麦肯锡不可能把一个人放在同一个项目上太久，他们也在不断进行人员轮换，以加快人才培养的速度。

为解决这个问题，麦肯锡提出了一个建议，参考韩国LG集团的经验。此前麦肯锡为LG提供咨询，在提出方案后成立了一个V-TEAM团队，负责具体推动改革。这个V-TEAM与麦肯锡人员一起工作一段时间后，便独自承担LG的改革工作。这个小组在存在的十多年时间里，不但帮助LG推动改革，还解决了许多实际问题。特别是在亚洲金融风暴发生后，V-TEAM提出了许多有效的应对措施。因而LG也是韩国企业中第一个摆脱金融风暴影响的。

麦肯锡建议平安也组建一个V-TEAM组织，负责下一步的改革推广。这个建议立刻被采纳。经过斟酌，平安的V-TEAM被定名为“发展改革中心”。据后来担任过中心主任的陆敏回忆，中心于1997年11月10日成立，首任主任是马明哲，他认为发展改革中心不仅要持续推动改革，还应该是平安的智囊团和人才培养中心。

平安与麦肯锡的合同到期时，“老麦”们飘然而去，“小麦”们凭着从“老麦”那儿学到的“手艺”，继续推动平安各领域的改革。

通过与麦肯锡几个月的合作，平安认识到，要推动改革，对人的要求必须更高。除了学历、工作5年以上及专业背景的硬要求之外，还有诸多软指标：（1）要有强烈的个人意愿；（2）要有较好的分析解决问题的能力；（3）要有沟通协调能力和表达能力；（4）要有团队合作能力、领导能力和较强的推动力等。当年的“小麦”们后来基本都成了平安各业务板块挑大梁的人物。

20多年前，麦肯锡先进的工作方式带给平安的，不仅仅是新鲜感，还是真真切切的改变，让平安意识到什么是国际一流公司的方向，并坚定地朝这个方向前进。而麦肯锡也想不到，20年后的2016年，作为曾经的“徒弟”，马明哲受邀在麦肯锡全球合伙人大会上做主题演讲，被麦肯锡精英认为是“全球金融创新领域走在最前沿的人”。

收缩战线，坚持股东价值最大化

平安步入第二个十年时，整个国内保险业面临着一场经营盈亏的压力挑战。一方面，市场非常火爆，另一方面，各大寿险公司都出现了增员过速、盲目膨胀的问题，一些不正常的晋升也随之出现。明明是市场好，是外因推动增长，但很多业务人员觉得是自己本领高强，自己是营销天才。

没过多久，“过山车”开始了：机构的人力增长回落，业绩下降，保费增长乏力，一些地区甚至是负增长。内部统计发现，平安寿险1998年在保费大增、首次突破百亿元大关的情况下，居然出现了亏损，陷入了资本收益率低下、保费利润率大幅下降、人均创利逐年递减、主营业务难以赢利、利润结构表现不合理等困境。

再也不能“萝卜快了不洗泥”，扬扬自得了，这其实就是“温水煮青蛙”。平安需要放慢增长速度，进行内部调整。

怎么调？我们在哪里？到哪里？怎么走？

世纪之交，1999年11月，平安推出了《新价值管理文化》，提出“价值最大化是检验一切工作的唯一标准”。“价值最大化”的对外表现形式为市值等财务指标；对内则表现为公司的四大责任，即对股东、客户、员工、社会负责。从此，平安逐步形成了一个鲜明的标准，有利于四大责任实现并能保持公司利润持续增长的事情，平安就鼓励；反之，平安就反对。

那段时间，马明哲经常讲“平安的使命”。他举出很多企业的例子，如IBM的使命是“服务”，麦肯锡的使命是“帮助我们的客户成为最杰出的公司”，AIG（美亚保险）的使命是“We are the best”（我们是最好的），等等。

平安的使命是什么？对客户负责——客户至上、诚信保障；对员工负责——生涯规划、安居乐业；对股东负责——资产增值、稳定回报；对社会负责——回馈社会、建设国家。

基于四大责任，平安还特别强调“两个终身”，即为员工生涯终身规划，为客户终身服务，使员工树立全心全意为人民服务的思想。

“价值最大化原则是平安人为人处世的桥梁，是平安经营管理的行动纲领。凡是有利于公司价值最大化的事情，就是对的，就是我们努力追求的。”马明哲说。

至此，平安文化基本定型。平安价值观被确定为诚实、信任、进取、成就。

除四大责任外，平安还希望通过事业的不断发展来推动中国金融业的改革创新，其愿景因此被确定为：建设国际一流综合性金融服务集团，实现“最好的机制、最好的人才、最好的管理、最好的服务、最好的产品在平安”。

改革仍在进行。平安寿险和人力资源部门经过几个月在广州的试点后，把改革推广的计划、工具都准备好了，接下来的工作就是怎么让各个机构的同事接受改革、参与改革？为解决这一问题，发展改革中心成员进行了广泛的讨论。

1998 年春节后，小组成员从各地直接赶到机构。为加强改革推广力度，集团决定先做推广启动会。麦肯锡为启动会专门做了一套文件，马明哲也亲自出马，在南京、大连启动会上做改革推广动员，以彰显平安对改革推广的决心和信心。

在发展战略方面，除了坚定不移地保持多元化金融集团经营架构（产、寿、证、投），以及保持向银行业渗透的发展态势外，在产、寿险业务方面，考虑关掉一部分亏损经营险种和地区，哪怕造成平安的市场占有率暂时下降也在所不惜。与此同时，集中人力、物力、财力，发展赢利或有长期利益的险种或重点地区。

“如果四面出击，会丧失核心优势，也将一无所获。”改革推广小组特别强调，要坚决刹住不计成本的盲目经营方式，并立足于追求现金价值的增长，为此提出了一系列改革建议和对策：建立与长期客户群战略一致化、又能保持赢利的产品体系；坚决刹住以行政核保核赔代替技术核保核赔的方式；对分支机构的领导干部，要改变其效益由总公司负责而与自己无关的思想认识，以明确的责任和机制使其树立以效益为中心的观念；提高承保质量，尽可能地开源节流，坚决改变公有资产个人无偿使用的状况，按标准控制固定资产、物业购置、租赁、装修……

这些收缩战线的计划被“平安-麦肯锡”放进了改革的一揽子计划中。通俗地讲，就是“裁人、撤职场”。

当时，平安寿险的三级机构已经建了100多家，辽宁是三级机构最多的省份，一共有13家。而就团险而言，地市一级的大企业本来就不多，团险没有多少市场，三级机构的产能更是非常低。于是，辽宁的团险被全部撤掉。

在天津市场上，团险只保留了市区中心营业部以及郊县3个营业组。

京沪团险的分支机构比天津多很多，但按照总部要求，郊县的一个都不留，郊县支公司全部砍掉。

“砍”的动作，做了半年多。

如果说1997年之前平安身上还有很强烈的粗放式运营色彩的话，那么1998年之后则开始向专业化、精细化、规范化转型。“请麦肯锡就如同请医生给自己体检、开处方，让我们知道自己过去虽然在迅猛成长，但基础并不牢固，有的地方只管冲而不问效益，像是在沙滩上盖楼。那只好推倒大楼，重新挖地，打地基。”改革小组深有体会。

1998 年 7 月底，平安邀请当时麦肯锡团队里的莫元武做了题为《树立以利润为导向的长期经营理念》的报告，使许多管理者心里有了谱。不少人在检讨上半年经营业绩时，用得最多的一句话就是："我们是不是在破坏价值？"

莫元武强调了"利润为导向，价值为归依"的理念。报告在列举了商业公司的各种利益相关者后，认为股东利益最重要，因为股东价值最全面地反映了主要相关利益群体的长期利益，最公平地体现了风险回报原则，也最便于驱动高层管理人员主动经营，进行系统化和量化管理。

"企业的根本目的是为股东创造最大的价值。"这个报告在平安管理层引起了很大反响。他们认识到，几年来平安的人均利润、每股收益、资产报酬率均呈下降之势，再保损失逐年上升，主业利润占比较小，证券市场波动较大，都反映出"重规模不重效益，重业务不重管理，重外勤不重内勤、重变化不重计划"的症结。在开源的同时，应重视节流，在全公司的成本控制工作中，要从大处着眼、小处着手，切实抓好每一个环节。

1999 年 5 月 20 日至 23 日，成都、重庆、沈阳三地产险机构也分别召开改革推广启动会，时任平安常务副总经理的孙建一，以及产险协理黄启平、发展改革中心常务副主任陆敏奔赴上述三地进行战前动员。

孙建一说，模糊的经营理念、模糊的成本意识和模糊的生涯规划，是长期以来压在平安头上的"三座大山"，必须通过改革彻底推翻它们。

用 KPI 说话

1998 年是平安寿险全面推行改革的关键一年。"平安–麦肯锡"小组选择华东区域中心、上海、南京和大连进行首批改革推广工作，历时三个多月。在这个过程中，KPI（关键业绩指标）考核机制被引入进来。

KPI 是麦肯锡寿险改革项目所提出的反映寿险整体经营状况的考评体

系。该体系全部采用量化，对 FYP（个险首年保费）计划完成率、FYP 增长率、个险续期收费达成率等 14 个指标进行评分，并根据指标值和基准线来确定各项目的生命指标是健康、异常还是危险。

“平安–麦肯锡”小组在大连进行了初步调查，设计了人员招聘、组织与岗位设计、绩效考核与报酬等五个基本环节的管理架构和流程，对各部门人员定职定责。人才不是单纯的劳动力，而是可以挖掘潜能的资源。

1998 年 7 月 15 日，在上半年寿险 KPI 经营报告会上，平安首次使用 KPI 对二级机构的经营状况进行排名。31 家寿险二级机构“几家欢喜几家愁”，14 项 KPI 指标显示，寿险系统整体经营状况有 6 项指标健康、3 项指标异常、5 项指标红灯高挂。

数据表明，FYP 计划完成率、增长率及个险业务员脱落率，均只有 4 个机构处于健康状态。分析原因：保费计划制订过于乐观，跟实际业绩有较大差距，需要适当调整；业务员脱落率较高，且呈上升趋势，应引起各机构高度重视。

相比已然吃紧的寿险成绩单，团险业务的账面更加难看：团险的费用控制率高达 195%，全系统只有 1 个机构“健康”，1 个机构“异常”，其余 29 个机构均拉响红色警报。团险的人均标准保费近四分之三的机构处于“危险”状态，显示业务队伍冗员太多，人均产能低下。

数月之后，总公司 1997 年度干部考核结果水落石出，平安干部们经过 360° 的立体考评，拿到了自己的考核结果及排名。此次考核无论从内容到形式，在平安均属首次，涉及人员之广也前所未有，包括 A 类干部 243 人，B 类干部 107 人，C、D 类干部 750 人。直接参加测评人数 3270 人次，收回测评表格 11574 份。

总公司在认真研究考核结果的强行排名后，给出阶段性处理结果。在被考核的 243 位 A 类干部中，奖励（包括提职、提薪）30 人，占被考核人的 12%；调整降级 32 人，被考核人的 13%。

榜单让平安各级机构心服口服，“KPI”也成为平安从上到下的口头禅。

平安从创业就高度重视人力资源，马明哲相当于“第一人事经理”。从1996年下半年开始，平安总部对人力资源管理进行了一系列重大改革，推出一整套突出绩效并与综合测评相结合的考核实施方案。

这一改革的突出特点，就是对以往无法量化的工作进行具体量化，同时加大绩效考核的权重。各分支机构、总公司各部门以及所有A类干部均有详细的绩效考核指标，业绩的好坏、质效的高低、综合素质的优劣均可通过这些细化指标在二维分析图上反映出来，每个被考核人在二维图中都有自己的点，点的位置就决定奖惩的程度。考核结果客观、公正、合理。

“革命不是请客吃饭。”强行排名延续至今，制造出“鲇鱼效应”：排名靠前的，奖金系数高，工资增长幅度大；连续两年排名靠前，就可能晋级；排名靠后的，不仅没有奖金，下一年度还可能减薪；连续两年排名后10%，可能面临淘汰。

137岁的汇丰与14岁的平安

静安寺——上海的重要地标。离静安寺不远，有一座28层高的绿色玻璃幕墙建筑，总面积约6.3万平方米，叫静安广场。在很长时间里，这里都是平安在上海发展的大本营。

2002年10月8日下午，汇丰集团（HSBC）与中国平安在静安广场正式签署《认购协议》，汇丰以6亿美元（约合人民币50亿元）认购平安的股份，持股比例为10%。

137岁的汇丰入股14岁的平安，由此成为继摩根士丹利、高盛后第三家参股平安的国际投资机构。

此次合作从接触到签订协议，历时9个月。增资完成后，平安的净资产达到人民币 120 亿元。同时，平安还与汇丰签订了策略性合作及技术支援协议，汇丰将在个人金融及保险领域向平安提供技术支持。

摩根士丹利和高盛于 1994 年 6 月入股后，平安各项业务发展迅速。在入股的那一年，平安的保费收入和所有者权益分别为 14.29 亿元和 1.98 亿元，到了 2001 年，这两项分别攀升至 464.57 亿元和 64.50 亿元，平安已稳居国内第二大保险公司的位置。

汇丰是一家和中国有着深厚渊源的国际金融巨头。汇丰集团起源于香港上海汇丰银行，经多年扩展发展到后来的规模。早在 1981 年 5 月，刚被任命为中国区域经理的安东尼·罗素在给集团的汇报中就提出："我们从实际经验中了解到，对于银行来说，那里（中国内地）就有真正的机会。我们相信，用我们充满想象力的创造力和不屈不挠的精神，我们一定会创造出更多的发展机会。"汇报中还强调，汇丰永远不能忽视与中国发展长期关系的重要性。

汇丰看重中国，平安重视国际化。双方走到了一起。

平安的历史表明，一家企业最主要的发展动力是体制、机制和人才，体制决定机制，机制决定人才的去留，而体制则是由股权结构决定的。多元化的股权结构，加上在不同阶段选择符合战略发展目标的合适股东，为平安的稳健高速发展提供了必要支持。

此时的平安已经提出了"发展综合金融"的目标，非常需要加强在银行业务及综合金融平台方面的技能，很需要找到一个更强的有银行及综合金融服务背景的战略投资者。放眼全球，综合金融方面最杰出的两家机构是花旗和汇丰。前者比较强调个人英雄主义，后者比较强调集体主义、团队意识。两种文化区别巨大，但都很成功。

在马明哲看来，平安应该融合这两种文化：短期成功可以靠个人的聪明才智和奋斗拼搏；而长期的、持久的成功，一定是整个团队的成功，是团队相互支持、共同进步、共同分享的结果。只靠个人英雄主义很容易昙花一现。

平安和花旗、汇丰两家的谈判基本上同时进行。但花旗不愿意提供平安最急需的技术，而汇丰表示愿意，于是平安和汇丰最终握手。完成签约后不久，2002 年 11 月 26 日，汇丰集团全球主席庞约翰爵士轻车简行，一行两人，拜访了平安总部。他此行的目的是要亲自了解一下平安的战略规划，结果令他非常满意。

随着汇丰的加入，外资在平安的持股比例达到 23.7%。除此以外，平安还有持股 25.9% 的国有股东、持股 17% 的员工合股基金、持股大约 30% 的包括民营企业和股份制企业的股东在内的一般股权。孙建一说，当时来看，这是一个比较理想的股权结构。

2003 年，是平安的“大年”。这一年不仅是公司成立的第 15 个年头，更重要的是，在这一年，平安获准成立以保险为核心的综合金融集团，成为继中信、光大之后的中国第三家综合金融集团。经国务院同意、中国保监会批准，中国平安保险股份有限公司于 2003 年 2 月 14 日正式完成分业重组，更名为“中国平安保险（集团）股份有限公司”。平安集团公司控股设立平安产险、平安寿险、平安信托和平安海外投资，平安信托持有平安证券股份。

至此，平安以保险为主，融证券、信托、投资和海外业务为一体的金融保险集团架构形成，“把平安建设成为国际领先的以保险业为核心的综合金融服务集团”的战略目标也正式确立。

2005 年 5 月，汇丰与摩根士丹利、高盛达成收购协议，收购其所持有的平安股权，从而将自己持有的平安股份增加到 19.9%，当时每股作价 13.2 港元，总对价达到 81 亿港元。

平安从未停止向外界学习，每年都派出大量高管去海外优秀公司考察，同时也接待了大量国际优秀企业，相互取长补短。现在汇丰成了平安的重要股东，平安要向汇丰学习些什么呢？

在全方位分析了汇丰的业务结构、地理分布、战略规划、运营后台、企业文化等一系列特征后，平安认为，汇丰能在那么长的时间里保持持续、稳健、高速的发展，必有其精髓——“持续”表现为坚实的管理基础、良好的业务品质、领先的成本优势，“稳健”表现为严格的风险控制、制度化、标准化和严格的执行，而“快速”则表现为高于行业平均水平的利润增长。

“让一个产品或技术在一个阶段或时期里保持领先，可能不难，但要取得长期的全面领先，尤其是在金融行业里，就变得极为不易。”马明哲说。平安更新了对自己的要求，将公司抱负中的“国际一流”改为“国际领先”，明确平安的目标就是要建立在国际综合金融服务集团中的领先地位。

那么，什么是“领先”呢？马明哲对“领先”的思考包括以下内涵：

第一，要成为市场的主导者，包括拥有最大的市场份额、最强的赢利能力，同时具有不可挑战、无法撼动的市场主导地位；

第二，要成为市场规则的制定者，包括建立产品标准、服务标准等行业标准，以及树立起业务规章、运作流程等行业典范；

第三，要成为市场价格的制定者，包括决定市场利率、承保价格、收费水平等。

汇丰恰恰在文化、战略、人才、平台四大核心要素上都能作为平安的借鉴。对于汇丰提倡的“对照基准战略”，平安极为认同，也就是要拿自己的业绩与市场上最好的公司进行比较。

汇丰将一批国际顶尖金融机构作为自己的核心对照组，其业务经理、管理人员不断地观察对照组的业绩动态，把竞争对手的数据挂在办公室的墙上，时刻追求业务要快于市场、成本要低于市场、利润要持续增长。

这种管理水平，令马明哲十分羡慕。他颇为感慨地说，每次进出汇丰在伦敦的总部大楼，他都在想什么时候能在汇丰大楼的旁边也盖一栋楼，并且还能比它高一层。

15 年后，2017 年 12 月 6 日，中国平安集团下属平安资产管理公司（下称“平安资管”）向香港联交所申报，平安资管通过港股通渠道累计买入汇丰控股（00005.HK）1017946172 股，持股比例为 5.01%，成为汇丰控股的重要投资者之一。一年之后，根据香港交易所2018年11月6日披露的信息，中国平安持有14.19亿股汇丰的股权，持股比例为7.01%。此一时彼一时，马明哲当初的“妄想”，已然实现。

外资、外体与外脑

“海不辞水，故能成其大；山不辞土石，故能成其高。”自然规律如此，人和组织的成长也是如此。

马明哲曾说，中国企业在快速成长的过程中，面临着和本土企业比“国际化”以及和外资企业比“本土化”的赛跑。就平安而言，“国际化”的任务最为迫切。不管洋猫土猫，抓到老鼠就是好猫，如果河上有桥，付点过桥费就能很快过桥，何必摸着石头过河？

这座“桥”就是国际上的优秀经验。我们在前面就讲述了麦肯锡这座“桥”的故事。平安舍得花大钱请国际一流咨询公司，因为买到的不仅是一个结论，更是结论背后的逻辑和思考，是方法论。

同时，平安还建立起了如何执行战略的文化和机制，确保上下一致。而很多与麦肯锡合作不成功的企业，在平安看来，并不一定是方案本身的问题，而是执行力度不够。这些企业改革的文化没有培育好，制度又没有跟上，很容易导致方案在实践中打折扣，甚至最后又回到原路上去。

在平安的国际化新征程中：引进境外战略投资者，这是“外资”；学习借鉴国际化的公司治理结构，这是“外体”；吸纳境外良才，这是“外脑”。合称平安的“三外”战略。

通过优秀境外人才的帮助，平安内部的干部成熟度也提升了，不仅为公司，而且为行业输送了人才；不仅发展了自身，还推动了行业进步。国内保险业最早符合国际标准的财务与精算体系，就出自平安。

在与外资、外体与外脑融合的过程中，平安不单将技术、经验作为公司发展的“器”“体”，还将其总结、升华，归纳出“道”“用”。将西方讲原则、讲纪律、讲制度的理性和中国传统文化的人本精神相结合，进一步丰富平安文化的内涵。

古为今用，洋为中用，关键在用。平安很多重要岗位都由外脑担纲。马明哲甄选这些境外人才的三大标准是：既具备丰富的专业经验，又具备很强的再学习能力；高处着眼，低处着手，既具备战略规划能力，又具备很强的动手能力；既具备很强的原则性，又具备一定的灵活性和相容性。

这三大标准延续了20年，基本没有变化。符合这些标准的外脑也有一些明确的画像：在专业领域具有国际领先的知识和技能，最好有跨国公司的实战经验；本身的文化适应能力较强；有愿意培养本土人才的博大胸怀。

平安选拔境外关键人才，一般会按岗位分析，全方位物色。

第一，分析清楚岗位特点是什么，制定清晰的3~5年的任期目标和发展规划；

第二，按岗位要求，先在内部寻找人才，内部没有的，在国内寻找，国内没有的，去国外寻找；

第三，全球海选，优中选优。候选名单通常有10人以上，通过国际一流的猎头公司在全球范围反复选择、反复动员，用文化、管理、待遇、事业去动员，有时要历时一年，甚至更长时间。

在特别重要和关键的时候，马明哲都会亲自出面去说服对方。业内有一个很普遍的看法：“只要是被平安看中的人，很少有挖不动的。”

诚然，也并不是所有来到平安的外脑都能发展得很好，这些不成功的案例并未让平安放弃外脑之路，而是成为寻找下一个外脑的经验。

马明哲曾说，外脑要融入中资公司的难度非常大，要么水土不服、四处碰壁，要么就双手插兜。但平安很少发生这种情况。这里有两个“秘籍”：一是对这些空降人才充分信任、充分授权，帮助他们融入组织，让他们不光承担责任，更要拥有能调兵遣将、调配资源的权力，充分保证他们决策的独立性和权威性；二是对外籍人才有一定的容忍度，要允许他们犯错误，积极主动帮助他们有效地成为组织的一部分。

过去很长时间，平安人寿都是外脑进入的重点区域。不少平安老员工说，之前也不太理解，“为什么看上去做差不多的工作，薪酬上差异会那么大”，但很快发现优秀外脑的价值非常大。他们勤勉的工作精神、国际化的视野、全球化大公司运作的经验，都非常值得学习。

平安的“实现本土人才的国际化”不是一句空话，在课堂上学习获得的知识，远不能与直接在国际市场上打拼的经验相比。境外人才的传、带和各种各样的培训，能直接提升国际化视野、专业技能和职业素养，推动整个公司迈向国际化。

现在很少有人再提外脑这个话题，因为境外人士在平安早已不是稀罕物种，大家一起工作，没有什么“内外之分”。

日本生命保险相互会社宇野社长访问平安时曾说过两句话：第一，面对改革的挑战，有多大勇气和能力去迎接；第二，与自己公司以外的人在一起，有多大的胸襟去学习。他认为这是公司持续进步的两个关键。这段话，马明哲至今仍印象深刻。

我们在和平安诸多高管交流时发现，“学习”是一个高频词，几乎每个高管都会告诉我们，平安人是多么热爱学习，并能举出大量例子说明“平安是一个学习型组织”。

在平安，学习是终身过程，哪一天停止学习，从那一天起你就开始落伍了。

第四章

愈挫愈奋

苦难是人生的一块垫脚石，
对于强者是笔财富，对于弱者
却是万丈深渊。

– 巴尔扎克 –

世上没有永不犯错误的企业，危机是企业生命中永远相伴的主题。

以创新为特色的平安，在高速增长的过程中，遭遇过大大小小无数的挫折，并在挫折与危机感的倒逼下，自我修正，继续前行。

平安的第一个十年，遇到过三次危机：再保危机、理赔核保危机和机构撤并危机。但平安如同孙中山先生所说的那样，也在坚持“吾志所向，一往无前；愈挫愈奋，再接再厉”。因为志向远大，所以平安总是时不我待，拼命抢抓各种机会，将机遇视为企业不可重复的战略资源，将占领先机视为竞争制胜的法宝。

但闯在前、冒在先，必然也最早遭遇挑战，有的挑战是内生性的，有的则源自外部的不确定，有的是市场层面的，有的则是政策层面的不确定。

既然挑战是企业不可避免的命运，那么在挑战面前，谁更具韧性和迅速调整的弹性，谁就更能克难攻坚。

“衡量一个人成功的标准，不是看这个人站在顶峰的时候，而是看这个人从顶峰跌落低谷之后的反弹力。”个人如此，企业也是如此。

寿险利差损乌云

20 世纪 90 年代中期，国内通货膨胀日益严重。为抑制通胀，央行将基准利率大幅提高到10%以上，再加上国家对利率的补贴，存款利率最高达到20%以上。在这种情况下，各主要保险公司为了竞争需要，销售了一大批固定利率为8%左右的高利率保单，大部分都是30年以上的长期寿险产品。

由于当时保险行业的费率监管制度尚未完全建立，销售的产品价格由保险公司自行决定。于是，保险公司为了和银行争夺客源，纷纷将自己的产品回报率定在了和银行利率相当的位置。

等到通胀得到控制、经济稳定之后，1996年到1999年的三年，央行连续7次降息，而保险公司的预定利率却较少进行调整。降息后，央行强调，各经营人寿保险业务的保险公司对已经签发的保单必须按照原条款和费率执行，不得更改。于是，各寿险公司保费收入在短时间内出现大幅增长，但却为今后的经营带来了巨大压力。

由于降息预期已经形成，市场普遍认为利率会继续下降，而保险公司的产品收益率高于利率，所以“抢购潮”出现了。大量的高利率保单在很短时间内被销售出去。

很多资深的保险从业者每每回忆起那段时间，仍心有余悸。当时，想要买高利率保单的老百姓每天在保险公司门口排队，蜂拥抢着投保。即使保险公司下班了，成群的人还是不肯散去，保险公司的铁链门都关不上。平安在各地的营业网点，每天也都在上演类似的情景。

由于各保险公司的投资收益率根本无法满足保单的资金成本要求，造成了巨大的利差损。1999年6月10日，央行再次降息后，保监会下发《紧急通知》，规定寿险保单预定利率不超过年复利2.5%的上限。

为何保险公司对高利率保单这么忌惮？因为国际上已有诸多沉痛教训。美国公平人寿在20世纪七八十年代濒临崩溃，就是因为销售了100多亿美元的高利率保单。在日本，自1997年4月日产生命保险公司首开破产先例后，已有多家公司遭遇破产，千代田生命保险是规模最大的一家。它们爆发危机的一个重要原因就是以高利率回报作为吸引，一味追求规模，大量销售高利率的个人养老金等产品。

整个国内保险业此时才开始认真反思：一个产品从设计到投放市场，除了赢得客户以及竞争需要外，还必须考虑保持持续的盈利性，否则将来也无法真正向客户兑现承诺。

1999年初，原美国林肯国民集团副总裁斯蒂芬·迈尔接受马明哲的邀请，加盟平安，全面负责平安的精算、新产品开发战略及投资政策和投资组合的审核。9月20日，他在平安内部做了一场题为“利润是关键”的报告，推介了当时在国外方兴未艾的“投资连结保险”（投连险）产品。

投连险，源于20世纪50年代的英国。第二次世界大战后，英国物价不断上涨，大众对能够抵御通货膨胀的金融产品需求高涨，加上政府的财税政策对投连产品的保险费给予全额免税的优惠，一些中小型寿险公司纷纷与信托业合作，开发并销售投连险，以此和大型寿险公司抗衡。

20世纪60年代后期，全球各大型寿险公司也陆续进入变额型保险市场。从1988年到1998年，投连险产品的保费收入占世界寿险总保费的比例提高至50%。

斯蒂芬·迈尔分析说，世界保险市场的产品一般都是沿着从保障型到投资型的路线发展的，投连险产品将寿险的保障和投资收益挂钩，可以同时满足客户的“储蓄、保障、投资”三种需求，也能较好地帮助寿险公司摆脱利率波动和经济周期波动的风险。

此时的平安管理层已经意识到自身存在着比较大的利差损压力，想到借助投连险产品来化解。在他们看来，只要找到合适的投资渠道，投连险是可以通过投资赢利的方式有效避免利差损的。

不过，从全球范围来看，几乎在所有推出投连险的市场里，第一个吃螃蟹的公司都被螃蟹咬过。为避免重蹈覆辙，平安启动了一个名为“凤凰”的计划，聘请麦肯锡帮助建立符合国际标准的投资流程和风控体系，还专门派高管带队前往新加坡考察，向英国保诚保险公司系统学习如何开展投连险业务。不管在系统和流程方面，还是在制度和培训方面，平安在率先推出投连险产品之前，都做了充分准备。

据当时的估计，中国寿险公司在之前的五年时间吸收了将近 1000 亿元长期返还型的保费，这部分预计利率高达 5% 至 8% 复利的业务随着每年续保费的增加，10 年之后将扩大到 1 万亿元。银行利率的节节下调，使保险公司在政府限定的投资范围内仅每年的利差损就有 3 至 6 个百分点。而投资型保险产品则可以有效避免和遏制寿险业利差损问题的进一步扩大。

从全球保险市场看，20 世纪 90 年代末，保险公司管理着全球 40% 的投资资产，保险公司持有的上市公司股票市值占整个股票市场的比重，美国为 25%，欧洲为 40%，日本高达 50%。

一开始时，中国监管部门是禁止保险公司投资股票市场的。根据有关法规，保险资金运用限于银行存款和国债。为了呼吁尽快放开保险资金的投资渠道，马明哲 1999 年 6 月在学术期刊上发表了题为《用好保险资金》的文章，从国际经验对比的角度，详细阐述了拓宽保险资金应用渠道的重要性。同年 10 月，保监会下发批文，开始有限制地允许保险资金进入证券市场。

原来拧紧的阀门被慢慢打开。这一开闸放行，为投连险在中国的诞生打通了最后一个关键环节。

根据实施方案，保险公司在控制风险的基础上，既可以在二级市场买卖已上市的证券投资基金，也可以在一级市场申购新发行的证券投资基金。同时，只要经中国证监会批准新发行的基金，就能按一定比例向保险公司配售，并根据保险公司的投资需求增发新基金。

平安又成了第一个吃螃蟹的人。

1999 年 10 月 22 日上午，平安在上海商城举行“投资连结产品试点销售启动大会”，现场来了 700 多名上海寿险代理人。他们全部是上海寿险队伍中有三年销售经验的业务员，业绩优秀，且无投诉记录，经严格培训考试后成为国内首批持证上岗的销售投资型产品的寿险业务员。时任寿险公司董事长的王利平，则成了第一个购买投连险产品的客户。

在之后的座谈会上，马明哲透露，本想把试点放在宁波，但保监会领导认为一定要放在上海，目的是要让平安重视这个事情，“摆到最重要的市场，如果做得不好，那么平安的品牌就完了，而且上海有许多外资公司，透明度特别高，客户的要求也特别高”。

马明哲重申了对平安投资能力和管理能力的信心：“过去我们讲过，保险和投资就像是手推车，一个轮子大、一个轮子小时，车子是原地转的……因此，我们必须保证两个轮子一样大，转得一样好。也就是说，保险做得最优秀，投资也要做得最优秀。”

“平安世纪理财”是平安推出的第一代投资连结保险，也是国内第一份该类型产品。

出事了

2000 年上半年，平安在上海的业务员每个月向超过 1 万名客户推销了“世纪理财”投连险。到 6 月上旬，这款上年末才面市的新品在上海地区的总销量已达 3.1 亿元，客户总数超过 7.1 万人。平安坐拥上海市场的半壁江山。

投连险在上海取得效果后，开始在全国推广。刚开始时，平安对销售人员的资格做了严格要求，例如在上海首批业务员要求有三年从业资质，但后来市场太火爆了，就将销售人员的条件放宽到有一年以上销售经验，后又放宽到九个月，再到六个月。最后，连“半年销售经验”这条红线也被绕开。新入职的业务员直接将业务“挂单”在老业务员名下，变成了谁都可以卖投连险产品。

在人员门槛放低的同时，开展业务的地域却在急速扩大，当时平安寿险有 36 个二级机构，再加上三级机构，数量就更多了。机构多，地域广，架构又不完善，管控执行方面出现了诸多缺漏。当时，各地的《基本法》就有 30 多种版本，展业时用的宣传材料本来是由总部印好后再下发的，但有些业务员为了销售方便，就自己制作宣传册，什么样的离奇表述都有，据说自制版本有 90 多种。而总部下发的各种规章制度则被束之高阁。

当火热的销售场面不断出现时，资本市场却开始拐头向下，和股市关联度极高的投连险的收益自然迅速走低。眼看账户上的净值不断下挫，很多投保人坐不住了，不少地区都出现客户“群诉”的情况——他们认为，自己是受到“只谈收益，不谈风险”的误导，才购买了投连险。

事实上，很多客户在查询投资账户价值余额时，只注意到账户价值余额低于初始投资，而不太了解该差额的产生其实并非都是因为投资亏损造成的。相当一部分差额属于初始费用，因投资造成的亏损仅占很小比重。但对于公司方面给出的这种解释，投保人很难接受。

问题开始暴露了，但很多地方机构并没有及时将情况传到平安总部。总部知道出了一些问题，但不知道到底有多大。等发现问题到了很严重的程度，赶紧踩刹车时，这才了解到，一些部门和机构将许多标准、要求停留在口头。虽然开了很多会，做了很多备忘录，但不管用，没有真正落实。有些文件、任务也都是文字性的描述，并没有追踪监督。

地方报喜不报忧，总部很难准确了解基层的真实情况。反过来，基层也不了解总部的战略部署。总部终于意识到，“我们当时的确错了，不能怪业务员，只能怪自己在管理上出了大问题，把产品卖给了错误的对象”。王利平说资本市场并没有给平安留足处理问题的时间。

2001 年 7 月起，A 股急挫，投连账户开始出现大幅亏损，引发更多客户的不满和投诉。“退保潮”从福建、广东和山东等省迅速蔓延到全国，加上媒体高度关注，平安一下子被推上风口浪尖。“投连险退保风波”就此爆发。

连续十几天，平安寿险管理层通宵达旦地开会，研究解决方案。当时在内部主要有两种处理意见：一是被动应对，坐等客户找上门，再逐一解释、化解；二是走出去、主动排查、积极沟通，向客户如实说明投连险产品的特性，并提供减少客户损失的方案。

经过大致测算，如果相当一部分客户选择退保的话，平安的损失将超过 20 亿元。而 2001 年整个平安的净利润还不到 18 亿元。

马明哲最后拿定了主意：“平安要建成百年老店，只有一条法则，那就是诚信。如果只有通过不诚信才能获得保费的话，这样的保费宁愿不要了。我们要业绩，更要道德操守，更要诚信。”

2002 年春，平安做出决定，发起中国保险史上最大规模的客户回访计划。专项小组由马明哲任组长，由麦肯锡顾问转身加入平安的顾敏担任常务副组长，他们带领公司上下十几万人，花了 500 多天时间，对 118 万名投连险客户进行了 100% 的逐一回访：如果发现客户是因受误导而购买投连险，要退保的马上安排退保；如果发现客户难以承担风险，就让其转投其他保险产品加以处理。

为了确保回访执行质量，电话中心每天抽取 50% 已完成操作的客户进行跟踪，每周报表直接向马明哲本人汇报。各个分公司内勤每天抽取 10% 以上已完成操作的客户，一周后上门跟踪。

在回访过程中发现，很多客户其实要求的不是赔偿，而是要公司负责任、如实地告知风险。“客户要的，更多是我们的诚信。投连事件，是平安寿险发展史上最严重的一次危机，给我们上了最深刻的一课，如果我们能永远记住，它也是我们最珍贵的一笔财富。”马明哲感慨地说。

处理投连险风波时，马明哲还提出，“要在有生之年，积极致力于业务员品质的提升，改善整个队伍的职业形象，让平安的业务员队伍成为公众最可信赖的队伍，让这个行业成为最受人尊敬的行业之一。”

力度空前的回访，安抚了众多客户，平安付出了近10亿元的代价。让马明哲感到欣慰的是，此举换回了客户对平安的继续信任，也挽回了品牌声誉，最后有超过95%的客户选择继续在平安投保。

2002年，平安首次在海外举行明星高峰会，马明哲做了题为《百年老店，诚信为基》的演讲。他再次指出：“投连险风波事件的深层次原因，在于没有能始终如一地坚持最大诚信原则，在困难面前让步了、在考核面前降低了、在利益面前忘本了、在成绩面前大意了、在荣誉面前放松了。”

他告诫全体员工，“依法经营，诚信经营”是平安的立业之本，“当我们眼前的物质利益需要通过有违法律、有违诚信原则来获取时，无论利益是多少，绝不应为之所动”。

到2003年，“投连险风波”基本得到全面解决。马明哲又以《我们别无选择》为题做了报告，提出“品质优先、利润导向、规范管理、重在执行”的十六字方针，尤其强调“重在执行”。这一年也被定位为平安的“执行年”。后来连续几年，马明哲每年的报告题目都是《我们别无选择》，为的是让全公司上下都能感受到一种压力感、紧张感和迫切感。

2003年，SARS（“非典”）肆虐中国。马明哲冒着危险去了香港，用诚意打动了保诚集团大中华区执行总裁、有“亚洲保险教父”之称的梁家驹。后者受邀加入平安，梁家驹当时的得力助手李源祥随后也加入平安人寿。

在回顾自己加入平安的过程时，李源祥告诉我们，当时投连险风波的影响还没完全消退，有朋友建议他再慎重考虑一下。“是梁总帮我下了决心，他告诉我，平安人寿经历这次风波后，痛定思痛，已经在切实改变。中国寿险市场还处于刚刚开始的阶段，市场空间巨大，将成为全世界保险公司最主要的竞争舞台。”

这一判断是准确的。当时的平安人寿有着一些明显优势：首先，全国布局已经完成，主要地市均有分公司，平台相对较大，有非常好的发展机遇；其次，公司文化简单，工作环境简单，强调结果导向、绩效为王；最后，队伍基础较好，当时已有20万销售精英，他们的学历、销售能力、管理能力都很强。

但这些优势，仅仅是成为一家优秀公司的前提。始终坚守诚信的价值观，才是成功的关键支撑。直到2004年6月初，平安才对外宣布——平安历史上最复杂、最困难、历时最长、参与人数最多的客户回访项目鸣金收兵。

从“投连险风波”到客户回访计划，平安高层洞察到平安人寿存在的一些深层次问题，此后数年进行了大量改造，最终使平安人寿成为集团保持稳定发展的基石。其中，最主要的几项改造是：

（1）针对外勤队伍管理粗放、内勤缺少标准化工作流程的问题，在外勤方面加强了队伍增员、培训及活动等基础管理，在内勤方面构建经营管理平台，建立规范统一的岗位指导手册，规范工作流程；同时，重构薪酬体系，提高薪酬竞争力，建立分层次的人才培养体系。

（2）针对缺乏完善的产品体系及产品价值评估方法的问题，构建了全系统产品经营平台，系统性地开展产品设计、上市、运作；引入万能险等新产品形态，完善产品体系；同时，引入新业务内涵价值和年化标准保险，更科学、精准地衡量保险产品价值等。

（3）针对手工依赖强、电子化程度低的问题，推动前中后台E化建设，构建E行销、E服务等E化平台，提高内外销售、服务、管理的E化水平，提升工作效率及客户满意度。

（4）针对交叉销售水平低的问题，完善了组织架构，构建“综个会”（综合开拓个人业务管理委员会，简称“综个会”），完善1+N产品体系，推动业务员向综合金融客户经理转型，实施SAT（社交、移动应用程序、远程）及需求工程等销售模式。

通过这些改造，平安寿险的内在生命力得到了很大加强。

对强者来说，挫折往往是更宝贵的财富。几年之后，马明哲在一次内部会议上说："在人生的道路上，谁都要犯错。如果说，成功是人生向往的朋友，那么错误就是人生抛不掉的伙伴。许多人的共同心理是怕犯错误，有的人甚至幻想一辈子不犯一点错误，其实这本身就是一个错误。"

他举了日本"经营之神"松下幸之助的例子。如果手下的职员从来不出错，松下幸之助绝不会将其升到很高的职位，因为改革者不需要十全十美的人，需要的是有魄力而又不怕出错的人。有的人因为怕犯错，工作上墨守成规，毫无开拓精神，结果坐失良机。怕犯错，必然缺乏自信；怕犯错，必然瞻前顾后；怕犯错，必然患得患失。"不怕犯错，善于从错误中学习，又能保持良好心态，这才能完全发挥出人的最大潜能。"

"平安要求所有的员工，无论能力大小、素质高低，都有责任发现公司在不同层次存在的问题。虽然不能说平安的成长都来自'尝试错误'所积累的智慧，但正是不怕犯错的勇气和避免犯错的智慧，造就了今天的平安。"马明哲说。

"中国平安、平安中国"

2000 年 1 月 3 日，新世纪的第一个工作日。

1988 年成立的平安走过了第一个生肖轮回。成立 12 年，平安的员工队伍从当初 13 个人发展到 13 万人，公司总资产从 5000 多万元增长到近 500 亿元，保险业务收入从 400 多万元增长到 220 亿元，分别是创业时的 10000 倍、1000 倍和 5000 多倍。

和往常一样，马明哲在新年伊始给全体员工写了一封贺信。他在信中提出，"将积极引进先进的专业技能和管理技能，以'价值最大化'为导向，建立'多元、紧密、高效'的策略型集团经营模式"。

世纪之交，正值平安成长的关键期——刚刚开始分业经营，新价值管理文化初步建立，品牌形象的塑造也显得尤为重要。平安已经有很大的规模，在行业里也有相当的影响力，但一直缺乏一句朗朗上口的传播语。

2001 年，平安在全公司发起了一次品牌口号征集活动，最终选出了“中国平安、平安中国”这一经典之句。“平安”蕴含着平和、安宁、幸福的朴素情感，平安和中国的连接更是自然而真挚，在受众中产生了强烈共鸣。

从这句口号出发，平安邀请了一家国际知名广告公司拍摄了电视广告片。这家国际公司发现，平安作为本土公司更了解中国人，了解中国消费者的需求，而在国际局势日益动荡、社会安全问题日益严重的今天，“平安”是所有热爱和平的人们的美好愿望，也是中国人民的最大期望和祝福。于是，他们在全国各地寻找像平安县、平安大街这样的本土化地名，以体现“平安”与“中国”的情感联系。他们发现了青海平安县、黑龙江平安屯、北京平安大街、上海平安里、广西平安乡平安桥等，并加入传统的平安结、中国结、灯笼、窗花等元素，完成了国人耳熟能详的电视广告《平安地名篇》。

广告片在央视播出后，产生了很大社会反响，甚至带动了广告取景地的旅游业发展。盛瑞生告诉我们，有一年他到广西桂林出差，专程去恭城县的平安乡平安桥，实地看广告拍摄的取景地，发现不少外地游客慕名前来，当地政府开辟了平安桥生态旅游区。不少瑶族同胞从以耕田农牧为生转向从事旅游业，开店铺卖土特产。当地人自豪地告诉游客们：“我们这个地方、这座桥，天天上中央电视台。”

2008 年 6 月，这座桥被洪水冲毁，村民出行艰难，平安还出资 30 万元帮助当地民众重建了平安桥。

从“地名篇”到“守护篇”“走过篇”，平安的一系列广告获得公众高度认同。一时间，“中国平安、平安中国”响彻四方，祈求祖国繁荣昌盛、民族振兴富强、百姓幸福安康的美好愿望得到了广泛传播和完整传达。

2000 年 1 月底，平安在北京深圳大厦召开了全公司工作会议。会场里的大幅标语上写着“价值最大化，效益最优化”。会议提出了“全面深入推广价值新文化”“完成集团改制工作”“全面实行新的薪酬体系”等一系列目标。

此时的平安清醒地认识到，自己在人均绩效、人均产能方面，与国际一流保险公司相比还存在很大差距。如何增强公司竞争能力？如何为可持续发展增强后劲？如何进一步提高人均绩效、人均产能，降低人力成本？这些都是摆在面前的难题。

“价值最大化”是平安检验一切工作的唯一标准。但员工个人最关心的是自己的利益。他们支持公司改革，但也非常担心个人利益因改革而受损。

平安采取了一系列措施，方向是薪酬政策要体现行业差别、贡献差别、岗位差别、机构差别，要以能力高低、贡献大小定薪酬，个人发展的机会要向高效绩、高产能者倾斜。平安希望通过薪酬改革，引导员工行为的变化，使高绩效、高产能成为全体员工共同追求的目标。

平安在内部推动变革的同时，外部市场也发生了很多变化。随着保险市场的竞争主体迅速增多，一大批平安管理干部流向了新成立的同业公司，平安出现了“失血”。此时，媒体上有一篇文章对平安“叛将”们进行了大盘点，在业界、平安内部，甚至平安的客户群中引起很大反响。

平安高管基本上都是从最基层员工做起，靠绩效拼出来的，是人才市场的“抢手货”，平安也被称作国内保险业的“黄埔军校”。

在平安内部的研讨中，人力资源部门把“叛将”们逐一做了分析。结论是，他们的离开有各种各样的原因，有些是因为有了更好的平台，有些是因为要与家人团聚，有些是健康原因。应该说，离开是他们的自由，无可厚非。

分析还发现，所有离开平安的高管、职业经理人，都非常讲究“忠”和“义”。一个“叛”字，扭曲了他们和平安的关系，他们自己对被列入“叛将”名单也感到不满。平安肯定他们曾经的贡献，尊重他们的选择，也不认为他们是“背叛”。

马明哲则讲了香格里拉酒店的例子。香格里拉酒店被誉为华人企业的典范，据说这里的客房服务员都可以胜任别的酒店的客房部经理，酒吧服务员可以胜任别的酒店的大堂经理。不少酒店高薪聘请香格里拉酒店的高管，希望他们能运用香格里拉的经验提高自己的水平，但几年过去，并没有多大起色。

“为什么同样的人才，同样勤勉，却不能在同行那里发挥更重要的作用呢？因为香格里拉酒店的经营管理经过长期锤炼，磨合成了一个统一整体。长时间磨合的文化不是任何个人能够带走的，离开香格里拉酒店的高管带走了一些制度、方法等程式化的东西，但永远带不走香格里拉酒店的文化。一旦离开了这种文化氛围，这些制度、方法等也就失去了作用。”

平安更清晰地认识到，面对日益激烈的人才竞争，公司要留住人才，最有效的方法是形成造血机制。只有人才培养的机制形成了，才会有源源不断的人才涌现出来，才能满足发展需要。人才重要，让人才脱颖而出的机制更重要。

第一次拥有银行

平安天生就有扩张的气质。开业仅两年，平安就想在香港设立经纪公司，投资成立证券公司和抵押典当公司。1994 年，平安真的开了深圳特区第一家典当公司——中安典当。该公司由平安和香港利宝投资公司合资，于 1994 年 3 月 8 日开业。

在证券牌照方面，平安于 1990 年提出申请，次年设立证券业务部，1993 年把证券业务推向全国，上海、新疆、武汉、天津等地的证券部相继开业，年底时分部达到 9 个。1995 年，中国人民银行总行批准平安证券有限责任公司成立。

平安的信托牌照来自1996年对中国工商银行珠江三角洲金融信托联合公司的收购，该公司后更名为“平安信托投资公司”。当年7月2日，平安信托完成工商注册，正式宣告成立，资本金由原来的5000万元增加到1.5亿元。经历了1997年之后的全国信托业清理整顿，以及2001年之后的信托公司重新登记，平安信托成为广东省首批获得批复通过的信托公司。2002年2月1日，中国人民银行总行批复，准予平安信托公司进行重新登记。

至此，加上之前成立的中国平安保险海外（控股）公司，平安以产险为基础、寿险为重点、证券和信托为两翼、海外业务为补充的集团化架构已经成形。

但客观来说，这时平安所做的还不是综合金融，更多只是“多元化金融”。当时平安投资的项目中，还有保龄球馆、印刷厂、汽车修理厂等和金融主业并没有什么关系的业务。

“后来想清楚了，只做金融业，就将这些资产都卖掉了。平安的综合金融战略不是一开始就形成的，而是经过了长期摸索的过程。”孙建一说，“平安人都有理想，但不是神仙，综合金融战略是在不同阶段不断变化、调整阶段性目标，再逐步深化认识之后才形成的。”

在早期，平安选择了寿险这一最大突破口，很快就超过了非寿险。此后，平安大量借鉴日本、台湾地区和香港特区的经验。聘请麦肯锡后，平安看到居民财富管理是一个大趋势，再加上科技的飞速发展，这些因素叠加起来，推动平安和综合金融越走越近。特别是国内金融业的市场主体越来越多，竞争变成成本竞争，这也让平安意识到，只有依靠综合金融的协同，才能把成本降低。尽管成本不是唯一考量因素，但它是永远都绕不过去的。

“无论银行、保险，还是证券、基金，获客成本都很高。如果能搭建综合金融平台，实现客户顺利迁徙，那平台内所有业务板块的获客成本都会大幅度降低。”孙建一说，“综合金融不是牌照的堆积和叠加。尽管牌照是个问题，但内部打通是更大的问题。就算到现在，我们还认为平安的综合金融要不断改善，目前只能说在内部把整个环节打通了。”

引入汇丰成为战略股东后，整个市场明显感到，平安对综合金融的追求越来越坚定。

汇丰的入股使平安的资本实力更强了，规模更大了，但马明哲没有“躺着睡大觉”。他在一份备忘录中提醒高管：“平安发展到今天，称得上家大业大了，此次汇丰参股平安，在很多媒体眼里，平安已经大到足够使它们时刻保持关注了。大，当然是我们梦寐以求的目标，但大背后也有很多地方是需要我们时刻保持警惕的，否则，我们会在大的恭维中迷失了方向，大而无当、大而不强，最终成为恐龙。这样的大企业不会是我们共同奋斗、赖以依存的家园。”

麦肯锡在为平安设计的关于“集团控股，分业经营”模式的报告中，提出了由一个集团公司（或控股公司）全资拥有（或控股）产、寿子公司和投资子公司，由集团控股公司对业务、财务、投资、人事、计划和风险内控等重大决策进行统一管理的分业模式。

不过那时，平安还没有“银行”。做综合金融，银行是基础，是绕不过去的一道坎儿。

平安对银行牌照图谋已久。早在 1990 年 3 月，平安第一届董事会第六次会议就提出：“在 1990 年内，平安保险公司的工作重点应放在：争取在 1990 年向人民银行申报将平安改为股份制金融企业，这样就可将股息计入成本……对于参资海南民族银行的提案，可先提交可行性报告。”

尽管平安参股银行的想法早已有之，但真正进入银行业，要等到 13 年之后的 2003 年。机会来自福建亚洲银行。

福建亚洲银行是内地首批 7 家合资银行之一，成立于 1993 年，由中国银行福建省分行旗下的福建信托咨询公司与香港中亚财务有限公司合资创办，双方各注资 3000 万美元，各占 50% 的股份，唯一的机构就是在福州设立的总行。

该银行成立之初，由印尼华商林绍良出任名誉董事长，原中国银行福建省分行行长宋庆任董事长。20 世纪 90 年代中期，双方将注册资本金增至 5000 万美元。此后，福建信托咨询公司按照央行有关规定被归入中国银行总行，中国银行总行继承了其在福建亚洲银行中的 50% 的股权。

2003 年，汇丰控股亚洲子公司香港上海汇丰银行与中国平安旗下平安信托投资公司对外宣布，计划联手收购福建亚洲银行。根据收购协议，汇丰银行将收购福建亚洲银行 50% 的股权，收购资金将从内部筹集。平安信托将收购余下的 50% 股权，并向福建亚洲银行再注入 2300 万美元，从而使注入资金总额增至 5000 万美元，汇丰银行的股权将因此被稀释至 27%。

平安拿到了一张梦寐以求的银行牌照。对于初涉的银行业务，平安的学习态度是真诚的、谦虚的，同时也是急切的、充满激情的。

收购完成后，中国银监会批准福建亚洲银行更名为“平安银行”。这一“2003 年版”的平安银行，被允许开展全面外汇业务，拥有所有中资企业、三资企业、居民、非居民外籍人士的外汇业务牌照。

平安银行虽小，但把平安发展综合金融最急需的一块木板给补上了。

H 股上市：让世界知道平安

随着业务版图日益完整，综合金融战略越来越清晰，上市也是水到渠成。平安决定将上市地定在香港。

平安邀请了摩根士丹利、高盛这两家最了解平安的投行作为保荐人。在做 H 股上市辅导时，投行看了一圈，发现了很多问题，这让平安的管理层自己也吓了一跳。比如，以前认为只要当年有利润就可以了，现在才知道，如果公司按照这一思路做下去，不计较内涵价值增长的话，未来会有很大危险。再如，虽然之前也强调了业务质量，但对业务品质重要性的理解还很肤浅。

2003 年底，平安有 70 家分公司、超过 3600 个分支机构、超过 18 万名寿险销售代理人，有超过 8000 名员工从事团体人寿和财产保险产品销售及市场营销活动。但这些业务中，有一些属于“较差品质的业务”，即低绩效、持续亏损、前景不明的业务，比如当时的银保业务，看起来保费规模很大，但实际价值贡献很低，且大量消耗资本。

在投行的推动下，平安管理层当即明确，要把这些较差品质的业务规模给压下去。也是从那时起，业务品质越来越被视为平安经营的基础和命脉。

从 2004 年初开始，平安高管团队兵分两路，分别赴美国和欧洲进行路演。为了吸引国际投资者，平安开了 100 多场推介会，两个高层团队约见了 400 多位国际知名的基金经理，回答了数千个关于平安的问题。大量刁钻甚至充满偏见的问题，让马明哲在感慨之余更坚定信心，要把平安做得更好。

在股价最终敲定前一个小时，平安的高管团队非常清楚，需要做出一个极为重要的决定。为了保密，团队成员都起身离开会议室，十几个人挤在男士洗手间里秘密会谈。商讨了半个小时，最后报出价格：每股 10.33 港元。

纽约一家商业媒体报道说：“一群毫无资本市场经验的年轻人，定出了一个让所有投资者都感到意外的价格，但这个价格又显出他们的老练。”

定价被投资者广泛认同。平安公开发行 H 股 1387892000 股，其中增量发行 1261720000 股、国有股存量发行 126172000 股，同时公司 H 股发行前的 1170751698 股外资股获准转换为 H 股。发行结束后，公司总股本变更为 6195053334 股，其中 H 股为 2558643698 股，占比 41.30%，内资股为 3636409636 股，占比 58.70%。

2004 年 6 月 24 日，平安在港交所首日挂牌交易，融资 143.37 亿港元，成为当年香港最大宗的 IPO（首次公开募股）。

平安在境外路演中之所以能吸引投资者，除了因为投资者对中国市场看好外，平安自身的国际化标准和本土化优势是最重要的“加分项”。

“国际化标准”体现在公司完善的治理结构、国际水平的管理团队、高效透明的运作体系、国际通行的管理标准上。在路演中，高管团队和投资者之间95%以上的交流用英语完成，这给境外投资者留下了深刻印象。

“本土化优势”则表现为平安作为一家本土公司，16年来形成了庞大的高品质的销售网络和销售队伍，公司品牌在国内有相当大的影响力。

锣声一响，平安已是国际资本市场的一家公众公司了。透明度和投资回报的要求，顷刻给管理层带来了压力。马明哲坦言，最应该关注的并不是平安股价的潮涨潮落，而要看到“路遥知马力”，看到公司的品质和基础。

汇丰银行企业策划及发展部亚太区主管在上市庆祝酒会上说了一个小故事：2001年12月，他在高盛的一个朋友给他打电话，说他们手头有一个很好的投资机会，想问问汇丰有没有兴趣。这个公司叫“平安”，总部就在深圳。后来，他就走过罗湖关，顺利拿到了这个机会。“前些日子，我每天早上一醒来就祈祷，上帝保佑，平安IPO那天，发行价不要低于我的价格。”他表情夸张的表达，引起哄堂大笑。

摩根士丹利亚洲总裁兼投资银行部主管也做了致辞，但关键就是一句话，他认为“平安是一个绝无仅有的投资机会”。

马明哲在致答谢辞时说：上市成功了，压力则更大了，责任也更重了，“平安招股募集资金到位后，将主要用于进一步增强平安的竞争实力，包括提高公司的偿付能力和资本充足率，并会进一步强化销售网络与能力，增强保险产品创新能力，整合平安服务体系”。

外界高度关注的一个话题，就是马明哲等高管因为上市获得了多少身家。上市当日，在去港交所的路上，看到有报纸猜测平安高管的财富数字，马明哲在车上大笑：“都是纸上的数字，实际上哪有钱去请保镖?!”

“不同的国家有不同的文化，公司上市后，有很多人来恭喜我成为亿万富翁。个别媒体还根据间接持股情况做了估算。且不去评价这样的估算是否科学，我先感谢他们帮我们这些高管画了一个‘大饼’。”孙建一回忆在美国路演时的一个大规模午餐会上，有投资者发现在招股书上披露的间接持股比例当中，马明哲拥有的股份占公司股份的 0.16%，便问：“为何只间接持有这么少的股份？是不是对公司前景缺乏信心？”

马明哲则坦诚作答，他个人对持股多少并不在意，但有 19500 位员工间接持有平安的股份，这对平安过去 16 年的发展起到了非常重要的作用，这是平安最为自豪的事情。

中国首个“金融工厂”

成为公众公司，对平安的治理提出了新要求。它的行为必须更透明，经营结果必须更具“可预见性”。要达成这样的目标，平安从技术和流程上都要更进一步。

应该说，平安对技术是高度重视的。从 1994 年开始做寿险的个险业务时，平安就使用了 PC（个人电脑）机帮助作业；1998 年，开始上线小型机。当时每个省份的情况都不一样，一个负责人既要管前台，也要管中后台，出现矛盾时负责人往往倾向于支持前台（销售端），从而使得后端的核保核赔力量被削弱。这显然不符合管理的要求。

2002 年，当平安提出要做综合金融服务集团时，IT 技术的发展也已经到了一定阶段。平安提出用技术手段将 IT 和财务集中起来，建立一个后援中心。

何谓后援中心？一般来说，“前台”是指业务人员跑客户、做业务的部门，“后台”是为业务人员提供支援的部门，比如录入个人营销、银保等各个渠道取得的新业务投保资料，审核风险变更的资料等。

平安的分支机构遍布全国，过去每个机构都是全能型的，什么功能都有。后援中心则要将各个分支机构的职能进行分解，将属于后台的一部分职能拿走，集中到一个地方，通过技术手段和规模化作业进行操作，提高效率，加强治理，降低成本。比如，原先各地分公司的 10 个核赔岗位，在后援中心只需要少数几个岗位便可完成。

但后援也意味着某些权责的集中。通常来说，凡是“分权”，各级下属机构都很欢迎；若是“集中”，难度往往极大。平安后援中心属于后者。之前平安的各个子公司，以及各子公司在各地的分公司，拥有相当大的权限。建设集中化的后援中心后，它们的权限必然被压缩。

王利平当时正好在汇丰总部学习。她从到汇丰公干的平安高管培训团成员那里了解到，业务部门和后援中心项目组之间的矛盾越来越大，特别是寿险部门和项目组之间几乎“水火不容”。

当时，汇丰表达了愿意帮助平安的意愿，但大家对于银行出身的汇丰能否帮到保险出身的平安存有疑问。2003 年 3 月，来自平安人寿、平安产险的负责人以及多位 IT 业务骨干人员飞赴巴西，考察汇丰集团旗下保险业务板块的后援中心。这个中心是为保险业务量身定做的，非常符合平安的需求。

汇丰保险的巴西机构负责人费尔南多全程陪同，详细介绍了 IT 集中和运营的情况。平安团友们很受冲击，不再争论“该不该做”的问题。汇丰给了平安不少专业的帮助，费尔南多还专门来到平安，汇丰援助平安的几个项目组也都在短时间内成立，并派出不同的专家进驻平安，协助改进管理，加强风险管控。汇丰把自己擅长的经营模式、治理结构、管控流程、市场网络、后援服务等技术向平安一一分享。

马明哲态度极为坚决，在大会小会上都强调集中的重要性，坚持把风控放在第一位。2003 年 7 月，项目组最终明确提出以下三条集中原则。

第一，权限上收，统一运作。后援集中实施后，业务、财务、人事的大部分权限将上收，机构仅保留销售、服务和极有限的人事、财务职能，核保核赔、电话服务、薪酬管理和发放、预算制定、动支审批等工作都将在后援中心统一运作。

第二，循序渐进，逐步集中。工作重点是先将录入、核保核赔和电话服务实施集中，再逐步展开其他项目集中。

第三，系统管理，组织保障。为保证实施系统性管理、有效执行相关政策，在原有的指导委员会之下，设立后援集中项目组。

为了保证业务流程再造的成功，平安制定了一系列的新规则：项目是最优先的，期限不得更改；对所有人适用相同条件，无论其公司背景、在组织中的职位、地区或其他因素；对任用的人既往不咎，不加指责；批评绝无禁区；决策一经做出，不得再有反复；集中决策，不求100%的细节完善。

现任平安集团联席CEO陈心颖来自新加坡，因为会说中文，且在美国服务过大型金融机构，于是被派到平安参与做后援集中的项目。平安也是陈心颖回到亚洲后服务的第一个客户。

陈心颖说，和全球很多金融机构比，当时平安还很小，也是相对落后的，但马明哲和平安表现出来的魄力很惊人。“当时平安还在八卦岭办公。有一天，我们几十个人讨论建设后援中心的事宜，不少人反对或者态度迟疑。这时，马总讲了一句话：‘请大家来，不是为了讨论是否要集中，而是讨论如何去集中。’”时隔多年，这句话仍让她印象深刻。

必须继续往前走，不能回头。

汇丰对平安的帮助是直接和有效的。马明哲曾诚恳地说：“汇丰的这些技术和经验不是我们自己可以想象到的，就算想象到也不是一下子能做到的。因为有汇丰这个参照物，平安避免了很多弯路。”汇丰方面则表示，如果不是平安高层的决心和魄力，不是调动了整个业务部门高度的参与性，这个项目也很难做成。

2004 年 12 月，从英国学习回来的王利平开始在业务单位和项目组之间来回进行沟通说服的工作。按照原定计划，首先推进的是保单录入工作。以前这道工序是分散在各个省份中的，完成的效率也完全不一样。现在则是将人员都集中在张江一个租来的大场地里，每天 24 小时都像在下“键盘雨”，所有人都在敲击键盘。

紧接着，公司选择寿险杭州分公司进行试点。各方的矛盾、意见非常大，一下子就罗列出了 150 多个急需解决的问题。其中,1/3 的问题是重复的，1/3 的问题是即使不做集中也存在的，只有 1/3 的问题是因后援集中带来的。

王利平和梁家驹一起，把相关的各路负责人约在一起开会，一个问题接一个问题讨论，很多原本僵持不下的问题，最后都得到了解决。

麻烦还有很多。因为工作地点转换、岗位分流，有一段时间出现了少数专业干部和员工的流失，这给继续推动后援集中带来了挑战。更困难的是技术及流程设计的问题。平安业务多元、流程复杂，系统平台的整合过程中出现的问题，不少连汇丰都没有碰到过。大家这才发现，世界上没有一条能让平安走通的现成路径。

开工两年后，2006 年 10 月，欧洲古典哥特式建筑风格的平安后援中心终于在上海浦东的张江园区建成，总建筑面积达 18 万平方米，投资近 10 亿元。一个以客户为中心、一站式、标准化的服务平台初具规模。

作为支持集团实现领先战略目标的基础平台，张江后援管理中心依照国际先进标准规划和配置，可以实现服务标准化、客户资源共享、后台运作统一标准，能有效降低成本、控制风险，是对金融企业业务流程的重大变革，对提升集团核心竞争力具有重大意义。

很多金融机构的高管都参观过张江后援中心，不少人用“震撼”来形容自己的感受。

2003 年之前，平安所有的后台业务分散在全国各个分支机构操作，超过300个城市都有平安的运营后台，没有规模效应，资源也不能共享，平安的运营和服务标准在各地和各业务线差异极大，服务和纯后台功能非常混杂。张江后援中心让业务前台和后台彻底隔离，如此一来，服务标准化了，成本降低了，风险也可以得到更好控制。

马明哲对张江后援中心最初的构想是，凡是不用面对面服务客户的业务流程，都集中到后台，实现流水线作业，业务的融合和协同在前后台同时进行，以实现完全标准化的综合服务目标。

最后的结果证明了他的远见。前后台分离的操作模式，可以将不需要直接面向客户的业务全部集中，前台人员专注于做好销售和客户服务，后台的整合使各条线的客户资源最大程度得到共享，为交叉销售提供信息支持。

制度建立在流程上，流程建立在系统上

"你可以相信10个人、100个人，甚至1000个人，但人是会变的，你不可能相信1000个人一辈子。"平安的理念是"要把制度建立在流程上，把流程建立在系统上"。张江后援中心正是这一理念的典范。

平安的发展之所以大而不乱、越大越强，是因为平安通过制度、流程、系统，将竞争能力和管理能力固化，把数据和能力都变成不断增值的资产，越用价值越高。

"制度建在流程上，流程建在系统上，制度的执行不以人的意志而转移，这是马明哲提出来的，体现了平安合规管理的精髓，目的是确保政策、制度的有效执行。"

平安集团首席稽核官叶素兰认为，合规管理具体有三层含义。

一是制度不是写在纸上的，而是嵌入工作流程中的，体现在每一个岗位的日常工作程序中，不按规矩执行就进不了下一个流程，这样制度就能成为绕不过去的环节。

二是为了防止故意的或是因为疏忽而绕过流程的情况发生，平安把流程集成到 IT 系统中，通过机器控制确保每一个流程必须被执行。

三是对政策制度进行分解和责任承担。平安把政策、制度做成流程，内化为系统的过程，也是内部分工和明确责任的过程。一项制度应该在哪个岗位被执行，具体由谁来负责该流程的执行，都会被非常明确地定义出来，并被完整记录。

谢永林曾经短暂地在马明哲身边工作过两个月，后来因为工作需要，被派到平安寿险浙江分公司工作。马明哲在他离开时说，他本该在总部工作久一些，熟悉更多情况，所以允许他通过内网继续看一年的相关文件。一年后，文件突然打不开了，已经养成阅览习惯的谢永林这才突然意识到，当时说的是“一年”，那限期一到，系统自然把他的权限给停了。

“平安多年前就建了这样的系统，将合规、规范管理的理念，落实到日常经营管理的各个环节，确保战略决策、政策制度等在各个层级的执行过程中不走样、不变形，这是平安长期稳健经营和实现公司战略目标的重要保证。”谢永林说。

因为建立了一整套符合现代化的体制、机制、文化和流程，平安不会因规模扩大、结构复杂而老化、僵化。每个平安员工都在既有公平竞争，又有精诚协作的环境和氛围下成长，共同推动平安始终保持一个初创企业的活力。

过去几十年，花旗、汇丰等西方金融机构虽通过并购成了大型综合金融集团，但都出现过内部资源整合困难、文化冲突、难以统一的情况，并没有显出太大的协同效应。花旗银行和旅行者保险集团、德国安联保险和德累斯顿银行的合并都是失败案例。

“平安之所以能形成强大的协同效应，关键在于文化。”孙建一说，“追求领先是全体平安人的基因，已经内化为平安文化的一部分，全体员工都立志成为全球范围的行业的领导者，立志和世界最好的企业比拼。这种强劲的企图心促进大家为了一个宏伟的目标，能够将小我变成大我，能够相互协同、互相帮助，在互助中既助人，也助己。”

其实，平安也曾有过把制度挂在嘴上、写在纸上的阶段。但随着规模越来越大，平安发现制度的执行不能仅仅依靠个人的自觉性，任何人的一念之差，都可能给组织带来巨大风险。只有当制度不以个人的意志为转移时，才能真正落实。

既然要将制度建立在流程上，那何谓流程？简单地说，流程就是“先做什么，接着做什么，最后做什么”。将流程观念用到企业管理中，做好流程的分析、建立和管理，能帮助企业降低成本、规范业务经营、提高服务质量、提升综合竞争力。平安的流程化改革，从最初的观念萌芽到平安后援中心的落成运营，足足用了十年时间。

张江后援中心就像一个“金融工厂”，一切都好像在流水线上运行一样。平安通过对金融业的流程分析和规范，将保险、银行、资产管理、信托、证券等各个子公司进行前、中、后台分离和后台集中，运用工厂化、标准化、流程化的作业模式，将后台的庞杂工作进行科学的隔离和分工，使每个岗位的工作更细、更专业、更严格，也有效地减少了个人意志和主观性的影响，使制度更加严格地深入到每个岗位和每个流程之中。

张江后援中心在建设之初，遇到的阻力非常大。大家议论最多的是：“别人都没有这么做，我们为什么要做？”马明哲对大家说，同业没有做，平安做了，这就是差异化，“创造巨大差异的变革是有阻力、有成本的，但是必须创造这种差异化，正是主动追求巨大差异才成就了不一样的平安”。

“人生就是如此，顺境逆境共存，只有在逆境中的成长才更扎实。关键要保持积极心态，永不言败。艰难困苦都是暂时的，要有坚定的意志和毅力，把苦难当作锻炼意志、磨炼品格的好事。现在多吃苦不是坏事！”类似这样的话，马明哲在平安发展的不同历史时期都说过。

一些金融机构负责人在参观了平安张江后援中心后说了我们也想做，但是做不了。原因是要触及的矛盾太多，技术上很难、投入很大、效益一时出不来，等等，最重要的是，负责人的岗位会经常变动，这会使他们不愿意做长线投入的事情。

一家国有银行行长曾带领25个部门和五大分行的一把手来参观，说过去只在国外的优秀银行才能看到的技术和平台，没想到在中国看到了，未来中型以上的银行都必须走集约化的发展模式。

张江后援中心对平安来说，其意义不是造出了一个外观像国外一流大学那样的园区，也不仅仅是将大规模的机房和诸多电话座席搬了进去，它是平安迈向现代科技企业的开始，也为后来大规模人工智能技术的应用埋下了伏笔。当时大量的电话录音，成了AI时代声频识别技术的极好素材。

2009年，平安集团完成二次集中，实现年金受托、银行信贷审核、风控稽核集中，通过规模化作业及跨系列作业实现共享，降低服务成本。

2010年，平安开始启动综合金融大后台建设，搭建跨产品、统一、标准的共享服务平台，提升服务价值，促进一线销售。

后来，因为业务发展的实际需要，产险、寿险的核保、核赔回归到了产险、寿险子公司管理。2016年3月，平安数据科技（深圳）有限公司更名为深圳平安综合金融服务有限公司（简称“平安金服”），承接了相当大一部分当时由后援中心负责的工作，集中处理的业务包括客户服务、财务服务、文档录入服务、HR（人力资源）服务等。

截至2019年底，平安金服全年累计服务客户7.3亿次，平均每天处理客户服务需求200万件；全年吞吐资金17万亿元，处理费用报销932亿元；全年提供发薪服务261万人次，维护人事数据180万笔，处理的入职量超过15万。

平安用远见引领自己，用韧性克难攻坚，用技术创新推动生产力的发展。技术是需要长期持续投入的，而平安的体制机制保证了企业家行为的长期性。

志存高远、一往无前、愈挫愈奋、再接再厉的企业家精神，总是能创造出前所未有的奇迹。

第五章

艰难的2008年

如果我们在人生中体验的每一次转变，都让我们在生活中走得更远，那么，我们就真正体验到了生活想让我们体验的东西。

—《少年派的奇幻漂流》—

2008 年，平安创立 20 周年。

彼时在中国金融业，平安砥砺奋进，从业务开拓到管理创新，都已蔚为大观。特别是前一年，平安在 H 股挂牌上市近三年后成功回归 A 股，创下了诸多惊人纪录。

2007 年 3 月 1 日，平安首次公开发行 A 股股票挂牌上市（601318.SH），这是当时全球最大的保险公司 IPO 和中国 A 股市场第二大 IPO 纪录（仅次于中国工商银行）。当日收盘，平安在两市的总市值逾 3000 亿元人民币。

在 A 股上市路演中，平安用“战略方向盘”“经营红绿灯”“业务加油站”这三个说法，概括了一个综合性金融控股集团中，集团和子公司的职能关系：集团本身不从事具体的经营业务，“有所为有所不为”，重在明确方向、制定规则，履行资本筹集、战略规划、合规监督、品牌经营、整体协同五大核心职能，在各子公司之间形成协同效应，提升公司价值。

在回归A股的同时，平安集团将前身为福建亚洲银行的平安银行（2005 年更名，并将总部从福州迁往上海）和深圳商业银行（2006 年 7 月，平安投资 49 亿元获得其 89.24% 的股份）进行了整合，由深圳商业银行吸收合并平安银行并更名为“深圳平安银行”。一家深圳本地的银行，转变为总部设在深圳的跨区域经营的银行。

这一年，A 股上市、新银行成立，平安看起来顺风顺水。2008 年 5 月，平安首次进入《财富》世界500强榜单，排名第462位。

然而，一路高歌猛进的平安，却在同一年遭遇了自创立以来的最大打击。马明哲个人和平安都刻骨铭心。

1600亿元再融资风波

2005年6月触底，2006年复苏，2007年10月见顶，2008年狂泻……这是中国证券市场上规模空前的一次“熊—牛—熊”的风云转换。

市场先是空前狂热。上证综指从2005年6月998点的最低位，一步步上升到2007年10月16日最高的6124点。

2008年1月21日，中国平安发布了一则再融资公告，称拟申请增发不超过12亿股A股股票，并发行不超过412亿元分离交易可转债。按照当时的股价，若足额认购，这次增发融资额约1200亿元，加上可转债，再融资总额将达1600亿元。

方案公布当天，上证指数即刻下跌279.44点，跌幅为5.14%。平安A股跌停，H股跌幅为6.33%。翌日，平安A股再次跌停，H股继续下跌12.49%。

由于在公告中，平安只是表示再融资“将用于充实资本金、补充营运资金和（或）有关监管部门批准的投资项目”，并未说明具体投资项目，引发了市场更大的质疑。

当时有人算过：平安的再融资规模比中石油IPO融资的668亿元和中国神华IPO融资665.8亿元的总和还多，且刚上市一年左右就要再融资，规模如此之大，市场不可能不恐慌。与此同时，投资者还备感限售股解禁的压力，平安解禁规模高达31.2亿股，相当于新增流通市值3000亿元左右，是A股当时有史以来最大一笔限售股解禁。

此后一周，平安的股价经历了“过山车”。当时只有少部分券商分析师认为，增发本身是中性的，关键是看这笔资金究竟投资于何处，以及平安各项业务的竞争力能否因此而提高，从而压倒增发带来的摊薄效应。但市场情绪总体是一边倒。

其间，不少市场人士对平安增发的投向做了预测，认为无非是国内和国外两个方向，增发将使平安有能力在国内和国外资本市场“两线作战”。

市场猜测，若按照2007年底平安的总资产规模6912亿元来估算，按照15%的投资比例规定，那么平安在2008年海外投资额度约为1000亿元，扣除当时已有的海外投资约400亿元，2008年新增海外投资仍可达600亿元。此次再融资规模1600亿元左右，在600亿元海外投资之外，仍有近千亿资金，依然可以完成对一家中型银行的收购。再考虑到平安增发前就拥有1000多亿元现金，基于这些分析，几乎可以断言，增发后的平安有能力在国内和国外两个市场同时进行重大股权投资。

此后，平安在和机构投资者沟通中也透露，计划将所筹资金用于收购境内外优良资产，虽未透露具体目标，但表示将选择与主营业务相关、具有良好成长性和能带来协同效应的项目。

3月5日，平安召开股东大会，审议再融资方案。可容纳300多人的会场坐得满满的。这是马明哲在平安在H股、A股上市之后，感受到压力最大的一次股东大会。

有投资人问，为什么没有详细披露再融资用途？马明哲亲自回答称，作为一家上市公司，要遵从很多法律要求，中国公司进行收购的游戏规则与海外不一样，需要先审批，不能先说，“平安会尽最大能力，严格按照法律法规的要求，不断提升公司的透明度”。

这一回答并不能满足投资人的胃口。又有投资人问：“再融资是不是为了替汇丰的次贷损失买单？”马明哲予以否认。他解释，汇丰是一家很大的公司，平安的规模相对小很多，汇丰也不需要平安去救助。平安向来的理念是一定要为股东赚钱。这次股市下跌有多方面原因，一是全球经济受次贷危机影响，二是A股前段时间有点过热。相信平安再融资方案并非市场下跌的最主要因素，“买平安股票亏钱的心情，我非常理解。但我们可以肯定地说，平安是一个基础稳固、战略清晰、财务稳健、增长稳健的公司。股市波动我们没有能力去影响，但我们会努力做好自己的工作”。

投票结果很快统计出来。根据公告，到会的A股投资者有219家、H股投资者有17家，共代表平安73亿总股本中的51.96亿股，占70.7%。加上网上投票的部分，A股共有8000名股东代表56亿股股本，参与了对平安增发的投票。

结果显示，92%赞成，6.22%反对，其余弃权。分离交易可转债的投票比例为93.1958%赞成，5.6191%反对，1.1851%弃权。增发方案获得通过。

随后，马明哲发言：“说平安把整个股市拖下来，太抬举平安了。平安的再融资公告不是股市下跌的最主要原因。平安没有能力左右大势。相信平安会做出成绩回报投资者，但不能保证每个人都能赚到钱……（我们）注意到了市场的反应，董事会将根据市场当时的环境决定增发的规模、增发的时机，会充分考虑市场的承受能力。”

但随后几个月时间，平安一直背负着“天量融资”“抽血股市”的骂名，再加上股指不断下行，压力巨大。

2008年5月9日，平安发布公告，称其A股再融资计划将在6个月内不考虑递交申请。这被市场理解为“平安难顶市场压力而暂时放弃增发计划”，股指随即迎来一波反弹。平安再次表示，将根据市场状况和投资者承受能力，慎重考虑分离交易可转债的申报和发行时机。

与此同时，平安在其年度股东大会上审议通过了《关于授予董事会一般授权，以配发、发行及处理不超过公司已发行H股20%的新增H股的议案》，并在2008年11月30日最后敲定。平安公告称，根据股东大会一般性授权，定向增发594056000股H股股票，预计募集资金368.315亿港元（约合292亿人民币），发行对象不超过10名，“本次新募资金将主要用于支持保险、银行等主营业务高速发展，同时也将为互联网金融业务布局提前做好资本规划”。

平安的H股定向增发交易价格为每股62港元，以配售协议签署日在香港联交所报收的每股65.05港元计算，折让约4.69%；以配售协议签署日前连续二十个交易日的平均收市价每股约61.22港元计算，甚至溢价了约1.27%。相较于之前H股经常出现的10%到15%的新股发行折扣，这次有溢价的配售价格和巨量认购规模，侧面反映了境内外投资者对平安市场价值的认可。

持续近一年时间的平安“天量融资”事件，慢慢淡出了人们的视野。

回过头看，平安当时提出的“本次新募资金将主要用于支持保险、银行等主营业务高速发展，同时也将为互联网金融业务布局提前做好资本规划”，并没有被市场重视，甚至被忽视了。而最后这一句，恰恰真实地披露了平安未来想干什么。

一晃就是十年。2018年11月7日，平安在“科技开放日”上首次披露了一组数据：在过去十年，平安共投入500亿元用于科研，并预计未来十年的投入将达1000亿元，用以巩固在金融服务行业的领导地位。

事实上，在2008年那个时点，平安已未雨绸缪，准备在科技方面进行大投入。平安已经看到，和高科技行业比，金融业的增长相对缓慢，加上金融形势复杂，资本金要求高，合规成本也在不断增加，今后想要实现有效增长，必须依靠科技。科技驱动增长是全球趋势，而平安本身就拥有良好的基础，在客户、数据、场景、技术、人才和资金方面都有先天优势，更应及早推动向科技公司的转型。

在2008年就提出“为互联网金融业务布局”，显现出平安的前瞻性，但科技要开花结果，得有漫长的培育期，还有水土适应性问题，不是一日之功。这些我们之后都会谈到。

“天价薪酬”的是是非非

“天量融资”质疑尚未消失，“天价薪酬”风波再起。

2008年3月21日，平安发布2007年年报。其中披露，2007年董事及高管中有三人税前薪酬超过4000万元。其中：董事长兼CEO马明哲税前报酬4616.1万元，加上另有2000万元奖金直接捐赠给中国宋庆龄基金会，累计税前报酬为6616.1万元；常务副总经理梁家驹税前报酬为4813万元；等等。

如此高的收入让很多人吃惊，更有市场人士将国内交强险的盈利数据和马明哲的薪酬进行了挂钩。因为涉及广大车主对交强险成本的分摊问题，这件事一时间成为社会公众话题，保监会甚至发出了一份书面回复予以澄清。监管部门此举极为罕见，显示出对问题的重视程度。

保监会回复称，“2007年平安集团高管薪酬与交强险的成本分摊基本无关”，并称平安高管隶属于平安集团，而交强险业务的经营主体是平安产险，平安集团和平安产险是两个不同的法人，各自独立经营、独立核算，平安集团高管薪酬由集团支付，马明哲等高管没有在产险子公司兼任职务，也没有在产险领取薪酬；同时，平安产险作为集团子公司虽然每年将利润上缴平安集团，但由于平安产险的交强险第一个业务年度亏损1.86亿元，并没有产生利润。

作为当事人的马明哲承受了极大压力，失眠了好一阵子。

平安高管的收入为何如此之高？这要追溯到2004年。

当年平安临时股东大会批准，建立“虚拟股票增值权”形式的长期奖励计划制度，对绩效优秀的高级管理人员及若干主要员工实施长期奖励计划。在该计划中，平安自身并不发行新的股份，而是以单位方式授予权利，每个单位代表一股平安的H股。到期奖金额的计算，是根据到期日与授予日的差价乘以股数得出的。

该计划的目的是将高级管理人员的利益与股东价值进行捆绑，计划设置的支付周期较长，以促使管理层更关心公司长远发展。具体来说，该计划是自 2004 年至 2008 年，每年根据员工的绩效和贡献，经评比并报平安董事会薪酬委员会批准后确定人选与授予份数，此长期奖励分五次授予：2004年首次授予时，将公司H股上市时的发行价（10.33港元）作为授予价，授出 4192 万份；2007 年、2008 年、2009 年分别行使 1397.33 万份。2005年至 2008 年每年授予的长期奖励，在授予日的第三周年日支付。2005 年授出 1572 万份，授予价为 12.47 港元；2006 年授出 1572 万份，授予价为 21.5港元。

按照上述计划的设置，2004 年平安首次授予的长期奖励于 2007 年首次行使，在长期奖励计划到期时向在职参与者兑现，到期日价格取 2007 年 6 月 24 日到期日当日收盘价和前 5 天的股票收市价均价的孰低值。

平安按照一贯的财务谨慎原则，还设置了当年该计划参与者的奖励总额不超过当年预估计净利润（国际财务报告准则）的 4% 的上限。设定上限，既是为了促使公司高管为股东带来良好回报，也是为了避免对高管过度激励。

按照独立第三方人力资源顾问机构给平安提供的参照，与国际上同等规模、相似类型的公司相比，平安的高管薪酬低于国际水平的 50 分位（即平均水平），考虑到中国的税收水平较高，其实际税后收入与国际水平相比有明显差距。

平安的薪酬体系还有一个情况，就是董事会制定了“一个公司，两种制度”，一种是与国际化相适应的薪酬体系，主要适用于非内地籍员工（张子欣、梁家驹等）和内地籍执行董事（马明哲、孙建一等），另一种是与内地水平和制度相适应的薪酬体系，适用于绝大多数内地员工。

王利平解释说：“虚拟期权实际上是股票价格增值的受益权，2004 年 6 月公司 H 股上市时首次授予，2007 年首次兑现。上市时的价格是 10 港元多，

2007年首次行使时价格是50多港元，确实增值了很多。但虚拟期权的实现实际上并不容易，只有公司业绩增长、股价持续上涨，才能变成现实奖励。而股价是有波动的，不可能都像2007年的表现。如果股价不涨，长期奖励一文不值。”

当时市场上有一种说法：“马明哲是觉得自己薪酬太高了，舆情比较负面，才不得已捐了2000万元。”但实际情况是，马明哲提出捐赠想法是在2007年初，当时他和家人商议“5年计划捐赠1亿元”，并得到了家人的赞同。之后经过与中国宋庆龄基金会的商议，于2007年9月完成了捐赠。

顾立基对我们说，在“天价薪酬”这件事上，马明哲背了不少冤枉，“后来还有一次行权，应发给马明哲近4000万元的奖励，但他没有领取。也有董事建议马明哲把这部分收入转为平安股票，他也没有这么做。”

投资富通

早在20世纪90年代中期，平安就意识到保险资金投资管理的重要性。当时，保险资金投资渠道混乱，缺乏风险控制，再加上资本市场刚刚起步，波动剧烈，投资环境极不成熟。麦肯锡帮平安做的第一个项目便是保险资金运用。

在麦肯锡帮助下，平安将原来各自为政的投资部门统一起来，成立投资管理中心，并第一次将资产配置理念置于保险资金投资的核心地位。不过，在2005年之前，投资管理中心只是负责管理保险业务收缴上来的保费的投资，部门设置相对简单。这一年5月，平安资产管理公司成立，之后资产配置能力被提升为平安首要的几大目标之一。

平安开始研究和推进资产全球化。平安历时两年多，在全球范围内反复挑选，将目标锁定在富通集团。当时，做出这一选择有两个出发点：一是规避单一经济体周期性的风险，这是全球保险公司的通常做法；二是规避单一资本市场波动过大的风险，在法规规定的额度里，将一部分资金分散投资到波动比较小的欧洲荷比卢地区。

成立于 1982 年的富通是欧洲排名前 15 大的金融机构之一，拥有遍布全球 50 多个国家和地区的网点以及 6 万余名员工，20 世纪 80 年代先后在阿姆斯特丹和布鲁塞尔的泛欧交易所和卢森堡证券交易所上市，并且在美国发行存托凭证（ADR）。

要想富，先通路，路通财来。富通的中文名字非常契合中国的“口彩”，被平安视为连通全球的通道，平安对其寄予了最大期望。

谁都无法预料的是，这一投资赶上了美国次贷危机以及全球性的金融危机。

金融海啸刚刚发作的 2007 年 6 月，富通总资产达到 9177 亿欧元，市值近 500 亿欧元。在金融海啸中，富通自 2007 年 4 月 10 日创出 29.58 欧元的股价新高后，因买入过多次级债券的问题暴露，股价连续四个月下跌，几近腰斩。这为平安入股提供了机会。

在和国内监管部门的沟通中，平安的想法获得了肯定和支持，这是一次难得的出海机会。

经过集团内部反复讨论并与监管部门紧密沟通后，从 2007 年 9 月开始，平安通过旗下平安人寿在欧洲交易所逐步买进富通股票。投资决策委员会用一个简单的坐标轴计算着平安每天买入的股价和数量，增加一个数量单位则添加一笔，直到买入 5%“封顶”。

北京时间 11 月 29 日早上 6 点，在泛欧交易所收市之后，富通集团与平安联合发布公告，宣布截至比利时时间 11 月 27 日，平安集团旗下平安人寿以 18.1 亿欧元（约合 196 亿元人民币），从二级市场直接购买了富通集团 9501 万股股票，折合约占富通集团总股本的 4.18%，成为富通集团单一最大股东。

这是中国保险公司首次投资全球性金融机构。富通表示，欢迎平安作为关键股东到来。平安入股富通，当时被市场认为是中国企业扬帆出海的最佳样本之一。

在整个投资过程中，平安使用了国际最优秀的机构作为参谋：摩根大通是财务顾问，美国伟凯律师事务所是法律顾问，汇丰提供了大量的分析数据……根据公告计算，平安购买的均价为 19.05 欧元 / 股。整个过程并未引起股价大幅波动。

平安入股富通是中国保险公司进行的最大海外并购，也是平安在一个月内第二次入股境外基金管理公司。就在 11 月初，香港基金管理公司惠理集团（0806. HK）作为第一家基金管理公司在香港联交所主板上市，平安作为唯一战略投资者购买了 1.44 亿股，拥有惠理集团发行后 9% 的股份，此次投资涉及资金约 11 亿港元。

平安得到了富通董事会的一个非执行董事席位。根据惯例，在比利时监管部门无异议审批的前提下，将在 2008 年 4 月的富通股东大会上申请股东批准。

从富通以往的表现看，平安似乎做了一笔好买卖。虽然在入股后，富通股价乏力不振、第三季度报表也令人失望，但在当时，双方更多的还是沉浸在对长远利益的憧憬中。

马明哲认为，平安可以学习富通集团在交叉销售、风险管理以及产品设计创新等方面的经验，令此次交易取得极具价值的协同效应。“交叉销售”是平安努力打造综合性金融集团过程中的具体操作战略之一，也是富通的强项，富通集团三分之一甚至更多的银行客户也是保险客户。

对富通而言，平安的投资相当于一场“及时雨”，使它得以进入以中国为代表的高增长新兴市场。时任富通集团董事长莫里斯 · 利本斯（Maurice Lippens）认为，这笔交易将提升富通集团在中国的知名度。

富通频频主动伸过橄榄枝，其董事长亲自带队到平安上海总部交流沟通。

急于寻找流动性的富通和渴望投资海外的平安一拍即合。富通在上海考察了一周后，双方基本确定了合作意向和方式。客人离开前，平安还在东方君悦酒店举办了小型酒会。酒会气氛非常热烈，大家频频举杯，畅想未来——平安入股后，可以与富通进行人才、技术和管理模式等多方面交流，既可以培养人才，也可以汲取富通的先进经验。

从 2007 年 9 月开始买入到 2008 年 4 月初富通股价出现大幅下跌，这半年是平安与富通的蜜月期。2008 年 2 月，入股半年后，平安获得了预想中的投资回报——富通股东大会确定分红率约为 6%。这一回报水平远超当时 A 股和 H 股市场上绝大多数的上市公司。当时 A 股整体分红率甚至不及一年期银行储蓄利率。6% 的分红率完全可以覆盖平安此前卖出去的一部分利息为 5% 的高利率保单。

与此同时，富通也派遣管理、技术和产品人员来到中国，与平安的银行及保险管理团队、业务骨干进行了比较深入的交流互动。

这次交易是中国保险公司首次投资全球性金融机构。按照中国的外汇管理制度，企业对外投资额度受多个部门的政策限制，尤其是涉及数百亿元人民币的大额投资，使用的又是保险资金，若没有相关部门的支持，这一投资是不可能完成的。具体来说，平安投资所需外汇额度为新批的“专项投资额度”。在完成对富通收购报告的评估后，平安迅速向中国保监会和国家外汇管理总局申请了投资额度。

交易给双方都带来了对长远利益的憧憬。对平安而言，显见的好处就是资产全球配置的优化和投资收益的提高。

峭壁边缘

美国资本市场的“心脏”华尔街。街口伫立着一头硕大的铜牛，铜牛正对着全球五大投行之一的贝尔斯登总部大楼。贝尔斯登是在金融海啸中率先倒下的一家重要金融机构。

贝尔斯登成立于1923年，已有85年历史，经历过20世纪30年代的大萧条和多次经济起落，一直屹立不倒。

当富通与平安筹划更大的合作时，全球金融海啸的巨大冲击已经来临。2008年3月16日，美国联邦储备局紧急出手，同意“包底”300亿美元贷款支持摩根大通，后者随即宣布将以总值约2亿美元收购濒临破产的贝尔斯登。这一价格是贝尔斯登1985年上市时股价的三分之一，和其2007年高峰期的每股159美元的价格相比更是天壤之别。

平安收购富通取得了阶段性成果，面对富通1.1倍的PB（市净率）和14.1倍的PE（市盈率），众多分析机构认为平安做了一笔划算的买卖，但在双方签订意向备忘录后，金融危机的山雨越来越大，波及范围越来越广，全球各家金融机构的现金流均出现紧张局面，部分出现挤兑。富通也不例外。

在风暴中，平安迎来了成立20周年的纪念日。为表达对5·12汶川大地震遇难同胞的深切哀悼，原定于5月27日举行的庆典活动取消，并以特殊晨会的形式，以最简单的方式，一起感念20年的风雨艰辛。

马明哲说，20年前，平安在蛇口一家小小的办公室开业，当时只是一家小型的、单一的财产险公司，业务从零开始。在一个大多数国人还不知“保险”为何物的时代，平安的员工每天骑着自行车走街串户、顶风冒雨，甚至“以步代车”，为一单单业务、一家家客户踏穿了鞋底，磨破了嘴皮。20年后，平安从一家仅有13名员工的公司，发展到拥有37万员工和业务队伍，跨越保险、银行、资产管理、年金、证券的全国三大综合金融集团之一。对他个人而言，走过公司创始、发展的全过程，参与推动并亲眼见证平安这样一家民族金融企业在中国改革征途上，披荆斩棘、坚韧不拔地崛起，是他此生最大的荣幸和满足。

2008年9月中旬，平安集团告别了深圳罗湖的八卦岭总部，搬到位于福田 CBD（中央商务区）中心城区的星河发展中心大厦。

每天法兰克福市场收市以后，源源不断的媒体报道和公开信息就通过平安在欧洲的办事处传递过来。深陷泥淖的富通，在雷曼兄弟倒下之后更加岌岌可危。

富通横跨荷兰、比利时、卢森堡三国。三国对于救助富通已经达成共识，但究竟如何救助却没有定论。由于富通体量庞大，凭借一国之力无法承担，经过多轮次协调和谈判，三国政府发布了拟将富通国有化的方案，即将富通在各国的分支机构收归国有。这意味着投资者将陷入既无法回本，也无法拥有资产的两难境地。

在事先没有征求富通股东意见的情况下，三国政府宣布将注入 112 亿欧元，持有富通集团下属富通银行在三地的 49% 的股权，将富通银行在三国的机构收归国有；下一步会把富通在三国的其他业务部分也国有化，并和法国巴黎银行进行股权置换。

这一行动虽然为富通注入了流动性，但并没有考虑对原股东的补偿及后续安排，相当于低价“稀释”富通股份。

消息传回隔着 6 个时区的中国。正逢国庆节假期，多位平安集团执委会委员接到通知，立刻回深圳参加紧急会议。很多人都是第一次到新总部，由于采用了严格的门禁系统，不少初来乍到的高管还吃了闭门羹。

会议赶在中午前开始。马明哲宣布议题是讨论“如何应对富通被国有化事件”。会议一共开了 3 个多小时。当晚，平安起草发布了一条新闻稿，表示：“公司对富通的投资总额仅占公司总资产的 3% 左右。截至 2008 年 6 月 30 日的公司已审计资产负债表已经反映了公司对富通投资的累计市值变动损失 105 亿元。公司将根据未来国际资本市场和富通集团股价波幅与走势等情况，严格按照相关会计政策，审慎决策是否在 2008 年第三季度财务报告中对富通集团股票投资进行计提减值准备的会计处理，把已经在公司净资产中符合减值标准的那部分市值变动损失在损益表中反映。”

2008年的秋天，是平安历史上最难过的秋天。没有丰收的喜悦，只有艰难度日的焦灼。因对富通的投资失利，平安也陷入舆论旋涡，有人还将这笔投资与年初的1600亿元再融资联系起来。

平安坚决反对分拆富通的方案，因为这将使平安在富通的占股比例大大缩水，相当于这些股份直接被“剥夺”。但富通董事会决定接受三国政府的国有化重组方案，通过了分拆的相关决议。

国庆黄金周长假结束后的第一个工作日，马明哲以内部邮件的形式，发了致全体员工的一封信。信中对平安面临的情况向员工做出说明，也指出平安的经营状况并不会受到很大冲击，给全体员工吃了一颗“定心丸”。

> 今年以来，美国次按①危机愈演愈烈，在很短的时间内，演变成为一场百年不遇的全球性金融风暴。特别是进入9月以来，美国的金融危机进一步加剧，并蔓延到整个欧洲大陆；欧洲各国大批金融机构受到严重冲击，平安投资的富通集团也未能幸免，其股价深度调整、大幅下跌。
>
> 根据审慎的会计原则，公司决定在第三季度财务报告中计提投资损失，可能会对公司全年利润产生较大影响。但从总体看，这一事件对公司的影响主要体现在今年，是一次性的，总体风险也是可控的。因为：
>
> 第一，公司基础稳固，各项业务保持正常发展。本次受金融风暴间接冲击的仅是公司的海外投资业务，平安其他各项业务均在国内，国内各项主营业务发展不受任何影响。当前，公司的基础是稳固的，财务是稳健的，战略是清晰的，集团和各子公司的主业健康，且保持稳定、健康发展。未来，我们仍将按照既定的战略规划，坚定推进公

① 次按即次贷。——编者注

司各项业务稳健发展。

第二，所有客户的权益得到充分保障。产险、寿险、银行、证券、信托、年金、资产管理等各项业务的客户，无论是在平安购买产品或服务，还是与平安有任何合作业务，所有保单权益（现金价值）无论是传统、分红、万能还是投连，都不受本次富通投资损失的影响，所有客户的权益都得到充分保障。

第三，公司偿付能力充足，集团有充足的资本。当前，集团和各子公司资本充足，偿付能力仍将保持在 300% 以上；集团有充足的资本，将根据业务发展和整体战略的需要，随时向各子公司进行增资，支持各项业务未来的快速发展。近期已经启动向寿险注资 200 亿元的增资计划。

第四，这次事件对公司利润的影响主要体现在今年，是一次性的。平安对富通的总投资成本占公司总资产的 3% 左右，计提损失对平安整体的影响有限。计提后，公司的财务仍然非常稳健、实力雄厚。相信在保持各项业务正常发展的基础上，预计明年公司的经营利润就会回到正常的水平。

马明哲最后写到，回顾对富通的投资，虽然公司花费数月时间做了深入研究和审慎评估，决策程序是合规的、严谨的、理性的，但是此次遇上百年不遇的全球金融风暴，却是始料未及的，这说明平安对全球金融市场风险的认识还不够，还需要进一步深化。下一步，公司将认真汲取这次富通投资受金融风暴影响的教训，更加谨慎地对待海外投资。中国是平安业务发展的主市场，平安将在谨慎开展全球资产配置的基础上，更加集中精力、重点发展国内的金融业务，把握中国未来金融业发展的机会，将中国业务做强做大。

事态仍然没能朝好的方向发展。2008 年 12 月 19 日，比利时内阁集体辞职，成为首个受金融海啸拖累下台的政府。

2009 年 2 月，富通召开股东大会。大会在一个简易的大棚里举行，现场十分嘈杂。作为台下的两个亚洲面孔，平安的代表在众多欧洲股东包围中十分显眼。由于富通的股权非常分散，小股东们非常清楚作为大股东的平安手中的投票权将直接影响最后的结果。陆续有小股东走过来和平安的代表交流，希望能联合平安一起反对富通分拆重组议案。

股东大会从早上八九点，一直开到晚上 11 点，中午没有休息。由于平安投下的否决票，议案没有通过。

富通集团是一个虚拟组织架构，集团设立比利时、荷兰双总部，因此股东大会在两地都要召开，不过董事仍是同一批人。虽然分拆重组方案在比利时被否决，但是荷兰股东大会仍要召开。

于是，平安的代表在比利时的会议结束之后，连夜赶往荷兰，参加在荷兰召开的股东大会。等赶到荷兰时，已是凌晨时分，天空飘着鹅毛大雪。平安代表多么希望这是一种吉兆，但天不遂人愿，尽管平安对此后的三次富通救助方案均投出反对票，分拆方案最终还是通过了。

经过连夜的高级别谈判，比利时政府 2009 年 3 月 7 日发表声明说，法国巴黎银行仍将收购富通银行 75% 的股权。此外，富通银行将在法国巴黎银行融资担保下，出价 13.75 亿欧元从富通集团手中买入富通比利时保险公司 25% 的股份。

平安为自己的利益做了最大努力。市值的巨大下跌幅度，让平安不得不面对减值计提。

由于外部形势持续恶化，平安开始反思自己的总体战略。在与富通协商后，此前平安拟以 21.5 亿欧元的对价投资富通投资管理公司 50% 股权的交易的先决条件无法完全满足，因此交易终止。

站在岸上的人永远学不会游泳

2008 年，是给平安带来重大考验的一年。

经营环境复杂多变，全球股市大幅调整，平安遭遇了严重挫折，幸好保险、银行、证券、信托等各项主营业务保持了健康稳定发展，使平安扛住了打击。

2009 年 4 月 8 日，平安发布了 2008 年年报，投资回报及投资业务净利润均有大幅下降。因对富通股票投资计提减值准备人民币 227.90 亿元，平安在 2008 年合并净利润后只有 4.77 亿元。马明哲放弃了个人 2008 年的薪酬。

马明哲在年报中指出："2008 年的国际金融危机，促使人们对如何平衡收益和风险进行思考，平安也已做了深刻反思和认真总结。我们将继续深化对全球金融市场风险的认识，完善和加强风险控制措施，力争实现长期稳定的投资收益。"

在年报业绩说明会上，马明哲说，站在岸上的人永远学不会游泳，这次金融危机，呛水的都是会游泳的机构，因为这不是一个小小的海浪，而是一个前所未有的海啸，"呛水不怕，关键是呛水之后，我们能否提高游泳技术，掌握搏击风浪的能力"。

尽管投资业务出现了大幅下降，但很多专业分析人士注意到，平安的业务基础稳固，主营业务不但没有下滑，反而还出现了稳定增长：集团偿付能力在 300% 以上，平安寿险的偿付能力在 180% 以上，平安银行的资本充足率在 10% 以上。

"当年的富通事件，给平安带来了比较大的压力。但外界也注意到，在我们做了全额计提之后，全集团仍然是盈利的，这给外界一个很强的信号，证明我们是顶得住压力的。"现任平安集团董秘盛瑞生在接受采访时说，正是坚持做长期期缴产品的务实战略，使得平安人寿有能力释放出比较厚实的利润。

“富通事件”的亏损反映到寿险子公司报表后，外界有很多负面报道。在平安内部，也有很多分公司要求总公司将 2009 年业绩计划下调 10 个百分点，它们的理由是“队伍没信心”。但平安寿险公司评估了各种可能性之后，决定仍按照原定计划执行，最后做出来的全年业绩远超原计划。

我们曾问过马明哲，他个人如何看待 2008 年这一年？

他说：“2008 年发生这么多事情，还是因为我们自身的经验不够。平安就像一座冰山，过去 10% 是浮在水面上，90% 是沉在水下，突然间有力量把这座冰山托起来了，很多人就愣了，这个公司怎么这么大了 ?! 其实，平安原来就有这么大，只不过它没完全被人注意到，藏在了下面。现在上市了，再加上收购了外国企业，就进入了大家的视线。开始的时候，肯定很多人会有不同的评价，有说好的，有说不好的。但只要我们经受住考验，时间可以证明一切。只要你走的是正道，一切合法合规，经得起检验，就要坚定地走下去。”

当时和马明哲熟悉的一些人劝他，何必想着再去做那么大呢？他说：“平安不是某个人的，平安必须先做强然后做大，金融只有做大了才有规模效应。有时平安走得太成功，发展得太顺利，反而让我忧虑。困难和磨炼来得越早越好，队伍越早得到锻炼，积累的经验越丰富，竞争力就越强。在充满压力和挑战的环境中生存发展，我觉得更加踏实。”

2009 年、2010 年，平安两次邀请汇丰集团、麦肯锡、摩根、高盛、中金等国内外知名机构，就综合金融风险管理召开专题研讨会；同时结合自身实践，全面检视过往的金融风险管理实践，寻找风险隐患，强化自身的风险管控意识和手段。

平安最后形成的报告指出：

这一次全球金融危机的直接诱因是美国的次贷危机，其实质是非传统金融（金融衍生品、次按、高杠杆化、监管不力或监管缺位）出了问题，波及传统金融业务，最终对全球实体经济形成剧烈冲击。这一过程是西方货币政策过度宽松、流动性过剩、房地产泡沫严重、金融创新过度发展、全球金融一体化等宏观因素共同作用的结果。

全球经济和金融一体化程度的持续加深，以及在该背景下的金融创新快速发展，不仅使本国各类金融工具、金融产品和金融市场高度关联，而且让世界各国金融市场之间、金融业与国家政策和经济之间的联系也日趋紧密，形成环环相扣的格局，金融风险的跨界、跨境传染异常迅速，不可避免地引发“多米诺骨牌效应”。一旦某个环节有问题，风险就会从一个市场到更多市场、从一国到各国、从虚拟经济到实体经济、从经济到政治快速传递，任何国家、市场、企业均无法“独善其身”。2008 年全球金融危机正是现代金融系统性风险的一次全面爆发。

与此同时，金融系统具有天然的顺周期性，银行信贷、证券市场、国际资本流动的发展，往往与经济周期保持高度同步，相互产生正向作用。比如，在经济上升周期，经济繁荣刺激信贷扩张，为市场注入大量流动性，造成资产价格泡沫和经济过热，加大了经济的波动性，这反过来又给金融市场埋下严重的风险隐患；当经济进入下行周期，信贷剧烈回落将加速实体经济的衰退。逆周期调控是做好现代金融风险管理的关键。2008 年的这次全球金融危机正是在逆周期监管缺位和市场“羊群效应”的推动下，顺周期性被无限放大的结果。

结合金融危机的教训，平安也在思考自身未来的命运。

作为中国金融业综合经营三家试点之一，平安涵盖了保险、银行、证券等金融领域，涉及业务风险、操作风险、投资信用风险、交易对手信用风险、市场价格风险、资产负债匹配风险、利率风险、资本市场风险、保险风险等诸多风险种类。

风暴之后，平安建立了更全面的风险管理体系。

相较于单业经营的金融机构，综合金融面临的风险点更多、更复杂，对风险管理技术和系统的要求更高、更全面。但事后也证明，那些业务和利润结构比较合理、地区分布均衡的大型综合金融集团，抗风险能力明显比较强，也率先走出危机，恢复了正常。

马明哲相信所有学费都不会白交，相信平安的自我反省和审视能力，相信一个有弹性、有韧性的平安能走得更远。只要不自乱阵脚，一定能激发出更多力量，创出更多价值。

2008年之后，一个属于平安的“新黄金时代”来临。

第六章 综合金融棋局

改革只有进行时，没有完成时。

—《人民日报》评论—

德国管理学家赫尔曼·西蒙在《隐形冠军》一书中，曾这样总结企业家的五个特点：

第一是把自己和企业视为命运共同体，不可分离；

第二是专心致志，做事一心一意；

第三是勇敢无畏，企业家有强烈的进取心，有敢打敢拼的勇气，对认准的事情会一往无前；

第四是持之以恒，无论年轻还是年长，一直都生龙活虎，而且非常有毅力；

第五是激励员工，企业家要能“点燃”别人、依靠团队，能调动大家的积极性。

在从蛇口启航的平安和马明哲身上，上述五个特点完整地融合在一起。而在21世纪初的几年里，最能体现平安企业家精神的浩大工程，就是推进综合金融。

这是一场之前没有完整模式可以拷贝，至今也没有完全结束的探索。

我们在第四章讲到的张江后援中心，就是平安综合金融的一项基础工程。当时的中心具体负责人顾敏曾回忆，他们组建了10人左右的团队，用了3个月时间做准备，但就在项目启动前一天，马明哲喊停。他要顾敏重新思考一下后援中心的目的和方向。

项目组检视后，认为原来的设想严重低估了项目的目标定位，对中心要承载的支持业务发展的年限过于短视。于是他们推倒重来，重新搭建了100人规模的筹备团队，终于在汇丰的帮助下取得了重要突破。

在马明哲心中，综合金融从开始就是一盘大棋，就怕做小了。

万佛朝“综”

在金融机构的战略中，综合金融是一种追求差异化的选择。平安犯其至难，图其致远。

在国际上，走综合金融道路的企业往往吃力不讨好。美国花旗银行和美国旅行者保险集团的“世纪合并案”完成没多久，新花旗就卖掉了旅行者保险。理由很简单，就是保险公司的市盈率要低于银行业，将保险公司卖掉后，花旗银行的市盈率就上升了，投资人就会更加踊跃。紧接着，花旗银行与六家保险公司签约，让它们来满足自己客户的保险需求，同时也能带来相当可观的中间业务收入。

平安是不是也要效仿这些国际大行，舍弃自己的综合金融梦想呢？显然不是。

马明哲在和人交流时，时常会谈到花旗的这个例子。他认为，中国的情况与国外不同，中国金融业市场潜力很大，边际利润高，ROA（资产回报率）在1%以上，ROE（净资产回报率）可达16%~20%，都处于世界最好水平，这为平安开展综合金融创新提供了巨大的空间，也给了容许“试错”、不断修正的机会。因此，平安推行综合金融的成功概率远高于国外金融业。

2011年4月，在无锡灵山的平安明星高峰会上，也许是受到会议举办地氛围的影响，马明哲在发言中讲了两个和佛教有关的故事。

一个是佛经上说，2000多年前，佛祖在印度灵鹫开坛讲经，天、地、人三界的菩萨齐聚灵山听法，形成“万佛朝宗”的鼎盛景象。

另一个是佛祖释迦牟尼有一次讲经，问弟子们：“一滴水怎么才能不干涸？”弟子都答不上来。佛祖说：“放到江、河、湖、海里去。”

马明哲一方面提醒大家，平安不仅是一个财务价值很高的公司，更是一家有理想、有文化、有道德、有责任感的公司，希望大家不仅销售产品，也要通过自己的一言一行，赋予产品和服务以灵魂、以精神，这才是最大的追求；另一方面，平安的强大在于团队组织的强大，在任何时候、任何地方，大家都能紧密地团结在一起，打硬仗、打胜仗。

两个故事都很短，但马明哲讲出了平安正在筹划的一个大战略——万佛朝“综”。“综”与“宗”同音，而且“万佛朝宗”这个词在许多香港武侠片里是“如来神掌”的第九式，是威力最大的一招，非常容易被大家记住。

但不少人在当时对平安能不能做成综合金融仍然存有相当的疑虑，主要原因还是国际上并没有多少成功案例。马明哲在各种大会小会上，不厌其烦地阐述其看法。

一是和商业模式与盈利空间相关的问题。国外金融市场高度发达，过度竞争，金融机构利润很薄。综合金融是投入大、周期长的大工程，初期会给金融机构带来较大的成本压力，中短期内会对公司利润及市场股价表现产生很大影响，敢于承担这种压力和风险的金融机构少之又少。

二是 IT 技术发展水平的问题。综合金融对企业利用现代 IT 技术，使金融后台作业流程化、自动化、标准化、工厂化的能力要求很高。IT 化的后援服务的大集中，是综合金融的必要条件和基础。这项技术到目前为止，只掌握在全球极少数顶尖金融集团手中。

三是综合金融要做成，需要具备四个基础条件，即庞大的客户及销售网络，科学的体制、清晰的架构和战略，高效协同、精诚协作的企业文化，高度集中的前、中、后台。很少有金融机构能够同时具备这四个条件。

那么，平安为什么敢于尝试呢？这四个基础条件，平安又具备了多少呢？

要说清楚这些问题，需要把时间倒回到1998年。

当时的平安，经历十年苦修，已成为集产险、寿险、证券、投资多种业务为一体的综合性金融公司，但如果集团内部各公司、各专业之间不能实现“资源共享、优势互补、互为依托、共同发展”，所谓“综合”也将徒有虚名。

虽然对资金统一调配、集中管理和专业化运用，已经让平安在发挥集团优势方面走出了一大步，但除此之外，当时平安各专业公司之间很少进行合作以及资源共享。拥有客户数量最多的两大子公司是平安人寿和平安财险，但两者之间的关系并不如公司名字所体现的那么亲密：各自为政造成公司销售资源（业务员、销售渠道等）、客户资源相当程度的浪费。不单是产险和寿险之间，甚至个人寿险和团险之间，也存在着对同一客户分别展业、费用重复投入等现象。

为了提升整体利益，当时平安在上海等地开展了团体寿险和个人寿险的“职团开拓”试点，并在销售资源共享方面开了个好头。

“当然，这一系列合作再有合适的流程、明确的责任落实给销售团队，产、寿险之间的合作也要有适当的奖励作为配套措施。但显然，越早合作，大家越早得益。”孙建一说。

当时在马明哲看来，如果仅仅从业务角度来说，产险与个人寿险之间的合作并不紧迫，但从长远看，这种合作模式极具战略意义，“不但要考虑产险与个人寿险合作的问题，而且还应更进一步考虑如何建立一支兼售个人产、寿两类保单，具有产寿险综合业务能力，能代表统一完整的平安品牌的营销员队伍”。

与此同时，马明哲还分析说，在未来的产险市场，寿险代理人的战略地位将变得十分重要，“代理人将与银行网点一起构成个人业务销售的主渠道”。因此，虽然个人财产险市场的发展态势尚未显现，但平安对代理人的综合培养应尽早进行。

从营销角度看，传统的以产品为中心的 4P 理论（产品、价格、渠道、促销）正在逐步发展为以客户为核心的 4C 理论（需求、成本、沟通、便利性）。马明哲认为，未来的平安应在各专业公司各自持续发展的同时，以客户为中心，提供更加完整的解决方案，“立足于配套完善、资源共享、优势互补、同步发展”，“这是一种理性的回归，也是集团发展的必由之路”。

要实现综合金融，势必要先共享。而要共享，势必要先集中。在平安的历史上，曾有四次大规模的业务集中。

第一次是 2000 年到 2003 年，将核保、理赔集中到省一级，并将基础数据库集中整合。

第二次是 2004 年到 2006 年保险业务的全国集中，将产、寿险的核保、理赔、客户服务、财务收支、契约作业等多个领域由各级分支机构集中到全国。

第三次是 2007 年到 2009 年，将非保险业务进行集中、共享，同时加深保险业务的集中程度以促进支持业务。张江后援平台建设进入全国推广期，此间年金、证券、信托、银行等后台业务陆续集中，实现了产、寿、养、银一次集中。至此，如何集中化、需要怎样的技术及系统平台等“第一阶段”的核心命题基本解决。

第四次是 2010 年至今，将不能集中的部分，比如调查人员、理赔查勘、客服门店等，全部实行共享。后援平台进入“降低运营成本、支持交叉销售、实现一站式服务”的第二阶段，主要探讨如何通过跨系列的共享，达到降低运营成本、建立协调效益、支持多产品的交叉销售的目的。

这四次集中，基本包含在整个集团的万佛朝“综”框架里面。万佛朝“综”不是个具体的项目，而是将综合金融的全部东西都放在里面，包括整个集团前台、中台、后台的集中。

孙建一在和我们交流时说，平安开始盯住综合金融战略是在 20 世纪 90

年代中后期。“当时我们意识到，市场竞争慢慢演变为一种成本竞争，只有靠综合金融的协同效应，才能把成本降下来。互联网的大发展，对平安走综合金融道路是一个很大的帮助。张江后援中心就是互联网时代的产物。”

在马明哲看来，平安发展综合金融的根本优势，在于以下几个方面。

首先，金融很复杂，保险、银行、证券等各类金融业务在数据标准、经营机制等方面都有较大不同，但平安通过标准化、集中化、系统化的平台支持，就能化繁为简，把简单留给客户，把复杂留给自己，高效地满足客户一站式综合金融服务需求。

其次，平安将协同、包容作为公司文化的精神核心，包容是为了促进合作，协同是为了让各方换位思考，实现求同存异、协同作战。

在平安，有一批来自一流外资咨询企业的人才，他们之前服务过国际上大量的优秀企业。他们来到平安后，觉得平安很开放，容错和包容性非常强——就像深圳机场那块广告牌，“来了就是深圳人”。在平安，“来了都是平安人”。

最后，是风险控制。金融是复杂的行业，也是高风险的行业。综合金融模式在具体经营过程中，要通过防火墙机制，以及高效的风险识别能力，有效地预警风险、隔离风险、控制风险。

矢志不移

我们问过马明哲：“综合金融究竟有何魔力，让平安从 1995 年提出探索，直到现在还在孜孜以求？”

马明哲的回答很简单：“因为综合金融是金融业的发展趋势，是时代发展的必然。无论处于什么行业，只有顺应市场和客户的要求，企业才能生存并获得可持续发展。”

他分析说，从 20 世纪 20 年代起，美国开始了一波混业经营的浪潮，银行与证券、产险与寿险相互融合，但30年代的经济大萧条阻断了这一实践。各国开始严格界定各类金融业务，这种分业经营趋势在20世纪六七十年代达到顶峰。到了20世纪80年代后，伴随着经济全球化的浪潮，各国逐渐认可了金融综合经营，并相继调整金融监管规则与架构，大型、跨国综合性金融集团逐渐成为全球金融业的主导力量。

改革开放后，中国打开国门，正好碰上这一金融融合的趋势，于是开始了金融业综合经营的自发尝试，当时这被称为“混业经营”。比如为了支持中国国际信托投资公司这样的窗口公司做大做强，国家特批给其多个金融业务牌照，使其能同时从事银行、保险、证券、信托等多种业务。

到20世纪90年代，金融业全球化和自由化趋势日益明显，美国感受到一直没有实行严格分业经营的欧洲金融机构的竞争压力。为了提高本国金融机构的竞争力，美国于1999年通过了《金融服务现代化法案》，废止了分业经营规定，对金融机构以子公司形式实行综合经营的现实予以承认。

1993年，摩根士丹利和高盛入股平安时，混业经营之势正好展现在平安面前。当时国际上混业经营的浪潮如火如荼，老牌金融巨头如花旗、AIG、汇丰都不断打破各国金融领域分业经营的界限，尝试将银行、证券、保险等不同金融产品进行交叉销售。

当时的马明哲隐约意识到，以保险为核心的综合性金融服务集团，可能会是中国保险业未来组织模式的发展方向。

不过，国际金融机构的大气候走到“合—分—合”的时候，国内小气候却是“分”。从1992年下半年开始，中国经济过热，违法集资、擅自贷款层出不穷，混业经营被认为是造成这种局面的原因之一。

国务院颁布了《关于金融体制改革的决定》，要求“保险业、证券业、信托业和银行业实行分业经营”，之后颁布的《商业银行法》《保险法》进一步确立了金融业“分业经营、分业管理”的原则。中国保监会、银监会先后成立。央行、银监会、证监会、保监会这“一行三会”对银行、证券、保险业进行分业监管的体制最后形成。

但在金融业内，对综合经营的探索仍在进行。1995 年，平安一边着手将产、寿险在经营上分开，一边在内部启动建立金融控股架构的计划，并请麦肯锡对自己的成长策略、组织架构、业务流程等进行全方位检视。两年后，平安向有关部门呈交报告，提出建立“综合金融模式”的想法。

1998 年，马明哲对平安管理层做了题为《平安第二个十年远景和战略》的主题讲话，“建设国际一流的综合性金融服务集团”的口号赫然出现在大屏幕上。这就是平安第二个十年的远景和战略。

但形势并没有预期的那么乐观。监管部门告知平安，在保险公司分业没有完成之前，不会再审批新的分支机构、新的险种。

孙建平当时是广东地区市场的负责人。他说，那段时间真的很难熬，机构发展不了，一个三级机构都没有批，当时业务范围只有珠三角，粤西十几个县市都没法进入，“翻翻公司那几年的业绩数字，基本就是停滞状态”。

跨进 21 世纪，国内外金融形势、监管政策发生了深刻变化，美国通过了《金融服务现代化法案》、中国加入 WTO（世界贸易组织）在即，金融业将进入更多元的竞争格局，这使得监管层的思路开始从“管制”向“促进发展”转变。

2001 年 5 月，《人民日报》记者在采访马明哲时问：“怎么看待一些专家学者提出的中国可以走国际上正在兴起的混业经营之路？”他直言不讳：分业经营是十分必要的。

“我国金融企业与西方的金融企业处在不同的成长阶段上，后者已经经过了几十年，甚至上百年的专业化经营，而我国金融企业还处于初步发展阶段，专业化水平相对比较低，自身的管控能力和约束能力还很有限，单个业务所产生的风险如果缺乏有效控制，可能会引发巨大的系统性、全局性风险。因此，在相当长的一段时间里，坚持分业经营、分业监管是十分必要的，有利于企业专业化水平的提高。由于各行业特点不同，分业模式也会有所不同。”

最后这句话其实含有玄机。平安的分业模式，就是综合性金融控股架构。

对这一架构，马明哲在平安A股上市路演时，曾对投资者有过详细说明。

第一，集团本身不从事具体经营业务，主要负责制定公司发展战略，代表股东管理和分配资本，并行使监督职责。集团通过上市，从外部获取资源，分配给内部子公司，自上而下配置资源，而不是从子公司攫取资源，有利于发挥整体优势。

第二，在综合性金融控股集团架构下，集团受保监会监督，专业子公司受相应监管机构和集团公司双重监管，有利于风险防范。

第三，在综合性金融控股集团架构下，公司有良好的品牌、统一的IT和后援平台、忠诚的客户群、良好的风险控制能力、广泛的网点和完善的服务、国内领先的技术支持和综合服务平台，能在降低成本的同时，为客户提供更为优质的服务。

平安坚持自己的模式，一扛就是7年。直到2001年12月7日，保监会正式下发《关于中国平安保险股份有限公司分业经营改革的通知》的红头文件，确定平安按照保险集团模式进行分业改革，这才标志着平安主导的分业模式的核心内容获得认可。

2003年2月14日，挂牌屡被延迟的平安终于发布公告宣布，中国平安保险股份有限公司更名为“中国平安保险（集团）股份有限公司”。这是国内继光大、中信后的第三家金融控股集团，也是唯一一家以保险业为基础的金融控股集团。

此后，“综合经营”一词开始被越来越多地接受，2005年10月第一次出现在《中央关于制定十一五规划的建议》之中。"稳步推进金融业综合经营试点"的提法，显示中央首次对于金融的综合经营模式给予肯定。

2009年7月，马明哲在张江后援中心办公室和我们进行了一次交流。这里三年前启用，像一座温文尔雅的大学校园。标准化、流程化、工厂化的金融运营后台启动后，平安分散于全国800多个城市的后台被集中起来，服务于3000多个分支机构的客户前端，实现了服务标准的统一、客户资源的共享，形成了规模效益；前台后台分开，也有效防范了不同地域流程、标准、运营方式参差不齐所隐含的风险。

他说，"金融后台工厂化"的路子的确走对了，"综合金融和后援中心就好像'一个厨房，多个餐厅'，想吃不同菜系的人可以去不同的餐厅，后台的大厨房会根据不同需求提供不同菜系"。

绝对控股与抓大放小

不谋全局者，不足谋一域。但越是宏大的战略，往往越不容易被理解。

无论是H股上市还是回归A股，对于平安的综合金融，投资者都曾有过怀疑。

2004年在平安在香港上市前路演时，国际投资者最普遍的担忧就是综合金融模式是否能在中国行得通。路演结束后，马明哲召集平安500名干部封闭开会。他讲了一天，就讲"危机"二字，讲别人是怎么看平安的。

国际投资者当时并不看好综合金融模式，这让马明哲有很大压力。仔细思考后，他认为，在金融领域，对平安这样纯粹市场化的公司来说，如果不走"一个客户、一个账户、多个产品、多种服务"的综合金融道路，"小成"没有问题，"中成"也有可能，但很难"大成"，也就是不能成为行业标杆，更不可能成为一家世界性的创新公司。

问题不在于别人是不是能够做成功，而在于自己如何找到成功的办法。

平安在A股上市前的路演中，也遇到了很多问题，比如："除了做保险，平安集团还有银行、投资等业务，都能做好吗？""如此庞大、复杂的经营管理体系，平安能够驾驭吗？"很多投资人对综合金融格局之下平安集团的定位和功能非常困惑。

当时，马明哲用方向盘、红绿灯、加油站这几个比喻解释了集团功能，给人留下很深的印象。

> 战略方向盘：负责制定统一的战略远景、目标，通过具体的实施计划和三年的定期滚动计划，结合集团统一的问责制度，将战略和计划目标落实到每个业务单位；负责资本筹集，满足各个专业公司的发展需要；负责风控管理，监督各专业公司防火墙的建设与运作情况；负责合规经营，确保各项政策、方针、计划的出台和实施符合监管部门的要求，严格行走在法规的阳光地带，执行"法规+1"的高标准。
>
> 经营红绿灯：负责制定清晰、透明的政策、制度、标准、铁律，通过有效的月度经营管理会议机制和执行官问责制，推动和监控业务运营，确保各公司的运营符合战略目标；同时，通过月度工作的检讨，及时发现经营问题，纠正偏差。
>
> 业务加油站：负责根据业务需求，提供具有规模效应和专业优势的集中服务，实现"降低成本，提升效率，统一标准，支持销售"。这种定位进一步明晰了集团和子公司的关系和职能，进一步完善了公司治理，促进了集团整体协同效应的发挥。

光大、中信、平安是目前中国三大金融控股集团。光大、中信属于财务控股型公司，平安则是绝对化的管理控股，管理权和流程都是完全集中化的，远不只是财务投资，而是高度一体化、紧密融合的"团粒状结构"。随着集团各子公司数目增多，子公司的管理、经营日渐成熟，整个集团的经营模式也逐渐清晰。

管理如此大规模且复杂的组织架构，集团不仅要切实抓大，还需要务实放小。“放小”即授权给子公司，对那些集中起来不能产生成本效益，非常个性化、没有共享资源和业务操作性的工作，更多地由各子公司发挥作用，由它们制定并落实相应的制度、流程、规则、责任人要求，集团授权给各子公司执行，子公司将执行情况报备集团，集团稽核定期检查执行情况。

而“抓大”，则指凡涉及集团核心职能的重要工作，由集团各中心制定完善的流程，明确时间和效率要求，仍由集团统一管理，而且要进一步强化管理。在平安诞生后的第三个五年计划里，集团控股、分业经营、分业监管、整体上市的模式基本成形。后又经过不断探索和完善，终于构建起既符合国际标准又适应国情的综合金融集团控股架构和模式，既能让各项业务健康快速发展并充分发挥协同效应，同时集团又能很好地防范、控制风险。

《道德经》中说：“图难于其易，为大于其细；天下难事，必作于易；天下大事，必作于细。”

马明哲常说：难事一定从简易的地方做起，大事一定从微细的部分开端，单靠一个产品的领先，最多维持几个月；靠一个系统的领先，最多维持一两年；实现整个平台系统领先，则对手就无法复制。平安在综合金融上的努力，就是要形成平台系统的领先。不断闯与创，不断试验又不断总结，固化之后再优化，循环向上，最终形成无可替代的内在优势。

综合金融在业务层面的一个抓手就是交叉销售。交叉销售是指借助客户关系管理（CRM），发现现有客户的多种需求，并通过满足其需求而销售多种相关服务或产品的营销方式。这既是保持客户和提高客户满意度的好方法，能不断增加集团和客户之间的联系，也可以有效降低业务拓展成本，增加保险集团的经营利润。

2005 年，平安在集团公司层面成立了综合开拓部，并在寿险、产险等各个子公司内也设立相应部门，这些部门相当于公司内部交叉销售的“问题收集箱”和“组织协调员”。在那一年的平安集团系统工作会议上，马明哲在各个子公司总经理的工作报告中强行增加了一个主题：除了主业，今后你还能为其他兄弟公司做什么？

2010 年中，平安正式设立“综个会”、“综团会”（综合开拓团体业务管理委员会）等组织部门，这些部门执行部分考核功能，并对渗透率系列指标进行常规监控。

之后又是几年摸索，子公司数量不断增多，移动互联网普及程度越来越高。为更好地适应新的形势，平安将之前的组织部门再次升级，最后形成了“个金会”“团金会”“科技会”三大事业群，这三大事业群分别对应平安的个人业务、公司业务和科技业务。统筹把握，发挥合力，融合推动。

平台与执行

在 2008 年的平安年报中，平安对下一个十年发展目标提法非常明确，即坚持“两条腿走路”，成为“中国领先的个人综合金融服务提供商”。

所谓“两条腿”，就是一方面要积极落实“金融超市，客户迁徙”的传统金融战略，深化发展综合金融业务模式，推动保险客户向银行和资管业务迁徙；另一方面要积极贯彻“科技引领金融，金融服务生活”的非传统金融战略，将金融服务融入客户“医、食、住、行、玩”的生活场景，积极发展互联网金融业务模式，促进非金融用户和金融客户间的转化与迁徙。

在“综合金融”“国际领先”这两个关键词之外，平安也开始考虑互联网公司言必称的“平台”问题。

“平台建设是制度建设的延伸，平台致胜是比制度致胜更高的层次，平台是比制度更高的竞争利器。因为平台是全方位的优势集合，不仅包括制度方面，还有组织方面、业务方面。通过平台达到的领先，强调的是持续、全面的领先，不是一时一地或者某项业务的领先。”马明哲这样理解。

从平台这个角度看，平安组织管控模式的演变大致经历了几个阶段。

创业时期，平安实行的是以各地分支机构为管控中心的“块块模式”，好处是决策快，容易调动一线业务团队的积极性，在跑马圈地、打拼市场的过程中，这种体制具有优势。但其弊端也很快显现，各地的机构做得好坏全靠领导，而不是依靠一套稳定的系统。由于每个地方都是分散的，风险管控的难度也很大。平安也发生过内部人员偷盖印章、造成严重后果的案子。

后来，平安开始向“条条管理”演进。财务上资金统收统支，人力资源上垂直管理，还建设了后援中心。这一管理模式的好处是，容易实现标准化，风险容易管控，成本效益好，适合中大型企业的规模，但也容易出现“一刀切”，策略、产品很可能不符合所在市场的要求。

从2004年开始，针对产品多元、市场分散、业务繁杂、部门庞大等问题，平安不断优化，磨合出了矩阵式管理，在集团层面设立了行政管理、财务企划、人力资源、内控等四大中心，与各个业务系列匹配，形成新的管控模式。

矩阵式管理弥补了垂直向下的条条型管理的不足，在集权和分权之中找到一种平衡，使各个部门之间相互监督、相互协调。每件事都有人负责，同时又不是一言堂，避免了权力的滥用。同时，各经营单元实现了广泛的资源共享，还容易“观测”彼此的举动，实现市场联动效应。

对矩阵式管理可能出现的相互扯皮、多头领导、官僚化等问题，平安通过软性的文化浸润和硬性的技术手段，尽可能趋利避害。由此出发，平安逐步向平台化演进。

平台既是制度性的，也是组织性的、文化性的。马明哲说：“执行力的保证要素是什么？是执行的标准、执行的纪律、执行的能力。具体来说，多种执行标准这种情况一定要杜绝。还有就是执行要有考核，坚决杜绝做事没有章法、没有规则，全凭热情、感觉做事，很多事情草率上马，做完了也没人检查、考核的情况。出现这种情况的根本原因，就在于大家总是以自己为中心，认为自己就是标准，自己心中自有一套'标准'。说得好听点，就是有些机构的领导走进了创新的误区，新官上任，一定要和前任搞不同，要不然就显不出自己的水平，于是一个个创新、一个个标准就诞生了。说难听点，就是小农意识，缺乏大企业运作的理念，觉得自己什么都懂，不愿意服从标准；还有就是鸡头文化，认为'宁当鸡头，不当凤尾'，喜欢标新立异，就不按公司定的标准走；还有的人有消极负面思维，没有全局观，有一点不同意见就否定或者拒绝执行公司标准。"

为了解决这样的问题，马明哲提出，要向汇丰学习，因为汇丰在全球各地的机构能够向客户提供一致、规范、标准化的作业流程和服务流程，是一个标杆。

马明哲还对我们说，在平安，通过多年的努力，"制度虚设"的问题在现在已是不大可能出现的了，但要防止流程的僵化以及流程中信息流动的速度减缓。

2008年后，平安不仅没有因为富通事件而放慢发展速度，反而加快了综合金融前进的脚步。在此过程中，平安没有对外界说太多的话，只是埋头苦干。如同《墨子》中说的，"慧者心辨而不繁说，多力而不伐功"。

马明哲颇有紧迫感地告诉高管们："按照老观念、老方法，非要区分保险模式、银行模式、证券模式，毫无意义。……如果自己不改变、不转型、不革自己的命，很快就会被市场、竞争者革命。对这种市场形势，没有任何选择和退路。发展就是硬道理，面对变化，我们必须要调整心态，做到思想上积极，行动上主动。当然，我们相信这些变化都是在可以接受的范围之内的。"

不可否认，此时平安的交叉销售依然停留在产品主导型的“初级阶段”，即把集团的各种产品以捆绑组合的方式进行销售，距离交叉销售的理想境界，即由理财顾问按照顾客的个性化需求提供量身定做产品，差距还很远。

按照马明哲的构想，在未来的某个时间点，平安的业务队伍不再需要区分是哪个子公司的人，而是能够销售所有产品的“中国平安”的客户经理，他们每一个人都成为满足客户投资、理财、保障等全方位金融需求的财务规划师。

每当听到代理人告诉他，“在平安不单能卖保险产品，而且还可以卖银行、信用卡、车险、证券等产品，收入也增加了”，马明哲总是很开心。

2011 年 9 月底，平安第二轮综合金融大后台建设项目按时完成，形成了集中与非集中两大后援运作模式。后援集中运营平台的任务是，继续围绕控制风险、提升服务、强化专业、降低成本四大核心价值，通过高效优质的运营服务，全力支持各项业务的快速发展和集团综合金融战略的深化实施。

综合金融的基因

从 2010 年初开始，平安陆续从产险、寿险抽调了五六十名 B 类以上干部组成了一个项目组，专门负责推进“一个客户、一个账户、多个产品、一站式服务”。

马明哲说：“这几句话说起来很简单，做起来极其复杂。要在统一的品牌和架构下，在最短的时间内，为数千万客户提供标准一致的、高效高质量的全金融服务，我们需要一个庞大的、全方位的系统性改革工程。综合金融要想成功，必须投入大量的人力物力、心血和时间，需要坚定的信念和持久的耐心。”

之前十多年里，平安在集团和十多个业务单位层面引进了大量最先进的经验和技术，并结合中国的市场实际，加以改良、升级。整个过程中，平安建立了数百个改革项目和系统，涵盖了寿险、产险、年金、健康险、银行、信托、证券、资产管理、基金等所有业务领域，涉及后台、中台、前台和客户服务平台，辐射全国数千个机构和网点。

这项改革的范围之广、内容之复杂、项目数量之大，对平安来说史无前例，在整个中国金融业也极为罕见。但客户们是感觉不到综合金融背后的复杂性的，对他们来说，感受只有一个——便利。由于每个项目和系统之间都紧密关联，怎么把独立的系统有机整合起来，使之成为一个高效协同的整体，是平安必须思考和解决的问题。

为了更好地把握改革方向和进度，也为了更好地促进沟通和协同，平安给每一个单位、每一个项目、每一个系统都做好编号，用代码表示各个改革环节和主体，形成一张清晰的大地图。

在这张“地图”上，大家可以直观地看到，有哪些改革项目和系统、具体谁在负责、哪些单位参与、各自将在什么时间完成、进度如何、是否遇到困难和阻力、应该在哪些环节或项目上加大投入，等等。

马明哲说，很多人问过他，综合金融那么难，平安真的有信心完成吗？他都说，以前没有条件，现在“一个客户、多个产品”一定能行。

信心归信心，对综合金融可能面临的挑战，马明哲也做了充分的预估。

首先是综合金融与专业化经营的挑战。集团不仅要在战略上保持高度的一致性，而且要在战略的大统一前提下，让所有业务单位在集团统一的平台上，按照各自市场的特性实施专业化经营，实现超越市场的发展，成为各自行业的标杆。

其次是客户消费理念和行为转型的挑战。这就要向客户积极宣传综合金融的优势，主动引导客户理念和行为的转变，培育好综合金融的市场。

再次是业务人员技能的转变。在这一点上，更重要的是利用最新的现代科技，提供最强大的支持和服务，帮助销售人员尽快成为真正的综合金融客户经理。

无论什么工作，越复杂、难度越高，就越能代表技术含量和准入门槛，以及难以复制的核心竞争力。

在马明哲看来，综合金融服务和综合金融经营是两个不同概念。综合金融服务是社会不断发展、进步下必然产生的结果，是不可逆转的。“一个客户、多个产品”是发展趋势。提供综合金融服务可以满足客户的多元化需求，提升客户体验和便捷性。对企业来说，综合金融模式可以提升客户忠诚度，降低运营成本，提升公司竞争力。

基于不同国家、不同市场和不同发展阶段，综合金融模式可划分为“两个阶段、两种模式”，即发展阶段和成熟阶段，“渠道 + 产品”模式及“渠道为主”模式。具体来说：

在发展阶段，业务利润率比较高，1+1 往往大于 2。这时必须通过获得多个金融牌照，同时控制产品和渠道，实现综合金融价值最大化。

在成熟阶段，随着专业化分工的不断细化，利润率降低，市场竞争加剧，监管环境更加严格，1+1 往往小于 2。这时渠道成为企业最重要的资源，通过企业的渠道，为客户提供更加丰富、专业的产品。

中国尚处于综合金融的发展阶段，综合金融是平安的利器，但并不等于各子公司之间简单相互帮衬。

曾任平安银行信用卡及消费金融事业部总裁的曾宽扬说：“我们并不是让其他兄弟公司帮我们硬推产品，如果我们做得不够好，或者客户不需要我们，那可能还会把其他兄弟公司的客户给得罪了。”

曾宽扬的观点，孙建平很认同。近年来，平安信用卡和平安产险的合作不断加大，一起推出的“车主卡”非常受市场欢迎。孙建平说，平安以前是以产品为核心，而现在的综合金融则是以客户为核心。“之前各家子公司相互代理，卖出更多的产品，现在则是要全面提升对客户的服务，要先讲服务再谈销售，先把客户服务好，让他们对平安有了非常好的感受之后，再来分析、考虑购买平安的产品。这就要求每个子公司都把自己的产品和服务做好。”

孙建平打比方说，如果其他兄弟公司的客户来平安产险买了车险，但平安产险没让他享受到好的服务，客户很有可能就会把这种不满发泄到平安其他子公司身上，“那作为平安产险的负责人，我会很内疚。反过来，相信其他兄弟公司的负责人的想法和我也是一样的”。

平安各条线的销售队伍经过这几年的尝试，已经有了直接的感受，那就是一个客户如果在平安只买一个产品的话，会很容易流失掉，但如果在平安购买了两个，甚至三四个产品的话，客户就会更加信任平安。

“综合金融就是这样，一荣俱荣，一损俱损。”马明哲常说。综合金融对于公司治理的要求很高，全集团使用统一的品牌，共享客户和渠道资源，任何业务出问题都会影响整个集团的品牌声誉，风险易放大并传递到整个集团。

平安首席财务官姚波在和我们交流时说：“做综合金融，不敢说平安具备了所有条件，但可以肯定的是具备了绝大多数条件。有些企业可能有能力，但意识上没有到位；另外一些企业可能意识到了，但能力没有到位。如果只是粗浅地认为综合金融是‘有足够多的牌照’，那么成功概率就会比较小。”

因为相信，才能看见。综合金融在平安，更像是一种基因，经过这么多年的实践与文化培养，已经深入到骨子里去。

姚波说，平安走综合金融道路的过程中，不断实践，不断吸取经验教训，也不断调整，但就是不能停滞不前。“这是因为平安的危机感是与生俱来的，不会因为现在做得挺好，就在原地不动了。平安的文化很简单，就是不断创新、认真做事。”

从 2004 年 H 股上市前被国际机构投资者质疑综合金融，经过十几年的努力，平安的综合金融模式已得到全球投资者的普遍认同。麦肯锡认为，平安走在了全球金融模式创新的最前面。目前全球真正坚持把综合金融模式做好、能为客户提供一站式服务的也只有平安。

我们在对马明哲的一次采访中，特意问到发展综合金融的条件和挑战。他是这样回答的：

“综合金融要成功必须具备四个条件：第一是拥有高度协同的文化，第二是建立庞大、高效的系统平台，第三是拥有强大的主业，第四是拥有合适的政策与监管环境。

“发展综合金融当然有挑战，主要是三大挑战：最大的挑战和门槛是文化，发展综合金融必须统一思想，统一文化，剔除本位主义，拥有业务发展的整体观、大局观；其次是有效的协同机制的挑战；最后是对中后台进行集中、对数据进行集中的挑战，因为金融业务有很强的复杂性，保险、银行、证券等各类业务在数据标准、经营机制等方面都有较大的不同。”

2020 年 2 月 21 日，在新冠肺炎疫情影响下，中国平安 2019 年业绩发布会通过在线方式举行。谢永林是平安集团团金会的现任主任，2020 年还将协管个金会，这意味着团金会和个金会的互动和协调将更加频繁。

在发布会上，谢永林介绍了综合金融的最新进展。他说，平安一直非常强调对客户的 1+N 服务，即“一个客户、多个产品、一个账户、一站式服务”。个金会起到的作用是打通账户，打通数据，打通产品和权益，建立统一服务平台。团金会的对公业务定位是给险资提供资产，为个人业务提供产品，同时助力集团构筑生态。

团金会的打法则分为三类：

第一，简单直通性模式，将财产险、福利保障计划、租赁、小微贷款实现中央控制、聚类管理，审批人员可以看到一个客户下不同产品的渗透情况。同时这类产品，尤其是信贷产品比较容易出表，符合小额分散原理，可以做到轻资本、轻资产。

第二，复杂投融资模式，通过“商业银行 + 投资银行 + 投资方式”，向大企业提供“间接融资 + 直接融资”方案，资金来源可以是险资、私人银行资金。这些企业发行的债券、票据也是金融产品里的基础资产来源。这种方式对资本占用较少，能提高客户黏度，符合集团综合金融禀赋。

第三，金融同业模式，能实现保险资管、银行金融市场、证券资管、基金等不同领域能力共享。

从谢永林的介绍中，我们可以看到平安综合金融的核心就是“以客户为中心，追求全面的融合、内在的统一、深度的互动”。回顾平安的综合金融发展之路，目标从未动摇，千方百计为达成目标创造条件。

不为失败找借口，要为成功找理由。成功，往往出现在再坚持一步的努力中。这就是平安综合金融探索的精神。

综合金融不但是技术创新，更是观念创新、组织创新、模式创新。平安在各种挑战面前，硬生生走出了一条新路，义无反顾，一路向前。

第七章

不一样的银行

生活不是苦难，也不是享乐，而是我们应当为之奋斗并坚持到底的事业。

— 阿历克西 · 德 · 托克维尔 —

“银行”一词，据说源自意大利语的“Banca”，原意是“长凳、椅子”，是当时货币兑换商们的营业工具。英文里“Bank”的意思是存钱的柜子。由于白银是中国历史上使用时间最长的货币本位，因此在中国，就把与银钱相关的机构叫“银行”。

银行是金融体系的基石，扮演着资金需求最直接和最有效的“水龙头”角色。中国金融业一直有“得银行者得天下”的说法，这种说法虽然有些许夸张，但要成就综合金融大平台，“无银行者肯定无天下”。

平安一直都有做大银行业务的雄心，早就盘算收购一家上规模的银行，寻觅许久，将广东发展银行（现“广发银行”简称“广发行”）锁定为目标。但很多事情并非只要努力就能成功——2006年11月，平安宣告收购广发行失败。

平安内部把这一收购项目叫作“DUCK”（鸭子）——煮熟的鸭子飞走了。由于对中国经济前景的看好，以及银行牌照的稀缺性，广发行项目在公开招标阶段吸引到包括美国花旗、法国兴业、荷兰银行在内的多家跨国银行巨头。因为涉及金额巨大，几家志在必得的主体纷纷组成各自的财团。中国平安曾与荷兰银行共同组团，但后者后来退出，平安继续奋战。

公布结果的日子到了：花旗财团、法兴财团和中国平安三家竞购团分别出价241亿元、235亿元、226亿元竞争广发行85%的股权。最终花旗领衔的财团竞得了这一项目。

谢永林清楚地记得，得知消息那天，他去马明哲在静安广场的办公室，想问候一下。那天是阴天，进门后，他向马明哲问好，但没有听到回音。走近后，他发现马明哲一反常态地靠在椅背上，神情沉郁，闷闷地不说话。此后好多天，马明哲都是少言寡语。

保险起家的平安，一直在寻求补上银行这块拼图。从收购福建亚洲银行到竞购广发行功败垂成，从收购深圳城市商业银行到收购深圳发展银行，从未动摇。

在把深圳发展银行收入怀中后，平安综合金融战略大大提速，平安银行也转变为一家“不一样的银行”。

000001.SZ

1987 年 12 月 28 日，深圳发展银行（简称“深发展”）成立。1991 年 4 月 3 日，深发展以自由认购形式首次向社会公开发售人民币普通股，成为新中国第一家向社会公众公开发行股票的商业银行，股票代码为“000001.SZ”。在很长时间里，深发展都是证券市场的风向标。

1998 年，受东南亚金融危机波及以及自身管理问题的影响，深发展出现大面积不良贷款，由此进入长达 7 年的业绩低迷期：1997 年深发展实现盈利 10 亿元，但到 2002 年、2003 年，利润只有两三亿元。

从 2001 年起，外资金融机构就开始与中国的银行频频接触。当年年底，以汇丰为首的三家外资金融机构持有了上海银行 18% 的股权。此后，又有多家外资机构对中资银行业进行投资，其中最具话题意义的是美国新桥资本在 2004 年投资深发展。

新桥投资深发展时，深发展的股票流通市值在上市银行中是最高的，绝对价格也是最高的。深发展总股本 19.4 亿元，流通盘 14.09 亿元，流通股比例占到 72%。其第一大股东是深圳市投资管理公司，但持股比例仅为 8.23%；第二大股东深圳国际信托公司持有的股份占总股本的 5.77%；从排名第五的海通证券股份有限公司开始，每个股东的持股比例只有不到 2%，甚至在 1% 以内。在深发展前十大股东中，列居前三位的都是深圳市属公司，共持有 18.02% 的股权。

深发展所面临的问题是显而易见的。2004 年，其资本充足率不到 3%，不良资产接近 144 亿元，多项指标触及银监会警戒线。在上市银行中，它的不良资产比例最高，拨备计提覆盖最低。

新桥资本成立于 1994 年，它非常擅长买入那些眼下状况不够理想，但有潜力的企业。购买后，往往会派出新的管理层，等经营状况改善后，再将公司卖出，以获得巨大的利润。1999 年底，新桥收购韩国第一银行，注资 5000 亿韩元，获得近 51% 的股权以及全部管理权。韩国第一银行在 1999 年时亏损 10 亿美元，被收购后的第二年，在韩国银行业整体亏损的情况下，实现税后利润 2.3 亿美元。

这个案例，让新桥在对深发展的收购中加足了分。

2004 年 9 月 27 日，深发展发布公告："经政府有关主管部门批准，同意美国新桥投资集团公司作为国外战略投资者进入本行。"

10 月 10 日，深发展公告称，为了尽快引进国际银行管理经验，深发展将设立收购过渡期管理委员会（简称"管委会"）。管委会由新桥一方的八位专家组成，他们拥有包括全面监督、控制风险、发展业务、负责银行经营层的管理和管理机制的改善在内的各项管理职权。

10 月 17 日，深发展再次公告：本行大股东深圳市投资管理公司、深圳国际信托投资公司、深圳市社会劳动保险局和深圳市城市建设开发（集团）公司拟将其持有的本行国有及法人股转让给新桥投资集团公司。

2004 年底，新桥最终以每股 3.54 元受让深发展 17.89% 的股权成为其第一大股东，并承诺五年锁定期。至此，深发展成为国内首家外资作为控股股东的中资股份制商业银行。

与当初入主韩国第一银行时如出一辙，新桥找来美国人纽曼出任深发展董事长兼首席执行官。纽曼曾为美国财政部副部长，来中国之前，先后主导改造了两家问题银行——美洲银行和信孚银行，获得了“银行修理工”的赞誉。

纽曼上任后，深发展引进国际商业银行通行的组织管理模式，扭转了“大分行、小总行”的局面，强化总行在各业务线的管理职能，建立以总行为中心、全国统一的管理模式。

从2005年开始，深发展的各项业务取得了快速发展：2006年实现净利润13.03亿元，比上年增长319%；2007年实现净利润26.50亿元，比上年又增长103%。到2008年第四季度，深发展新增拨备56亿元，核销了全部损失类和可疑类的不良贷款，以及很大一部分次级类贷款，此次核销贷款的绝大部分都是2005年以前发放的历史不良贷款。到2009年时，深发展实现净利润50.31亿元。

把漏雨的屋子收拾好之后，“修理工”就该撤了。新桥作为私募基金，在一定期限后就会考虑如何退出，而不是持续追加资本金投资。

由于资本金的约束，在2005年到2010年，深发展错失了整个银行业资产负债表扩张的战略机遇，而招商银行、兴业银行、民生银行等后起之秀的资产规模迅猛扩大，将深发展远远地甩在后面。

在入股深发展近五年之后，新桥要走了！

任汇川对我们说，平安对发展银行业务一直都有很大的雄心，此前平安收购的福建亚洲银行和深圳商业银行规模都太小了，无法承担起平台性的支柱角色，所以平安必须在努力做大自己银行业务的同时，一刻不停地寻找合适的并购对象。

市场上可能的并购对象，平安都关注了，只要是有点规模的，平安都去调研过。

虽然竞标广发行落败，但平安的“胃口”已充分显现出来。现在，他们不愿意再错失家门口的机会。

对深圳市政府来说，由一家创立于深圳的金融机构收购一家总部在深圳的银行，是再好不过的事。由深圳商业银行重组而来的平安银行和深发展“同宗同源”，此前均由深圳市政府控股，两行也都因经营不善、资不抵债，由市政府通过股权公开招标实现重生的。平安重组深圳商业银行并更名后，对其进行了卓有成效的改革：2008 年净利润为人民币 14.44 亿元；累计流通卡量突破 150 万张，创造了国内商业银行信用卡首年发卡量的最好记录；拨备覆盖率由 2007 年的 82.2% 大幅增长至 2008 年的 153.7%；资本充足率及核心资本充足率分别达到 10.7% 和 10.5%。

深圳市政府、深发展和新桥经过一年多考察，在众多潜在投资者中选择了平安，这不仅标志着深发展控股权回归中资，而且平安总部在深圳，也满足了深圳市“不求所有、但求所在”的原则。

揭盅时刻到了。

2009 年 6 月 13 日，平安发布公告称，经董事会审议通过，平安将认购深圳发展银行股份有限公司定向增发的至少 3.70 亿股，但不超过 5.85 亿股的新股。与此同时，平安将在不迟于 2010 年 12 月 31 日前收购目前深发展第一大股东新桥投资所持有的深发展 16.76% 的股份（增发前）。交易完成后，平安合计持有不超过深发展增发后总股本的 30%。

具体来说，平安拟通过平安人寿与深发展签署《股份认购协议》，以现金方式每股人民币 18.26 元（停牌前 20 个交易日股票交易均价）认购深发展定向增发的股份，锁定期为 3 年，认购对价为不超过人民币 106.83 亿元，认购资金来源于平安人寿的自有资金以及负债期限 20 年以上的保险资金。

2010 年 5 月 7 日，平安公告称，新桥投资持有的深发展股份已经全部过户到平安名下，平安成为深发展第一大股东，持有的深发展股份比例提升至 21.44%。

战略投资深发展，有助于平安实现“一个客户、一个账户、多个产品、一站式服务”，促进集团保险、银行、投资三大业务的均衡发展。深发展也有机会分享平安的庞大客户群、覆盖全国的分销网络、领先的后援平台及金融交叉销售的成功经验。

更为重要的是，平安还将积极推进深发展定向增发项目的顺利完成，迅速提升深发展的资本实力，提高其资本充足率，增强其核心竞争力。

从和汇丰一起联手收购福建亚洲银行的2003年算起，到成为深发展的第一大股东，平安一共花了整整六年时间。

2010年6月14日，深发展及平安相继召开新闻发布会，披露了收购的一系列细节。纽曼说，只有平安将潜在的投资讨论变成了确切报价和投资建议，平安不仅愿意以现金方式收购，而且定向增发价格未有折价，投资的金额非常大。同时，平安经验丰富，财务实力雄厚，愿意做真正的长期战略投资者。

时任平安银行行长理查德·杰克逊则表示，平安给予深发展的支持将主要通过三个方面进行：第一是进入董事会，第二是通过增资为深发展提供充足资本，第三则是业务合作。通过深发展的渠道，平安可以将寿险产品提供给客户，还可以发展信用卡还款业务等，深发展也可以利用平安现有的基础设施平台。

理查德的履历中，最闪亮的有两段：一是在任期内把只有一家支行的花旗银行匈牙利分行发展成为匈牙利第五大全国性银行；二是把曾经没有明确发展方向、业务量很小的韩国花旗银行带领到了韩国第五大银行的位置上。理查德还操作过至少五次银行业间的收购重组，尤其是对经营新兴市场的银行业务很有经验。

“银行合并从表面上看是一个法律过程，其实是一个充满人性的过程。”理查德在平安工作的不同时期，曾多次接受本书作者的专访。他健谈、耿直，让人没有距离感。

他告诉本书作者，他在七个国家工作和长期生活过，但是他关注更多的是它们之间的共同点，而不是不同点。“我认为，不论哪个国家的居民，他们所在意的东西差不多是一样的，比如子女教育、公共卫生、福利保障等。同时，全球市场也在慢慢地趋同，特别是在金融行业，各个经济体银行业的竞争都很激烈，只是发展阶段不同而已。”

理查德说，他小时候一度非常害怕看牙医，预约等待的日子里会很焦虑和不安，但每次做完治疗，发现先前的担心纯属多余。“并购和看牙医一样，前期会令大家有所不安，但对未来却是非常有益的。”如果平安不通过并购拓展银行业务，而是让原平安银行逐家开设分行来完成全国布局，大约需要花费 12 年时间，而深发展的全国网络刚好满足了平安的要求。

平安在“平深两行”整合初期，承受了巨大压力。受到的质疑主要有：用保险的思维做银行是否可行？深发展的员工会不会流失率过高？强调绩效的平安文化是否会对深发展员工造成压力？理查德说，他不接受“平安是用保险思维办银行”的说法，因为平安内部虽然高度关注业绩和绩效，但也尊重不同平台的文化和运作模式，一切都从业务本身的特征出发。平安银行的文化核心建立在透明、量化和问责的基础上，是非常健康的。

文化有冲突，目标很一致

2010 年 7 月 2 日，中国平安公告称，深发展向平安集团旗下平安人寿非公开发行交易顺利完成。至此，中国平安及平安人寿共计持有的深发展股份提升至约 10.45 亿股，占总股份的比例为 29.99%。此项交易的结束，标志着 2009 年 6 月公布的平安战略投资深发展的各项工作圆满完成。时间正好一年。

深发展在向平安非公开发行股份后，有效地提升了资本实力。根据相关公告，非公开发行结束后，按照 2010 年第一季度末的核心资本、资本净额和加权风险资产余额计算，深发展的核心资本充足率与资本充足率分别提升至7%和10%以上，符合银监会对中型股份制商业银行资本充足水平的最新要求。

接着就是水到渠成的两行合并。2010年9月14日，平安公告称，将以持有的约占平安银行总股本90.75%的股份及现金26.9亿元，全额认购深发展非公开发行的1638336654股股份，每股作价17.75元左右。

这次交易完成后，平安成为深发展控股股东，深发展成为平安银行的控股股东。

资产上的合并完成了，文化上的融合刚刚开始。

为了从深层次上推动两行合并，马明哲给平安全体B类以上干部写了一封信，指出"海纳百川、求同存异"是平安的立司之本，"平安人从不墨守成规、居功自傲，而是永远以开放的态度，接受不同的理念文化、制度流程和工作方法。平安与深发展都成长于深圳，有着共同的基因，经营管理文化也各具特色、各有所长。虽然两种不同的文化开始汇聚到一起，难免会产生不同的看法，甚至出现一些冲突和分歧，但不应该去争论孰优孰劣、谁强谁弱，而应在相互尊重和理解的基础上，求同存异，通过一段时间的交流和检验，找出各自的长处，相互学习，取长补短，将双方文化融汇成平安新的经营管理文化"。

深发展和招商银行是同期成立的中国最早的股份制商业银行，一直到20世纪90年代初，招商银行业绩都不如深发展。1991年，招行的年净利润约为深发展的80%。但到2010年底，深发展总资产仅为招行的30%，净利润仅为招行的24%。

许多深发展的老员工告诉马明哲，作为中国第一家公开上市的股份制商业银行的员工，起初是非常自豪的，但随着行业地位下降，优越感渐渐消失了，参加外部同业的会议，连发言都觉得不那么自信和有底气了。

为此，马明哲写了一封公开信："深发展的成功，就是平安的成功；深发展的进步，就是平安的进步；深发展的困难，也是平安的困难。”他要求平安的全体员工，特别是基层的同事们，在与深发展的同事相处时，要设身处地地为他们着想，用热情、开放和包容，让深发展员工感受到平安这个新家园的和谐与温暖。

“朝着同一个目标，拧成一股绳。”2010 年和 2011 年一季度，作为联营企业，深发展分别为平安财报贡献了 11.45 亿元和 4.64 亿元利润。平安在 2011 年三季报中首次并表深发展，合并后两行总资产突破 1 万亿元大关。平安的银行业务为集团贡献利润 53.22 亿元，利润贡献占比大幅提升。

2011 年 7 月，平安顺利完成了控股深发展的重大资产重组交易，深发展通过向平安发股买资产的方式实现控股原平安银行 90.75%。根据相关要求，为避免同业竞争，原平安银行将并入深发展，两家银行正式合并成为一家银行。

在股权整合的同时，平安向监管部门提出“三不”承诺，即不裁员、不降薪、不降级。但 2011 年春节以后，银行人员还是呈现出流失率上升的情况，这反映出合并带来的文化冲突仍是一个严重挑战。

在一次内部培训课上，马明哲对银行员工说，应正确看待“变”与“不变”——社会在进步，经济在发展，市场和外部环境都在急剧变化，任何一个公司要避免落后和被市场淘汰，必须与外部环境相适应，不可能一成不变。由于外部环境的变化，“变”是必然的，关键是，这种变化是否有利于公司未来更好地发展，是否有利于为股东创造更高的价值，是否有利于为客户提供更优质的服务，是否符合绝大多数员工的利益，为员工提供更广阔的发展空间。

那段期间内，平安集团和深发展的高层频频“走基层”，每到一地，就去参加当地的平安地区联席会议——这是平安旗下各业务板块每月都要召开的沟通会议。

深发展大多数员工都憋着一口气，希望能够扭转目前落后的局面，走上快速发展的轨道，但又担心平安在绩效考核的执行方面要求比较严格，担心自己无法达到考核指标而遭淘汰。

有位“老深发”告诉我们，当时和大多数深发人一样，他心中也是充满焦虑的。一是对工作内容变动的焦虑。与深发展相比，平安集团的定位、格局更高，合并后，深发展的战略、业务必有调整，自己能否应对变化带来的挑战？二是对领导变动、个人前途的焦虑。原来的深发展，论资排辈的氛围较浓，两行合并后，各级领导、主管均有不同程度的变动，部分核心岗位由平安系高管担任，平安来的领导会不会更喜欢用“自己的人”？“老深发”们能否赢得新领导的喜欢？

事实上，虽然新桥给深发展带去了不少新理念，但深发展内部的工作氛围还是相对比较“舒适”的，保留了不少国企的惯性。而创业出身的平安，文化相对“狼性”，讲究竞争和排名。倏而被放入高压的考核文化与体系中，不少“老深发”难以适应，“承受不住压力的、不愿改变和折腾的，只能选择走”。这是员工流失的主要原因之一。

为了更好地形成共识，马明哲在公司A类干部培训班上着重做了解释和说明。他说，平安经过23年的发展，不仅有清晰的发展战略，而且也建立了一整套较为完善、科学的人力资源管理及绩效考核机制，形成了“竞争、激励、淘汰”的绩效文化。但是，在确保考核的严肃性、公平性和执行力度的同时，平安的绩效考核也是有人情味的。

他用“跑马拉松”做了比喻：

如果把中国的每一家银行比作一支马拉松长跑团队，在过去的几年中，竞争对手是以每小时35公里的速度在竞跑，而深发展的速度只有每小时25公里，所以我们逐渐落后于其他股份制商业银行了。现在深发展必须振奋士气，转换机制，将整个队伍的速度提上来。……在马拉松长跑的过程中，特别是队伍整体提速后，肯定会有极少数员工跟不上团队的步伐，出现落后甚至摔倒的情况。暂时落后、摔倒没有关系，也不用泄气，在平安文化中，我们会给予这些同事充足的时间和机会，扶摔倒的同事站起来，助跑得慢的同事一臂之力，让他们跟上整个队伍的速度。但不得不承认，在整个队伍提速后，不排除会有极少数同事经过公司的扶持、帮助，还是没有办法跟上团队的步伐。整个团队不可能慢下来等极少数落后的同事。优胜劣汰是一种自然规律，也是任何一家优秀的公司在成长过程中不可避免的问题，为了大多数员工的利益，极少数人掉队是不可避免的。但是我们也该看到，在提速后，跑到前面、跑得更好的同事，将获得更多的晋升机会、事业平台和发展空间。

我们看到的一份由平安写给监管部门的汇报中写道："考核排名不是为了淘汰，而是为了激励先进、鞭策后进。考核排名对大多数干部、员工都是公平的，过去我们的做法是，领导说了算，谁和领导的关系好就可以。在任何一个企业，大多数员工和干部更需要的是公平、公正。……在平安，对于排名末位 5% 的同事，也不是实行简单的淘汰，而是给其两年改进时间，让其寻找更合适的岗位，尽最大可能找到能够展现其能力的机会和平台。"

在马明哲看来，避免内耗的唯一办法，就是大家的思想高度统一，本着"局部利益服从整体利益、短期利益服从长期利益"的原则，倡导"牺牲小我、成全大我"的奉献精神。从长期来看，各业务线通过开展交叉销售可以互相促进，今天我帮了你，你进步了，明天你就能帮我，大家互利共赢。

诸如此类的文化宣导，不断通过平安晨会、报刊等形式传递给"老深发"们。在耳濡目染和氛围带动下，不少深发人迎来了新的职业生涯。适应的过程确实有些难熬，但坚持一年半载适应之后，发现自己其实是喜欢这种文化的，因为它更公平。

工作变难了，但公司发展也越来越好了。以前，深发展给自己的定位是中小银行，深发人压根儿不会拿自己跟招行对标。合并后，平安银行越做越好，“老深发”们扬眉吐气，在行业里更自信了。绩效导向使肯干、能干之人脱颖而出，关于“旧人、新人”的担忧也随之消解。

新银行的诞生

外界一度认为，深发展品牌价值上百亿元，退出历史舞台非常可惜，平安或许可以利用深发展的品牌优势来运作银行业务。

“我们不能代替客户去考虑问题，而是要去关心他们究竟是如何考虑的。”盛瑞生讲述了当时的情况，在并购深发展时，银行管理层曾针对四类人群进行了非常细致的调研工作。第一类是原平安银行的客户，第二类是原深发展的客户，第三类是平安集团非银行的客户，第四类是除此之外的其他公众。

调研的结果是，深发展在南方的知名度比较高，但在北方比较低，与中国平安的品牌知名度相比，深发展仍然要弱很多。而且，平安集团在过去 20 多年的时间里积累了大量的保险客户，单一品牌更容易将平安的品牌资产共享到其他金融业务，实现客户迁徙与交叉销售，将综合金融的优势落到实处。两行整合，就是要实现组织架构、业务、系统、标牌名称等全方位的统一。

2011 年 2 月 15 日，平、深两行业务整合工作正式启动。在整合指导委员会、管理委员会之下，设立了整合项目管理办公室（PMO），并按公司、零售（含信用卡）、风险、运营、IT、财务和资金、区域、人力资源等方面，下设 14 个整合工作组，以保证整合有组织、有纪律、按步骤进行。

业务条线工作组着重规划如何整合客户、品牌和营销、产品、销售、服务模式和渠道，中后台工作组规划运营流程和制度、IT 系统和基础平台、组织架构和人员配置、财务管理、风险控制等方面的整合。整合任务共计超过 5500 项，重要里程碑节点将近 400 个，涉及 IT 系统开发项目近 50 个。

整合过程分成三个阶段，每个阶段设立了明确的阶段性目标和部署，使本来庞大、复杂、纷繁的路径变得非常清晰。

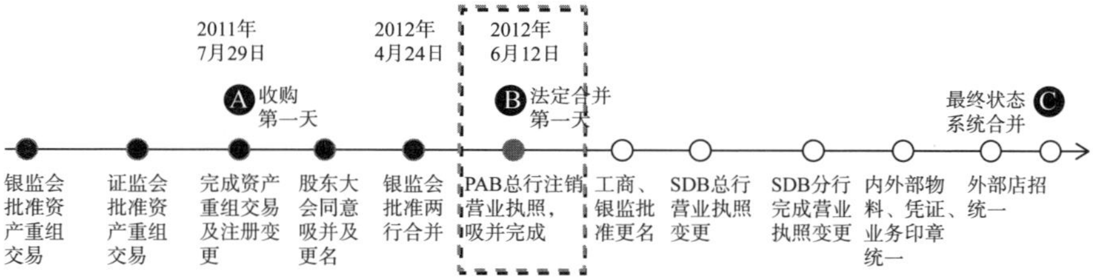

平安银行和深圳发展银行合并的三个阶段

两行合并涉及大量的监管沟通事项，要对口不同的外部监管机构。为了有序展开沟通，确保没有遗漏，两行由财务组牵头统筹，有计划、有步骤地推动各工作组梳理各自的监管沟通事项，设计合并方案，并在同期展开监管沟通。合并涉及2500万零售客户、20万家公司客户以及国内外成百上千的金融同业客户。

客户是银行的生命线，确保整合期间的客户稳定是整合获得成功的关键。为此，成立了大沟通组，下设公司、零售、同业、运营四个与客户接触点相关的沟通小组。

整合中经常会遇到一些大大小小的跨条线协调的问题，需要管理层进行方向性的决策。整合项目管理办公室通过安排在14个工作组的内容专员，收集各个工作组存在的急需解决的问题，每周整理后上报行长决策，一般两天内即可收到行长的反馈。对重大问题，可以在次周的整合管理委员会例会上与委员们讨论并决策。这一快速的问题处理和决策机制，推动着整合车轮一步不停地向前滚动。

2012年6月14日，深圳发展银行发布公告称，当日向深圳证券交易所提交公告，深圳发展银行已完成吸收合并平安银行的所有法律手续，深发展和平安银行已经正式合并为一家银行。至此，“深发展”这个伴随人们走过 25 个春秋的名字成为历史。

从资本运作的角度，平安在收购深发展以及对两家银行进行整合的过程中，也展现了高超的能力。我们再来梳理一下整个收购动作：

首先，中国平安收购新桥所持深发展股份，同时深发展向平安寿险非公开发行新股（2010 年），中国平安持有深发展近 30% 的股份。交易完成后，平安集团对银行的持股情况如下图所示。

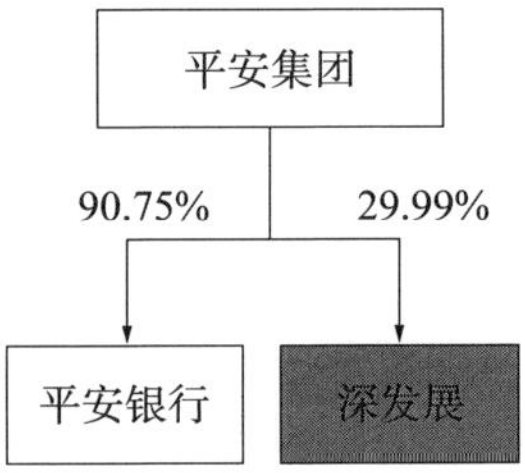

平安集团持平安银行和深发展股份明细

其次，平安集团将平安银行注入深发展。作为对价，深发展向中国平安非公开发行股份，平安集团持有深发展的股份进一步上升至 52%，如下图所示。

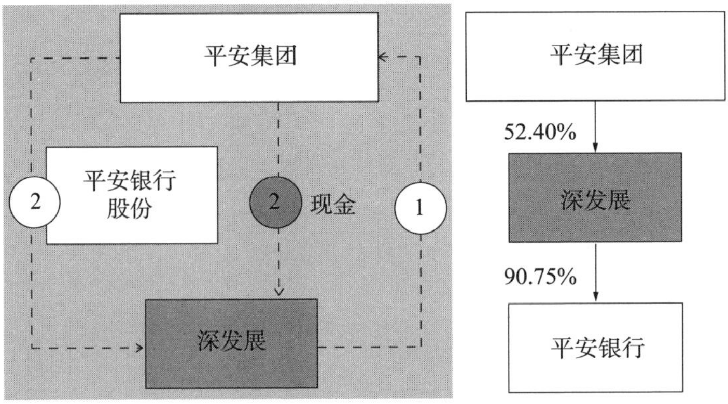

平安集团增持深发展股份

最后，深发展通过吸收合并完成与平安银行的合并，两家银行成为法律上的一家银行。合并后名称为“平安银行”。

2013年，是平安创立后的第25年，也是平安新的五年规划的开局之年。

在元旦致辞中，马明哲将主题定为《科技，引领综合金融》：新的一年，将是新科技变革加速深化的一年。科技的发展，不仅在金融业引入了新的竞争主体，也在逐步改良甚至完全重塑传统金融的经营模式。以客户体验为核心的竞争不断升级，将对传统金融市场的格局和竞争方式产生深远影响。

在平安银行和深发展的整合中，科技也扮演了关键角色。两行在合并为一家新银行后，花了半年多时间，继续进行IT系统的整合。从2013年1月14日起，平安银行420多家网点的1900多万零售客户、20多万公司客户，开始在相同的业务系统上办理业务，享受统一的产品和服务。

一家知名咨询公司曾认为，这样规模的两行IT系统整合需要18个月时间。但经过努力，平安仅用时11个月就完成了，而且没有一名顾客掉队、下错站。

合并后的新平安银行，肩负起了在银行端探索和发展综合金融的双重使命。有人风趣地说：“平安集团是个金矿，平安银行再也不会像过去那样，拿着金饭碗坐在金矿上要饭了。”

同样分享到成功果实的还有汇丰。2012年12月5日，平安发布消息，汇丰控股将其持有的全部平安股份，以每股59港元，总对价727.36亿港元（约合93.85亿美元）转让给泰国正大集团。交易完成后，正大将成为平安单一最大股东，股份占比15.57%。

汇丰在新闻稿中表示，此次从平安退出是汇丰自身战略调整的一部分。平安是汇丰近10年来最成功的投资之一，很高兴有机会分享到中国经济、金融业发展和平安快速成长的巨大价值。

“汇丰＋平安”曾是中国本土金融机构和外资股东合作的典范。那么，汇丰为什么又要选择离开呢?

我们在几年后出版的汇丰官方传记《狮子银行》中看到这样一段描述:2011 年,时任汇丰行政总裁的欧智华(Stuart Gulliver)在一份报告中提出,汇丰计划将改善资本作为整体工作的一部分,来努力实现在整个商业周期中 12%~15% 的股本回报率。于是,汇丰建立了一个战略和财务框架,来对汇丰的业务按照五大战略评估标准进行评估,这五大标准包括国际的连通性、对全球增长模式的贡献、盈利能力、成本效率和流动性等。

在用这“五个过滤器”测试完集团业务后,截至 2014 年 5 月,由于无法达到资本部署的这些标准,汇丰出售或关闭了 69 个经营实体。汇丰此举,在很大程度上是因为国际清算银行在 2008 年国际金融危机后,加强了对银行业的监管要求。2010 年 9 月通过的《巴塞尔协议Ⅲ》,要求银行增强非预期损失的抵御能力,增提缓冲资本,严格监管资本抵扣项目,提高资本规模和质量,等等。这些更为严格的资本限制使得在银行集团内部拥有保险业务,对汇丰管理层来说,变得毫无吸引力。这是汇丰从平安抽身的主要原因。

汇丰在平安持有 15.6% 的股份,这是需要处理的最大一笔保险资产。

这笔平安股权的最后交易价格是 94 亿美元,为汇丰带来了 26 亿美元的资本收益。同时,和摩根士丹利、高盛一样,汇丰在出售完平安股权后,和平安之间的交流并没有中断。

回顾平安股东的变化,老股东在平安发展初期做出贡献后赚了钱高高兴兴地离开,新股东加入后继续支持平安成长,并分享平安的价值。股权结构的演变,是兼顾了股东、客户、员工及社会价值的整体增长与实现历程。

对于汇丰的选择,平安表示尊重。自 2002 年投资平安以来,汇丰与平安在诸多领域开展了大量有成效的交流与合作,共同建立了亚洲最大、代表国际最先进水平的综合金融后援平台;汇丰帮助平安进一步完善了公司治理架构，完善了风险管控体系和平台等，对平安快速成长为国际一流的综合金融集团提供了丰富经验和技术支持。

汇丰退出时的平安，已经拥有7000万个人客户及200万企业客户，完全确立了“一个客户、一个账户、多个产品、一站式服务”的综合金融服务模式。当时谁也不会想到，短短几年后，两者的关系还会发生天翻地覆的反转——平安不但成为汇丰控股的股东，而且还是第一大股东。

打造“最佳商业银行”

从2003年汇丰战略入股平安到2012年退出，平安从汇丰身上学到的最重要的一点，就是什么叫领先以及如何领先。

平安有着和汇丰一样的梦想，就是成为国际领先的金融集团。整合后的新平安银行需要全新的战略。

马明哲在集团专题会议上提出了“一个目标、三个阶段、三个发动机、三个差异化”的战略方向，平安内部称之为“1333”战略。

一个目标：最佳商业银行。

三个阶段：实现三步走。第一步，在3~5年内，以对公业务为主，同时构建零售业务快速发展的强大基础，跻身股份制银行第二梯队；第二步，在5~8年内，以对公和零售业务并重，实现各项业务快速协调发展，跻身股份制银行第一梯队；第三步，8年后，使零售业务成为平安银行的主导业务和利润的主要来源。

“三个发动机”：外延与内涵式发展并重，全面推进交叉销售和建设创新型科技银行。

“三个差异化”：资产负债模式、直销及社区营销模式和产品服务模式的差异化。

非常巧，“1333”是后来中国平安在陆家嘴办公大楼的门牌号。

那么，究竟什么是最佳商业银行？平安于 2011 年 8 月聘请国际知名咨询公司提供研究分析报告。经过近半年的调研，咨询公司于 2012 年初提交了项目第一阶段报告初稿，指出了“现在哪里”“要去哪里”，对“怎么去”也提出了一些有价值的策略建议。

围绕于此，平安各条线负责人进行了一场热烈的头脑风暴。他们认为，随着中国利率市场化进程的加快、银行脱媒趋势的增强、金融业竞争态势的加剧，银行业未来的业务模式和竞争格局将产生巨大变化。商业银行依靠存贷款规模和高利差增长的发展模式将一去不返，银行对于存款的竞争将更趋激烈，负债业务成本大幅提升，中小银行参与存款大战、经营利差的能力将面临更大挑战。商业银行必须寻找新的利润增长及新的利润增长模式，更多地转向资金业务和中间业务的竞争，积极谋求变革和转型。

按照新的战略，“最佳商业银行”就是要达到：在员工眼里，有凝聚力、荣誉感、归属感；在客户眼里，讲诚信、服务好、可信赖；在股东眼里，赢利能力强、价值高、发展可持续；在监管眼里，是合规经营的银行、规规矩矩的银行；在指标上，要有适度的资产规模、优良的业务结构、稳健的发展速度、领先的盈利能力、良好的资产质量，是一家积极进取、特色鲜明、管理先进、效益最佳、竞争力最强的商业银行。

由于原深发展的发展速度明显落后股份制银行中的第一梯队，整合后的新平安银行要按照三步走战略、在 8 年内成为领先的股份制商业银行并不容易。

“我们要发展，同业也不会停下来等我们。我们要实现赶超，就必须超常规发展。”平安银行管理团队认为，综合金融是平安银行相对同业来说最重要的差异，也是最大的比较优势。只有借助集团资本、客户、渠道、后援以及品牌等方面的优势，这个目标才能实现。

2012 年 8 月 13 日，新平安银行发布合并后的首份半年报，上半年实现归属于母公司股东的净利润 67.61 亿元，同比增速高达 43%。早在一年半之前，理查德就对新平安银行设定了新的目标，要力争做客户眼里的“最佳银行”，为此需要做到三点：资产规模更大，市场定位清晰，提高资产质量。

从长远来看，新平安银行需要三样东西：一是清晰的战略，关系到“我们做什么”；二是强大的内部文化，关系到“我们是谁”；三是好的品牌建设，关系到“客户如何看我们”。

“既然在一家企业中工作，那就必须有共同的价值观。我们有一个很大的优势就是，我们是平安集团的一个子公司，而平安集团已经有了一套被实践证明是行之有效的管理文化，比如垂直管理、问责制等。这些此前在保险、信托、证券等子公司中是可行的，那么对银行来说，也应该是可行的。所以，我们必须以此为基础，把所有人拉到一起。”理查德对当时采访他的本书作者说。

平安银行为了向专业化、集约化经营方式转变，采取了按客户、产品和行业分类的事业部制，把成本中心变为利润中心。事业部分为产品事业部和行业事业部，由于当时的条件还不成熟，转型还不能一步到位，所以事业部制和总分行制同时存在，银行也实行双向绩效考核，这样既向专业化、集约化迈出了坚实的步伐，又可以充分调动分支行的积极性。

曾任平安银行董事长的孙建一告诉我们，向专业化、集约化、注重零售的方向转型，过程会很痛苦，但必须转。平安和招商银行都是从蛇口起家的，现在招商银行在零售方面表现那么好，当年也是迫于形势才走上零售道路的，“结果柳暗花明，这条路被招商银行给走通了。平安银行起步晚了这么多年，如果再拖下去，就没有机会了”。

智能化零售银行

2011 年 10 月中旬，马明哲一行在美国拜会了富国银行 CEO 和名誉主席等最高管理人员，还与富国银行的一些支行负责人、员工进行了交流，目的是学习富国银行在零售业务和交叉销售方面的经验。

富国银行在零售存款、零售抵押贷款和零售车贷方面是美国排名第一的银行，交叉销售做得非常成功。它的经验是，简化产品并使其标准化，这样更有利于产品销售、集中运营和利用后援、自动化、员工培训、保持服务标准、管控及降低成本。

“ONE Wells Fargo”（一个富国）的文化让平安考察团印象颇深。金融交叉销售涉及众多不同的产品和部门，利益考核机制也非常复杂。对于客户来说，要获得各种金融服务，必须和不同的机构和部门打交道，但富国集团明确提出并努力做到“在客户眼中，不管是金融消费、办理信贷，还是购买保险、金融理财，富国集团就是一个整体，不会将之区分为不同的公司看待”。

从富国银行考察回来之后，平安的高管们充分意识到了自身银行零售业务基础之薄弱——网点少、网均产能低、客户层次低、未建立销售导向文化、销售人员的技能和激励不足。在这样的基础上，平安银行必须充分利用集团的优势，建立清晰的发展策略和模式，采取服务驱动（科技网银手机、便捷组合服务、一账通）、产品驱动（集团产品开发能力）、关系驱动（保险、信托销售队伍），才能让零售业务超越市场的发展。

从 2013 年开始，平安银行提出了“专业化、集约化、综合金融、互联网金融”的特色发展思路，以及“跳出银行办银行”的理念。在银行业整体步入新常态，规模、效益和资产质量都明显下台阶的情况下，2012—2015 年，平安银行的营业收入、非息收入、准备前利润等指标翻了一番以上，相当于三年再造了一个平安银行。

“要跳出金融做金融，不要将综合金融看得过于复杂。”马明哲在和我们交流时说，平安银行的快速发展和融入整个集团是分不开的。

2016 年 8 月，马明哲亲自参加银行零售转型宣导会。此前，在 2012 年

11月两行合并，以及2013年零售大事业部改革时，他也都出席。由此不难看出，马明哲对银行零售业务的乐观。

会上，马明哲分享了他对银行零售改革的思考，多次提到“别无选择”。这不是为了制造“恐慌气氛”，而是他真正看到了国内银行业的变化。

2004—2014年这十年，是中国银行业的十年黄金发展期，银行业总资产从2004年的23万亿元增长至2014年的127万亿元，实现了5倍的增长。工商银行的资产规模从5.6万亿元增长至19万亿元，增长了3倍，净利润从31亿元增长至2763亿元，增长了90倍；浦发银行的资产规模增长了11倍，净利润增长了25倍；兴业银行的资产规模增长了14倍，净利润增长了22倍；民生银行的资产规模增长超过10倍，净利润增长了22倍；招商银行的资产规模增长接近10倍，净利润增长了19倍。

但2015—2016年，形势急转直下，银行业的资产规模增长下降到个位数，商业银行净利润增速也是个位数，竞争越来越激烈，风险也越来越大。

“未来银行业的发展是非常艰难的。如果仅仅依靠自身盈利，无法支撑快速增长的资本需求。银行的商业模式要向‘零售业务加轻资产业务’转型。对公业务也要转型，‘打猎式’的发展模式已经过去了。”马明哲说。

国际同行的数据情况也鼓励平安银行从对公为主转向零售为主。汇丰银行的零售业务占比超过50%，富国银行、花旗银行超过60%。马明哲认为，零售业务比重较低，已成为限制中国商业银行发展的“魔咒”。

为什么要特别强调逐步向零售进行转型呢？平安做过大致估算，如果未来平安银行的负债及资金业务成本分别提升和下降10个BP（基点），总利润就要下降近50%！再不转变、合理调整业务结构、提前做好部署，未来哪里还有生存下来的机会？

零售转型一定会面临挑战。“第一类是不认同改革的顽固派，这类人的特点是‘口是心非、养尊处优、老虎屁股摸不得’，在改革的过程中一旦找到机会，就会找出各种各样的借口、问题，表面说一套，实际做一套，传播不利于改革的言论，给改革设置障碍；第二类是认同改革的观望派，这类人相对较多，其特点是认同改革，认同改革的方向，觉得改革是大势所趋。但这类人有的是‘眼高手低，只说不练’。特别是当改革进入深水区，遇到困难、出现矛盾或涉及小集体、小团伙及个人的利益时，他们就会出现，也会成为改革的障碍。”马明哲的话说得很重，但背后是强烈的危机意识。

平安式“去杠杆”

对马明哲坚定不移地推动平安银行的零售转型战略，现任平安银行董事长谢永林是最有发言权的。

“马总很敏锐，说要坚决、快速地把银行里的那些烂业务干掉，否则将来不得了，会出大事情。在这个问题上，他很有远见。”谢永林说。

谢永林曾在平安银行做过副行长，后来调出。他不在平安银行的时候，时任银行班子就曾向集团提出补充资本金的要求，马明哲并没有同意。他上任之后，银行部分管理层又推着他再去和集团提补充资本金的要求，马明哲依旧不同意。

于是，谢永林就跑去问马明哲是什么原因。马明哲告诉他，如果现在就把资本金给了平安银行，那又回到老路去了。这一次，零售业务必须要做起来。

谢永林现在回头想想，那两年半时间里的平安银行真不容易。哪有一个银行会主动把对公贷款业务给压掉的？但是，如果不压掉对公贷款，就会产生新的不良。

马明哲极其了解下属的心态。在补充资本金一事上，他并没有“把话说死”。他给了谢永林几个词——“爆零售、精对公、拓综拓”，并说如果平安银行在规划中能体现出未来零售业务占比将达60%以上的目标，且有切实的动作，他会说服集团给平安银行补充资本金。

只要在金融业做过的人，都知道“资本约束”的厉害，甚至可以说这是个“要命的指标”。如果不给银行补充资本金，就必须压降“吃资本”的对公业务，把资源用来支持零售业务，否则零售业务肯定“爆”不起来。

经过推演，平安银行管理层的思路渐渐清晰：首先，对公业务中有不少业务风险很大，必须压缩；其次，囿于资本约束，想把零售业务做起来，必须压缩对公业务，以节省资本；最后，按照风控合规要求，也要把一些对公风险业务压掉。

所有的方向，都指向了——压对公！

方向是对的，但要真正执行难度非常大。谢永林对我们说，他在那段时间老请银行里的高管们吃饭，告诉他们自己的这本账是怎么算的，在饭桌上让大家搞明白两个问题：第一，资本约束是来真的，不是闹着玩的，现在对公业务的风险很大，正在侵蚀平安银行的净资产，如果零售业务上不来，平安银行是没前途的；第二，以前一直以为“对公业务‘养’零售条线”的思路是不对的，其实恰恰相反，一些劣质的对公业务会把银行带歪。

达成共识后，接下来就是动手了。很快，转型基调被定了下来，即“零售业务能发展多快就多快，资源不够的话，就让对公业务腾挪出来”。他先让零售业务部门算笔账，预期能做多少零售业务，再倒推该压多少对公业务。

一场改变平安银行命运的“零售转型”战略自此全面启动。

马明哲说，要转型就要做好忍受改革阵痛的准备，包括银行收入的减少、对公客户的流失、成本的上升等问题，由此也可能面临股价下降、股东质询等压力，“世界上没有一个改革有万全之策，只是利大弊小的选择。我们只有把改革中会遇到的问题考虑得复杂一点，把改革中会面临的挑战考虑得深入一些，才能把相应的对策制定得更加充分和全面”。

为了更好地推动零售转型，平安银行启动了借力科技手段的智能化 3.0 战略。智能化 3.0 模式有别于 1.0 的互联网模式和 2.0 的数字化模式，是真正以客户为中心的颠覆式革新。它基于互联网思维，通过科技引领、组织敏捷形成“金融 + 互联网”的智能化零售银行新模式。

因为预见到国内经济将出现增速下行、市场风险不断加剧，从而导致银行业整体经营将越发困难的可能性，平安银行向零售转型的态度更加坚决。平安银行通过对公、零售业务成本的此消彼长，优化银行成本结构。

任汇川在和我们交流时说，平安一直专注零售领域，不单是寿险、财险，其他业务领域也是一样的。“如果平安是一台大型机器，它更为追求的是做一台越来越稳定的机器。大家会说，平安对利润的要求是非常高的，言下之意就是特别‘爱赚钱’，但事实上，平安对于不可持续的‘钱’是很排斥的。平安更倾向于和主业关联度大，最后能反哺主业的业务。这是平安自己给自己的一种限制，也是一种‘本心’。”

零售是银行最稳当的业务基础，是靠服务一点一点把客户群做起来的。

2017 年 9 月，平安银行组织了一场路演，由董事长、行长亲自带队，在北京、上海、深圳三地密集拜访了 80 多家主流投资者机构，与 200 多位投资者、分析师进行了沟通。在交流过程中，2/3 以上的问题都集中在零售业务板块。

通过路演，以下几点认知得到了普遍认同：

第一，平安银行是有零售基因的，确实有着与众不同的做好零售转型的天时、地利、人和的因素；

第二，转型是有方向的，并且选择了适合自身特点的零售转型的模式；

第三，转型是有成果的。

经过半年的设计与尝试，在充分总结各项经验后，平安银行正式提出“一个尖兵、两大能力、三新三变、四轮驱动”的零售转型落地新模式：

“一个尖兵”，即信用卡业务；

“两大能力”，即通过数据读懂客户的能力和账户管理能力；

“三新”，即 SAT（S 是社交，A 是移动 App，T 是远程），这是平安银行三个新的服务客户的方式，而这“三新”也意味着要“三变”，即组织要变、网点要变、产品要变；

“四轮驱动”，即综拓 SAT 模式、家庭传承办公室、网点整个要变、开放互联。

平安很多从市场一线打拼升上来的高管都会有点“狂”，但他们都说，谢永林比他们“狂太多了”，比如他就敢说自己是“中国银行业里唯一一个干零售出身的董事长”。

“平安人最大的特点就是执行能力超一流，一件事确定要干了，那就义无反顾地往前奔。我跟马总开玩笑说，做规划的事情，我不可能跟他的水平相比，他是创始人，也是‘老板’，但‘执行’上我还是有一套的。这是平安的一种基因，我们知道如何调动整个集团内部百万大军的积极性，知道如何把银行和其他子公司的队伍拧成一股绳。”谢永林说，“马总把摊子交给你，他会尊重你，给你足够的授权，但要是给你几年时间都没能有起色的话，那他就会开始干预。”

谢永林从平安证券董事长任上被调回平安银行任董事长后，越发“拥抱集团”。他曾在公开场合开玩笑：“以前任副职时说了不算，现在我是一把手了，谁再不拥抱集团的话，我就能把他给撤了。所以，现在银行把集团拥抱得紧紧的。”

平安银行在资产质量上走过弯路，所以将优化资产质量、化解金融风险作为转型攻坚战的第一枪，采取了一系列组合拳构建牢固的风险防线，不但没有因为要大力发展零售业务而放松对风控的要求，反而借助 AI 的力量，极大地增强了一线风控的成效。

2018 年，平安银行推出全新的“内控合规主任”岗位，950 名内控合规主任履新上岗，其业务职责覆盖网点全面风险工作，涵盖业务管理、业务授权、业务检查、合规管理、三反工作、实物管理等近10个大项、20余个细分项。

在平安银行的构想中，未来还将依托“AI+风控”方式，支持内控合规主任线下80%的日常工作处理，实时处理及防控账户的异常开立、交易的异常发生，工作效率和管理范围将得到大幅度提升，从而更好地满足银行风险管控要求。

谢永林对我们说：“平安银行要做零售银行，战略始终是明确的，2007年平安收购深商行的时候就是这么想的。中间的确走了一些弯路，但从集团层面到银行董事会，战略并没有改变过，关键在于执行和创造办法执行。”

2018年12月2日，平安银行“智零售，新金融——百店同开跨界狂欢”主题快闪在全国50座城市的百家零售新门店，以及百家传统网点同时开启。活动当天全国200家门店累计到店人数近1万人，到店客户积极参与现场活动，气氛热烈，还有超过2450万人通过直播观看和参与线上活动。

平安银行建设零售新门店的初心，是希望打造有温度的智能门店，并形成可复制推广的模式。从2017年8月第一家零售新门店广州流花支行开业到2018年11月，已有百家零售新门店在全国35家分行50座城市快速铺开，并有千家门店实现软件落地。

这些零售新门店，在硬件方面，实行网点建设模块化、标准化，通过建设标准手册实现流程优化、质量保证，用硬件升级促进服务提升；在软件方面，通过口袋银行、口袋银行家、超级柜面FB和大屏4个App承载自助办理、智能营销、智能管理，并为客户提供OMO（Online Merge Offline，线上线下相融合）的服务体验，软件的不断迭代和创新嵌入也打开了无限创新的可能。

平安银行的高管团队非常明白，零售转型必须发挥集团当时已有的1.5亿个人金融客户、4.3亿互联网客户、160万寿险代理人，以及科技上的强大优势；必须突出“贷款”的作用，明确以“贷款”作为尖兵实现突围，大力发展信用卡、汽车消费金融、消费信贷等优势业务，以此带动管理资产的增长。谢永林说：“我们做的这些东西都是做过分析的，因为我们的贷款很‘牛’，我们要通过贷款创造收入，然后通过收入进行投入，补短板。这是符合平安自身特色的零售银行转型发展之路。”

当一个用户在某银行只有5万元存款的时候，会被看作大众客户，但在平安集团内，通过用户的许可和脱敏数据就会发现，这个客户可能还有每年缴费2万元的保单，可能会开100万元的车，那么他就完全符合私人银行客户的要求。这就是平安集团的大数据优势，后面就看是否能把他吸引过来。

每年12月28日，是原深圳发展银行的“生日”。2017年的这一天，刚从北京出差回到深圳的谢永林，深夜给3万多名平安银行员工写了一封邮件，称“没有深发展，也就没有今日的平安银行”。

邮件中写道：“只要我们明年（2018年）成功了，全行的经营基础、业务格局将会迈上一个全新的台阶，将为未来3年、5年乃至30年的发展，奠定一个坚实的基础。”

增加科技感

在银行业的新时代，不改革转型就会被边缘化，甚至被淘汰出局。“还是那句话，平安是改革的产物，不能成为改革的对象。”马明哲说。

经过一系列的“折腾”，平安银行的资产质量得到明显改善。2018年12月14日，平安银行在银行间债券市场成功发行了总额为350亿元人民币的金融债券，年利率为3.79%，以较低的成本夯实了中长期的稳定资金来源。

年报披露，截至2018年末，平安银行核心一级资本充足率、一级资本充足率及资本充足率分别为8.54%、9.39%、11.50%，均满足监管达标要求；

2018年实现营业收入1167.16亿元，同比增长10.3%，净利润248.18亿元，同比增长7.0%。其中，零售业务营业收入为618.83亿元，同比增长32.5%，在全行营业收入中占比为53.0%；零售业务净利润为171.29亿元，同比增长9.2%，在全行净利润中占比为69.0%。

与此同时，逾期、逾期90天以上贷款余额和占比实现“双降”。其中，逾期90天以上贷款占比较上年末下降0.73个百分点，逾期90天以上贷款拨备覆盖率较上年末增加53.78个百分点，风险抵补能力显著增强。

“从现在来看，幸亏我们对公业务压降得早，要到了2018年再做这些工作，恐怕就晚了。”

谢永林告诉我们两个小故事：

一个是2019年初，他有一次去银保监会汇报工作，会里领导对他说，平安银行早于同行把风险资产管控住了，站在微观角度，他很赞赏平安银行的做法。

另一个是在2017年、2018年路演时，作为董事长的他要一个机构一个机构地介绍自己是怎么转型的、打算怎么干，当时资本市场根本不认同平安银行的构想。但现在他发现，和投资人的沟通难度明显小了，基本不用再逐个去解释了，“大家都认同了我们的决心和成果。我们把关键一年的时间窗口抓住了，这一年对平安银行的转型发展极其宝贵。这才有了后来350亿元金融债券发行时的火爆”。

2019年3月7日下午，平安银行在深圳召开零售业务开放日。董事长谢永林、行长胡跃飞、行长特别助理蔡新发等高管悉数出席。听众出席人数超200人，覆盖国内外主流券商分析师、重量级公募基金投资总监及基金经理、大型私募基金合伙人、平安银行和平安集团的重要股东、主流媒体代表等。大家就平安银行零售战略升级、具体打法与该行高管直接对话、交流。

谢永林对我们说，一开始组织这类路演非常不容易，大家对平安银行想做什么并不十分了解，也不太相信哪家银行会坚持做零售战略，“但是这几年过去了，大家都开始认同我们的做法了，路演现场的人气也很高”。

“银行（服务）无处不在，就是不在银行（网点）。”这是布莱特·金在《银行 4.0》（*BANK4.0*）中的观点。科技对于银行业的发展，正在产生深刻影响。

谢永林说，平安近年来推进“金融 + 科技”“金融 + 生态”战略，逐步形成了清晰的“个人业务 + 公司业务 + 科技业务”三大事业群及架构，团金在其中是重要的一环。

“个人金融业务的发展也将助力团金真正实现‘双轻’（轻资产，轻资本）。团体业务归根结底要借助终端消费者才能双轻。有些客户本就 to B 和 to C（企业和个人）不分，团金和个金其实是一个作战整体。”他举例说，很多养老险福利保障计划是寿险代理人做的，银行的小企业业务后续也要借助寿险渠道。因此在面对这类企业时，个金和团金其实是一个整体，大家的诉求点、利益点是高度一致的。从风险视角来看，企业核心人员的信用也是重要的考量因素。同时，个金客户信用也可以通过其背后的组织企业情况进行更加动态的调整。

在平安看来，从银行 1.0 到银行 4.0，银行业务已经进化到无处不在，智能化零售银行转型是最佳选择。

从 2019 年起，平安银行零售转型开始进入第二阶段，打造 AI 内驱的“3+2”经营体系，即“基础零售、消费金融、私行财富”三大业务模块加上“成本控制、风险控制”两大核心能力，以 AI 为内驱动力，自下而上打造业内首创的 AI Banker（由 AI 赋能的银行家），完善创新机制，深化敏捷组织。预计通过 AI Banker，同等业务可以减少 20%~50% 的经营成本，增加 20%~50% 的收入。

平安银行零售 AI 战略借鉴了领先互联网企业的“AI 大脑”设计，强调对人能力的提炼与复制，同时又在此基础上进一步升级，更加聚焦银行人的能力。

谢永林说，平安银行将科技视为战略转型的第一生产力，把前沿科技全面运用于产品创新、客户营销、业务运营和风险控制等各个领域，构建“3+2”科技平台格局，即打造口袋银行、口袋财务和行e通“三大门户”，智慧财务和智慧风控“两大心脏”，持续升级传统业务，不断创新业务模式，提高运营效率，提升服务体验，打造金融科技“护城河”。

值得一提的是，平安银行整合打造了一支几千人的零售专属IT团队，在线上，对平安口袋银行App进行升级，并推出支持行内员工移动作业、互动交流的口袋银行家App；在线下，推出“轻型化、社区化、智能化、多元化”的零售新门店，整合打造智能化OMO服务体系，通过综合化、场景化、个性化实现智能化银行。同时，平安银行还推出了“AI+客户”“AI+投顾”“AI+风控”服务营销和管理体系，为客户提供一体化、无缝、便捷的体验。

多年之前的海外考察心得，现在已经变成现实。

2019年7月19日，中国平安首届智慧生态大会在深圳成功举办。同日，平安银行“有AI更体面”主题科技周开启，展示了平安银行自2016年以来“科技引领、零售突破、对公做精”的转型硕果。

在以AI为核心的BANK 4.0时代，平安银行将最佳银行家的能力系统化、标准化，形成了业内首创的AI Banker体系，并将AI Banker赋能给平安银行的客户、员工及合作伙伴，进而将自身打造成一家真正的AI Bank。

新金融时代已经到来，谁更懂科技，谁将更懂客户；谁更懂客户，谁将占得先机——这在平安银行身上得到了很好的体现：2019年该行实现营业收入1379.58亿元，同比增长18.2%；净利润281.95亿元，同比增长13.6%；零售业务营业收入799.73亿元，同比增长29.2%，在全行营业收入中占比58.0%；零售业务净利润194.93亿元，同比增长13.8%，在全行净利润中占比69.1%。

000001.SZ是平安银行的股票代码。从0到1，未来已来。

第八章

向网而生

预测未来最好的办法
就是创造未来。

– 林肯 –

昨夜西风凋碧树，独上西楼，望尽天涯路；衣带渐宽终不悔，为伊消得人憔悴；众里寻他千百度，蓦然回首，那人却在，灯火阑珊处。

清代著名学者王国维，在《人间词话》中这样总结“古今之成大事业、大学问者”所必经的三种境界。

做企业亦是如此。

金融科技已经成为中国金融业在世界范围内弯道超车的机遇。但在传统金融机构那里，“科技”的作用更像维护和支持，而不是创新驱动的引领因素。这种路径依赖是如此之强，以至于当以蚂蚁金服和微信支付为代表的移动互联网科技力量进入时，不少传统金融机构完全摸不着头脑。

平安的特别之处在于，它在刚刚成立时就极为注重信息技术，马明哲本人更是一个科技发烧友，他比任何人都渴望以技术赋能平安，使平安不会被锁定在传统形态里。在平安，很多前沿的设想都是马明哲先想到，然后跟高管们头脑风暴，考虑如何在应用实践领域开拓创新的。

马明哲说：“如果我把精力聚焦在今天，平安就没有明天。”他关注的明天战略中，最让他惦念的就是互联网。他认为，目前全球市值排前几的大公司均为科技公司，它们才是金融业的“终极杀手”。

互联网金融使金融脱媒的过程变得更剧烈、更迅速。马明哲很早就注意到，除了金融脱媒，还要特别关注“经营模式的脱媒”，这种脱媒更危险。他不止一次地在平安内部表达他的担忧——平安现在的确是一家高速成长的公司，增长势头短期还能保持，但金融行业的成长性有限，随着“分母”不断加大，想长期保持高速增长越来越难，必须寻找新动力。

平安的选择是，向网而生，成为科技领导者，哪怕会有再多困难与挑战。

1988 年的 IT 梦

平安在 IT 上的投入，最初是为了加强对公司的管控。后来数据集中产生化学反应，衍生出了很多新的应用。接着又发现，科技在提升管理、加强追踪辅导上大有所为。在持续大力投入科技后，平安具备了相当多的底层研发能力和科技应用创新能力，于是成熟的技术开始外溢，通过输出给市场，形成产业。

这是一个基本的发展脉络。

谢虹是平安早期创始人之一，毕业于中国科技大学少年班，学的是计算机专业。在加入平安之前，她曾在美国一家软件公司工作。

“马总很早就开始规划电脑方面的事情，我加入公司时，他向我描绘将来要用电脑做这做那。那是 1988 年，电脑还极其稀罕，但凡有单机的公司，都要搞个机房，还要架空地板，恒温恒湿，进机房要换鞋，和医生一样穿上白大褂。”

“他（马明哲）说，我们公司以后要给每个人都配一台电脑。那可是 1988 年！对我这样一个学计算机的人来说，当时觉得他是在吹牛。”谢虹回忆说。

马明哲没有吹牛。平安的第一张保单就是用电脑出的单。后来当“会计电算化”流行时，平安提出建立自己的“以保单为中心的计算机数据管理系统”，要求所有分公司在开业时必须配置一台电脑、一台复印机、一台传真机。

自 1988 年 8 月起，平安总公司电脑室逐步开发出处理保险业务的系统软件。当时，由电脑处理的业务有出具保单、核对保单、查询保单、统计、提示需续保到期保单等。到了 1989 年 3 月，平安第一次使用电脑发放工资，同时经过对有关分保业务的系统分析、软件要求分析及系统设计、编程等，实现了分保业务的电脑化。

随后，电脑室又在财务部的密切配合下，完成了平安保险公司财会系统软件的编制工作，便于进行账表处理和财务分析。这种复杂软件系统的开发制作，一般要用三四个月，而他们在一个月内就设计出来并试用成功，令人惊喜。

王利平加入平安时是 32 岁，但当时在平安已经算是“大姐级”了。她分管再保业务，而再保业务在保险公司是非常专业的一项业务，与合作企业之间的来往账单比较复杂，又都是手工写，非常容易出错。

“平安当时有三台电脑，都在电脑部，我们就开发了一个程序，能让电脑做的都让电脑做，实在不行的，再用手工，结果差错大大减少。”

20 世纪 90 年代，平安在全国各地的机构数量大大增加，且不断扩展业务范围。要在全国范围内提供完全一致的产品，IT 保障是必备因素。

根据计划，平安电脑网络系统在建设完成后，原来落后的点对点通信方式将被先进的互联网络取代，全国所有机构的电脑连成一个整体的 i 网络，服务于公司的业务管理、办公自动化、成本控制及资金运用。在全国建立如此庞大的电脑互联网络，当时在国内金融机构中尚属首次。

1997 年 8 月 2 日，麦肯锡寿险信息技术项目第一阶段报告会在平安举行。此时，平安的 IT 水平已处于国内同业领先地位，但考虑到未来中国加入 WTO 和国内市场竞争加剧的大背景，平安开始以超前眼光规划 IT 发展战略。麦肯锡给平安描绘了一幅未来三至五年信息技术加速发展的蓝图，对标对象都是世界级金融巨头。

1999 年 5 月，平安成立 11 周年司庆到来之时，寿险全系统所有的三级机构和部分有作业需要的四级机构共 142 家单位，全部完成了 LBS（基于位置服务）系统上线任务。这为总部对下属机构的业务支持和管理监控提供了强大而可靠的技术保障。这是一份生日献礼。

在 LBS 总结验收报告会上，马明哲心情很好，认为小型机的上线是对平安发展的重大贡献，推动平安 IT 水平上了一个扎实的台阶。但平安迈向多元化的发展还有很长的路要走，未来的科技挑战只会更大。

近乎疯狂的 PA18

国际金融领头羊都高度重视科技应用。1999 年初，汇丰和 IBM 在“交互式金融服务”系统上开展了紧密合作，核心是互联网在线银行，从而为其全面进入电子商务领域奠定了基础。

2000 年，平安形成了电话中心、网站、门店服务中心、业务员服务队伍四大服务体系，提供 3A（anytime/anywhere/anyway，任何时间、任何地点、任何方式）服务。3A 客户服务体系有三个支柱，分别是 2000 年 7 月 18 日在苏州开通的平安全国电话中心、8 月 18 日启用的一站式综合理财网站 PA18，以及平安门店服务中心。平安开始制订计划，为了加强和扩大集团在互联网领域的业务活动，准备在主要经营区域内，向客户组合推出以交互式服务为基础的互联网金融业务。

PA18 就是这个计划的重要部分。这一年的儿童节，一群穿着白色休闲 T 恤的员工聚集在平安总公司七楼大厅。东侧门厅，内侧的屏风上是“新概念 PA18”的活泼字体。平安集团一个全新团队——平安电子商务正式亮相。

时任平安常务副总经理的孙建一代表总经理室致辞：平安在同业中率先大举推进电子商务建设，是为了在未来竞争中，建立更强有力的竞争力。

他希望电子商务能与公司的四大业务系统紧密结合，并成长为促进平安集团整体价值增长的有力支柱。

平安电子商务公司有个洋气的中文名叫“新概念”。所谓新概念，就是倡导高品质的新生活，这种生活的一个实现路径，就是向客户提供全方位、个性化的投资理财服务。丰富、高效的理财服务会带给客户更丰富、更有价值的生活指引，优惠的网上购物及消费（汽车、电脑、旅游）可以使平安客户得到金融以外的超值享受。

两周后，备受瞩目的“新概念 PA18”露出真容，开始在电子商务公司内部试运行。马明哲特意到电子商务公司的办公区祝贺试运行成功，提出希望将它建成国内优秀的金融网站，并创造出“第二个平安”。

当时的电子商务公司，立足于平安各大主营业务，体现综合金融、理财和服务的概念。PA18 建立了一个寿险业务员社区，包括翔实的产品介绍及组合、丰富的培训内容、即时的业绩排行榜及分析等，还为优秀的业务员制作个人网页，为客户和广大业务员提供网上沟通的机会。

至于网上直接交易，平安认为，互联网还不能代替业务员的个性化销售和服务。因此，网上交易的险种基本上是简易的意外险、定期险等与业务员直接销售相区别的产品，对客户的内容服务主要是网上查询和简单的保全项目等。

PA18 的另一个重要领域是证券，包括交易和内容两大块。所有在平安证券开户的客户都可以实现网上交易。客户可以查看世界主要股市的行情、翔实的个股资料、权威的市场分析和评论，以及平安证券的研究成果。

有关于银行方面的内容，主要是与中国银行、中国建设银行、招商银行、广东发展银行、福建兴业银行（后兴业银行）签订相关的协议，这些银行在特定区域内的客户，可以在 PA18 上查询户口、转账、购物等。

此外，PA18 还提供了一些财务分析工具和个人理财规划工具，包含新闻中心、免费电子邮箱、BBS（电子布告栏系统）等网上通用功能。

当时平安内部认为，PA18 依托集团整体优势，具有其他金融网站无可比拟的优势：多元化的金融服务产品，可以为客户实现综合理财及专业化的服务；庞大的客户群 (仅寿险就有 1000 多万客户) 保证了基本的浏览量和高成长性；良好的品牌、高速成长的各大业务也会为 PA18 树立起专业的综合金融理财专家的形象；电子商务公司与平安股东的一致性，保证了 PA18 与平安利益的一致性，使电子商务公司可以充分共享集团的人才优势、管理优势及各种信息资源。

初期，平安给电子商务投入的资金就有 2 亿元，在行业里引起很大震动，因为这让通过网络销售保险成为可能：之前保险公司一直依靠代理人和经纪人销售保单，但销售成本不断上升，而在当时看来，利用网络销售，只需少许成本或根本不增加成本就能增加客户。

2000 年 7 月 17 日，平安电子商务公司在大连召开启动会，马明哲亲自演示了新概念 PA18 的各项功能。在接受媒体采访时，他说："发展电子商务归根到底是创造两个价值：一是为客户创造价值，二是自身创造价值。国外金融公司进入中国市场后，在网点发展上可能慢一些，但科技手段发展会很快，所以发展电子商务是整个金融业迎接未来挑战的重要步骤。"

就当时的条件来看，PA18 没有不成功的道理。它依托平安本来就有的传统业务，既着眼发展新客户，又可以提高原有客户的忠诚度。其收入来源和产险、寿险、证券、信托连在一起，不愁没有商业模式。同时，PA18 又是一个服务社区，以交易和商务为主。只要保持客户忠诚度，理解客户需求，更多商务机会将不断出现。

大连启动会召开后的一周，几大区域市场陆续启动。首站是北京，随后是上海、深圳、广州。马明哲、王利平等一众高管分赴各地参加启动宣讲。

在上海宣导期间，马明哲提出"天网、地网、人网"，展示了新的愿景，即在产、寿、证、投这些强大的传统产业，用电子商务手段，通过新兴渠道，使客户享受更加方便、快捷、全能的综合金融服务。同时，他也希望平安的电子商务平台能对营销队伍建设起到支持作用，让营销队伍走专业化、多附加价值的展业之路，在同业中永远领先一步。

PA18 项目推进得非常快。2000 年 8 月 18 日，在上海淮海中路的利宝广场，平安开出了中国首家个人综合理财服务中心，用现在的说法就是 PA18 的“线下店”。顾客可以直接在这里得到 40 名专业理财顾问的金融指导，完成证券交易、网上保险、银行转账、个人投资理财等服务。

没多久，平安推出了网上车辆保险。该系统涵盖投保、核保、付款、保单生成、客户服务等各个环节，特别是网上支付系统安全迅速。平安和招商银行、中国建设银行、中国银行签订了合作协议，只要客户拥有其中任何一张网上支付卡，即可支付保费，实现真正意义上的网上车险“一站式”服务。

继北京、上海、广州、深圳、佛山五家机构开通网上查询功能后，PA18 不断向纵深发展。至 2000 年 11 月 30 日，PA18 网上查询功能覆盖全国所有寿险机构，客户既可以在 PA18 网上进行业务查询、客户档案查询和保单查询，又可以查询账户余额和资金使用状态。PA18 开通了网上信用卡开户功能，在网上即可浏览信用卡开户须知，填写开户申请表，在网上提交资料，接下来的事情都由银行处理。

为表示对 PA18 的支持，2001 年 3 月 24 日，一向着正装的马明哲穿了件淡绿色 V 字领 T 恤，用了整整两个小时，在线回答员工问题。有些问题，即使现在看起来，仍非常有价值。

一位来自深圳寿险的代理人在线上说，他对“河上有桥，何必再去摸着石头过河”的借助外脑的理念很认可，但对平安是否留得住一流人才信心不足。

马明哲解释说：“开放市场之后，国内的公司需要加快走向国际化，国外的公司也要完成本土化。平安的国际化战略在 10 年之前就已经开始。平安使用了国际一流的咨询公司，全方位与国外同业合作，建立一个可以容纳不同文化背景的企业文化，引进国际一流的专家，事实也证明我们是成功的。我们虽然付了一点过桥费，但赢得了宝贵的时间和空间。”

但是，PA18 这个和之后兴起的电子商务网站差不多思路的项目，居然失败了！并且是在推出时间并不长，且全公司都在不遗余力地推进的情况下，宣告失败的！一时间，外界产生诸多费解。

“PA18 太超前了。2000 年时，拥有电脑的家庭没多少，而且网速、消费习惯都压根儿跟不上。现在稀松平常的事，放在那个上网还要拨号的年代，是很难想象的。只能说，太可惜了。”一位项目亲历者说，PA18 的主要问题是访问量太低，交易量则更少。

2001 年，董事会讨论决定，将 PA18 纳入集团整体业务。坚持了一年左右，PA18 项目宣告结束，人员分流。

即使今天看来，PA18 的设计理念依然不过时，现在很多金融机构都是这么做的，在平安各专业子公司推出的 App 上，也依然能看到当年 PA18 的踪影。

虽然用技术整合服务的尝试失败，但平安走综合金融之路的决心并未动摇，“最重要的是，经过 PA18 的疯狂尝试，平安后来可以包容各种异想天开的尝试和设想，因为再怎么疯狂也比不上 PA18”。

一切向“网”看齐

PA18 的失利让平安认识到，互联网充满着不确定性。当时在全球保险业，通过 IT 建立辅助管理和决策支持系统，建立智能化的销售体系，以提高服务质量，这又是确定的。

在许多发达国家，保险公司对 IT 的应用，如交叉销售、数据采掘、数据分析、开设分支机构和互联网化应用，都取得了很大突破。国内保险企业的电子化建设虽然起步较晚，信息基础设施建设相对滞后，但不存在国外保险企业面临的旧系统改造的难题，可以在起步阶段就采用世界最先进的技术和方案。

平安是技术进步的受益者，也是推动者。2002 年，平安已经实现了全国 3000 多家分支机构的标准化和一致化的系统支持。这时，平安 IT 体系迎来了一个关键转折点——按照“一个客户、一个平台、多种产品、一站式服务”的综合金融要求，打造一个整合的科技平台。

按照平台要求，平安先将分散在各个专业子公司的 IT 队伍整合集中，理顺组织架构。有了统一的团队和战略，平安开始进行一系列的具体规划和技术建设。

2002—2003 年，平安完成了 IT 基础的技术平台统一和应用系统建设；随后，进行了一系列的科技平台改造，包括数据集中、建立容灾平台、开发影像系统和工作流系统等。

2004—2005 年，配合集团后援集中战略，平安寿险实现了 IT 对保险系列应用系统的改造，促成了后援集中的关键一步。之前的 3A 服务升级为“无论何时、何地，以任何方式，提供所有产品”的“4A 服务”，即增加了 any product（任何产品）。

2005—2007 年底的“IT 奥林匹克”项目，建立了 IT 和业务之间的协作机制和预算机制，打造了 IT 人员职业生涯规划，并修正了 IT 组织架构，更加强化了 IT 在业务规划方面的主动性、清晰的人才培养战略和运作机制。

2008 年，平安科技公司挂牌，进入新的发展阶段。

平安从创立伊始就在 IT、互联网应用上用心用力。但真正为后来的大发展打下技术基础的，是 2008 年推出的一账通。

谢虹说，平安那时已有很多产品和服务类型，但这些产品和服务的信息，却很难在同一个地方找到，比如说产险的营销人员只能告诉客户有关产险的保单信息，而不知道其他信息，所以平安提出要做“一账整合”。

一账通的本质是在C（客户）端进行客户经营，而当时业界还停留在“对账户进行经营”的阶段。平安思考的则是如何成为主管账户，就算每个用户有再多账户，平安也有能力把它们管理起来。

从2010年下半年起，平安启动了第二轮业务集中，各子公司的机构网点全部打通，把不能集中作业的业务进行共享。各专业子公司的客户服务、医务管理、车险查勘等职能，都转移到了平安数据科技公司。

2011年9月初，马明哲接待了前来访问的麦肯锡前全球总裁鲍达民一行。鲍达民一直非常关注平安为应对金融行业的非金融化趋势所做的工作。他告诉马明哲，麦肯锡会安排平安高管团队前往美国，与芝加哥期货交易所（CME）、洲际交易所（ICE）及谷歌的管理层见面交流。

一个月后，马明哲带领平安高管团队在美国密集拜访企业，拜访对象既有相对成熟的组织（如Visa），也有相对新兴的机构（如Square）。

在美国，平安的高管们看到了金融业的诸多最新科技应用及衍生出的业务模式，例如：用智能手机和微型读卡器拓展商户，并提供支付解决方案（以Square为代表）；建立虚拟或无卡支付平台（以Visa、Paypal、Square为代表）；利用互联网建立中小企业的跨境结算体系（以Paypal为代表）；用智能手机结合地面人员代替ATM（自动取款机），实现农村/村镇银行的突破性发展（以Visa为代表）；P2P（个人对个人）贷款；虚拟货币和现实货币的交换平台等。

经过近一周的考察，平安高层感触颇多。他们在考察总结报告中提出：各公司的各层级、各单位均高度认同科技创新及应用将对其业务产生巨大影响，公司必须时刻关注、主动参与才能避免灭顶之灾。

考察报告还总结了推动科技和业务模式创新的关键要素。例如：“推动创新的是远见，不是流程，大企业的内部流程会损害和制约创新”；“简单规划即可，避免花太多时间做计划，因为在创新中，计划正确的可能性几乎没有”；“要爱上要解决的问题，而不是爱上解决方案”；“尝试，失败，再尝试；创新最大的风险是市场接受度，其他如技术、资源都是次要的”……

其实，这都是科技创新所需要的文化支撑。

一场不得不打的仗

互联网比以前任何一种发明都更加拉长、加深、扩展了人的力量，对社会的方方面面都有赋能作用。它就像火与电。

作为企业家的马明哲对互联网高度敏感。亚马逊上市后，他就十分关注，曾经专门比较了亚马逊与美国最大的线下连锁书店——巴诺书店。“为何同样是卖书，几年间，线下的巴诺书店的市值从 40 亿美元跌落到 8 亿美元，而线上的亚马逊的市值却从 240 亿美元增长到 1600 亿美元？想来想去，巴诺是养牛喝牛奶，仅为自己的客户服务，而亚马逊的商业模式却是做牛奶市场，为所有愿意在这个市场里面做经营与销售的人提供服务。”

顺着这样的思考，马明哲坚定地跳入互联网大潮中，哪怕多次呛水也不放弃。曾任平安金科董事长、因病不幸去世的吴世雄生前曾告诉我们一个细节：“2013 年夏天，马总有一次穿着无袖 T 恤，出现在平安内部互联网业务高管的一个饭局上。大家很吃惊，觉得马总今天穿得很酷。没想到马明哲回了一句，‘我本来还要穿短裤，老婆不让’。”马明哲平时西装革履，但从这个细节可以看出，他是多么希望融入互联网世界，哪怕让他改变习惯的装束。

在一次 A 类干部培训的问答环节中，马明哲说：“综合来看，互联网加中国传统行业是制胜的关键。金融行业不需要实物交易，更适合应用互联网渠道。如果互联网进入传统行业更快，互联网就赢了；如果传统行业能够更快地应用互联网科技，传统行业就赢了。未来，我们的重要战略是用现代互联网科技来引领综合金融发展。互联网企业和传统金融企业各有优势，在思维方式和文化上，互联网企业更加创新、年轻化。双方可以在产品、营销渠道上进行合作。”

当时马明哲认为，传统金融机构和互联网企业之间的股权合作很难，两者各怀心思，谁都想赶在对方前面，因而很难形成利益上的根本一致，而且互联网只是一个开放平台，不可能因为跟一家金融企业合作而向其他企业关闭其渠道。但随着形势的发展和认识的深化，马明哲也开始试水和互联网公司进行股权合作。

骉（biāo），意为“许多马跑的样子”。这么一个生僻字，在 2012 年至 2013 年的保险行业里突然热了起来——2012 年 4 月，阿里巴巴、腾讯、平安等多家股东向中国保监会申请发起设立“众安在线财产保险公司”。由于三家公司的当家人都姓马，被业内戏称为“三马卖保险”。

这家“专为互联网经济而生”的新公司将不设分支机构，从事网络安全、电子商务、网购消费者权益保护、社交网络等互联网相关的财产保险业务。目标客户包括所有互联网经济的参与方，如互联网平台与服务提供商、电子商务商家、网络购物消费者、社交网络参与者，包括公司客户和个人客户等。

2013 年 2 月，“三马同槽”联盟卖保险，尘埃落定。中国保监会正式发布批文，同意众安在线财产保险公司（以下称众安保险）筹建，筹建期为一年。

新公司的筹建速度也是互联网式的——快！ 9 个月后的 2013 年 11 月，马明哲和马云、马化腾一起参加在复旦大学举行的一场互联网保险论坛，共同宣布众安保险开业。在嘉宾主持人、复星集团董事长郭广昌的“撺掇”下，“三马”畅谈了各自对互联网金融的认识和展望。

在被问到“为何要聚在一起搞这么一家保险公司”时，马明哲解释说，一开始是大家希望能够相互学习，后来一拍即合，一起尝试一下对各自来说都是新事物的互联网保险。

马云补充说，这家公司在一定程度上，体现了“三马”的共同理想，也是传统金融、互联网企业两个群体里很多人的理想，大家都想知道“互联网＋金融”的未来是怎么样的，都充满期待。

平日在外界看来话不多的马化腾，也被现场的氛围点燃，对各种提问都来者不拒。他认为，时代已经发展到这一步，不可能再有一家公司“包打天下”，一定要发挥各自的长处，和更多的合作对象在一起。马化腾以众安保险举例，他认为，如果没有平安强大的线下资源的配合，众安保险是不可能顺利拿到牌照的，更别谈将来的发展。

在论坛上，马明哲还做了几个“神预测”：随着互联网技术的发展，60% 以上的现金、信用卡会消失，大部分中小金融机构的前台由互联网企业代替，大型金融机构的前台向“小型化、社区化、智能化、多元化”发展，90% 以上的个人金融业务在线上服务。

马明哲曾私下说，他本来想说，“未来 80%~90% 的现金可能消失”，但担心会让大家觉得他危言耸听，因此说得保守了些。

这些细节，其实很好地解释了平安为什么要如此义无反顾地参与到互联网领域的竞争中。马明哲说，一个公司发展了三五年，如果不变革和折腾，肯定就会遇到天花板。

2014 年 1 月，马明哲在平安互联网金融战略发布会上，详尽表述了他对互联网的思考。他认为，传统金融是渠道为王，产品驱动。“何为渠道为王呢？那就是占了好的地点，有更多的网点，有更多的销售人员，那么单点、单店的盈利就更好、营收更高，网均、人均产能也就可能更好。再加上产品多，产品有特色，这就是传统金融的竞争模式，这种模式已经在过去持续了上百年。”

与此同时，他认为，“金融互联网”的本质还是传统金融，只是利用互联网来提升对客户的远程服务，让客户更方便一些。而“互联网金融”的战略是完全不一样的，它是流量为王，从服务入手，最终还是价格驱动。

成功的电商商品种类多，价格便宜，服务又很好。但是，它必须以流量为基础，流量为王，提升客户体验是最关键的，最后落实到降低价格。所以，传统金融、金融互联网和互联网金融三者之间是有区别的。“金融互联网”和“互联网金融”的经营模式，一个从右到左，一个从左到右。“金融互联网”首先是从金融业进入，然后到服务，再到行业和市场；而“互联网金融”是从体验和服务开始，到行业和市场，再到金融，逻辑上两者是相反的。马明哲说。

2014年中国平安的年报第一次按照互联网公司的做法，公布各项互联网数据，包括用户数、用户活跃率等，这在金融企业中是前所未有的。“这样做的目的，就是要改变市场对平安的印象，让市场和用户逐步了解到，平安已经不再是一个传统的金融公司。平安在变，已经迅速向一家科技与互联网型的金融集团转型。”平安集团首席财务官姚波说。

马明哲曾当面表达了对马云、马化腾的羡慕，说他俩生长于互联网时代，比自己这一代人要幸运，“我们还要在互联网中不断学习，但你们一开始就掌握到最新的技术，就站在互联网信息化的前沿”。

这是一场不得不打的仗，因为它通向未来。“竞争是正常的，任何行业都存在竞争，竞争才能促进行业发展。正因为有这样一批卓越企业相互不甘落后地竞争，才有今天互联网的蓬勃发展。”马明哲说。在平安内部，关于互联网发展的各个阶段，比较有共识的分法包括三个阶段。

1.0阶段——以发展传统金融业务为主，通过建设系统解决业务问题。20世纪90年代，平安将呼叫中心、公共作业流程进行集中和线上化，同时期集团和各子公司也开始建设办公自动化系统，将日常办公迁移至线上。在这一阶段，平安做了大量基础性工作，夯实了基础，否则后面都是空中楼阁。

2.0阶段——开始推出移动端应用，在全国金融机构中首次试水网销、电销平台，拓宽了与客户的接触渠道，服务更加便捷。同时集团各家专业子公司纷纷开始推出移动App，支持线上理赔、交易和转账等。最显著的表现就是“尽可能多地卖产品给一个客户”，“先服务，再销售”。

3.0 阶段——平安集团开始孵化新业务，一批新业务公司应运而生，为中小企业及个人客户提供专业的在线财富管理和投融资服务。如果 2.0 阶段只是行业超市的话，3.0 阶段就变成超市以外的平台生态圈。不管是其他银行、保险公司，还是其他渠道方，都可以在这个平台上操作。

而站在平安的科技发展的角度，平安的整个科技转型与创新可以分为四个阶段。

阶段一：探索金融电商平台。标志性事件是 2000 年推出的 PA18 网站，通过网络销售保险，提高效率，降低成本。由于过于超前，和当时的网速、用户消费习惯不匹配，该网站以放弃而告终。

阶段二：利用科技改良金融服务。2002—2013 年，这是信息化、流程化阶段，科技作为辅助手段帮助提升效率，完成了基础的技术平台统一和应用系统建设，以及一系列的科技平台改造。

阶段三：探索“金融 + 科技”转型。2013 年到 2016 年，平安在基础科技上大力投入，建立了多个实验室，开发出国际领先的人工智能、人脸识别、区块链等科技应用，全面赋能产品、获客、服务、风控等金融主业的全流程。通过转型，从 2013 到 2019 年，平安的金融客户数量涨了 3 倍，互联网客户实现了十几倍的增长。

阶段四：探索“金融 + 生态”阶段。2016 年，平安开始构建生态圈，科技赋能金融，科技赋能生态，生态赋能金融。与此同时，平安科技利用前一个阶段形成的“牛刀效应”和“技术盈余”，让能力外溢，形成产品和服务向社会、市场输出，成为新的利润增长点。

这里所谓“牛刀效应”，就是“杀鸡用牛刀”，看似多花了力气，但其实是拥有了杀牛的本事。当洞察趋势，并看到自己和 BAT（百度、阿里、腾讯）相比的诸多先天不足时，平安明白了一个道理，光“杀鸡”是远远不够的，因为未来的竞争对手都是“大牛”。因此，平安在互联网等科技方面不惜投入重金，在多赛道进行尝试，最后拥有了“牛刀”能力，这时不但“杀鸡”变得易如反掌，也能以“牛刀”打天下，赋能生态。

“马总邀请我加入平安时，说实话，当时我并不是没有犹豫过，虽然我会说中文，但加入一个中国公司和给中国公司做项目是很不一样的。但中国市场和平安的吸引力实在太强。”陈心颖说，“只是 7 年时间，平安科技业务板块的研发人员数量已经从 3000 人发展到了 3 万人。平安科技子公司也从一个偏中后台的公司，成长为一个真正意义上的科技公司，随后也孵化出了很多创业公司，包括平安金科、平安数科、平安金服、金融壹账通等。”

平安科技总经理陈立明告诉我们，现在每周都会有不同金融公司的人到平安科技参观学习。他们都很关注平安用了哪些先进技术，但都认为要学平安整个模式会比较困难，所以与平安进行项目合作是一个好选项。

“双赢”正是平安科技在 3.0 阶段的重点。做 2.0，平安用了将近十年时间，但做 3.0 的基础工作，仅用了两三年时间。

在 3.0 阶段，平安旗下各专业公司更加关注技术，从互联网技术角度进行业务创新，降低成本，技术已成为这些专业公司的利器和核心竞争力。它们还成立了各自的客户体验和经营部门，因为技术运用的最后，还是体现为简单的产品体验。

“以客户体验为中心”是过去几年全球互联网和科技领域的根本性的变化，不管是亚马逊、优步，还是国内的大型电商公司，都意识到客户的日常生活习惯完全不同了。以前可能想到了提升客户体验，但因为技术达不到，无法做好，现在统统改变了。平台和客户之间的关系要更密切，反应要更快，才能形成更好的客户体验。

地球人 vs 火星人

“有些人浅尝即止，小富即安，注定成不了大器；唯有以坚强的毅力和决心，保持节奏，调整步幅，起跑、中途跑、加速跑、冲刺，各个阶段都不出现大的失误，才能成功冲线。”在谈到平安对科技的长期投入时，马明哲如是说。

这永无休止的历程，就如宋代理学家程颢所言，“君子之学必日新。日新者，日进也。不日新必日退，未有不进而不退者”。

平安好医生董事长王涛曾和雷军、马云共事多年。他说，马明哲对于互联网的研究和认识非常“特别”，“他对创新的原始动力非常强。平安的很多创新都是他先想出来，并且推动的。他对创新的追求、对新模式的研究可以说淋漓尽致。在平安，有马总参加的战略会、头脑风暴会议，一年里可能有几十场，甚至上百场。”

亲力亲为的实干态度，让马明哲始终保持着对市场和新机遇的敏锐。孙建一说，马明哲细到对每个商业模型都了然于心。为了做一个未来五年规划的模型，马明哲一共开了 187 次会议，最长的 4 小时，最短的两小时，反复讨论，反复推演。

谈到马明哲和其他互联网巨头管理者的区别，王涛觉得，马明哲可能对“投入产出比”的追求更高一些，“在很多战略方向、方案的制定上，平安并不比最大的那几家互联网公司差，在很多方面，平安更有远见”。

在平安内部，人们曾把从互联网行业来的人叫“火星人”，把从传统金融来的人叫“地球人”。这几年,“火星人”和“地球人”相互学习,“火星人”趋于理性化，越来越看重商业化转化能力；“地球人”则也开始改变固有的思维方式，协调性越来越好。平安集团副总经理、首席人力资源官蔡方方说，先是两边都非常难受，再是两边都好一点，最后融为一体，很不容易。

马明哲曾将习惯 Top-down（自上而下）的传统金融业务人员比喻为“羊”，将喜欢 Bottom-up（自下而上）的新型科技业务人员比喻为“狼”，两种人员的行业文化、思维方式、行为习惯都很不同，就连上班着装，都有天壤之别。要让“狼”和“羊”共存、共荣，是很大的难题。

“我们用了整整十年，不断碰撞磨合，甚至是通过激烈争论、相互比拼，逐步促进相互理解与包容，才终于实现了融合。”蔡方方举例说，几年前有一家平安子公司的负责人给她打电话，说刚引进的一个分管互联网业务的副总经理来报到的第二天就提出辞职，原因简单到不能再简单，就是“平安要求他每天打卡上下班，他说受不了了”。

“这就是文化的冲突。‘火星人’跟‘地球人’怎么扯都扯不到一起去，天天吵。‘火星人’觉得‘地球人’实在不可理喻，后者总是觉得这个有风险，那个不让做；‘地球人’又觉得‘火星人’都在干什么呢？‘地球人’觉得自己天天都在赚钱，而‘火星人’天天都在花钱’。”蔡方方说。

怎么办？只能一起改变。

王涛对平安为适应互联网浪潮而做的改变印象深刻。

“在互联网行业，平安的对手直接就是BAT这类公司，它们普遍比较激进，做决策很快，资金实力很雄厚，也乐于频繁收购。平安看到了这些情况，很快就对自己的文化做出了改变。”王涛记得，他刚刚加入平安的那一周的周六，马明哲给他发短信，说集团最高决策机构执委会今天开会讨论，“集团内的互联网创业公司是不是可以免去晨会这一制度”。

晨会制度是保险行业的一大特色，源自非常讲究企业伦理建设的日本，随后被韩国、中国台湾的保险企业大量仿效，平安保险最早将这一制度引入大陆，坚持了20多年。可以说，如果没有晨会制度，平安不会是现在这个样子。

王涛看完马明哲的短信，颇有感触。平安为了融入互联网时代，对坚持多年的“法宝”也加以辩证看待，进行调整。更难能可贵的是，平安在集团内的互联网业务公司中设立了期权制度，这在之前其他业务板块中都是没有过的。“这是很大的一步跨越。敢于调整坚持多年的一些做法，进行革新，我想这可能是平安这么多年进入这么多新领域并且制胜的原因。”

蔡方方从人力资源角度的看法是："和互联网企业相比，平安的股权激励计划的力度的确是要小一些，原因是集团通常会动用很多资源来帮助这些新生的互联网企业成长，它们从一开始就不是单打独斗，因为背靠集团，成功的可能性就会增加。激励的幅度虽然是小了，但是失败的风险也降低了，因此有很多人才愿意加入其中。"

平安的激励力度不是最高的，但也不是最低的，而是一个相对比较合理的位置。加入其中的人，可以相对容易地利用到各种资源，然后举集团之力，一起创造出业绩。

互联网追求突破式创新，快试错快改进，唯快不破。金融行业讲究秩序和规范，任何创新都要在国家监管政策的大框架下进行，先论证再实施，不得不慢一些。关键是在安全和效率中找到平衡点。

任汇川说："传统金融和互联网从业者是完全不同的两种人，不能硬要一方完全听从于另一方。平安在一如既往注重销售能力的同时，还要思考如何做出让互联网用户喜欢的产品。如果一家金融机构给人的感觉是非常'老'了，那无疑就是一个非常危险的信号。"

最重要的其实是"价值观"的趋同。平安健康险董事长杨铮对我们说，在平安中，互联网团队和传统业务团队只要价值观相同，任何碰撞都不可怕，而是再正常不过了。"在平安内部，各子公司之间的合作是有规则的，对'资源'也是要'抢'的。光靠行政命令硬推行不通，最后还是要回到追求产品优势、服务质量以及价格上。"

从我们的观察来看，在做事风格上，平安与一些互联网公司还是有一些明显区别的。马明哲也非常认同我们的看法，他说："我们是看准方向在哪里，再设计好精确的图纸，然后铺好路再走过去。但互联网公司是先不管东西南北，有任何灵感，都靠撞墙把路给撞出来。传统金融公司往往会考虑多看几眼，等有感觉了，再向前走，虽然可能会比互联网公司慢一点，但我们一直努力让自己快点适应新的环境、文化和形势。”

传统金融和互联网团队的冲突是客观的，也是难免的。这个情况在2014年、2015年的时候最突出，马明哲坚持每季度召集包括传统公司、新生科技公司的一把手、CTO（首席技术官）在内的共40多个人开会，他亲自参加，有时一开就是一整天。

当时有不少高管质疑，问到底谁是主，谁是辅？传统的做法是，业务部门提需求，IT部门加以解决，但马明哲说要“科技引领金融”，那么内部就有了扯皮。传统部门就会说，“科技部门凭什么指导我们怎么做呢？他们既不懂业务，也不赚钱”。这第一个摩擦，就是主业部门和科技部门的摩擦。

第二个摩擦是新加入平安的互联网公司人员和平安传统公司人员之间的摩擦。“当时从互联网公司来了很多人，他们刚来的时候，各个都挺拽的，开口都是‘虽然我不懂医疗，不懂金融，但我就是来颠覆你的’，我像‘狼’，传统金融是‘羊’，我就是来吃你的。”蔡方方告诉我们，2016年的执委会，100多位高管参加，那一年平安的核心业务做得特别好，但马明哲在两个多小时的开场讲话里，只用了几分钟时间“点了点”传统核心业务的成绩，把绝大部分时间着墨于传统核心业务所暴露出来的不足，以及对新生互联网业务公司的赞许上。

这是一种信号，马明哲是想告诉高管们，如果没有“拥抱创新”的态度，那些赢利能力很强的传统业务部门，是不会真正意识到互联网的价值，并进行转型的。

第三个摩擦或者说博弈，是“外部对平安的思路和做法的态度”。外界会认为，平安之前是一个保险公司，当初并购银行时，已经引来那么多的质疑，现在搞科技公司，搞技术输出，是不是要来偷数据、抢客户？

陈心颖说，前两个摩擦属于内部摩擦，可以通过机制设置加以解决，平安有兼容并包的文化，在统一底线的同时，能够尽最大努力求同存异，区别对待，强调合作。但第三个摩擦，要突破真的很难，需要做的工作实在太多。

“马总要做的事情，都是非常有难度的。”在面对内外部那么多质疑的时候，没有马明哲的坚定态度和长远眼光，不可能有现在的局面。“平安非常舍得在创新方面进行投入。没有投入，就算再有理想，也做不出好东西来。”她说。

2004 年，平安在 H 股上市路演时，向市场宣布要做最好的综合金融集团，不少投资者和客户对此是有质疑的，但十年奋斗的成果证明，平安已是中国最好的、最具竞争力的综合金融服务集团之一。今天，平安要通过自己的加倍努力，告诉市场，平安不仅是最好的传统金融公司之一，也是最好的互联网公司之一。

在平安，金融呼唤科技—科技投入形成强大能力—科技能力与现实场景结合——场景与数据反向赋能金融，这一完整闭环正在形成。在全球金融机构中，像这样规模的“科技驱动的创新生态”，也实属先例。

第九章

科技化武装

登高而招，臂非加长也，
而见者远。顺风而呼，
声非加疾也，而闻者彰。

—荀子《劝学》—

平安以保险始，靠业务员起家，100 多万名从事营销业务的代理人是平安的基石。2008 年因“富通事件”而受困时，正是因为寿险业务基础雄厚，整个集团才扛住了冲击。平安的寿险代理人人数每年都在增长，到 2017 年 9 月底突破了 140 万人，完成了十年十倍的人数增长。在快速增员的同时，平安的代理人保持了行业最高的产能。

之所以能形成这样一支众志成城的铁军，和严格管理、高标准的考核和严格淘汰是分不开的。其背后是包括配套资源、激励措施、推动方案、考核细则等在内的一整套系统。

而在平安更多地进行科技创新，更多依赖人工智能等技术的过程中，这 100 多万人的寿险代理人大军何去何从？他们将被科技挤压，还是能将科技为我所用？抑或是科技赋能和人力优化并存？

答案并不是那么简单的。

超越，就是梦想

保险业的发展，是整个中国经济发展的缩影。

1979 年保险业正式复业，当时只有中国人民保险一家保险公司，它的经营方式是“坐商”——居民要到柜台才能买到保险。直到 1986 年，交通银行成立保险业务部，新疆兵团保险公司成立，“千顷地、一棵苗”的状况才被打破。1988 年 5 月，平安保险在蛇口创立，国内保险行业真正引入竞争机制。

经济发展、市场化程度不断加深和竞争的出现，让保险业蒸蒸日上。正是在全行业快速发展的大背景下，从搭建体制机制、发展产寿险业务，到探索综合金融模式，以及“金融 + 科技”“金融 + 生态”，平安不断超越自己，始终走在创新前沿。

平安人寿总经理兼 CEO 余宏性格直爽，语速很快。在谈到 2006 年推出的“海阔天空一起飞”计划时，她说那时最大的梦想是“超越主要竞争对手”。平安人寿做了一个三年发展规划，要进行寿险经营的升级迭代。

“寿险经营升级迭代的意义，其实要大于赶超同业这个目标。树立目标，是为了把大家凝聚起来，进而推出现在看依然最为重要的‘健康人海’发展模式。”余宏说。

当时平安对寿险整个计划体系做了彻底调整，“健康人海”的核心是保持合理的人力增长速度（较高的增员率和适中的脱落率），逐步提高绩优业务员占比，帮助中间层业务员拉升产能等，是“以人的发展为中心”的模式。

过去平安人寿对各地分公司的考核评价是基于前一年的目标计划。每年到一定的时候，所有分公司的一把手都到总公司来，一个接一个，摆开架势谈明年的目标基数。据说，场面很壮观，阵仗也很大，但后来，平安把整个体系给改了，变成了分支机构的负责人主动来总公司“要计划”。计划体系调整之后，问责考核体系也随之有了比较大的调整。

在平安人寿实施“健康人海”战略之前，“人力指标”并没有进入考核体系。在“健康人海”的发展模式中，人力增长指标被纳入考核体系，和奖金挂钩，而且所占比重非常大。

其背景是，当时平安的人寿业务发展进入了瓶颈期，国际著名咨询公司在分析后认为，平安人寿的客户相对比较低端，理由是这些客户买的产品都是年保费在 1000 多元钱的产品，进而得出“平安人寿的代理人也是低端代理人”的结论。

不过，平安人寿的管理层并不认同咨询公司的意见。他们认为，是平安人寿原有的产品体系未能让客户的高端属性显示出来，是自身产品未能激发和满足客户需求的问题。

于是，为了支撑整个业务模式的真正转型，平安人寿在产品体系上做了很多大胆变革，除了原先的传统险之外，也开始投放分红险、万能险等一系列新型产品，形成了多元化的产品体系，以支撑业务增长。根据市场发展的成熟度，平安人寿制定了“二元市场”发展战略，即在保持有优势的一元市场的占有率、提升销售效率的同时，加大新的二元市场的开拓力度。

扎扎实实的工作带来了可喜的成绩单：平安人寿用了三年时间，实现了个人寿险业务对主要竞争对手的超越，基本完成所定的发展目标。

科技赋能

在 2004 年之前，平安人寿在科技方面的应用，主要是从内勤需要出发来建设系统的。但从 2004 年开始，平安人寿开始搭建为外勤服务的操作系统，这一决策让平安又领先了同业近十年时间。

随着移动互联网和大数据的发展，科技赋能已经进入平安人寿的所有业务场景，从原先的线下变成了线上，从线上变成移动，再到自动、智能，不断进阶，大大降低了经营成本。

“百万业务同仁是平安最重要的根基，是我们最亲密的伙伴。”这是马明哲常说的一句话。一粥一饭，当思来之不易，他对打下平安江山的业务代理人的感情始终不改。“过去十年，无论是和寿险、产险、养老险、健康险，还是银行、信托、证券、基金等公司的班子交流，我问他们最多的就是，你们了解我们的保险业务同仁吗？了解他们早上起床后做的第一件事情是什么吗？了解他们到公司做的第一件事情是什么吗？了解他们见到客户说的第一句话是什么吗？你们知道他们在与客户沟通中遇到困难时，最需要得到的帮助是什么吗？”

正是基于这种认识，2014 年马明哲建议将提升业务员收入列为寿险“一号工程”。“只有我们业务同仁收入增加了，主任、经理收入增加了，才能证明业务品质、技能产能确实提高了，说明客户更加接受平安，不但接受平安的寿险，还接受了平安其他丰富的产品和服务。”

“一阴一阳之谓道，继之者善也，成之者性也。”道性就是对规律的认识。古代哲学家王夫之说，阴阳既相反又相通，既相分又相合。只看到阴阳之间的一致，那是“庸人”，只看到两者之间的对立，那是“妄人”。

如果把线上线下比作“阴阳”，平安如何“负阴而抱阳，冲气以为和”？

平安大踏步“上网”，让诸多同行感到了压力，内部人的压力其实更大，百万代理人大军将何去何从？

2013 年，当马明哲、马化腾、马云一起参与发起首家互联网保险公司众安保险时，市场上就出现了“保险业将有 300 万营销员面临失业”的说法。

为此，马明哲特意给全体平安寿险员工发送了一封内部信。

> 平安的业务员只要紧跟公司科技革新的步伐，不仅不会被淘汰，恰恰相反，科技会为大家插上新的腾飞的翅膀。在可以预见的未来，不排除会有相对简单的寿险产品通过互联网销售，但不会成为寿险营销的主流。
>
> 互联网是人类有史以来最伟大的发明之一，打破了阶层和文化的

分隔，突破了时间和地域的限制，是对文明社会传统秩序的一次重构……科技，可以帮助我们加强联系、节省时间、提高效率，却代替不了我们对客户的用心和责任心。公司也正在积极转化科技力量，让科技成为咱们这支作战部队的精锐武器，为大家更快、更好地实现转型提供有力、全面的支持。

这是马明哲的真实想法。一直以来，对于“互联网金融的发展是否会颠覆传统金融业”的问题，他总是说，如果“颠覆”是指完全取代，那肯定不会，不同业态会长期共存。

他列出了诸多理由。

首先，从零售业来看，过去在沃尔玛等大型商超出现后，小型商店、专卖店仍然存在，电商和地面零售也会长期并存。

其次，金融有特殊性。互联网能把多少金融产品搬到线上，取决于有多少产品可以标准化。金融产品有别于普通商品，产品、服务、销售过程和监管都比较复杂，很多金融产品不容易标准化，还是需要人去做的。

最后，是竞合发展。互联网对传统金融是挑战也是促进，能推动传统金融业改善服务和客户体验。互联网金融无论怎么发展，都需要线上线下的配合，共生互补，相互促进。

在参加平安人寿 2017 年高峰会时，马明哲进一步谈到了寿险营销员和互联网的关系。他认为，起码在未来 30~50 年内，业务员不会被互联网取代，“现代科技的确发展迅猛，给全社会带来了巨大的影响，客户的消费习惯在改变，各行各业的商业模式在革新，但寿险产品的特殊性使得互联网无法完全取代寿险营销员。”

平安拥有行业里规模居前的代理人团队，销售队伍的稳定性是压倒一切的大问题。毫无疑问，他们需要真真切切地感受到科技对他们的帮助和改变。

平安于1994年正式推出寿险营销员体系，也是国内最早在营销员团队中推行信息技术的，可谓人与技术并重。1999年9月，平安“个人寿险行销支援系统”（简称电脑建议书系统）正式上线推广，为个人寿险业务员提供客户档案管理、电脑建议书制作、行销活动管理和数据统计分析等一系列服务。

3G（第三代移动通信技术）推出时，平安就在思考能够利用3G做些什么。2010年7月，平安的代理人开始使用新的投保系统，原来需要5天才能办好的投保流程，现在经客户当场签字确认一次，就可以刷卡，即时生效。这个系统也是平安首推的移动展业新模式（Mobile Integrated Terminal，简写为MIT）。

此后，经过不断升级换代，MIT从最初仅支持寿险单一产品线，逐步丰富，支持多条产品线，业务环节从售中往前后两端延伸，构建了售前、售中到售后的全方位平台体系；支付方式从最初的POS（移动终端）有卡支付到现在的有卡、无卡支付并存，应用载体从最初的PC（个人电脑）扩展到现在的PC、平板、智能手机多载体兼容，操作方式从最初的需要下载安装的繁复过程到现在一键联网就能完成移动展业全流程。

2012年8月，平安人寿“E服务”App（后更名为“平安金管家”）上线，智能手机客户可用手机办理保单查询、保全变更、信息服务等20余项服务。“E服务”能够帮助代理人完成售前的所有作业环节，从主顾开拓、亲熟建立、需求激发到保障分析，均予以全方位的E化支持，通过智能指挥，清晰指引代理人队伍高效完成售前的邀约、拜访、促成等诸多活动环节。

再到后来，平安人寿围绕“挑战新高、二元发展”战略，实施健康人海、周单元经营发展模式等战略，个险首年规模保费于2010年首次领跑行业，提前实现了规划目标。在这个过程中，移动展业新模式功不可没。

2014年，平安人寿代理人App——“口袋E行销”应运而生，这标志着平安人寿的E行销从电脑时代正式迈入移动时代。从最初的1.0版到现在的 3.0 版，口袋 E 行销包含销售管理、客户管理、增员管理、基础管理等模块，已成为代理人便捷的销售支持平台、高效的客户经营平台、智能的管理工作平台。

2015 年，平安人寿又在行业首创空中签名 MIT 掌上保投保模式，以代理人“口袋 E”客户端和客户平安金管家 App 客户端为载体，将移动展业场景和空中签名、人脸识别等一系列创新技术融合，对接云端互通，在风险可控的前提下实现远程投保，突破了时间和空间的限制。

“AI+ 代理人”

一路走来，平安营销员和互联网科技之间并非矛盾体，而是协同体。

早期的平安，既没有特殊的股东背景，也没有额外的政策支持，要想获得投保人的信任，只能靠每一个平安员工身体力行、行为举止中渗透出来的闪光点，这些细致入微的工作，使平安业务员在业内有独树一帜的风格。

以人为本，加上用科技提高代理人产能，帮助提升服务效率、业务技能、客户体验，在“科技 +”和“产品 +”的策略驱动下，平安人寿的核心竞争力又上了一个大台阶。近几年是平安人寿增长最快的几年，如果没有互联网技术支持这是难以想象的。

平安一直强调价值观引领，让每个新加入的个人对公司产生认同。“假如只是找一个挣钱渠道，那他挣不到钱会走，挣到了也会走，因为他的心思不在这儿。我们希望营销人员把工作与对社会的价值、对人的意义结合起来。”余宏说。

在营销员的管理水平方面，平安人寿和国际先进寿险公司的差异正在缩小，甚至在有些方面已经领先。无论是保单的继续率，还是营销员的活动率，平安都远超同行。寿险不同于其他行业，它有非常强的“滚雪球效应”，优势是固化的，但前提是自己不犯大的错误。

此外，互联网也是未来人寿保险、健康险、车险、财产保险的重要销售渠道。未来的主力消费群体从小到大都是利用互联网进行理财，已经养成利用互联网渠道实现理财、保险需求的习惯。

盛瑞生对我们说：“基于这种对未来的洞察，平安建立了几大生态圈，通过生态圈来聚合大流量，并在其中嵌入一些互联网产品。实践表明，互联网的确可以作为独立的渠道。但我们仍然认为，对于复杂的人寿保险、理财业务来说，‘面对面’的交流在未来依然很重要。”

在 3.0 时代，AI 技术已经在代理人增员、培训、队伍管理、销售模式和服务等五个业务场景中，得到广泛有效的运用。具体表现为：AI 增员、千人千面培训、AI 助理在线活动管理、SAT 销售、AI 服务与风控。

AI 技术的使用、保险业务的线上化迁移以及互联网保险的普及，让越来越多的代理人尝到了技术的甜头。为提升代理人队伍留存率、稳定社会就业，平安人寿搭建了“AI+ 代理人”解决方案，以提升代理人服务技能和专业水平，在有效地吸收并留存代理人的同时，帮助代理人快速提升展业和服务技能，实现收入增长。

通过“平安金管家”App 这样的平台，代理人服务客户更加方便，可以 7×24 小时为客户提供缴费、保全、理赔等各类保单服务。平安人寿运用大数据、生物识别等技术，推出手机上的理赔服务——“闪赔”，该服务可快速出具理赔结论，客户在 30 分钟内便可收到理赔结果。公司还可以通过金管家 App 跟踪 10 万名左右绩效特别好的优质代理人的轨迹，从而分析他们是如何进行陌生拜访的、什么行为是有效的、拜访路线怎么设置才最高效，这些分析都被用来提高整个代理人团队的产能。

一组数据显示了 AI 面谈在平安人寿的运用：在 AI 招募代理人的覆盖人数方面，2018 年为 1195 万，截至 2019 年底，累计覆盖人数为 2307 万；在 AI 面谈参与人数方面，2018 年触发 109.2 万人，完成 107.5 万人，截至

2019 年底，累计触发 511.8 万人，累计完成 506.3 万人。

随着在科技化道路上越走越顺，平安人寿也获得了越来越多的认同。一个定位为代理人助手的软件 AskBob 在上线几个月时间里，就有了几百万次的访问量。之前，代理人如果有不明白的问题，只能问主管，但如果主管没有能力回答，或者回答得不准确，那就有可能把路子给带歪了。而现在代理人可以从这个软件上获得帮助，解决从“是什么”到“怎么样”的问题。

平安人寿还开发了代理人的智能陪练系统，通过反复培训来提升销售技能。原先代理人要在线下找自己的主管来“通关”，还要看主管有没有时间，现在 7 × 24 小时都可以找机器人做陪练。

来自寿险福建分公司的陈美丽告诉我们，AskBob 改变了她管理队伍和销售、增员的传统方式。组员拜访客户前，可以让 AskBob 搞定访前准备工作，包括详细了解客户资料、购买历史、推荐产品以及产品话术演练，这样可以节省很多辅导的时间；展业过程中遇到任何问题，AskBob 都能快速解决；有新人入司，可以借助 AskBob 进行一对一辅导，让新人自我修炼、快速成长，真正实现主管减压、新人快速腾飞。

“当我们在客户面前，使用科技工具为他们做保障缺口分析、产品介绍、异议处理的时候，客户一方面惊叹平安的科技实力，能如此精准、快速地为他们提供保险产品解决方案，另一方面也增加了对代理人的信任度。”平安人寿青岛分公司的代理人许虹说，科技带来的好处不仅体现在代理人身上，更能惠及客户，提升客户服务品质。

这样的例子很多，这恰恰说明了，现在平安的代理人已经不再为是否会被机器取代而困惑，反而觉得公司对其支持越来越强。

寿险行业发展到现在，最大的问题是人口规模红利正在下降，增员难度加大。另外，代理人的产能不太高，且提升起来比较难。总体来说，寿险的传统发展模式遇到的挑战越来越大。与此同时，消费者的群体也发生了很大的变化，90 后、00 后都是在互联网环境中长大的，愿意自己花时间在网上搜索感兴趣的东西，购买商品的行为也多数发生在网上，更多依靠自己的比较，而不是当面交流。

平安人寿已经开始探索新的非传统模式，包括互联网模式、远程模式。曾担任过平安集团战略发展中心主任、现任平安人寿副董事长的毛标说："一般的保险公司不会这么干，但这就是平安的基因。我们会在自己发展势头比较好的时候，提前考虑，提前布局未来。"

产险创新，从 0 到 1 到无穷

"喂，你好，邹女士，我是平安产险深圳福田服务区查勘员姜波，本次事故由我为您服务，请您先将车辆停到安全区域，人在车道外等待，您可通过平安好车主 App 实时在线查询我的到勘轨迹，我将尽快到达现场。"

2019 年 9 月 11 日下午 4 点半，查勘员姜波的 E 理赔 App 上传来一阵语音提示。他先查看了事故信息：现场在北环快速主干道，此时又临近下班高峰，稍有耽搁就将导致主干道严重拥堵。但他并没有马上出发，而是先给邹女士打了电话，安抚了对方焦急的情绪，并指引对方在平安好车主 App 上查看他的实时车辆位置。

姜波告诉我们，理赔中心根据事故报案量和交通拥堵状况，将各区域分成若干个网格，每个网格配备不同数量的查勘定损人员轮值，一旦相应网格内有事故发生，车险理赔智能调度系统将根据查勘人员所处的位置、繁忙程度，由系统规则判定是否需要派人到现场，将案件派工给距离最近、繁忙程度最匹配的查勘人员，并且通过"手机基站 + 街景 +H5"复合定位，精准定位客户的位置。

在这些科技手段的辅助下，短短 9 分钟，姜波就到达了现场，将事先准备好的单证交给邹女士，最终顺利在晚高峰前解决了这起事故，还为客户申请了免费代步车服务。事后，邹女士特地为姜波送上了一面锦旗，对极速到勘、线上理赔的便捷与高效感到十分满意。

这是我们采访的一个真实案例。平安是靠财产险起家的，在自己的看家本领上，所投入的科技资源是巨量的。

一般来说，传统车险理赔，整个流程客户至少需经历报案、查勘、定损、核赔、理算、支付 6 个环节，其间需接触保险公司理赔人员最少 4 名，先后至少要拨打 7 次电话。如何让投保人在出险之后的感受更舒服一点，成为平安产险解决车主保险理赔中痛点的着力点。“AI+ 车险理赔”应用场景的探索就从这里开始。

平安产险在 2017 年推出了“510 城市极速现场查勘”服务，即平安产险的查勘员要在 5~10 分钟内赶到现场，一次性全程代办理赔修车。它颠覆了“现场查勘案件筛选、查勘员派工、城市查勘人员覆盖”这三个传统查勘服务的节点。

一年后，平安车险理赔服务再升级，“510 城市极速现场查勘”能力进一步巩固，全年城市日间现场案件 5~10 分钟极速查勘率达 96.4%；车险 AI 持续优化业务流程，智能闪赔实现秒级定损定价，推出极简流程理赔服务“智能闪赔”，最快一单理赔仅耗时 49.8 秒，平均耗时不到 3 分钟。

本节开头的那个例子，正是依赖于智能调度系统的准确评估，基于每一个网格的科学、合理的规划。在处理邹女士的案件时，智能调度系统正是通过多项评估，挑选出姜波是网格中能够最快到达现场、最合适的派工人选，所以这起事故才能够得到快速的处理，客户也能够享受到最佳的理赔体验。

“510 城市极速现场查勘”和“智能闪赔”，这两项技术背后的核心是数据，首先就是交通事故各个城市以及管网上的数据，通过这些数据的积累梳理挖掘建模，可以确保查勘人员的物理摆放和道路方向，保证 5~10 分钟到现场。图片定损技术背后的核心也是数据，在积累大量的车出现事故以后的位置以及损坏程度的数据后，可以实现秒级定损。

陈心颖在交流中给我们讲了一个故事。欧洲一家保险公司的考察团来了解平安产险的“智能闪赔”服务，是如何在车险理赔中通过智能机器人实现全自动理赔定损的。一开始，欧洲客人不相信平安的“智能闪赔”会像介绍的那么好，就在外面临时找了一位车主，“谎称”自己的车辆出了事故，想看看平安的查勘员是不是真能在 10 分钟内赶到。结果查勘员如期而至。详细了解后，该公司决定在其全球 80 多个国家和地区的市场中使用平安的技术。

那么，缘何美国、欧洲的保险公司做不到如平安这般呢？平安集团企划部总经理付欣认为，主要还是它们的“大数据没有足够大”。很多欧美国家地广人稀，人口密度远没有北上广深那么高，甚至也没有国内的一些二、三线城市高，这就决定了在这些地区里，发生的车辆事故并不会马上对道路造成拥堵。

但在中国的很多城市，一记轻微的擦碰都有可能给整个路段造成拥堵。大数据就是要在千百万条数据中找到它的规律。“国外并不会有那么多的需求和场景，也没有那么多的用户量和数据量可以让保险公司来做 AI 和大数据分析。但中国的情况不一样。”付欣说。

平安闪赔服务的一个核心技术是“LBS”，这是一个通用技术，各家的差异在于使用场景不同，包括高德地图、百度地图在内的很多公司都在使用这个技术，用来标注定位和交通拥堵，而平安擅长做的是车辆、查勘员的定位。通过在科技上的持续投入，平安产险已经成为财险业内公认的高效险企。

比如，在 AI 图片识别上，平安是国内车险理赔市场上唯一将图片定损技术使用在生产作业环节的公司，准确率超过 90%，使用案件覆盖范围超过平安全部案件的 20%。又如，在大数据客户画像上，经过多年积累，平安拥有国内最全的车险数据库系统，车型数据、保险风险数据、修理厂数据、维修数据都处于行业领先地位。

为了进一步提升服务体验，平安产险近年来已从系统化、平台化向更先进、更复杂的人工智能技术进发：基于理赔定损数据的积累，通过图片定损技术，实现 30% 的外观损伤案件秒级定损；基于超 3 万条风险规则、上百个风控模型，对理赔风险实行自动识别与智能拦截。

多年来，平安车险致力于提供极致服务体验，从万元案件 3 天赔付到“快易免”服务升级，再到“极速”“极爽”“极暖”服务等，始终坚持围绕车主理赔痛点，不断优化理赔服务体验。

故事还没有完结。从 0 到 1 之后，是更多的应用空间。

各地交警部门的一个共同的痛点是，大多数车险事故要等交警到现场后才能定责，事故车辆至少要 40 分钟才能撤离现场，如果刚好赶上上下班，对道路造成的拥堵会更严重。

在“智能闪赔”基础上，平安帮助深圳交警部门开发了一个智能事故处理平台，可以实时报案，无须等待交警，取证后即可撤离，做到“快撤直赔”。由此，因车祸造成拥堵的情况可以从 40 分钟缩短到 5 分钟。

紧接着，平安又帮助交管部门推出了智能通行平台，依靠道路卡口、电子警察、停车场闸口、车辆射频识别技术（RFID）等提供的“交通动态监控系统”底图数据层，叠加事故监控、重点车辆、高清摄像头等图层，及时了解车辆分布，通过数据运算，预测交通动态。

交管部门可据此进行管控或疏导，以预约通行、收费通行、分流提醒、信号灯调节等多种方式，优化交通状况。司机则可以通过交管部门的提醒，结合智能导航，选择最优路线。

智能通行平台不仅有助于改善交通状况，还能提高执法效率。通过人工智能，可以快速识别违法停车、逆向行驶、货车限行、违法变线等 20 多种违法场景，这一“智能违章监管”目前已覆盖80%的违法行为。

此前，新加坡的交警部门已经多次到深圳交警部门了解“智慧交通”系统，输出海外的想象空间巨大。马明哲说，只有当平安的好技术有能力不断向外输出给全球使用的时候，平安才算真的成功了。

为什么平安可以脱胎换骨？

在2019年中国平安首届智慧生态大会上，陈心颖介绍说，平安科技依托人工智能、云、区块链三大基础核心技术，聚焦于金融科技、医疗科技和智慧城市三大领域的技术应用，其中最具代表性的十大场景应用是：用户车险理赔、客户智能语音服务、小微企业信贷、辅助医生诊疗、智能影像筛查、智能疾病防控、智慧市民服务、智慧扶贫、智慧交通及智慧贸易等。

平安的这些成果，其实都源于底层技术的布局。在平安看来，技术从大类上可分为硬件和软件，还可以分为基础科技和应用科技。平安主要是在软件方面布局，其中涉及基础科技的包括人工智能、区块链、云、生物医疗、智能认知、商业智能等，涉及应用科技的则包括金融科技、医疗科技、智慧城市等。

有了底层技术，再加上应用方面，就能创造出独特的互联网和人工智能应用。

平安科技快速成长的背后，是中国得天独厚的网络规模红利。以车险为例，2018年中国机动车保有量达3.27亿辆，其中汽车2.4亿辆，小型载客汽车突破2亿辆，机动车驾驶人突破4亿人，其中汽车驾驶人达3.69亿人。这样巨大的规模，使得科技研发上的投入非常值得，一旦有突破，成本就可以大大摊薄。同时，从抽样的角度看，有这样的用户规模，很容易形成分析模型，进而通过大面积使用，极大地降低成本（如微表情技术带动了线上审核，省却了线下建设网点的高昂费用)。

很多人都问过平安人这样的问题，你们的技术和阿里、腾讯比怎样？言下之意，这些人并不确信平安在技术上能够超过互联网巨头们，哪怕是平安绝对领先的区块链领域。

“这应该是认知上的问题，”现任平安集团科技创新部总经理喻宁说，“互联网巨头们手里有一个或者多个很强大的2C（对消费者）的产品，所以一般人会觉得它们在技术方面是很强大的。而在行业人士看来，人脸识别、声纹识别等技术的准确率之间的差别，并不是判断技术是否领先的唯一标准，平安和互联网公司真正拉开差距的地方，是在应用场景上。只有把这些技术大范围地运用起来，才能产生竞争差异，例如把声纹识别技术用在风险识别、客户体验等。”

平安每天都要接入和拨出约100万个电话。比如，平安的“语音座席”项目，一共有4500个场景。平安可以把所有的场景拿出来，一个一个去做AI，这在只有一两个场景的公司，是很难想象的。

作为一个金融企业，为什么平安可以脱胎换骨地长出科技赋能的能力？我们认为，首先，平安具有与生俱来的强烈的忧患意识，敢于坚决下注科技。平安的科技板块，一开始就不是和别的金融企业来对比，而是直接把BAT、谷歌、脸书、亚马逊、微软等科技巨头作为自己的对标目标，坚定不移地吸引人才，构建人工智能、区块链、云、生物医疗、智能认知、商业智能等基础科技能力。

其次，舍得做长期投入，不怕一时的亏损。平安集团下的科技板块中有11家企业，虽然在2018年实现了10亿美元的利润，但有9家还是处于亏损阶段。换成其他公司，可能早就忍受不了了。金融业利润丰厚，何苦要在科技上砸钱呢？但马明哲坚信，金融业只能做到线性增长，只有互联网科技才是实现指数型增长的希望。

最后，善于找准自己的优势，大胆出击。曾几何时，市场上只看到

BAT 等互联网公司攻城略地，广泛扩张，传统大公司畏畏缩缩，不敢越雷池一步。平安在看准了“金融 + 科技”“金融 + 生态”的未来之后，选择了展开攻势，全方面拓展金融服务、医疗健康、汽车服务、房产服务、智慧城市五大生态圈，这让平安能够在更高的起点上和互联网巨头们展开竞争，同时也保持密切合作，而不是被互联网平台吞噬。

天下事有难易乎？不为，则易者亦难矣；为之，则难者亦易矣。

第十章

新基因

勇敢地去追随自己的心灵和直觉，
其他一切都是次要的。

– 史蒂夫 · 乔布斯 –

“BAT”的叫法是从 2011 年开始出现的。近年来，由于华为的崛起和百度市值的不断下滑，也有人说进入了“HAT 时代”（即华为、阿里巴巴和腾讯的时代）。

尽管平安无论从规模、利润等方面都超过“HAT”，但社会上并无“PATH”的说法，即在 HAT 之前加上平安的首字母 P。这恰恰说明，公众对于“平安正在做什么”的不了解——依然将平安看作金融集团。

从平安旗下的科技业务在目前所创造出来的利润来看（2018 年该项利润占平安总利润的 6%），的确和“HAT”相去甚远。但如果从市值角度——代表了投资者对未来的判断，那么平安已经是一家规模很大的互联网科技公司了：平安科技板块目前有 11 家公司，包括陆金所、在美国上市的汽车之家和金融壹账通、在香港上市的平安好医生，以及 2018 年初完成 11.5 亿美元的平安医保科技等企业。

按照平安的规划，在下一个十年，科技方面完成的利润要达到整个集团利润的一半。随着一个个“独角兽”逐步进入盈利期，平安跻身全球科技公司市值第一军团并非奢望。

平安已经形成了新的基因，即科技创新的基因。

对标 BAT

2013 年时，马明哲带队去美国进行了一次商务考察，回来后对“科技改变传统金融”的具体途径和方式有了更清晰的认识。

首先，科技改变传统金融，即通过科技对传统金融业务经营和管理模式进行改良创新，提升经营效率，降低经营成本；同时借用生活化的科技手段，为客户提供更好的金融服务体验。

其次，科技引领传统行业，即通过公司自身内部研发或引进外部联盟力量，创造性地利用科技方法整合其他非金融的传统行业和市场，改变甚至彻底颠覆这些领域的行业生态和竞争方式，建立新的市场规则和秩序。

再次，将金融产品与服务嵌入新产业的价值链条中，从而建立其他传统金融同业不可超越的竞争优势。

平安要做的，不是通过科技手段对自身的传统业务修修补补，而是要在做强做大科技创新之后，在传统金融业务之外的广阔领地，有所作为。平安做的不是“守”，而是“攻”：攻击，攻击，再攻击。

不久前去世的著名管理学家克里斯滕森在《创新者的窘境》中曾这样为传统企业拉响警报：“网络公司来了！网络公司来了！它不是来自陆地或海上，而是从我们家中的电话线里出现了，这些新兴机构正在侵入商业的每个部分，打破现有的各种商业关系，重新构造市场，冲击长期以来形成的价格基点，并试图绕开存在已久的中间商。”

面对如此深刻的、颠覆性的变革，没有一家公司的市场地位是绝对安全的，守是守不住的，只有融入新潮流，与其共舞，成为强者，勇于出击，才可能获得更大的、无边界的新版图。

在短短的几年之间，平安培育出了多只独角兽，在创新科技领域攻势如潮。平安在科技上发力，对此一直有非常高的预期，在内部定了三个目标：

第一，保持技术的全球领先力；第二，对内赋能，根据不同的业务设定不同目标，每一种目标都采用不同的方式，采取差异化的、有针对性的方案；第三，对外输出。金融、医疗健康、汽车、房产、智慧城市这五大生态圈战略，围绕着科技赋能这同一个核心，成为市场的领导者，而不仅是细分市场中的一个环节。

在这样的定位下，平安的竞争对手已不光是金融机构，更是 BAT 这样的互联网企业。这注定是一场非常艰苦的马拉松长跑。

欲求其高，必建其深。为了夯实科技发展的底层基础，平安构建了 8 所研究院、60 多个实验室，每年投入集团年收入的 1% 作为研发经费。经过多年努力和数百亿元的投入，在多个领域建立了领先的底层技术和创新的应用技术，为行业和社会提供服务，而不止于为平安服务。

平安的科技板块正在成为工具型、平台型公司。比如，平安银行的资产占据整个中国银行业总资产的 3%，但平安旗下的金融壹账通自 2015 年成立后，已经服务了三四千家金融机构，还成功推动了香港金管局贸融平台上线，并进军海外，与日本、印尼和泰国企业展开合作。

又如平安的流程自动化机器人"安小蜂"，它是一个软件工具平台，能根据既定规则模拟人操作，与计算机交互处理作业，从而代替人工实现流程的自动化，其应用场景覆盖平安所涉足的所有业务。在保险方面，"安小蜂"针对其中某类险种的续保查询及报价流程，自动处理数据录入、维护等工作，一年能节省上百人力；在给某机关部门提供的自动化方案中，"安小蜂"的部署让原来近 140 分钟的流程优化精简到 20 分钟；在给某大型物流企业的财务流程自动化方案中，"安小蜂"解决了财务数据繁杂、检索和系统录入耗时的痛点，将原有流程的效率提升了 6 倍。

为什么这些金融机构愿意采用金融壹账通、"安小蜂"的服务？一个先决条件是，它们虽然脱胎于平安，但现在已经成长为平台型、工具型、中立的行业服务提供商。

在2018年底的一次执委会上，马明哲说："数据化经营的本质，是为了实现先知、先决、先行。未来任何竞争的成败都取决于数据化的能力，平安的目标就是'全面数据化经营'。"

全面数据化经营是一种全新的、颠覆式的经营模式和管理方法，是人工智能在企业经营上的充分运用，是用数据驱动代替经验驱动，通过AI、BI、大数据等科技手段构建智慧大脑，驾驭公司经营，让大多数人跟着机器走。

在平安看来，全面数据化经营包括两层含义：一是"全面数据化"，对公司经营管理所涉及的人、事、物进行数据颗粒化、标签化、结构化、模块化和系统化，确保时效性和准确性，这是数据化的核心基础；二是"数据化经营"，在全面数据化的基础上，实现前中后台的管理决策的自动化、智能化和智慧化，让大多数人的工作变成跟随机器的智慧和决策执行。

2019年和2020年，平安连续两年成为中国首家发布年报的险企，这正是得益于全面数据化经营改革。年报发布越快，越有利于公司的经营分析、决策部署，也越有利于股东、市场、投资者、监管等多方面的决策和行动，这就是平安追求的"先知、先觉、先行"。

马明哲在麦肯锡全球合伙人会议上曾做过一次主题演讲。他说自己有一个愿望，就是"中国制造"（Made in China）还不够，未来应该是"中国创造"（Created in China）。平安要成为这方面的代表，证明金融科技、医疗科技、智慧城市这几方面都可以实现"Created in China"。

在数据为王的智能时代，平安基于人工智能、区块链、云、大数据和安全五大核心技术，利用丰富的场景打造科技的成熟应用，将集成的核心科技能力向社会输出，科技成果逐渐凸显，多个科技创新平台次第涌现。

凭啥干好互联网?

成为金融企业中最懂科技的，以及科技企业中最懂金融的企业，平安的奥秘究竟何在？

马明哲曾去日本拜访富士胶卷的董事长古森重隆，并请教了一个问题：“同样面临数字化的冲击，为什么柯达死了，而富士活了？”

古森重隆告诉马明哲，无论是富士，还是柯达，其实都早已经看到了数字化对传统胶片行业的冲击，但在这个趋势下，富士下了转型为医疗影像公司的决心，而柯达没有。因为有太多的顾虑，所以柯达错失了最好的时机。

马明哲经常在公司内部讲起这则故事，以回应“一家金融公司为何要投入那么多资源做科技”的问题——之所以要大投入，是因为要遵循互联网科技的成功规律。

在他看来互联网科技的成功要经过四个发展阶段：建立场景——获取流量——转化收入——产生利润。这是一个先投入才能有产出的模式。每个代际的消费内容是类似的，就是衣食住行、购物、娱乐、旅游、医疗、健康、教育等，但消费方式会出现重大变化，比如在智能手机这一“人体第六器官”出现后，营销变得大不相同。

虚有虚世界，实有实世界，虚中可有实，实中可有虚，虚实可结合，也可不结合，这都不是最重要的。最重要的还是创新，提升效率和为顾客创造价值。

马化腾曾说：“其实你什么都没做错，就错在你太老了。”今后的主流用户是年轻人，应该多了解年轻人在想些什么，“产品经理最重要的能力，就是把自己变成傻瓜，发现问题，然后想为什么这样，再变成开发者。一秒钟傻瓜，一秒钟专业”。

这里所谓的傻瓜，就像乔布斯演讲中提到的“虚心若愚”（stay foolish），对新变化要保持谦卑和敬畏，保持空杯状态才能拥抱未来。

传统金融机构更多专注于金字塔顶端的高端客户，长尾客户的金融需求很难得到满足。而巨大的互联网用户催生了大规模的金融服务需求，可以用更低的边际成本、更多的场景运用使得更多的大众用户得到良好的服务体验。

在近几年的年报中，平安都将其业务明确划分为传统金融业务和非传统金融业务：传统金融业务要实现超越市场平均水平的持续增长，这是前提；依托于互联网的非传统金融业务则要积极部署，通过互联网构建生态圈，将金融服务融入客户的各个生活场景和需求。通过传统与非传统齐头并进，最终要实现“一个客户、一个账户、多个产品、一站式服务”的目标。

在2015年元旦致辞里，马明哲把2014年描述为“平安有史以来危机感最强烈，自我革新最深刻的一年”，危机来自“瞬息万变的市场环境和迅猛的科技发展趋势”，所以集团整体战略全面升级，“推动传统与非传统业务并重发展”。

这一年，平安从生活切入，搭建互联网金融平台，在涉及互联网金融业务的6年里积累了1.6亿用户量。

平安为什么一定能做好金融科技？马明哲说，他的信心主要来自三个方面：第一，平安多年综合金融的经验，对金融业的深度理解和专业性；第二，对消费者的深度理解，平安在几年前就开始重新认识消费者，从客户的需求出发理解什么是好的客户体验；第三，对现代科技的把握和应用。

马明哲自己也做了大量尝试。在采访中，好几位平安的高管都和我们分享了一个小故事：当下极为流行的朋友圈“抢红包”这个应用，最早马明哲也想出来过，并且在平安的壹钱包应用里投入使用过，从时间上来说，可能还早于微信。

互联网科技公司的一贯打法是快速尝试、不断试错，金融领域不太可能按这种模式来创新，因为风险太大，但是平安喜欢做难做的事，做有门槛的事。

新浪CEO曹国伟在和马明哲交流时说，马化腾的QQ都是真实的客户，而企业需要的是有价值的客户，单纯的数量大并不代表价值。马明哲对此非常认同。

2011 年，麦肯锡前全球总裁鲍达民问马明哲："中国未来最有潜力的行业是什么？"马明哲脱口而出——中国经济最大的发动机是城市化和新一代年轻人要花未来的钱所带来的内需增长潜力，最值得投入的除了财富管理行业，就是医疗。

为了更好地参与移动互联网竞争，平安推出了"门户战略"，这个战略有两个方面：一是数量，二是频率。平安不仅要争取海量客户，还要让客户在平安的门户上发生高频率行为，提高其黏性和忠诚度：第一是理财，给客户提供银行、保险、证券、支付等全方位金融服务，提高行为频率；第二是医疗健康，这符合未来社会发展方向，人们越来越追求健康，在医疗和健康方面会增加行为频率。

能"为网而网"，而是要牢牢把控住人们的需求与场景，再借助互联网插上翅膀。平安每做一个互联网新产品，都会先让上百万平安员工（包括内勤和外勤）试用，广泛听取意见，再逐步推向自己的客户，最后才是推向全社会。

孙建一说，这个做法和其他互联网公司很不一样，平安自身就有一定的流量，可以先试验、修正。另外，平安还有足够的耐心、足够的资源以及专业的精神。各个新业务板块都可以共享集团内的人才、技术、后援平台等资源，以及庞大的地面销售网络和营销团队都可以提供服务支持；另外，在网络营销方面，还可以与平安的其他产品、服务广告捆绑推出，集中资源深入网络社区，降低营销成本。

走过的弯路

平安在创新过程中，做出过不少标志性的产品，如一账通、万里通、壹钱包等。对每一个项目，马明哲自己都投入了极大的热情。

在一账通、万里通刚刚试运行的时候，本书作者曾在张江后援中心采访过马明哲。一开始，由他的助手讲解，没多久，马明哲就急切地亲自“下场”，为我们阐释这两个产品的开发初衷、愿景。整个过程中他都非常兴奋。

但兴奋并不能解决所有问题，坚持才是成功的必由之路。爱迪生在发明电灯前，上万次实验都失败了，很多人笑话他，为什么失败这么多次还在做？爱迪生回答：“我并没有认为自己错了1万次，只是发现了1万个行不通的方案。”

平安在不停创新，也在不停试错。如今社会变化那么快，从前留给大家的时间窗口有可能比较大，但现在可能只有半年：从前有一个好创意，可以花两年时间去打磨，机会可能还在，但现在时间窗口越来越小，如果不能很快做出来，机会就没有了。

在平安内部，对于创新试错的容忍期、观察期到底有多久？什么时候会踩刹车呢？

毛标对我们解释说，这取决于不同的业务。“如果这个业务的模式和方向是对的，只是因为时间不够，那我们肯定就会坚持，去夯实自己的能力，而不是坐等风口到来。但有的东西做到一定程度，会发现原来的模式根本走不下去，这时就要停下来。”

互联网科技领域有所谓“赢者通吃”一说，支付领域就非常典型——支付宝和微信支付齐头并进，遥遥领先。很多人可能不知道，排在两大巨头之后的第三位就是平安的壹钱包。

平安设立壹钱包项目的时间并不晚。那时，平安刚进入互联网板块，为了推广壹钱包，还在内部做了推广方案，要求每个员工推广下载20个。但是壹钱包与支付宝和微信相比，差距实在太大。支付宝生长在淘宝、天猫的交易环节之中，微信的社交场景异常丰富，平安单靠一个壹钱包，场景非常单一。

“但就方向和商业模式而言，马总的想法确实是超前的，在壹钱包里发红包这个创意也很好，只不过没有微信那么强大的社交流量，就算有好创意、好模式，做起来也非常困难。”毛标说。

再如当初平安推的万里通的积分体系，和目前被热议的脸书的 Libra 加密货币也很像，都是试图用实物货币做备份的积分体系，用来作为支付、兑换的手段，目标是把所有的积分打通。同样，脸书做这件事的成功概率要比其他公司大很多，因为它在全球有大量 C 端用户，且用户黏性极高。

除了壹钱包，万能 Wi-Fi（无线网络）也是一个有意思的案例。2015 年 1 月 27 日，平安推出了一款免费 App，宣称“平安 1.3 亿互联网金融用户在 2015 年全年可使用平安万能 Wi-Fi 免费上网，非平安用户可免费共享 5 亿小时，先用先得”。当时，使用智能手机上网费用高昂，这么一款免费 Wi-Fi 产品一经推出，就获得了极高的关注度。

平安的初衷是借助当时市场上唯一一个无条件、零门槛的免费上网 App，让用户免费获得流量，更便捷、更短距离、实时地享受平安服务；同时也让非平安用户先体验平安 Wi-Fi 的服务，希望他们未来可以成为平安的用户。

但事情的发展并没有如平安所愿，虽然后来这款产品几次迭代升级，并被赋予了更多的金融服务内容，但实际效果仍然不能让各方满意。陈心颖作为项目负责人在和我们交流时说，如果这事放在其他公司，她很可能早就被开掉了，但平安对于试错的容忍度真的很高。

事后看，平安 Wi-Fi 更多是输给了“势”。平安推出这个产品的背景是 3G 服务做得不够好，但很快就出现了 4G 服务，如今又进入了 5G 时代，整个过程才不到 5 年的时间，不但速度越来越快，而且费用越来越低。那么，免费 Wi-Fi 这种商业模式的价值就会大大降低，最后甚至会失去存在的必要。

有句话说，“学微信者活，类微信者死”。马明哲想明白了，平安不是做什么都能行的，应该“有所为，有所不为”。

多位平安高管在访谈中告诉我们、在平安，是鼓励你去创新的，甚至是鼓励你去犯错的。在马明哲看来，“什么错都不犯，那就等于什么事都没做”。

马明哲的气质是不断创新、不断试错、不断推翻和重来，打破框框，直至最后成功。

一般人的思维是，先想做什么，接着一看，发现自己在计算能力、合规、客户满意度等方面没法做到更好，考虑来考虑去，就放弃了。而富有创新精神的企业家，他们是反过来思考的，“有问题就好办，加以解决掉就好了”。

未来平安的创新还会有更多。平安的战略就是“三多”，即多几步、多团队、多平台。“多几步”，就是战略要多看几步；“多团队”，是不同专业用不同人才，做不同的事情；“多平台”，是朝向未来的开放性结构，有相当容错性的结构，东边不亮西边亮，无论哪里亮，最终都会把整个平安照亮。

为什么要做“生态”？

亚马孙河是世界上流量、流域最大、支流最多的河流，流域面积691.5万平方公里，约占南美大陆总面积的40%。它最西端的发源地是距太平洋不到160公里的高耸的安第斯山，入口在大西洋，每年注入大西洋的水量约6.6万亿立方米，相当于世界所有河流注入大洋总水量的1/6。

亚马孙河流域拥有世界最大的热带雨林，是世界公认的最神秘的“生命王国”。这个被誉为“地球之肺”的生态圈，孕育了250万种昆虫，上万种植物和2000多种鸟类和哺乳动物，这里的鸟类占全世界鸟类总数的1/5。有专家估计，这里每平方公里内有超过7.5万种树木、15万种高等植物。

这就是生态圈，生生不息，充满活力。

平安也把生态圈作为自己重中之重的战略。在 2018 年的中期业绩说明会上，马明哲提出“科技赋能金融，科技赋能生态，生态赋能金融”的战略，要构建五大智慧生态圈。平安高管们介绍，“这是马总的临场发挥、即兴演讲，此前并没有听他说过，应该在心里酝酿很久了”。

依托搭建起来的业务场景，留存流量和资源，实现“场景 + 客户 + 服务”的生态闭环，这是“科技赋能生态”；有了业务场景和服务交易，自然会跟底层的金融产品挂钩，这是“生态赋能金融”；当用户与平安的卷入程度从最初的场景到业务，最后再发展到金融服务时，不断强化的用户黏性又会进一步拓宽业务场景，实现“金融赋能生态”的良性循环。

在马明哲演讲之后，外界终于知晓，平安正在默默下着的这盘棋到底有多大。

对平安大张旗鼓做科技，外界一直颇多疑惑，是不是脱离了主业？是不是高投入、低产出？陈心颖告诉我们：“平安的战略看似复杂，其实都是围绕‘金融 + 生态’的商业模式展开，用于满足个人生活的几个最主要需求，也就是金融服务、房产服务、汽车服务、医疗健康服务、智慧城市的五大生态圈。”

平安在做科技方面的投入时，对于如何选择新业务、如何孵化新创意都很有章法，并不是“扎飞镖”，“比运气”，都是围绕着“服务主业”和“输出科技”这两个目标来进行的，从而建立增长新引擎。

2018 年 11 月 7 日，在平安科技开放日上，平安向市场详细阐释了核心科技与生态圈的战略，其中核心科技包括人工智能、区块链和云。有券商分析师指出，平安倾力打造的五大生态圈的总潜在市场价值高达 60 万亿 ~100 万亿美元，而现在市场需求还尚未激活，发展痛点较为突出。

例如在金融服务方面，60% 的个人融资需求尚未满足，80% 的中小企业无法获取贷款。在医疗服务方面，现在病人看病平均需排队 3 个小时以上，医生日均工作12小时以上，供不应求。“平安通过五大生态圈的11家子公司，孵化打造场景、积累客户获取流量、规模增长实现营收，最终到利润体现，逻辑很清楚。目前我们已有4家公司实现了盈利。”陈心颖告诉我们，最初是信息化阶段，平安将科技作为辅助，来提升公司管理效率；后来是“金融+科技”，这个阶段实现了很多核心技术的积累。当时平安深深感受到BAT们的压力，意识到平安和客户之间的互动频率较低、黏度不够。为此，在推进移动化转型的同时，平安投资核心技术，以此来更好地服务主业——从卖产品转到提供服务，让客户先感受平安的服务，再对平安的生态圈产生黏性和认同感，最后才是销售产品。

功夫不负有心人。2013年，平安有五六千万的金融客户和3000万的互联网客户；7年后，平安的金融客户翻了三倍，达到2亿，互联网用户从三四千万增长到接近6亿。生态圈战略的威力已经显现。过去两年多时间里，平安三分之一的金融新增客户来自互联网。

目前是“金融+生态”的最新阶段。陈心颖说，在“金融+科技”的第二阶段，平安所诞生的11家科技公司，如陆金所、平安好医生等公司，基本都是属于服务C端的业务，主要模式是利用互联网技术卖金融和医疗产品，服务于平安自营的客户；而在第三阶段的“金融+生态”里，更新一代的科技公司，如金融壹账通、医保科技、智慧城市则属于“输出技术”，目的是让平安成熟的科技技术服务于整个生态圈，客户范围扩展到其他金融机构、医院、政府部门等。

“这是一种新的方式。”陈心颖说，这个模式在过去四年时间里得到了验证，并开始走向海外，“不管金融壹账通、平安好医生，还是陆金所的模式，都在海外受到热烈欢迎。这些都证明，我们是可以以轻资产的模式走到海外去的。”

平安现在有1.8万个专利，通用类核心数据的知识产权归属集团管理，而大量的应用场景类知识产权归属各子公司管理；然后再形成一个专利池，集团内各子公司都可以互用。

你中有我，我中有你。个金会、团金会机制已有十几年历史，其主要任务就是挖掘综合金融的效益。相比较，科技会是三个协调组织中最难做的一个。陈心颖所负责的科技会主要有三个目标：

第一，作为平安集团科技板块的最高组织，需要对未来进行规划，该投什么、不该投什么；第二，要确保科技板块产生价值，要用科技切实帮助各传统业务子公司改善投入产出比；第三，在对外输出过程中，协调内部的竞争与合作关系。

通过具体的运作，科技会总结出了五大原则，例如：所选行业必须是平安有领先优势的行业，在生态的上下游都具备竞争力；市场规模必须足够大；行业的准入门槛必须足够高；必须能转化成价值；必须具有可复制性等。

“虽然这五个原则听起来比较笼统，但确实能帮助我们在进入一个业务领域时，判断方向有没有错、行业有没有增长潜力。”陈心颖说，在做出“值不值得做”的决策之后，才是“怎么做”的问题。这非常考验团队的智慧和魄力，也是新业务公司区别于传统业务公司的地方。

而对于“如何达到目标”的问题，陈心颖说，在平安一般会分为四个阶段。

第一阶段，先论证这个目标有无价值，有没有人愿意使用，这是场景问题。

第二阶段，分析可不可以带来流量，以平安好医生为例，线上问诊服务解决了大多数人的痛点，那么就能带来流量，于是就用月活跃、日活跃等指标来加以考核。

第三阶段，在有了流量之后，要分析是不是能带来收益，毕竟有流量和有盈利之间是有距离的。

第四阶段，要分析是不是有门槛，能否形成指数级的增长。

不去尝试，是永远都不知道怎么做的，一定要亲身去做才行。虽然现在还有一些投资人不完全明白平安在做的事，但是他们正慢慢去了解，“从将信将疑到豁然开朗，估计还要几年时间，到时候市场就相信我们所做的预判都是正确的了”。

陈心颖的信心来自今天的平安已经有了强大的互联网科技基因和能力，这也是平安开始对外输出技术与经验的底气所在。

基础科技与应用科技

平安集团科技创新部（TED）是一个略微神秘的部门，他们并没有很高的曝光度，外界也不太知晓这个团队的存在，但恰恰是这个部门开发的产品、技术，渗透到平安集团内的几乎所有 32 家子公司里。

科技创新部负责人喻宁说：这个部门主要协助陈心颖做 PMO（项目管理办公室）的工作，有 300 多个项目；此外，还要协助管理整个集团的大数据中心和数据分析，统筹集团科技发展规划，以确保技术的领先性、内部赋能、外部输出。

“金融 + 科技”，一方面是基础科技，一方面是应用科技。两者已经在平安实现了高度结合。

平安长期在基础科技研究方面持续发力，包括 AI 技术、区块链技术、云等。目前，平安成立了八大研究院，分别为人工智能研究院、金融科技研究院、医疗科技研究院、智慧城市研究院、区块链研究院、云计算研究院、宏观经济研究院、生物医药研究院。

《人民日报》于 2019 年 12 月发表了一篇题为《投身区块链，争当攀登者》的报道，点赞平安运用区块链技术服务实体经济，同时助力智慧农业，真正用科技服务国计民生。

事例源于 2019 年 9 月，平安产险与宁夏回族自治区中宁县人民政府签署智慧扶贫战略合作协议。平安借助区块链及物联网技术，记录枸杞从开花期到成熟期的生长过程，以及从采摘到拣选的加工过程，最终为每一包枸杞产品形成可追溯认证的唯一标签。有了高科技支撑，中宁人靠枸杞脱贫致富，更有底气了。

用区块链技术助力农业生产，只是平安区块链技术运用的一个缩影。目前，平安已将区块链技术应用于五大生态圈。2018 年 2 月，中国平安金融壹账通正式推出区块链解决方案——壹账链 BaaS 平台；8 月，金融壹账通与福田汽车集团福田金融共同打造的“福金 ALL-Link 系统”发布；2019 年 6 月，金融壹账通在深圳发布 ALFA 智慧合约云平台，基于银行、基金、证券等七大金融行业合约库，形成 1000 多份标准合约模板，实现端到端、线上化、全流程的合约智能化管理……

数载耕耘，区块链已成为平安“金融 + 科技”战略的重要支撑，公司为国内外超过 200 家银行、20 万家企业及 500 家政府和其他商业机构提供服务，拥有超过 4 万个区块链节点。

除了基础研究，“金融 + 科技”的另一方面是应用科技领域。平安有着极为庞大的客户群，很多应用就是在平日服务这些客户的过程中应运而生的。

平安在很多科技方面的突破，都源于在整个客户服务方面的积累，它不仅是信息技术的展现，更是把 30 年的运营经验和服务流程，与科技融合到一起，创造美好的客户体验。平安已经改变了过去以产品为导向的做法，转变为“以客户需求为导向”，现在很多布局都是和生活场景相关的。

喻宁告诉我们平安所面临的诸多挑战中，“数据标准化”这一问题排位靠前。平安积累的数据虽然很多，但并不是那么标准，还存有非常多的瑕疵，颗粒度和饱和度也都不够。为此，平安在过去的三年时间里，一直在做整个数据治理的工作。

平安集团有个数据库，叫“GBD”，它并不是简单的数据仓库，而是像超市、卖场一样，给数据都打上了分类标签。“平安的数据和其他金融机构的数据相比，更具多样性。如果真正想做‘生态’，就需要在不同场景内进行刻画。”陈心颖说。

在平安，基础的、共享的科技是由平安科技子公司开发的。与此同时，每一家专业子公司又有它自己的应用科技，并有相关技术团队和应用科技实验室支持。不少科技创新正是通过双方的合作才完成的。

举个例子，同一个“微表情”识别技术，如果把它用在平安普惠，那么就可以根据客户的答复和反应来判断是否在骗贷；如果把它用在银行，可能被用来做客户满意度调查，或者用作判断客户是否对平安银行的产品感兴趣的参考；如果把它用在智慧教育场景里，那么就可以用来判断学生和老师的课堂互动情况。

这些创新都需要大量的实际生产场景，进行测试和迭代优化。平安有10万名IT相关人员，他们分散在全集团的各个板块。

平安的八大研究院、60个相关实验室，全都根据实际业务发展的方向和需求进行设置。和独立创业不同，平安之所以能够吸引到大量懂技术，且对创业感兴趣的人加入其中，一个重要原因是平安资源的丰富性。尤其是在创业初期，是否具备这些资源，对创业成功与否会产生很大影响。

例如，平安在AI作曲、声纹识别、微表情识别、医疗影像等技术方面已经具有了国际领先水平，这是一般的技术公司无法企及的；在区块链领域，平安具有了实际场景和快速迭代、优化的能力，这些都是一般的创业公司没有办法做到的。

此前，外界一直都认为，流量会是困扰平安的一个大问题，毕竟金融服务企业和客户的接触频率，远不如腾讯、阿里这些生活社交类、商务类的。这的确是不争的事实，但需要看到的另外一方面是，平安正在通过大力发展生态圈来掌握流量，例如车生态圈、医疗健康生态圈、智慧城市生态圈等，因为选择的方向是面向人民大众的生活，因而需求量且非常大的，技术壁垒也非常高。“如果有一个总流量榜的话，平安各个平台的流量累加起来，应该也是前几名的。”毛标说。

Change or Die

平安正变得越来越像一家互联网公司，但这并没有让马明哲的危机感减少半点。

他在一次内部讲话中说，如果不消除部分人骄傲自满、故步自封、不求创新，甚至出于狭隘的个人或小团体利益抵触公司的创新措施的话，平安面临被淘汰的危险。

平安崇尚变革，崇尚创新，反对一成不变的模式。平安天然地认为，市场经济的生命力之所以强大，在于它对创造性的激励和对非创造性的惩罚。不知变化的企业才是最危险的企业，明天并不是今天的延长线，不进行变革，今日的成功就是为今后的失败铺路。

马明哲多次告诫团队，“Tomorrow will never come”（不要幻想明天），“Change or die”（非变即死）。他清晰地意识到，平安过去的成功经验，诸如明确的发展战略、顺畅的工作流程、和谐的内外部关系、良好的企业文化和价值理念等，并不能确保平安永远保持同业的领先。过去越成功，就越会有一种“行为惯性”——曾经正确的战略，可能一叶障目，限制公司长远发展的眼光；曾经顺畅的工作流程，可能会成为员工墨守的成规；曾经和谐的内外部关系，可能会成为限制公司施展拳脚的短板；曾经具有凝聚力的价值观，可能会固化为一成不变的教条……

多少次变革，多少次失败，多少次异想天开，平安终于变成了它希望的样子。与此同时，外界对平安的估值方式也悄然发生了变化。如今，分析师已经开始用“互联网的估值”方式，例如用户数量、App 日活数、单个用户利润等衡量平安。

平安旗下子公司中已经有一半是科技型公司。从人员结构看，现在平安集团 40 万的内勤员工中，已经有 10 万人在互联网和科技型企业中工作。未来，技术人员在平安员工的占比将提升至 40%。

这是一盘大棋，从落下第一个子开始就有着深度思考布局，虽然棋盘的局部会有问题和麻烦，但平安对弈互联网的决心从未改变。这个模式走不通，就换一个商业模式，但永不离开棋局。

平安各个子公司在每个月、每个季度都会进行检视，分析客户和竞争对手，并动态调整，而不是事先设计好了一套方案，接下来的六个月时间里都照这个来执行就可以了。

在平安搞创新，有来自集团自上而下的强力推动，保证长期利益，舍弃短期利益；也有各子公司、各团队自发提出的创新思路；还有外部客户主动找到平安，询问平安是否可以提供某种服务。

这三种模式，基本上可以囊括平安所有创新项目产生的来源，有了这些“苗头”，平安便会在内部反复讨论，根据所针对的市场情况、痛点、是否有可复制性、自身是否有优势等要素，来最后决定哪些项目作为重点。

简单总结一下，平安在创新方面能够迭创佳绩，主要有两个方面的原因。

一是战略。领导层不断跟智库、咨询公司、全球领先企业、集团内部沟通、交流，了解市场趋势和变化，形成战略思想。有的创新项目提出来时，不是所有管理层都一致同意的，但平安能让大家毫无保留地阐述观点和想法。马明哲把公司经营的具体事情放心交给各子公司的首席执行官，把大量时间放在战略制定上。

二是执行。平安在战略的贯彻上非常坚决。在任务执行中没有任何犹豫，不会出现“和稀泥”。比如当年计划上马后援中心项目一样，众口不一，马明哲一句话就校正了方向，“我让大家来，不是讨论做不做的问题，而是讨论怎么做的问题”。

在科技领域的商业领袖中，马明哲很少被人提到。其实，他对科技、对科技和市场与产业的关系的理解，非常深刻。

“未来的科技竞争将是集群式的寡头垄断竞争，任何初创的科技公司都将面临科技巨头的巨大压力，要么被收购，要么被复制，难以长久生存。在科技和互联网行业，必须通过海陆空潜一体的整体战斗群集团作战。平安互联网业务的核心战略层包括陆金所、医保科技、平安好医生等内部孵化的科技公司，所有团队相互支持、协同作战；在核心之外是战斗联盟，我们将通过收购、合作不断将能为平安带来价值和增量的公司吸收到我们的集群中来。”

平安爱科技，科技助平安。金融业公认平安的综合金融难以复制，谁料想，当智能时代来临，十年磨一剑的平安又已勇立科技潮头。

第十一章

生态圈里的“独角兽”（上）

软银，1981 年由韩裔日本人孙正义创立，全世界最著名的综合性风险投资公司之一，主要致力于 IT 产业投资，包括网络和电信。软银在全球投资了 600 多家公司，拥有 300 多家科技公司的股份。

软银在中国最著名的投资案例就是阿里巴巴。能从软银那里获得投资，在科技圈往往被认为是拿到了“金字加持证书”。

2017 年，马明哲在北京与孙正义有过一次交流。当时，马明哲介绍了平安布局生态圈的五大要素，孙正义非常赞赏，当即表示希望投资平安孵化的诸多科技类创新公司。

孙正义给出的“金字证书”，平安有三张——软银对平安好医生、金融壹账通、平安医保科技三家公司均进行了投资。平安的五大生态圈已经形成了孵化巨头的独特模式。这些创新公司所进入的互联网服务市场定位清晰，集团有大量资源支持，激励制度健全，领军者大胆肯干。

在平安，仿佛有一条生产线，只要选准目标，将生产要素注入进去，经过一个整合、挖掘、探索、修正、创新的过程，就很可能长出风华正茂的新公司、好公司。

在本章及接下来的一章，我们将详细讲述平安五大生态圈中的独角兽的成长故事。

金融生态圈之陆金所：互联网理财第一品牌

2009 年，平安开始关注和研究金融资产交易所的模式，聘请麦肯锡制订了全国性金交所的发展方案，试图在综合金融实践基础上，借鉴芝加哥商品交易所和美国洲际交易所的模式和经验，全资建成金融业的“阿里巴巴 + 淘宝”。

该项目在平安内部被认为是深化综合金融战略、建立以科技引领综合金融模式的核心工作，是下一步创新发展的重点。平安把当时还处于“概念阶段”的交易所的注册地，选在了上海。

按平安的行事风格，要么不做，要做就要成为全市场领导者。为此，平安聘请麦肯锡的全球顶尖团队专门参与，内部也组建了非常专业的团队，团队成员包括此前曾参与统筹“百万客户大回访”和张江后援中心建设的顾敏。他后来离开了平安，凭借丰富的传统金融与互联网金融实战经验，成为微众银行创始人、董事长。

2011 年 4 月，一个叫计葵生的美国人进入了马明哲的视野。他于 1987 年首次从美国到中国，后来一直在亚洲工作，曾在麦肯锡工作 14 年之后，又担任过中国台湾的台新金融控股股份公司运营长。

见面时，马明哲向计葵生介绍了平安的发展计划，建议计葵生担任 CIO，即首席创新执行官。在当时，计葵生并不完全知晓加入平安后该做哪些具体工作，但“创新”两字对他产生了足够的吸引力。

数月后，马明哲接待了麦肯锡前全球总裁鲍达民。会谈设定了多个议题，其中有一个就是关于“建设金融资产交易所”的。鲍达民对平安的想法非常赞同，认为这是一套全新的商业模式，能够通过开放的网上交易平台积聚客户、积累资产，并与平安的主营业务结合形成良好的协同效应。

很快，“上海陆家嘴国际金融资产交易市场股份有限公司”（陆金所）开始启动，在上海市政府的支持下，于 2011 年 9 月在上海注册成立。

2012年6月，在一次头脑风暴上，陆金所被定位为“一个开放的平台”，按照当时的规划，该平台的业务应涵盖所有金融机构的产品，如拆借（活期银行存款）、信托产品、应收账款、股票抵押融资、委托贷款以及不同收益的金融产品。

很多高管都还记得，在当初的会议上，马明哲亲自给大家讲陆金所的发展思路，说到激动处，还画了流程图给大家看，点名让大家发表意见。

李源祥在和我们交流时说：“说实话，当时我们真都没太听明白他想干什么，只是直觉上认为不是很靠谱。后来，陆金所的业务模式变了很多次，不断改变、调整，终于成为一家成功的互联网金融公司。”

不止一个高管告诉我们，马明哲的一些创新想法，初期比较模糊，但他接着会去找大量专业人士参与设计方案，尝试、推翻、再尝试、再推翻，最后找到可行的道路。

为了将客户的资金从银行吸引到陆金所，就必须提供比银行活期、定存、国债等的利率更高的产品，那样才有足够吸引力。另外，由于没有门店，因此移动端的渠道的建设和服务至关重要。网络渠道要充分体现出安全、快捷、方便的特点，让大量的资金通过交易所平台进行流动，最终使这个交易所成为平安强大门户的一部分，为客户创造高效率、高频率和高活跃度的服务。

马明哲在陆金所从无到有的过程中，亲力亲为，一些流程图都是他亲手画的。他曾对计葵生说，“你的KPI很简单，就是将陆金所发展成为市场领导者，无论业务规模、客户基础、交易量都要达到市场领先。”

在迅速做大后，2015年，陆金所首次提出对互联网金融投资者进行适当性管理的理念，通过对金融资产进行准确风险分类，对投资者进行风险承受能力分类，按量化模型对两者进行匹配，实现资产和资金精准匹配以及产品的全生命周期风险管理。

2015年4月，陆金所完成一轮4.85亿美元的融资，这时它的估值已接近 100 亿美元。投资方包括私募股权 BlackPine、鼎晖投资以及中金旗下私募股权部门。

接着，陆金所和平安旗下的另一创新业务“平安普惠”进行整合。

2015 年 5 月，深圳市信安投资咨询有限责任公司更名为“平安普惠投资咨询有限公司”（相关内容见下节）。“平安普惠”这个名称，首次正式出现在平安的子公司序列中。

平安普惠金融业务集群，整合了平安直通贷款业务、陆金所辖下的 P2P（个人对个人）小额信用贷款以及平安信用保证保险事业部三个模块，打通了平安旗下的“天地网”资源，致力于解决小微企业融资难、融资贵问题，服务小微企业和个人消费金融需求，让人人享有借贷权。

同年 8 月 20 日，平安发布关联交易公告，旗下控股子公司平安海外控股拟将其所持的普惠（有限）100% 的股权转让给陆金所（控股），该股权转让完成后，普惠（有限）100% 的股权将由陆金所（控股）持有。

根据官方说法，平安将陆金所（控股）和普惠（有限）下属的普惠金融业务集群进行合并，是为了加快互联网金融业务的战略部署，加强线上线下协同能力。通过与普惠金融的结合，陆金所形成了独特的 O2O（线上到线下）业务模式。这一互联网金融与传统金融业务的整合，带来了一波估值的强劲上涨。

2016 年 1 月 18 日，陆金所正式对外宣布，完成 12.16 亿美元融资，其中包括 B 轮投资者 9.24 亿美元投资和 A 轮投资者行使认购期权投资的 2.92 亿美元。融资完成后，陆金所估值达到了 185 亿美元，让外界咋舌。

2016 年 7 月，陆金所在新加坡设立陆金所（国际）平台。这是在“一带一路”倡议下，首个将国际总部设于“一带一路”金融枢纽新加坡的中国金融科技企业。这一年是陆金所成立的第 6 个年头，“6”的中文大写恰好是“陆”。

“今天的果是过去 5~10 年前种的因，今天种的因又是 5~10 年之后的果。

你必须现在就种树，不种树就没有未来。”计葵生引用马明哲的话，表示陆金所开始追求一个更大的梦想——打造开放平台。陆金所拥有巨大流量优势，积累了丰富的运营和风控经验，自身将不再生产“产品”，与产品合作方不再有任何竞争关系。

陆金所平台化的最终目标，是搭建一个完备的互联网金融生态体系。在陆金所平台上，不仅有资产和产品提供方、投资者，也有支付机构、评级机构、律师事务所等各个参与方。

2019 年 3 月 12 日，平安 2018 年年报发布，首次“官宣”了陆金所 C 轮融资金额为 13.3 亿美元，投后估值达到 394 亿美元。此次投资陆金所的机构既有全球知名机构、国家主权基金，也有知名私募、金融机构及家族资金等。

虽然陆金所自身的合规能力出众，但 2013 年之后兴起的 P2P 贷款热中，众多平台风控体系脆弱，初心不良，频频爆雷，制造了许多社会问题，最终被监管部门严肃整顿，全行业偃旗息鼓。

2017 年 8 月 3 日，马明哲在《人民日报》刊发署名文章。他说自己早在 2015 年 8 月就表达过观点：“99% 的互联网金融都是‘皇帝的新衣’。”平安从 2011 年设立互联网金融平台陆金所至今，从未发生一起投资者利益受损的风险事件。他建议，鼓励持牌的专业金融机构投资互联网金融，建立金融科技准入制度，严厉打击不合法的互联网金融平台。此后，根据公开信息显示，陆金所旗下 P2P 业务更名为“陆金服”，由上海陆金所互联网金融信息服务有限公司运营，注册资本为 1 亿元，这也正是陆金所控股的运营主体。

2019 年 7 月，平安表示，陆金服 P2P 业务正积极响应和配合监管部门的“三降”要求，现有产品与客户权益不受影响。所谓“三降”，是指有关部门要求 P2P 平台压降存量业务规模、出借人数量、借款人数量。

全行业进行整顿，陆金所也需要转型。平安迅速找到了一条新路。2019

年 11 月 27 日，银保监会发布批复，同意平安集团在上海筹建平安消费金融有限公司。

一切都向着更加有序的方向发展。

金融生态圈之平安普惠："草根"助力成为最大普惠金融机构

如今的公众对消费金融贷款业务已经不陌生了，它已成为居民获得周转资金的重要渠道。但当 2005 年 8 月平安初探该领域时，情况没有这么乐观。

因为看中消费金融市场，2005 年 8 月，平安集团旗下平安信托成立了个人消费信贷事业部，同时成立平安全资子公司——深圳市信安投资有限公司，小额消费贷款信托模式"信安易贷"由此产生。当时，小额信贷业务在中国还处于起步阶段，正规的小额信贷公司少之又少，整个社会对小额信贷业务也不够了解。

平安又一次进入了别人没怎么干过的行当。一切从零开始，当时这个部门的全部员工加在一起只有二三十人。从 2006 年初开始，平安开始为那些需要急用钱的深圳市民提供了一个新型的申请贷款渠道——贷款无须抵押、无须担保、申请简便、贷款额高、即时到款、还款轻松。

这不仅填补了国内个人消费贷款市场的空白，也标志着平安在个人信贷市场上的突破。

按照规划设计，信安易贷受平安信托独家委托，为其提供个人消费贷款的宣传推广和客户推介服务：只要年满 18 岁，月收入超过 1000 元，持有效身份证原件就有资格申请贷款。在客户资料获得确认后，信安易贷会把符合标准的客户推荐给平安信托，再经审批合格后，平安信托即与客户签订贷款合同，并放款给申请人。

最快的情况下，整个流程在当天就可以办理成功。

但由于公众缺乏了解，信安易贷在全国开展业务面临的困难很大。受当时政策限制，在深圳以外的城市，平安无法以“信安易贷”模式开拓市场。于是，平安创造性地制定了“产险信用保证保险”的业务发展模式——利用“信用险＋银行贷款”的形式，在深圳以外的地方，通过向普通居民提供信用保证保险，帮助他们从银行获取贷款。

平安凭借自身综合金融平台优势，创造性地运用保险工具，为满足普通居民短期资金需求开辟了一条便捷通道。

平安当时的判断是，中国小额消费信贷刚刚起步，市场空间极大。这种“个人消费信贷保证保险＋银行小额贷款”的创新合作模式，不仅丰富了银行的个人贷款产品系列，也有利于降低银行放贷风险，进一步拓宽金融服务渠道，还有利于进一步健全个人信用体系。

2007 年 6 月，产险模式下的信用保证保险事业部正式成立。半年后，该类业务的全国首家营业门店在上海静安广场开业。

信保的期末贷款在 2012 年 3 月初就突破了 100 亿元。从 0 元到 50 亿元，用了 5 年，从 50 亿元到 100 亿元，则用了不到 1 年时间。

此时平安开始感到了一丝隐忧——个人小额信贷市场发展迅猛，竞争对手数量快速增加，且业务模式不断推陈出新，平安信保的业务增速已经开始明显落后于市场平均水平，市场份额也在不断下滑。

很快，这一担忧就变成了现实：2013 年，信保在新增销售额、客户数、账户数和贷款余额方面，无论是增长率，还是绝对增长额等指标均低于 2012 年。更让人不安的是，坏账率开始攀升，产品、渠道显得过于单一，业务模式缺乏竞争力等问题也接踵而至。

韩国人赵容奭就是在这个背景下，从自己的老上司手里接过接力棒，出任 CEO 一职。

赵容奭加入平安的过程非常有故事性。2002 年，他正在韩国花旗银行工作时，行长理查德给了他两个选择，去花旗在泰国的机构，或者去上海的花旗。当时，他觉得自己对中国并不了解，也没有到过上海，主观上认为泰国可能会更国际化一点，于是就选择去泰国工作了两年。

“但我太太当时对我说，她觉得我们将来肯定会去上海。”赵容奭结束在泰国的工作后，重新回到韩国，加入了汇丰在韩国的机构。2007 年时，他接到了已经出任平安银行行长的理查德的电话，询问他是否愿意到中国工作。

又是同一个问题。“这次真的没有做太多考虑，马上就飞过来见马总。第二天就赶回首尔提辞职了。说实话，当时马总甚至都没有明确告诉我是否已经录用我了，心情可想而知是急切的。”

赵容奭接棒后，带着团队，对业务逐项进行检视，认为守业难以为继，要生存，要发展，唯一的选择是改变，决不能被动等到行业重新洗牌才去匆忙应对；要让信保全体员工的状态从守业转到创业上来，建立新的愿景，也就是 5 年后（2018 年）要做中国规模最大、利润最高的消费金融公司。

在赵容奭看来，“信用保证保险”的模式肯定不能成为未来的方向。在互联网时代，这一模式在流程上没有竞争力，因而必须开发新业务模式：包括通过目标客户分群、销售渠道优化来解决落后于市场的问题，通过门店模式转型、门店规划调整来解决业务增速放缓的问题，通过定价策略细分、丰富产品线来应对坏账率攀升的问题，通过存量客户开发、技术创新、运营费用优化来解决产品、渠道单一的困境。

任汇川曾经分管这一业务 6 年时间。他说，平安做了当时中国银行业都不愿意做的事情，站在现在的角度来看，这个布局是正确的，非常好地锻炼了团队，积累了相当多的风控经验。“总的来说，平安赢在布局早、行业看得准、团队选得好。”

采取新业务模式后，新增销售额、坏账率、收入等核心指标都得到了非常明显的改善。2015 年 3 月，平安将旗下多个相关业务，整合成统一的

“平安普惠金融”业务集群，4个月之后，该业务集群宣布，公司组织架构与业务模式的整合已经完成，以业务规模计，平安普惠已是中国最大的消费金融公司，并将致力于打造国际领先的消费金融公司。

赵容奭表示，在“平安普惠”的词典里：“普”要求普及到每个地方、每个人，让每个客户都能享受优质的金融服务；“惠”则要求通过专业的服务，让每个客户获得简单快捷的融资体验，大刀阔斧的改革仍在推进。

在2016年春节后上班第一天，赵容奭将拖累公司前进的部分业务给停掉了，“因为如果继续做下去，损失还会更大，对我们来说也会有更大的麻烦。我跟我的团队开玩笑，在我做的这么多决定中，这个决定可能是最正确的”。

从2014年到2017年，平安的小贷（普惠）业务规模从200亿元增长到2200亿元，“以前可能没多少人会关注我们，现在我们的知名度越来越高，其实不是一时之功，整个过程花了超过十年时间”。在赵容奭看来，通过金融科技满足客户需求，让他们有更好的客户体验，这种价值是第一位的，比节约成本更重要。

赵容奭说，平安普惠一个很大的贡献就是扩展了信用，“通过改变自身的业务模式，没那么容易造假了，真正需要贷款的客户就会到平安普惠来，我们就可以用最快的速度把贷款发给他们，客户也省去了在市场上对各个商家进行比较的精力”。

当90后老板许毅走进自己的办公室，当黑龙江佳木斯的曹志敏在大棚里招呼员工收获新木耳，当重庆牌坊坝村的张正群在养殖基地开始一天的忙活，当内蒙古海拉尔的托亚拿起心爱的工具开始制作传统缠丝线……这些看似不相关的人和场景中间有一条看不见的线——他们都是平安普惠开放式借贷平台的受益者。

在获得平安普惠帮助前，这些创业者都面临不同维度的贷款难题：许毅的公司由于初创，经营年限不长、流水不足，难以从传统银行获得足额的贷款支持；曹志敏的合作社生产周期长、资金回流慢，资金紧张时，连工资都发不出，扩大经营更是奢望；张正群和托亚也都面临资金缺口大，难以扩大生产的问题。

平安普惠的开放式借贷平台，借助平安的金融科技，“将环节开放，将能力聚合”，通过资源挖掘、聚拢和匹配，将信贷业务链条的产品设计、资金获取、获客营销、风险评估、增信、贷后管理等各方优势资源聚合，协同完成借贷服务全流程，从而摊薄单位成本、取长补短，帮助无数像许毅、曹志敏这样的小微个体、初创者和“三农”群体，实现创业梦。

大型融资服务机构无暇顾及，小贷公司费率又高，这是传统借贷生态中，无数创业者面临的困局。因为在借贷领域，单一机构任何一个环节的能力局限或成本高企，都会对其业务规模化运营、可持续化增长形成阻碍，导致普惠借贷业务难以持续下沉。正是在这个维度上，平安普惠的开放式借贷服务模式得以脱颖而出，成为破解普惠借贷发展瓶颈的良药。

截至 2019 年底，平安普惠通过聚合模式，累计为 1200 万普惠金融人群提供借款服务，小微业务占比超过 50%；2019 年新增业务中有近四成来自三线及以下城市，约六成借款人在通过平安普惠申请借款之前，未从银行获得过经营类贷款。

平安普惠的这一实践，成功入选中国社科院国家金融与发展实验室发布的《中国普惠金融创新报告（2018）》。报告指出，得益于金融科技创新的加速，中国普惠金融生态体系正日益发展和完善，正形成全新的服务模式，这在很大程度上突破了普惠金融发展的商业可持续瓶颈。

平安普惠专注的是比小微企业体量更小的个体工商户、自雇经营者，他们是组成普惠信贷的深水区、新蓝海。这部分人群在全国的规模超过 1.2 亿，他们地域更分散、需求更多元、风险更高、触网率更低。

将环节打开，将能力聚合，是平安普惠的解题思路。通过构建聚合平台，复杂的信贷业务链条被分解为获客、风控、增信、资金等多个环节。

在每个环节，连接具有独特环节优势的市场主体，让专业机构以高效能的方式解决专业难题，打通金融资源和小微群体之间的“最后 100 米”。

“现在来平安普惠贷款的年轻人，未来可能就是集团的优质客户，我们其实是在帮助集团培育更多的客户。”赵容奭说。

科技生态圈之金融壹账通：科技让金融更简单

人工智能、大数据、云以及区块链等新技术与金融业的深度融合，创造了一个新的机会，那就是帮助传统金融业用技术提升效率、降低成本、降低风险。

基于对行业发展的判断，平安在几年前就着手开始建立金融科技生态圈。也是在那时，金融壹账通作为集团孵化的金融科技公司，开始对外输出技术，为银行、保险、投资等全行业金融机构提供智能营销、智能产品、智能风控、智能运营等端到端的解决方案。

2018 年 2 月，金融壹账通和平安好医生、平安医保科技一起，获得了软银的投资，完成 6.5 亿美元首轮融资。

联席总经理邱寒回忆，在 2017 年 11 月初的一次谈判过程中，孙正义听完董事长叶望春对金融壹账通的介绍之后，异常激动地说：“非常了不起，在这么短的时间内搭建了这么一个好的平台，创造这么好的业绩，真是了不起。”孙正义还说，金融壹账通这个模式是可复制的，日本的银行业也很需要平安的技术。

一开始平安并没有想到金融壹账通的发展速度会那么快。陈心颖说，金融壹账通是平安第一次对外全方位输出科技，完全是从零开始，很难想象是在只有一个理念、一堆文件的时候，就跑去问人家“我可以帮你做什么”。

壹账通的团队非常辛苦，中国有这么多金融机构，要一家一家说服。在那段时间，陈心颖也经常出差去一些之前从未听说过的内地城市，后来这些地方都有项目开花结果。

叶望春的银行业资历资深，在20世纪70年代初，他就开始当信贷员了。他于2007年加入当时的深圳平安银行。他对我们说，平安此前在金融科技方面投入极大，但这些投入一直都是为平安内部的机构服务。马明哲觉得，这些平台、科技和人才，如果只为自己服务，价值很难最大化，一定要“走出去”。

2015年11月，叶望春从平安银行调任金融壹账通董事长兼CEO。“当时，我们这个公司是由前海征信、原一账通App和直销银行‘三剑合一’，重组到一起的。但最早只有两个产品，一个是征信，一个是直销银行，除此之外没有其他产品了，可以说，我心里一点底都没有。那时公司里的人也经常自嘲是‘三无’公司——无成熟产品，无基础客户，无赢利模式。”

事实上，对于“对外输出技术”一事，平安内部也有过相当大的争议：假如把最好的技术“输出”给同行，会不会给平安的发展造成压力？平安的市场份额会不会丢失？另一方面，如果平安试图把过时的技术“输出”给同行，那么同行会又不会质疑平安要做开放生态圈的诚意？

每当这种时候，都是在考验马明哲和平安的魄力、勇气和胸怀。马明哲坚持认为，开放是一种趋势，一个国家是这样，一个企业也应当是这样。平安所瞄准的市场体量足够大，即使平安不去占领，其他互联网、科技公司早晚也都会去占领。

“与其到时候出现这种情况，不如我们早点进入，残酷的市场竞争倒逼我们做这样的战略布置。”邱寒说。

作为金融行业中市场化程度最高、多样化色彩最浓、探索气质最鲜明的企业之一，平安走到了行业最远的边界，也最知道各种坑坑洼洼和行业痛点。

平安在跨越痛点中积累了宝贵的经验、能力和技术，马明哲希望把这些对外输出，把经过实战检验的领先技术输出给其他金融机构，帮助别的金融机构能快速提升技术、产品和运营能力，实现共赢，这就是孵化金融壹账通的初衷。

在平安看来，国外的金融科技企业更多专注于单个或垂直化的领域，能力相对比较窄。例如，PayPal 和 Stripe 是支付领域的龙头、Wealthfront 和 LendingClub 深耕于财富管理和 P2P 领域等，彼此间少有业务交集。而中国则有机会通过打造开放的生态圈，深入各种应用场景，让更多机构和个人活跃其中，不断地丰富和完善生态圈内容，提升用户黏性。

和传统 IT 供应商以及具有巨大流量优势的互联网企业相比，金融壹账通的优势在于，基于多年金融业深耕经验，知道中小银行的真正需求，并用金融科技帮助其提升能力。与竞争对手比，金融壹账通的定位是一家战略赋能型金融科技公司，通过授人以渔的模式，帮助中小金融机构解决技术和业务痛点进而实现转型。

邱寒对我们说，金融壹账通是一家纯科技公司，它最初为平安在银行、保险、证券、信托等领域提供科技支持，帮助其转型升级，提供区块链、人工智能、客户服务等产品。

但当金融壹账通希望把这种能力和技术外溢给行业时，首先要回答的就是同行的问题：“我们用你们的服务，你们会不会把我们的数据给平安银行？”第二个挑战是，平安自己积累出来的系统产品，是不是适用于其他金融企业？用了之后效果到底怎样？第三个挑战是，金融壹账通当时所提供的系统，是以零售、直销银行这一类业务为切入口的，但全行业还处于要不要做零售转型的思索期，主要精力仍然放在对公业务上，所以金融壹账通向客户做推荐的时候，感兴趣的机构很多，但真正采取行动的很少。

金融壹账通的团队只能到处跑、拜访银行，不停地传递“我们是谁，我们要做什么，我们能帮你们做什么”。叶望春回忆说，光 2016 年一年，他就去了 20 多个省，跑了 80 多家银行；2017 年、2018 年，组织召开了超过

120 场论坛、会议，每一场都邀请和吸引了 50 家银行的高管层来参加，金融壹账通借助各种场合，不遗余力地向银行同业介绍自己的系统和产品。

几年时间里，金融壹账通完成了从搭建平台、产品孵化，到产品迭代、新的条线设置，构建了一个金融全产业链的科技服务平台，完善了“5+1”（零售、对公、投资、保险、海外、开放平台）的对外服务体系。

开始过去三年间，行业发生了很多变化。中小银行的转型决心越来越大，很多银行愿意在这方面投入了。但由于所能投入的资金规模和人才数量都无法和大银行相比，这迫使它们不得不寻求合作方来支持，以此来获得和大型银行同台竞争的机会。

“经过成本分摊后的金融壹账通的产品，在价格上，必然比一家金融机构自建体系低很多。我们还采取了一些更为灵活的方式，不一定要向客户收取整个建设费用，甚至可以将我们的系统出租给客户，使客户的成本进一步降低。”叶望春说，现在很多签约客户对金融壹账通的需求越来越多，之前平均可能只采购一个产品，现在已经接近 2.5 个了，这一数字还在提升。

很多银行向零售业务转型才刚刚开始，对零售业务的内容并不十分有把握，这也倒逼金融壹账通在给它们提供解决方案时，不能只是给纯粹的技术解决方案，还需要配套一些类似咨询顾问的服务，甚至还要为一些产品和业务合作牵线搭桥。越是接触，越是发现银行群体有大量其他需求，于是金融壹账通产品线从一开始的直销银行、数据以及同业交易的服务，慢慢延伸到了其他方面，例如零售银行板块当中的智能风控、智能营销、智能运营等。

邱寒说，现在金融壹账通的整体解决方案，已经不再局限于以前外界所理解的第三方 IT 公司了，现在不仅能够提供一揽子的技术，还能提供各种服务，不但可以帮助客户“装修房子”，同时还能安排服务人员天天帮着“打扫卫生”。

在商业模式上，金融壹账通也做了很多定制化的创新尝试，比如少收或不收服务费，而是与客户约定一个业务基数，在之上的增长中分享一部分。

2019 年，金融壹账通营业收入同比增长 64.7% 至 23.28 亿元。截至 2019 年 12 月末，金融壹账通服务国内全部大型银行、99% 的城商行和 52% 的保险公司，优质客户数达 473 家；已为境外 14 个国家和地区的 47 家机构提供服务或签约合作。参与发起的中小银行互联网金融联盟，覆盖全国超 260 家中小银行，总资产规模超过 52 万亿元。

现在的金融壹账通的开放平台上，不仅有大量来自中国的合作方，还有一大批海外研究开发机构。金融壹账通的开放力度非常大，开放的层次也越来越深、越来越广，原先是单向开放，现在把平台也开放给第三方技术公司，把它们的能力嵌在这个平台上，不断提升整个平台的效率。

从 2017 年以来，区块链虽然被炒得沸反盈天，但在实际应用中，一直受困于三大难题，包括决定区块链性能效率的吞吐量效率，决定安全性的隐私保护以及如何化繁为简的部署管理。这三大难题均已被金融壹账通的区块链解决方案“壹账链”突破。

金融壹账通已经实现将区块链技术化虚为实，并应用在 14 个场景与领域，其中一个就是资产证券化。区块链的特性能有效实现信息传导的同步性，并不可篡改。例如，在 ABS（资产抵押证券）场景里，有许多角色，如原始权益人、计划管理人、投资人，事务所评级公司，还有担保机构等。信息不对称是核心痛点。

区块链技术重塑了 ABS 场景中的信任机制。经过综合全面的招标程序，金融壹账通于 2018 年 7 月底成功获聘为香港贸易融资平台的技术服务提供商，为该平台的生产部署提供支持，在准备时间上不占优势的情况下，从与 IMB、微软、以太坊等这些知名国际同行的竞争中杀出重围。

金融壹账通缘何能够杀出重围？邱寒认为，客户可能主要考虑了几方面的因素：

首先，金融壹账通自身有非常过硬的底层技术，既有专利技术，也有顶级专家，一旦区块链技术进入大规模商用阶段，实际应用过程中的交易能力将是对服务提供方的巨大考验；

其次，考虑到平安的金融背景，对区块链技术不会仅仅停留在技术开发阶段，必然会重点考虑如何在贸易链、金融等领域进行应用，这是一种复合能力。

“金融壹账通可能是目前最懂金融的科技公司。”邱寒说，未来，金融壹账通还将通过系列智能产品，赋能线下业务场景，全面帮助传统金融行业转型升级。

从 2018 年开始，国际同行来金融壹账通参观、拜访的次数明显增多。邱寒介绍说，现在他们已经把技术向国内中小规模金融机构做了输出，接着会慢慢地向国际市场输出，有一些外国监管部门已经找到他们，希望平安能为他们提供服务。

中国金融科技的水平已经走到全球前列，金融壹账通开始慢慢建立起在海外的口碑。并且在相当多海外市场，金融壹账通正将大量产品“本地化”，以适应海外市场的监管要求。

金融壹账通在“开门迎客”的同时，也积极尝试“走出去”。

2019 年 2 月 20 日，平安金融壹账通新加坡公司在印度尼西亚雅加达开设分公司，助力当地银行和金融机构加快金融服务数字化转型。开业当天，金融壹账通与印尼市场管理协会（ASPARINDO，Indonesia’s Traditional Market Management Association）达成合作，将会让更多当地贸易商和商户用上数字金融服务，共同加入金融壹账通的科技生态圈。

4 月 26 日，金融壹账通与日本 SBI 集团签订协议，在日本成立合资公司 SBI–金融壹账通日本公司（SBI OneConnect Japan）。SBI–金融壹账通日本公司从移动端应用开始，推进金融壹账通各类金融科技解决方案的本地化应用，向全日本的金融机构和商户提供金融壹账通的金融科技服务，为金融壹账通在亚太市场布局迈出重要一步。

7 月 22 日，金融壹账通与阿联酋阿布扎比国际金融中心签署谅解备忘录，旨在在两者之间建立共识，促进和发展中东北非“一带一路”沿线地区的金融科技创新、生态系统和市场机会。双方还将共同参与开发和 / 或应用人工智能、区块链和分布式账本、应用程序界面（API）等技术及其他新技术领域的联合创新项目。

“平安开放技术给整个生态圈，这是一种新模式。以平安银行为例，它的资产规模占整个行业的 3% 上下，如果技术只给自己使用，那么满打满算只能服务 3% 的市场，但现在金融壹账通服务了几百家银行，大部分客户都使用两个以上的产品，这些银行的资产规模相加是极大的。这就是创新型的轻资产的杠杆效应。”陈心颖说。

“这些工作的压力和难度都非常大，非常考验我们的团队，但我们非常珍惜参与国际竞争的机会。”叶望春说，中国的金融科技企业可能在技术上没有达到全世界最好的水平，但在应用方面的水平，肯定是全世界领先的。

2019 年 12 月 13 日，陈心颖、叶望春、邱寒的内心无比激动。因为他们一手打造的中国领先的面向金融机构的商业科技云服务平台——金融壹账通正式在美国纽交所上市，发行股票代码为 OCFT。金融壹账通当天首次公开发行 3120 万股美国存托股票（ADS），定价为每股 10.00 美元。

陈心颖在敲钟仪式之前的早餐会上发表致辞：“四年前，抱着用科技让金融更简单的梦想，团队从零开始创建了这家公司，一路从小到大，从大到强，勇敢地将梦想付诸实现，并且站在了纽交所，这是全体金融壹账通人的骄傲。”

“金融壹账通已发展成为中国最大的面向金融机构的商业科技云服务平台。”叶望春在敲钟仪式后说。金融科技方兴未艾，金融壹账通赋能金融、服务社会之路，依然任重道远。全球有 17 亿成年人没有银行账户，仅亚洲就有 10 亿；中国有近 40% 的成年人从未获得过消费金融服务，超过 40% 的中小企业融资需求难以满足。金融科技将进一步拓展金融服务的边界，提高金融供给的效率，推动普惠金融的发展。

壹账通，通天下。

第十二章
生态圈里的“独角兽”（下）

医疗健康生态圈之平安医保科技：为“两保三医”全方位赋能

保险和健康、医疗息息相关，平安从未停止过对健康医疗事业的关注。

“新医改”是国家的战略性工作，各地政府高度重视，积极推进深化医药卫生体制改革。国务院、人社部、卫计委等先后颁布一系列指导文件，进一步明确了以“医保”为核心，促进医疗、医药、医保“三医”良性互动，将分级诊疗、家庭医生签约、慢病管理及医保支付方式改革等作为新医改的重点方向和关注领域，并倡导汇聚政府、社会各方力量，依托“互联网 +”手段，优化医疗资源配置，完善医疗健康管理，提升人民群众就医体验，缓解“看病贵”“看病难”痛点。

“医”是个大生意，经营者必须要有悬壶济世的理想，否则是做不好也不做大的。平安在医疗方面的布局，就体现了这种情怀。

具体来说，平安选择布局医疗生态圈，主要基于几个方面的考虑。

第一，消费升级，老百姓有需求。医疗有三大阶段：预防、治疗、康复。老百姓过去的医疗消费集中在治疗环节，有病才治；现在对前端的亚健康预防、检查，以及康复阶段，大家的关注度越来越高。

第二，随着2018年5月国家医疗保障局挂牌成立，医保支付端的需求也在逐渐形成。一方面需要打击骗保，减少不必要的浪费支付，另一方面也要不断扩大保障的目录范围、参保人群范围，减少因病返贫、因病致贫。所以，医疗消费支出在增加。

第三，平安有过去几十年的积累和日益强大的科技能力为基础。平安的基础科技研究，包括人工智能、区块链、云、智能识别，能够转化成前端应用型产品，给整个产业带来积极改变。

平安有2亿金融客户，寿险、健康险、养老险、大病险等保险品种多数和医疗相关，自身可以形成商业闭环。所以医疗健康和金融服务一样，平安的核心主营业务。平安努力的方向是建立全世界最大的数据驱动型的管理式医疗服务体系，提供“保险+AI+医疗”的服务，构建端到端的医疗生态。

平安布局的医疗健康生态圈的“顶层”，是面向政府机构的智慧医疗健康云服务平台，实现顶层信息数据的互联互通；“中间层”为“PPP”，即患者端（patient）、医疗服务端（provider）、支付端（payment）；底层是由“人工智能+大数据技术”提供支持的疾病筛查、预测系统和智慧诊疗系统。

“医”的市场很大，能把“生态圈”做起来的企业很少，因为链条实在太长。为此，平安做了周密的部署，利用“PPP”来划分管理这个生态圈，以确保各子公司板块都有自己的角色和主战场，在“不越位”的同时打好配合战。

在患者端，平安已具备了一个非常好的入口，即平安好医生（详见下一节）。目前平安好医生平台拥有超过2.7亿用户，每天问诊量超过60万，自有医疗团队超过千人，签约医生超过5000名。

在医疗服务端，大部分医疗服务，比如体检、健康管理、疾病检测、疾病治疗等服务，最终都要落实到线下的医疗机构。平安选择的抓手是检测中心。建立检测中心，不仅能通过引入社会资源，缓解基层辅助科室专业人员短缺的困境，还将实现区域医疗资源共享，保障医疗质量和医疗安全。同时，分流大医院的常规检查患者，有助于构建结构优化、分工合理的分级诊疗服务体系，为患者提供差异化服务，提升就医体验。

在支付端，医保负担着整个医疗开支中的一大块，目前平安正在200多个城市建立管理医保报销平台，审核报销所需要的一系列资料，深度了解医疗机构的医疗行为。

此外，平安还有医疗云、辅助诊疗（AskBob）、医疗影像等全球领先的底层医疗技术，协助医生和疾控组织做好诊疗前中后全流程的疾病预测、筛查、差异化诊疗方案与慢病管理。

好风凭借浪。平安在“新医改”中看到了巨大的机会空间。

平安医保科技公司是从平安养老保险公司体内孵化出来的，全称是平安医疗健康管理股份有限公司，愿景是革新中国医疗市场，助力三医联动，实现“一降两提”（降低医疗成本、提升服务体验、提升保障水平）。

董事长兼CEO方蔚豪是2019年1月28日到该公司上任的，此前他带领平安国际融资租赁公司从无到有，成为业界佼佼者。到任前，马明哲跟他谈的一件事，就是要他重新定位未来的方向、公司的商业模式及赢利模式。

商业模式和赢利模式有什么区别？方蔚豪说，商业模式告诉你“为什么”，就是为什么会挣到钱；赢利模式则告诉你“怎么办”，就是怎么挣钱。“没有前瞻性的战略，就像是一盆水倒出去，流到哪儿算哪儿，到最后，可能哪儿都没流到，干了就干了。这是不对的。”

老百姓过去看病主要有两部分费用，一部分是俗称“基本段”的医疗报销支付，整个中国的医保基金大概有1.8万亿元的征缴量，赔付支付大概是在1.4万亿元。一般来说，国内居民都是在医疗保险定点的医疗机构看病，这样才能进医保系统报销。另外一部分是俗称“商业补充段”的理赔结算，即商业保险部分。这两部分再加上个人的自费部分，构成了整个的看病费用。

但由于我国老龄化程度加深，各地社保的压力正在剧增。事实上，一些地方已经出现了“征缴和支付的差距正在慢慢缩小，未来可能还会倒挂”

的现象。

“假如能把‘医’的各环节打通，那么这盘棋就非常大了，会呈现几何级的能量增加。”方蔚豪认为，平安的优势除去品牌和资金以外，更重要的是在健康保险这一端，即支付端，因为还有商业保险的优势。平安医疗科技的基础性创新，包括算法革命、人工智能、云、区块链、生物识别技术，能和每一个产业关联起来，带来赋能和提升。

平安显然有决心，也有能力来默默坚守，更为重要的是，有优势、有能力、有意愿去做。

首先，国家管理部门需要一目了然地了解账户整体运营情况、安全程度和未来运行趋势，了解在不同地区、不同产品、不同医疗场景下，会产生什么样的变化，要在支付端和群众满意度间寻求平衡。

其次，怎么真正让钱花在刀刃上。过去因为各种环节上的疏漏，医保变成了一块“唐僧肉”，重复就医、分散就医、挂床等问题屡禁不止，靠人为去堵，很难做到，只能依靠科技的力量。

最后，怎么样才能让市民只跑一次，甚至一次都不要跑。“我们所有的工作也都是围绕这个展开的。我们希望自己成为一个科技驱动式的医疗管理平台，能实现‘一降两提’，降低药费，提升老百姓的满意度和提升医疗效率。平安做了很多的事情，想来想去，最后都是围绕着这几个核心问题展开的——两保三医，分别是医保、商保，医院、医生、医药。”方蔚豪说。

从2016年5月起，深圳市民通过手机App即可在深圳部分公立三甲医院实现医保移动支付。根据深圳人社局的相关信息，当时已有20多家医院与平安展开合作。深圳人民医院、北大深圳医院、中医院、罗湖医院集团、南医大、南山人民医院和港大深圳医院共7家将作为第一批试运行医院。“社保钱包”（后整合至“城市一账通”）作为全国首个医保在线统一支付平台，正式启动医院医保移动支付试点运行。

平安将一个完全契合医院就医流程的医保在线统一支付平台——城市一账通，嵌入用户就医的诊前、诊中、诊后全流程，这样至少能节省用户一半的排队等待时间，优化就医支付流程，缓解窗口压力。

城市一账通可以根据不同区域、不同医院提供个性化解决方案，灵活度高，通用性强。它从减少医院流程再造角度考虑设计，更贴合原来的医院线下就医流程。有了这一移动支付专用钱包，用户无论在哪里，都可以在资金、信息安全的保障下使用移动社保卡。

平安的支付方案为医院相关平台的搭建提供了底层支持，而平安对社保业务的高度熟悉，使平台具有更强大的医保在线支付管控能力，尤其是确保资金结算安全和信息传输方面的能力。

背靠平安 20 多年积累的健康险经营经验，以及国际领先的医疗健康大数据技术及系统，平安医保科技正在为全国多个城市提供“智慧医保”服务；同时也通过反欺诈、控制过度用药、实施标准处方等技术手段，提升医保管理服务水平，充分发挥医保对医疗服务行为和费用的调控引导与监督制约作用。

要做到这些，并不容易，先要获得地方政府的信任，再去和当地的人社系统和卫计委系统对接，然后再通过系统，触达作为服务方的医院、药店、体检中心，最后再到参保人本身。

于是，平安医保科技打造了“系统＋服务＋运营”的智慧医保一体化平台，全面赋能各级医保局。在这个系统里，有一个“智能监管”产品，根据国家、省、市局的不同职能需求，从全局视角出发，凭借在知识、数据、科技及服务方面的能力，建立了“系统＋服务”的一体化医保监管解决方案，重点解决医保基金支出的合法、合规、合理问题。

事实上，把一些水分挤掉，就等于帮助政府做好了支付控费。平安医保科技的做法是，联通医保结算和医院系统，再加上所建立的医学知识库和技术能力，能判断出哪些治疗方案出现了违规。而这恰恰是现在所有经营健康险的保险公司的痛点。

平安医保科技既希望用技术帮助医保管理机构和医疗卫生管理机构降低医疗成本，提高医疗保障水平，提升医疗服务体验，实现“一降两提”的同时，也希望和商业保险公司合作，将能力输出给它们，从承保、理赔、定价、风控、精准定价到线上核保、线上理赔等多方面赋能。另外，通过支付制度改革解决方案，也能更加高效地配置公共卫生医疗资源。

平安的金融生态圈已经基本形成，但医疗生态圈中间还有一些断点。这些环节一旦耦合上了，就能产生几何级数的增长势能，反之，则会是几何级数地衰减势能。

平安医保科技做过一些尝试，比如抽取 100 个城市中某一年龄组在过去某种疾病的报销情况，从中分析概率。再比如，引入自动识别技术，通过后台识别，可以使患者不用再拿着票据跑到现场报销，拍照之后传到系统就可以完成。

为何医保和商保的结合会被认为如此重要？这主要因为两个方面：一是医保针对的慢病人群，比如高血压人群，能报销一部分，而不能全报销；二是中国现在的商业健康险业务的原保险保费收入只有 5000 多亿元，市场很大，但很少有公司赢利，其中一个主要原因是缺乏数据。

平安医保科技针对第一个方面，能通过数据分析，设计出更好的产品；针对第二个方面，能帮助商保公司进行更好的核查，让商保公司的费用得到一定的控制。除此之外，平安医保科技还能采取技术手段改变医疗机构的过度医疗等问题，帮医保局更好地管理账户，同时也帮助患者改变自己的日常生活行为。

从近年来的政策看，商业保险公司参与社保经办得到了极大鼓励，相关文件不断出台，各种形式的跨界合作模式频出。由此不难看出各方都试图一起来解决现在广泛存在的看病难、看病贵、购药贵、公立医院垄断资源、健康管理机构多乱小杂、欺诈、浪费、滥用医药等问题。平安又一次走在了前头。

“医保改革需要社会各方群策群力，平安愿意不断对外输出核心技术，为社会、政务与行业赋能，这也是平安医保科技未来发展的根本方向。”方蔚豪说。

医疗健康生态圈之平安好医生：搭建医疗科技超级大平台

看病难，看病贵，社会有强烈的改革愿望，政府也希望改善医患关系。这就给创业公司一个发挥的空间——有痛点，就有需求，就有大商机。

平安高层曾一起讨论怎么样能做好健康险业务。马明哲认为：“既然20%的人属于亚健康，80%的是健康人群，那为什么要花那么多时间在20%的亚健康人群上呢？为什么不把精力放在80%的健康人群上呢？”

于是平安开始从80%的人的健康管理入手，希望时机成熟后，再升级到健康险业务领域，这也是平安投资成立平安健康医疗科技有限公司（平安好医生）的初衷。

2018年5月4日，平安好医生（01833.HK）在香港联交所主板上市，共发行1.6亿股，其中香港市场发售4002.36万股占25%，国际市场发售约1.2亿股占75%，合计募资85.64亿港元。这次发售不仅规模大，而且极其火爆，公开发售获超额认购654倍，冻结资金超3768亿港元。

平安好医生是平安孵化出的第一个在短短几年间就完成了IPO的细分行业巨头。它的故事要从2013年说起。

那一年，经人介绍，王涛和马明哲见了一面，各自谈到一些对未来互联网发展的观点和看法。马明哲认为，目前医疗和教育这两个领域里，互联网的渗透率不高，但相信未来会有巨大发展前景。平安在教育领域的积累并不多，因而早早把目标锁定在医疗领域。

在交谈中，马明哲把他在十几年前就有的“医网、药网、信息网，三网合一”的想法和王涛做了分享。王涛动心了。

王涛曾是金山软件 CTO（首席技术官），后加入阿里巴巴任集团资深副总裁兼阿里软件董事长，加入平安后任平安健康保险公司董事长，同时筹备平安的互联网健康医疗平台，也就是“平安好医生”。

第一年走的都是弯路。陈心颖透露，当初平安好医生设计的第一款产品，居然是一个类似提示家长“婴儿的纸尿裤是否湿了”的传输数据的 App，这款产品显然没有太多的市场需求。

在后来的规划中，平安开始思考能不能在线上提供“轻问诊”服务。这主要是考虑到，中国的医院资源分布极不平衡，市民们更愿意往三级甲等大医院去，使得这些医院越发拥挤，就医体验非常不好。而事实上，很多小问题是能够通过线上问诊解决的。

这时平安也注意到，行业里的一些线上问诊公司的做法是找一些医生在线上做兼职，这种做法既无法保证质量，也不能保证效率。于是，平安好医生成了行业里第一家招聘全职医生来做线上医生的公司。后来随着业务量的发展，平安发现就算签约了再多的全职医生，也没法保证那么大量的在线客户需求。“创立之初日咨询量是 20 万人次，2019 年增长到了超过 70 万人次。”王涛说。在不可能增加那么多医生的情况下，运用人工智能技术就成为必然的出路——大量简单的轻问诊问题，是可以由机器人解决的。

2015 年 4 月 21 日，平安宣布旗下首款互联网健康管理产品“平安好医生”正式上线。该创新产品定位于用户随身的“移动医生”，以医生资源为核心，提供实时咨询和健康管理服务，直指“看病难”“挂号难”“预约难”“与医生交流时间短”等医疗健康难题，希望为用户打造便捷、高效、优质的全新健康管理 O2O 体验。

平安好医生迅速变成连接用户与医生，提供线上、线下相结合的服务，整合线上、线下相关医疗健康资源的共享平台。

用户通过平安好医生 App，足不出户就可以享受专业的线上咨询、健康评测、浏览健康信息，并通过获得推荐和奖励，养成良好的健康习惯，建立健康社交网络；有诊疗需求的用户可到线下的平安诊所或专科医疗网络得到有效的治疗，享受与平安合作的国内外知名医疗机构的专业医疗服务。

王涛介绍说，平安好医生一开始是以家庭医生与专科医生的在线咨询服务作为切入口，配合大数据的挖掘、分析及应用，为客户提供个性化的日常健康管理与医疗信息服务。

为了支持平安好医生，平安构建了三层医生体系，即根据健康人群、亚健康人群与疾病患者的不同需求，对医疗资源进行了分类与精确匹配，分别引流至不同层级的医疗资源与服务。

而在这三层医生体系中，最核心的“家庭医生圈”由拥有丰富临床工作经验的医生组成。客户可以根据各医生专业，选择并享受一对一在线专属家庭医生服务。为了确保提供实时、专属、全流程的服务以及有效进行风控管理，医生团队由平安严格筛选、全职招募。

“平安好医生的私家医生服务有一个传统医院咨询无法比拟的优势，那就是病人可以很容易地与医生保持联系，而不用等上几个月才能等到下一个预约，互联网拉近了病人和医生之间的距离。”曾任中国人民解放军总医院（301 医院）临床部神经内科副主任医师的刘赛男之所以选择加入平安好医生，就是看中这是一个能兼顾健康管理和疾病诊疗的平台。

“以前我做门诊医生的时候，在有限时间里要接诊大量病人，分配给每个病人的时间可能只有几分钟。”刘赛男当初面对的难题，至今仍在每一个大排长龙的门诊室里重复着。而现在，她通过全新平台，让自己成为“医生 2.0”：她的神经内科医疗知识和经验，不再只服务每天挂上号的几十个病患，而是能为成千上万人随时准备。

平安提供的O2O医疗健康服务，为用户勾勒出了全新就医场景：客户可以跳出医院制约，享受跨地区、跨行业的医疗服务；平安通过批发整合药品资源，能够最大程度减少医药流通环节成本，使客户享受低价高质的药品服务。

与此同时，通过医疗生态便捷、优质的服务吸引目标人群，为健康险产品带来新的用户，而用户在购买了保险之后，又可以进一步享受平安提供的各种健康医疗服务，从而形成一个完整、正向的O2O闭环。

2015年12月，平安好医生在云南昆明举行媒体开放日，首次披露了平安的健康医疗新战略。王涛介绍说，预计到2020年，中国健康服务业总规模将达到8万亿元以上。凭借中国规模最大的全职网络医生团队，平安好医生上线不到一年已经成为国内在线医疗第一入口。

半年之后，平安好医生对外宣布，完成5亿美元的A轮融资，刷新了全球范围内互联网医疗初创企业单笔最大融资及A轮最高估值两项纪录。

“集团给了非常多的品牌支持和资源，这非常有利于我们这样的初创公司起步。在平安的平台上进行创业，和在外面自主创业有很大不同。”王涛说，在看到不少同行因为考虑到市场前景、盈利预期等问题，因而慢慢放弃的时候，平安一直在坚持。

为了解决用户接触较为低频的问题，“平安好医生”更加突出“健康管理+移动医疗”的战略。虽然说医疗对于每个人来说是低频的，但健康管理却是高频的，这和人们生活水平提高、对自己的健康问题更加重视是高度相关的，这也是平安要做健康管理移动医疗的原因，这样才能更好地适应互联网模式，通过大量的互动，增加和客户的黏性。

从2016年底开始，“平安好医生”开始进入第二个阶段的工作——从初期的在线问诊逐步走向“医到药”的闭环的结合，为此收购了药品B2B（企业对企业）、B2C（企业对个人）的牌照，同时也在申请互联网医院的牌照。

从“在线咨询”到“在线看病”、足不出户去看病，这是第一阶段，是“走向医”的阶段；第二阶段是在药品配送上形成闭环，逐步实现常见病、小病在线上解决。同时“平安好医生”努力打造就医服务，方便用户就医挂号，引导精准就医，未来再把挂号、检验检测报告、病历、随诊复诊、康复跟医院直连后，用户的体验会更加顺畅。

在就医过程中，如果电子档案也能归在一起，那么用户在未来就医时就有了完整档案，能够做到更精准的就医。小毛病靠线上解决，线上不能解决的，就迅速提供线下医院的就医服务。这就是平安讲的移动医疗闭环。

王涛说：“在这些都完成之后，才是第三个阶段，就是‘互联网健康医疗生态圈’，最终走向平台模式。现在还在打基础。即使现在有上亿用户，也远远不够，需要更多的用户、更优质的服务、更多服务供应商来参与。我们也有能力帮助用户筛选出一批优质的服务供应商，保证消费者的体验，让用户拿到优惠的价格，满意度越来越高。”

2018 年 7 月 19 日，以科技和人工智能为主题的“2018 软银全球大会”在东京举行，平安好医生受邀参加。软银集团董事长兼总裁孙正义向与会嘉宾们介绍说，平安好医生的 AI 医疗科技是全球最先进的。

台下听众掌声雷动。

从以上对平安医保科技、平安好医生这两家独角兽的剖析来看，平安已经将医疗健康生态圈打造得非常强大：通过流量端和支付端切入，构建完善的“患者—医疗服务提供商—支付方”的综合模式。

我们也注意到，平安在用“PPP”思路打造医疗健康生态圈的同时，在另一个“P”——药厂（pharmacy）方面，也开始发力。

2017 年，平安投资入股日本津村，成为其第一大股东。津村成立于 1893 年，是全球最大的汉方药制药企业（中国传统中医学在传入日本后被称为汉方医学，在中医学的基础上发展而来），拥有全球最顶尖的中医药技术、标准体系和制药水平，特别是传承了上百年的 129 种中药经典名方制造工艺、生产资质及能力。入股后，平安积极引进津村技术，构筑并完善中药从药材种植到产品制造的全产业链质量管理标准体系。

与此同时，医疗生态还反哺金融业务。透过这些健康医疗的端到端布局，可以沉淀大量医疗数据，更精准定价健康险产品；通过支付端布局，平安将通过支付撬动管理医疗资源，透过信息化手段提高整个医疗效应及医疗服务水平。

汽车生态圈之汽车之家：以 ABC 赋能行业

在接下来的篇幅里，我们将目光投向另外一个对平安来说至关重要的“生态圈”——车生态。这是一个完全不一样的汽车的世界。

国内车市经过十几年的快速发展，出现了一个新现象——新车市场高位盘整，动力减弱，二手车市场的规模则逐年上升，越来越大。

二手车市场的发展历史并不长。最初的二手车交易只是人情买卖，直到 20 世纪 90 年代初二手车市场才开始出现，主要靠车贩子串联，以各种各样形式的收车、获客，谈不上秩序和诚信。

21 世纪初，有交易主体的旧车交易市场开始出现，并得到了相关政策扶持，提供的服务种类也越来越多，但也存在着管理混乱、服务质量缺乏保障等问题。

一个如此大的市场，拥有上千万车主的平安自然不会错过。2013 年初，平安开始思考如何进入更深的产业下游的问题，便派出考察团去美国、欧洲、日本考察二手车业务及其商业模式。

考察团回国后，便开始思考如何用标准化手段，对二手车交易进行规范。2013 年 3 月，平安成立了一个专业公司，取名“平安好车”，正式进军二手车市场。

平安好车的扩张速度很快，用相当短的时间在全国 30 个城市设立了分公司，布局了 90 家网点，并且还拿出少许资金，投资了一些洗车店、维修店等下游环节，这其实也是在尝试组建生态圈。

平安好车一开始以“拍卖”环节作为切入口，提供加油、车辆保养、汽车贷款融资、汽车理赔等服务，也就是二手车里的 C2B（个人对企业）的部分。做了一段时间，平安发现这个市场太散，车贩子的力量非常强大，优势仍集中在他们手里。

平安这时有两个选择：一是继续经营平安好车，和瓜子二手车这样的公司竞争，再花大量资源，才有可能把这些公司打败，但同时自己也可能会伤得很重；二是通过收购，迅速获取这方面的能力，打造生态。

平安最终选择了第二种方式。2016 年，平安决定停掉平安好车公司的运营，将其整体并入平安产险，成为“平安好车主”。

认准一个目标市场，一条路跑不通，就走另一条路，走真正适合平安的路。通过平安好车的摸索，平安发现，“有入口、高门槛、市场潜力规模大、有价值、可复制性”，这应该是平安决定是否进入一个新的互联网领域的标尺。

“这是平安真正让外界觉得不一样的地方。”平安好车前董事长、现平安健康险董事长杨铮说，在平安快速试水某一业务，尤其是之前并不擅长的领域时，一旦发现错误，平安就马上掉头，转向用资本力量构建生态。

机会垂青有准备的人，更垂青有决心的人。在平安好车遭遇挫折后，一家在美国上市的中国互联网公司“汽车之家”打开了机会之窗，其大股东澳洲电讯计划出售其持有的股份。

2016 年 4 月，澳洲电讯对外正式宣布，将所持有的股份转让给平安。但随之引发了原管理团队的情绪反弹，一些矛盾也被诉诸媒体。汽车之家董事长陆敏回忆说，自己是在 5 月 12 日晚上接到马明哲电话的，要他加入当时尚处在动荡中的汽车之家，成了“救火队员”。

虽然情况有点棘手，但为了汽车之家的健康发展，各方最后还是把问题妥善解决了。

入主汽车之家后，平安很快制定了新战略，打造“车内容、车交易、车金融、车生活”为一体的汽车生态圈，即“4+1”战略，让其从“基于内容的垂直领域公司”转型升级为“基于数据技术的汽车公司”。

“新战略下的汽车之家，通过生态平台的搭建，更有效地连接用户和客户，利用汽车之家的平台、生态规则、数据技术、资源等，为用户、客户端赋能，实现三方共赢发展。”陆敏说，2016 年便设计了汽车之家未来几年的战略发展步骤，先从原来的 1.0 的垂直媒体，到 2.0 的平台化，然后再到 3.0 的智能化。

目前，“4+1”战略（2.0 平台化）已经转型成功。2018 年 8 月，汽车之家对“4+1”战略又做了全新升级——构建“4+1”智能汽车生态圈，迈向智能化的 3.0 时代。

“3.0 车生态战略是以 ABC（人工智能、大数据、云）技术为核心，建设‘车内容、车交易、车金融、车生活’4 个圈，赋能用户和商家，形成闭环生态。通过更具精准性的赋能项目，进一步实现用户和客户价值的最大化。”陆敏说。

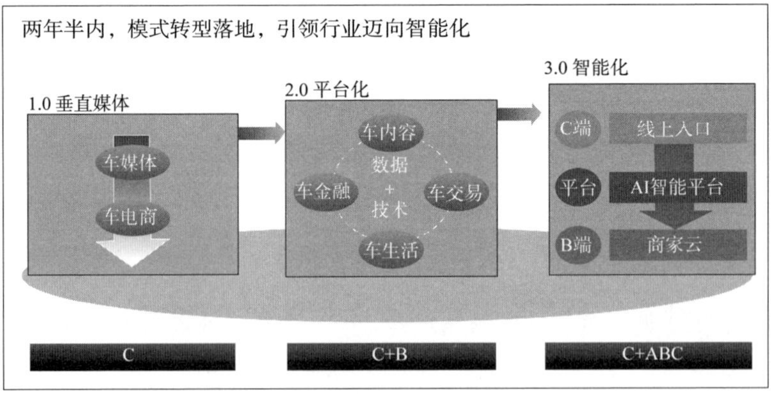

汽车之家战略发展从 1.0 到 3.0

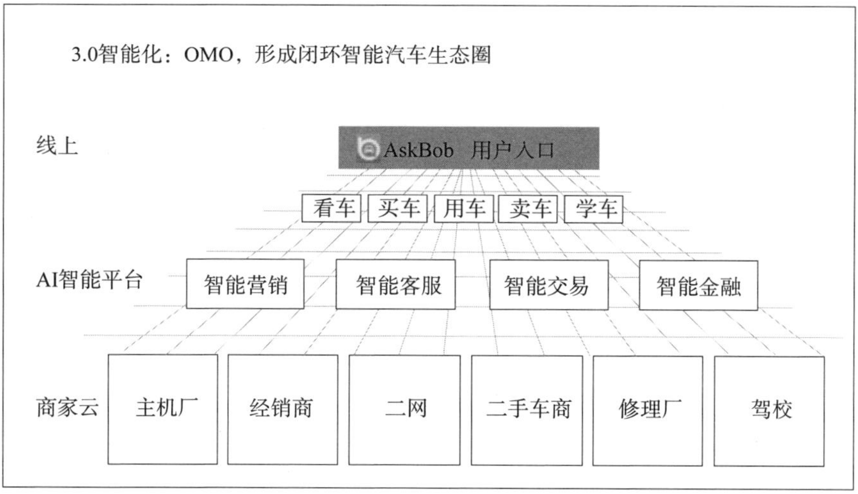

汽车之家“4+1”智能汽车生态圈（又称 3.0 车生态战略）

在线上的用户端即用户入口，应用 AskBob 技术，为用户看车、买车、用车、卖车和学车提供服务；

在平台端，利用 AI 智能平台，推出智能营销、智能客服、智能交易、智能金融等服务；

在客户端，针对主机厂、经销商、二网、二手车商、修理厂、驾校等，形成云平台的服务。将来，还可以跟主机厂客户合作建立私有云，量身定制产品。

在我们对陆敏进行采访时，他刚刚给集团管理层做了汽车之家三周年的总结汇报，认为汽车之家发生了十个方面的变化，这些变化主要有：

在战略层面，从原来纯汽车类的媒体平台转变为基于技术和大数据的平台公司。大数据给汽车之家带来了很多新的发展空间，生态圈战略也开始落地。

在经营层面，流量、营收、利润发生了很大变化。营收、利润翻倍，流量也近乎翻倍。

在产品层面，深入用户的核心需求，有了用户流量的不断增长。原先为主机厂、经销商服务的产品只有广告，现在有更多的产品，包括大数据产品。

在竞争层面，和主要竞争对手之间的距离拉得越来越开了，更重要的是自身增加了新的维度，形成了更大的差异化。

放弃平安好车、收购汽车之家后，经过战略升级，汽车之家的市值翻了好几倍，这证明平安当初的决定是正确的。更加证明了平安不是所有项目都一帆风顺的，也有取舍，不擅长的，就迅速调整；擅长的，就要发挥到极致。

平安是一家极为重视规划的公司，但互联网时代变化实在太快了，所以规划要跟着变化走。在平安，很多传统业务非常成熟，有现成的模式以及成功的要素，但做创新业务，市场在变，模式也需要随时去变，可能每隔一段时间就要改变之前的模式，没有一个固定的东西。

平安做车生态的条件是得天独厚的。陆敏说，原本就有那么多保险用户，再加上进入汽车之家后，有用户数据以及主机厂、经销商网络等资源，而且平安银行也是中国为汽车行业提供贷款最多的三家银行之一，“很有条件形成真正的生态圈，各个主体联系起来，就有很大发展空间”。

汽车之家现在的核心优势是用户消费大数据，这是主机厂、经销商都没有的。汽车之家为了做这个大数据库，花了1年半时间。“以前的数据分散在事业部的各个地域，现在我们全部彻底打通，很像盖房子时的‘五通一平’。”陆敏说，汽车之家在用户画像的基础上，建了新的大数据分群模型，能够实现精准服务，不仅为消费者服务，也为主机厂、经销商服务。

之前，一家主机厂从投入研发到生产出一台新车，周期是三年半到四年，中间还要不断修改。但四年前设计的车型，四年后是否还会受到消费者欢迎？如果不受欢迎，那么这四年的投入就会满盘皆输。这时，主机厂的压力会非常大，有点像是在赌博。

“这时我们的大数据就可以发挥作用。汽车之家的UGC（用户生产内容），占了汽车行业的80%，我们通过语义分析，快速抓取网友对所有车的反馈信息。不管用户是在我们的论坛上，还是在口碑传播上，只要他表达了对某款车的评价，系统就能实时抓取语义，按照汽车行业的分类，把它放到各个类别中去。这种大数据分析和抓取的能力很强，我们每天都能知道用户的反馈，而主机厂自己是没法知道这些的。所以，我们就能和主机厂形成互动合作关系。”陆敏介绍说，主机厂能非常快地得到用户反馈，从而研发出消费者喜欢的车。“我们能帮主机厂提升效率，把周期压缩到两年出一款新车。”

进入2018年下半年，国内车市遭遇了十几年来少见的负增长，这让很多生产企业都措手不及。在陆敏看来，“车生态圈”的作用更加凸显。它能帮助行业找到共同的发展愿景，并让大家在商业上达成共赢。单家企业不可能包罗万象、什么都懂，生态圈里的企业、单位要发挥各自的强项，利用技术帮助各个块区。有相同的目标，大家就不会为小利益相互争斗，反而会发挥各自的想象，通力配合、合作。

车在人们生活中有着极其重要的作用，各路资本也都纷纷涌入这个领域，平安怎么才能和互联网公司的“车生态”做出差异性？

陆敏认为，2B和2C有很大不同。早年的汽车之家也是强调服务个人消费者，“在C端创新，有了Bottom-up，就可以做出来，不需要在顶层做严谨的规划，只要试对了，立即会有爆炸性的增长。但要做生态圈、做2B，再想单点突破是很难的，这就需要一个非常切实可行的顶层规划。更重要的是，所做的业务要切入B端的核心价值链上。要是切不进去，光在外围转悠，那也只能扮演供应商的角色。”

随着平安在“车生态圈”里的布局越来越大，“生态圈反哺金融”的成果也慢慢显现。2019年7月中，深圳银保监局批复同意平安银行汽车消费金融中心开业。在以往，汽车企业旗下成立的汽车金融公司居多，而平安拿到了银行业首家汽车消费金融中心的资质。

过去几年，汽车之家从“自下而上”到战略先行、顶层设计先行、再抓落地执行，强调了整个集团的协同作战。“在汽车行业，平安作为单个企业杀进去，就想把整个行业玩转，几乎没有可能。所以我们协同作战，大家配合，大目标一致，一起做好这个事情。”陆敏说。

在我们和马明哲的多次交流中，他都曾提到一个比方：互联网公司是直接盖房子，发现不行了，就拆了重新弄，速度非常快；而平安是先画图纸，搞好设计，再开始打地基，一层一层往上盖，周期就会很长。

陆敏说，汽车之家也是顶层设计先行，强调培养团队的战略意识。如果没有框架就动工，势必会造成胡建乱造，既浪费钱，也浪费时间。“做顶层设计，不代表不要快速迭代。我们同样要求在从 0 到 1 的过程中，一定要快速，如果追求百分之百的完美，那很可能得不偿失。我们和客户保持着密切的沟通，发现问题立马修改，其实这是不矛盾的。”

在我们对平安多位高管的采访中，他们都引用过马明哲所说的“不怕多花钱，就怕走错路”这句话。

陆敏认为，马明哲说的就是“要吃得准”——“找准了再投入就不怕，但要是找不准，一上一下就是两倍的差距。本来机会是在那儿放着的，但要是找错方向了，结果就是错上加错。现在他（马明哲）老是强调‘先知先觉先行’，也是这个意思。要在市场上发展，就必须比你的竞争对手更加先知先觉先行，才有可能赢”。

第十三章
智慧的集大成者

物有甘苦，尝之者识；
道有夷险，履之者知。

— 刘伯温 —

自2020年春节开始，举国上下都在经历一段刻骨铭心的日子，艰难抗击新型冠状病毒肺炎疫情。这是对国家治理体系和治理能力的一次大考。既要立足当前，科学精准打赢疫情防控阻击战，又要放眼长远，针对这次疫情暴露出来的短板和不足，抓紧补短板、堵漏洞、强弱项。

习近平总书记在中央全面深化改革委员会第十二次会议上的讲话中指出，“要鼓励运用大数据、人工智能、云计算等数字技术，在疫情监测分析、病毒溯源、防控救治、资源调配等方面更好发挥支撑作用。”

科技特别是数字技术，在国家治理体系和治理能力的现代化方面，将扮演更加重要的角色。

过去十年，平安累计投入500多亿元用于创新科技的研发与应用，一系列核心技术广泛应用于核心金融业的客户经营、渠道管理、客户服务和风险管控等场景中，极大提升了传统业务的价值，传统业务的作业模式也智慧化了。

基础研发、应用科技、生态圈，这些成了平安的新动能。有此底气，2018年5月27日，在平安成立30年庆典上，马明哲信心十足：“小胜靠机遇，中胜靠人才，大胜靠平台，长胜靠生态。生态包含了平台、人才等。我们对‘金融＋生态’战略的探索，已经进入无人区、深水区，放眼世界，无先例可循。过去，我们有中国范围内的创新，现在我们有世界范围内的创新，并逐步取得了突破和阶段性成果。”

以科技能力为基，平安把城市也当成服务对象。

2018年至2019年，平安为国家智慧城市建设赋能，构建了“1+N”智慧城市平台体系，已在全国100多个城市以及多个“一带一路”沿线国家和地区推广和实施，涵盖智慧财政、智慧政务、智慧交通、智慧生活、智慧卫健、智慧海关、智慧教育、智慧农业、智慧司法、智慧环保、智慧社区治理等领域，惠及数亿市民，支持各省市政府解决城市治理中存在的各方面痛点与难点，提升治理效率与成效，降低城市发展成本，提高市民满意度和获得感。

这一章，我们将呈现平安五大生态圈中最为庞杂的智慧城市生态圈的来龙去脉。

智慧城市无限大

十九大报告指出，发展新型智慧城市，是全面建设小康社会的重要工作之一。“数字中国，智慧社会”已经上升为国家战略。

但各地在具体建设过程中，遇到了不少瓶颈。比如，将“智慧城市”看作简单的电子政务或数据整合；各自为政，缺乏整体规划；脱离实际，造成重复建设和浪费；参与实施的企业不具备足够的风险管理和管控技术，造成诸多风险隐患等。

2018年8月21日，第四届中国智慧城市国际博览会在深圳市会展中心开幕，平安从“智慧、智理、智效”建设理念出发，依托智能认知、人工智能、区块链、云四大核心技术，首次系统化地公开展示了国内首个“1+N”智慧城市的平台体系及解决方案。

平安发布的《智慧城市白皮书》数据显示，全国95%的副省级以上城市，超过76%的地级城市，明确提出或正在建设智慧城市。然而，中国地域辽阔，城市发展差异较大，对智慧城市存在不少概念不清、外延不明、数据不互通、信息不通畅、跨行业信息安全缺乏统一标准等问题。

陈心颖对我们说，缺乏整体的顶层规划设计，是当前较多城市的通病。在现有的硬件条件基础上，如何用软件提升城市的智慧化水平，跨区域协同，提升效益，从方方面面让市民从智慧城市中受益，这是急需探讨的问题。

“平安的智慧城市战略，刚开始也是比较零散的，经过差不多两年时间，整合为三大板块、21 个模块，才初见端倪。”陈心颖说，三大板块即优政、兴业、惠民。

平安所推的智慧城市战略，和当初以硬件投入为主的智慧城市战略有很大不同，主要经历了三个阶段：

第一个阶段主要是基于平安各类业务场景，借助业务领域经验及技术能力，在政务、财政、医疗、房产等领域，帮助政府提升城市治理及民生服务的水平；

第二阶段主要是将各类独立的产品平台化，形成在某个领域相对独立的解决方案，可以向不同城市政府输出；

第三阶段是建立完善体系化智慧城市云方案，将各个领域的云平台形成整体的解决方案，为各地政府提升治理与服务的能力。

可以预见接下来十年、二十年里，中国的城市化可能不再需要那么多的硬件投入，提升效率更多要靠软件技术的提升，切实做到“有规划、能落地、见效果”。

平安在保险、银行、投资、互联网等多个领域积累了丰富的业务经验，在场景的理解与应用上，相比其他互联网公司有其独特优势。根据丰富的场景及实践经验，平安在方案设计时更能从实际需求出发，不仅输出技术，还能将技术与各类场景很好地融合。

由于智慧城市渗透到城市治理、公共生活和个人生活的方方面面，往往存在信息泄露风险、信用风险、系统风险等安全隐患。作为一家金融机构，平安在数据安全和个人隐私保护层面，有着先天优势，至今未出现公共数据安全问题。

中国互联网发展到今天，C 端的流量红利不断下滑，且成本越来越高。C 端发展成熟后，一定会往 B 端发展。B 端是未来方向，而 B 端里最难做的则是 G 端（政府端）。

智慧城市建设分为几个维度：第一层是硬件层；第二层是数据中心，把政府的系统打通；第三层是各种应用、解决方案。平安现在更多的是在做应用层和数据中心的赋能。

“我们原来做 C 端做惯了，C 端思维很强，现在切换到 2B、2G 上来，思维模式、方法、产品、渠道、运营方式等都要做大的调整。与此同时，平安从内部调动了很多传统业务的、科技条线的力量去智慧城市子公司，形成合力。”毛标说。

在智慧城市方面，平安已经做了 20 多条业务线，每条业务线都费了很大精力，研究业务需求，提出具体解决方案，实实在在地创造价值。

城市的发展方向一定是生活越来越便捷，市民感受到的政府服务一定会越来越好。如果说 20 年前做智慧城市，技术条件不满足；如果 10 年前做，市民需求还不是很强烈的话，那现在时机正好，政府部门、市民都有需求，而且认为是必须的。

IDC（国际数据公司）预测，2017—2021 年智慧城市相关投资平均增速将超过 18%。阿里、腾讯、华为、海康威视、东软集团等各路巨头，以及国内金融巨擘们都纷纷加入智慧城市的竞争之中。

马明哲投注了巨大热情。他说，自己现在每天想着的都是智慧城市，即使周末打高尔夫时，满脑子也是智慧城市。有一个给政府部门的方案，他参与修改了 94 版。

平安动用全集团资源做智慧城市，马明哲在现在参加的所有政府拜访活动中，一定都会推荐平安的智慧城市战略。在内部，他反复强调三个原则。

第一，规划先行。情愿多花钱，不能走错路，规划要从多个维度来看，比如可复制性、难易程度、对政府的重要性、行业门槛高低。平安并不是面面俱到，而是要有所为、有所不为，规划要准确。

第二，尽快做出试点。不去试，就永远不知道对错，要尽快做出标杆，才知道是否能加以推广。

第三，要做政府部门认可的东西，要有自己的核心竞争力。

“快乐平安”是把钥匙

胡玮2013年加入平安之前，一直在AIG（美国国际集团）担任亚洲区CTO，当他正准备去美国发展时，接到了平安的邀请。他在平安很重要的一项工作是搭建平安云平台。

最初平安做“云”，行业里还不太认可，但平安看到，“云”可以大幅节省成本，是未来的趋势。平安非常执着，从零开始研发，用开源技术去做，还从亚马逊公司挖来方国伟等高手，开发平安云平台。

在这一过程中，平安做了两件非常自豪的事。

首先是国产化。2013年之前，平安大量使用戴尔、惠普等品牌的设备；从2013年开始，平安大量引入华为、浪潮等国产的设备，全司提倡国产化。目前，平安的网络设备和服务器基本上都已经国产化，数据库也是用开源的，做到自主可控。

其次，实现了云平台的自主可控，并将集团90%的应用迁移到云上。在稳定运行后，对外开放。目前，平安的云平台已是国内最大的金融云平台。

“我刚到平安时，一年内发生了21起运维事件。公司交给我的一个任务，就是把重大事件率降低。”胡玮告诉我们，他们投入了极大精力，从

2014 年的全年 9 次、2015 年的全年 4 次，到 2016 年实现了全年零次运维重大事件。这在平安乃至国内金融机构历史上是从来没有过的，来平安参观的花旗银行高管对此都感到不可思议。“毕竟平安整个集团的体量那么大，能做到全年零事故，难度可想而知。”

“很多事件的发生，都是有征兆的。我们对几万个监控点加强监控，希望在事件发生之前把它解决掉。”胡玮说，平安现在提出“云战略”的底气，就是来自“平安云”已经搭建完成，并且运营稳定。

“快乐平安”是所有平安员工都在使用的办公软件，在上面几乎可以完成全部工作。过去员工内部沟通的工具是电子邮件，甚至一些简单的聊天也通过邮件实现，但邮件系统的运营成本非常高，不但要备份，还要做安全扫描、归档等。于是，平安的研发团队就在“快乐平安”里做了一套即时通信系统，可以像微信一样即时聊天。马明哲是“快乐平安”最重要的用户体验师，他不断向研发团队反馈自己的用户体验。当时还是项目负责人的胡玮约访了近 100 位平安执委，听取他们的意见。

胡玮之前的工作是管理集团的运营，并没有多少和政府打交道的经验，更谈不上“给政府提供解决方案”。没有想到，“快乐平安”成了打开智慧城市大门的钥匙。

2017 年 9 月 25 日，陈心颖给胡玮打电话，让他赶紧到马明哲办公室，有急事。他正在外地出差，两地隔得比较远，没办法马上赶到，陈心颖就让他第二天和集团副总经理陈克祥一起，直接去深圳市政府办公厅。原来，政府希望改善目前的 OA 系统（办公自动化），提升工作效率。双方聊开之后，发现这个系统和“快乐平安”有很大相似度，可以以此为切入点。

“2017 年 3 月我们就想着如何介入智慧城市，深圳市政府办公厅提供的这次机会，让我们更直接地了解到政府部门的真切需求。”胡玮说，接手项目后，双方每天都在讨论如何让流程更加简洁、高效，同时对一些特殊的、人性化的需求，有针对性地加以解决。

马明哲抓住每一次机会，向政府领导推介平安科技的能力，近一年多几乎每周都在拜访或接待各地相关部门，介绍“平安方案”。2017 年 10 月初，一位地方领导要来平安调研，马明哲带着项目团队成员，对汇报材料一个字一个字地修改，细致到标点符号。整个材料最终敲定时，是凌晨 4 点半。稍微休息一下，早上 7 点多，马明哲又起来开始修改。然后从 9 点半开始向来宾汇报，他亲自讲解了一个多小时，把领导送走后才又休息了一下。

智慧城市的很多方案都是马明哲亲手做出来的，细致到每一个字，因为他觉得某个字用得好不好，很可能直接影响别人对平安的印象。

与巨头过招

尽管平安有实力，也努力，但做智慧城市，并非一开始就被看好。毕竟在很多人眼里，平安只是一家传统金融公司。

有一次，某地政府征询如何建设智慧城市的意见和建议，平安在受邀的 11 家企业名单中，和中国移动、中国联通、华为、中兴、浪潮等公司在一起。平安的名字显得非常突兀。这些科技公司的代表觉得很吃惊：平安怎么也成了同台竞争者？

“离开会场的时候，我们自我感觉还不错，但现在回头看那个方案，简直惨不忍睹，非常初级。”胡玮感叹，当时真的不太了解政府部门的想法，而华为、中兴、中国移动、中国联通都是和政府打了多年交道的。

不过，平安人有一个特点，就是从不胆怯，“即使现在不擅长，不代表以后也不擅长”。有一次做“智慧经贸”的项目，平安的团队天天泡在深圳经信委、工信局，一点一点了解需求，一点一点参与到顶层设计中，最后做出了让人眼前一亮的“智慧经贸”平台。

2017 年 10 月，平安科技公司成立了智慧城市事业部，12 月决定筹建智慧城市公司。智慧城市公司挂牌，则是 2018 年 9 月。挂牌为何要花这么长时间？我们了解到一个插曲：当初拟定的公司名称是“平安智慧城市科技有限公司”，报到市里后，市领导认为，深圳是一个国际化大都市，而且平安做智慧城市的心也很大，于是建议在公司名称中增加“国际”两字。增加这看似简单的两个字，需要商务部批准，就等了比较长的时间。

平安显然没有辜负“国际”俩字。短短几年时间里，平安智慧城市就进入了国际业务领域，将技术输出到了新加坡、越南、印度尼西亚、泰国、马来西亚等国家和地区。

在平安集团，参与智慧城市服务的有四家公司：整体上由智慧城市公司牵头，陆金所旗下的重金所（重庆金融资产交易所）负责“智慧财政”，平安城建科技公司负责“智慧房产”，金融壹账通负责“智慧贸易”“智慧口岸”等。

从政务 OA 开始入手，到“智慧生活”，再拓展到交通、市场监管、发改、财政等领域，这是平安切入政府项目的一个基本脉络。

智慧城市战略的具体落地，并不是顺风顺水的。平安曾和同城的一家互联网巨头在深圳打了两场硬仗，第一场输了，第二场赢了。

2017 年初，深圳要建设一个房屋租赁平台，要开发管理系统，对外招标。平安参与了竞争，尽管投入精力很大，但由于准备时间比较短，在这方面又是新手，几番努力，输给了同城这家互联网巨头。

对一直都在追求赢的马明哲来说，失落感之大，可想而知。不过很快，平安又迎来了和巨头们同台比拼的机会。

同年 10 月，深圳要开发一款针对市民生活的 App，以便市民自助办理各项日常生活事务。平安对这一项目格外看重，迅速行动，很快拿出了一整套方案。

最后的竞争，依然发生在和同城老对手之间。当时不少人认为平安打不过互联网公司，但平安人没有被吓到，反而以更快速度完成了 demo 版

（试样）的开发。

胡玮回忆说，那段时间，只要有政府领导到平安调研，都会看到三样东西的展示：一是移动办公平台，包括政府OA；二是市民生活的demo平台；三是“全视通”，也就是大数据展现平台，用于展示全市的各种数据。

惊心动魄的招投标结束了，平安最终胜出，这对平安来说，是有里程碑意义的。这就是平安，外界越是不了解平安的能力，他们就越要把产品做好。

这个项目便是2019年1月11日正式发布上线的“i深圳”App。这成为外界重新评价平安在智慧城市方面能力的一个窗口。

《深圳晶报》报道了i深圳上线的企业登记“秒批”、落户“秒批”等功能：原本要等几个月的企业投资项目备案，如今6秒获批，立等可取；曾经至少要跑4次的高校应届毕业生落户，如今实现零排队零费用，省心省力；原本需要一天时间的登记手续，现在只要几十秒就完成了……有一种“深圳速度”叫“秒批”。

据深圳市政务服务数据管理局相关负责人介绍，i深圳把“无感申办”和“秒批”相结合，实现了政务服务从申办到审批的全过程主动、精准、智能服务，实行“无填报、无材料、无跑腿、无人干预、无中介”的“五无模式”，是“互联网+政务服务”发展的新阶段，也为深圳“放管服”改革提供了新思路。

2019年7月25日，在上线运营178天之后，i深圳交出了一份年中成绩单：178天里，历经12次版本升级，汇聚3091项服务内容。其中，政务服务2392项，公共服务699项；为超过1200万深圳市民提供近7100万次指尖服务，实现50%事项“1次跑动”，20%事项“零跑动”；减少市民跑动超20.4万次，少提交纸质材料超81.8万份，节约办事时间超61.3万小时。

2020年初新型冠状病毒疫情暴发，暴露出我国在产业协同、应急保障、社会治理等诸多方面存在不足，亟待通过科技手段加以解决。在“政产融”

数字化“战疫”中，我们看到了金融、科技、生态的综合优势在赋能防疫中发挥的独特作用。从“金融 + 科技”的融合服务场景优势切入，平安成了工业互联网版图的一股新势力。

疫情期间，平安智慧城市多方位助力深圳打赢这场疫情防控攻坚战：充分运用大数据分析能力，整合分析了车辆、人口、手机等各类相关数据，形成了人口流动、疫情传播的动态感知，为政府提供精准预测，为领导决策提供参考。

同时，依托平安智慧城市强大的技术能力打造的 i 深圳平台，推出了以“深 i 您”为主题的系列服务，先后上线了“深 i 您—疫情防控服务”“深 i 您—平安在家服务”“深 i 您—口罩预约”“深 i 您—企业服务”“深 i 您—政策指引”等系列“深 i 您”主题服务专区，以及 AskBob 在线问诊等硬核服务，分别为居家观察的深圳市民及五类特殊人群提供全方位的服务。

市民可在“疫情速递”服务中查看全国新冠肺炎疫情实时动态及权威渠道发布的防护问答、科普专栏等相关防疫内容。“疫情跟踪”版块则关注了深圳的疫情快讯、政府通告等最新本地信息；在“深 i 您—平安在家”服务专区，市民可以非常方便地在线上享受心理咨询、在线问诊等服务；“深 i 您—企业服务”专区则为复产复工企业提供服务。

此外，平安充分利用“互联网 + 政务服务”大力推行网上办、掌上办，深圳市已经有 94% 以上的行政许可事项可以实现全流程网上不见面审批，i 深圳已经上线了 7484 项服务，深圳市 95% 以上的个人政务服务，以及 70% 以上的法人政务服务，都实现了掌上办理。这些措施可以让深圳市民尽量少出门、少跑动、少聚集，减少交叉感染的风险。防疫专区上线以后，累计 70 万市民每天都在使用。

针对企业返工难、复工难，应急响应能力不足等问题，应充分利用数字化技术手段，依托工业互联网平台打造系列面向企业的公共服务平台，为企业提供复工指引、自查上报、疫情管控、企业办事等服务，助力企业有序复产复工。如深圳市政府在 i 深圳上线了“深 i 您—企业服务”“深 i 您—疫情防控服务”等专业，为企业员工提供复工指引、办事指南、疫情信息、科学防控、在线办公以及返岗复工心理关怀等精准服务，自服务专区上线以来，平均每天约有 70 万企业和市民使用相关服务，每天约有 4000 人进行问诊咨询。

和互联网巨头不一样

从一开始十几人的团队，到后来的 100 多人，再到现在的 2500 多人，平安智慧城市大踏步地前行。

平安跟腾讯、阿里等互联网公司在做智慧城市时有很大区别。简单来说，腾讯是做流量入口，和微信相关的部分是其最大的强项；阿里的情况也比较相似。但智慧城市要求服务提供商和政府部门一起扎在里面，不断研究需求，再用科技手段加以提升，在这一点上，平安兵强马壮、更了解实际运作的优势就显现出来了。

另外，平安还有一个优势是互联网公司所不具备的——在全国有大量分支机构、网点，且有良好的当地政府关系。

做智慧城市，第一个层面是“政府要什么”，这是 1.0 阶段；2.0 和 3.0 阶段才是“能够主动帮助政府提高些什么”。一个地方获得成功后，就要迅速将经验向全国进行推广。智慧城市公司很多人的日常工作就是出差，一周跑几个城市稀松平常，有人甚至在一天之内能跑三四个城市。

智慧城市两年前已经上升为平安生态圈战略的核心之一。马明哲说，现代城市发展，不仅要持续加强硬件基础投入，更要在软件服务及管理上达到全新高度，利用新科技、新手段，提升城市运行管理效率和民生服务保障能力，打造具有强大软件实力的新型城市生态。

陈心颖用“优政”“兴业”“惠民”概括平安的智慧城市战略，智慧城市的每项业务都和社会民生息息相关，与平安主业紧密结合。平安以“智慧、智理、智效”为理念，以“智慧城市云”为平台，集成创新科技，支撑了多个智慧城市板块：智慧财政、智慧政务、智慧城管、智慧社区、智慧司法、智慧发改、智慧经贸、智慧贸易、智慧口岸、智慧农业、智慧交通、智慧医疗、智慧养老，等等。

在与100多座城市进行外部合作的同时，平安集团内部各子公司的协作关系也进一步紧密，财险、养老保险、银行、证券、金融壹账通等各公司有了更多共同拓展领域，“金融+生态”摩擦出了更多的火花。

“各种商业机会都能和智慧城市联系上，它是没有边界的。不怕想不到，就怕做不到。”胡玮说，政府部门愿意为提高效能付费，这是大趋势，只会加速。

“啃下”深圳，“插进”浙江

近年来，城市的智慧化建设已成为不少地方解决城市发展问题的关键路径。尤其在智慧政务建设方面，通过强化基础设施、打通政务数据，可以更好地帮助政府提升民生服务水平，优化营商环境。

为辅助各级政府实现“数字政府”的转型，平安智慧政务运用大数据、云等先进技术，打造了以全视通、办公通和政务通用平台以及智慧政务“C云”为依托的“2+N+C”智慧政务平台体系。

2019年4月，浙江某市正式推广应用“一窗受理、四端协同”平台，市民办事可以实现在碎片化时间办、就近办、简化办、网上办、移动办，甚至“一次不用跑”。

这个平台，正是当地政府会同平安智慧城市公司等共同打造，平安智慧城市公司承接的。平安以全视通产品为载体，为平台实现数据流和业务流的统一流转及四端协同受理，最终辅助政府实现精准决策、协同办公、智能管理。

这个一键达平台，集合了全市“一窗受理”平台的办事业务，从 53 个市级部门、965 个办事事项、4 个行政层级、4 种服务渠道、10 个业务全流程节点等五大维度进行展示分析，将浙江“最多跑一次”改革的现状、成果及问题通过统计、关联、分析等，以可视化形式展示出来，最终以个人固定端及移动端两个渠道呈现给用户。

可以说，全视通像城市的“驾驶舱”，运用城市中台能力支撑政务大数据智能分析，为政府提供大数据一站式服务，打造城市运营管理中心，助力政府看得准，高效辅助领导决策。智能分流模型可以实现四端分流、大厅分流、高峰分流，减少老百姓办事时间，让群众少跑腿、少折腾。

平安智慧政务已在深圳、北京、重庆等国内 20 多个城市、30 多个委办局推进 50 多个智慧政务类项目。放眼未来，以全视通“DataMax 智能中台”支撑的“城市智脑”，将成为平安智慧政务助力城市智慧化建设的“核心机”。全视通产品构建了 400 多个分析主题、1 万多项城市分析指标体系，实现场景化的模型库和业务决策引擎，为政府提供集约化、组件化、协同化的“数据集成、智能分析、数据洞察、应用融合”统一平台，让城市运营管理从“看不见”变为“看得准”。

“平安智慧城市能进入深圳、浙江这两个地区，我相信，但凡做互联网的人都明白，是非常不容易的。”胡玮说。

平安能和互联网巨头一较高下，是基于以下几点理由。

第一，科技投入必须有非常稳健的收入和利润做支撑。平安每年把 1% 的收入投在科技上，而且不间断，现在每年有百亿级投入，有自己的核心技术。

第二，平安有丰富的应用场景。科技不是放在理论研究室，而是直接放到应用场景中，不断迭代修改的。这已经成为一种 KPI。开总结大会时，如果只是简单汇报“收入达成多少”是不符合会议要求的，一定要说出你所负责的内容在科技上实现了多少创新，给行业带来了怎样的改变。

第三，人员投入。平安有大量的各专业科学家，还有很多来自咨询公司、投资公司的高级管理人才，平安的创新是各种背景的精英智慧风暴的结果。

得益于长期坚持，平安形成了“和金融公司比，科技投入比它们高；和科技公司比，应用场景比它们多”的优势。

智慧城市实际就是用科技手段提高政府效率和市民体验。传统科技公司的做法是“你提需求，我来实现”，现在平安可以告诉客户，“你们可能需要什么，我可以帮你们做完整的解决方案，并且可能超出预期”。

智慧司法帮助“断案”

基于已有科技成果，加上各领域专业能力，孵化各种智慧产品，正成为平安重要的业务增长点。“智慧法院”即是其中之一。

作为一家大型金融科技集团，平安的日常经营活动以及与客户、员工、合作伙伴之间的大量商业关系，都涉及法律规范，免不了与各司法执法机关和律师打交道。在过去30多年的发展历程中，平安意识到，企业的健康发展有赖于公正、高效、便捷的司法环境。而“智慧法院”建设的宗旨，是运用智能科技，更好地服务各级机关的办案执法，便利当事人的诉讼活动，不断降低纠纷解决成本，提升司法效率，最终实现司法便民、司法为民的目标。

各级政府近年来高度重视法院的信息化建设，但也面临着系统分散、平台较多、数据不畅、应用不深、感受不好等痛点。最高人民法院和地方法院共计3542个，采用超过126个信息系统，“分久必合”，亟待通过智慧法院项目进行整合。

平安智慧法院项目的建设，是从2018年10月开始的。最初对接的基本是深圳的基层法院，特别是新成立的，针对它们的审判、执行等特定业务环节切入。后来，该项目开始参与深圳中院的智慧法院一体化平台建设。

尽管已经有了很多实质性的动作，但面对如此庞杂的系统，智慧法院仍需要解决三大核心痛点：一是重复性、事务性工作居多；二是效率仍较低；三是仍有提升空间。

该项目负责人门雪松告诉我们，平安在不到5个月的时间内，基本建设成了智慧法院一体化平台。接着在现有门户基础上，围绕智慧审判和智慧执行，快速开发门户系统原型。到目前为止，平安以深中院作为试点，已经承担了最高院在全国范围内的几个重点试点项目，即智慧法院一体化建设、无纸化建设、数据助力决策、执行查控、整合升级等。

平安的优势是可以在集团内部实现跨部门、跨团队、跨行业协同作战。目前智慧法院的建设，不只是智慧法院事业部一个部门推进，还协调了集团内的金融壹账通、智慧城市等所有涉及这个领域的专业资源。

平安的ABCD（AI、区块链、云、大数据）核心技术被广泛运用到智慧法院项目中。比如“微表情”技术，在庭审中能帮助法官识别当事人是否说谎。再比如，法院有很多电子卷宗要扫描，扫描后通过OCR技术（光学字符识别）进行识别和分析，就能打造出一个标准的案例库，形成基于知识图谱技术构建的解决方案。平安的技术系统还帮助各地法院解决了远程取证、远程开庭的问题，使处理案件的效率大大提升。

智慧法院也是平安整个智慧法律生态的组成部分。据门雪松介绍，平安的智慧法律生态，2G端有法院、检察院、公安，2B端通过“平安好律师系统”服务于企业和金融机构，还有一个类似于AskBob的个人版，是对接C端的，服务于当事人。B端、C端、G端，构成智慧法律的完整生态。

平安集团首席稽核执行官叶素兰告诉我们，平安从创业起就非常注重风险管理规范，这么多年积累了大量素材资料，加上科技应用领域的巨大投入，所以具备了向外输出的能力。平安还懂得如何把能力进行产品化，先让集团内的各子公司试用，然后再根据反馈意见进行修改，从而不断完善。

平安在智能法律方面的探索与应用，既包括单一功能的智能诉讼案件管理、智慧法律专业搜索、类案推送、法官助手、智能诉服、智能流程机器人等，也包括综合性的智慧法院一体化平台、智慧执行一体化平台、智慧仲裁平台、智慧检务平台等。

2019 年 2 月 28 日，深圳国际仲裁院与平安签署“智慧仲裁”建设战略合作协议，以全面提升仲裁业务的数字化、网络化、智能化水平，助力深圳国际仲裁院构建高效的一站式、综合性智慧仲裁平台。

智慧仲裁平台的建设，一方面将打破仲裁机构、仲裁员和仲裁参与者之间的时间、地域限制，做到“一键立案”、视频开庭、法律文书电子送达、电子卷宗自动归档等，实现仲裁业务全流程、一站式在线审理；另一方面，将利用大数据技术构建新型仲裁辅助模式，借助类似案例智能推送、裁判文书大数据分析、裁判观点辅助生成等智能应用，提升仲裁质量和效率。

与深圳国际仲裁院的战略合作，是平安继与深圳市中院开展“智慧法院”战略合作后，又一次以科技助力深圳智慧城市建设的新举措。

“我们致力于为司法领域的各级机关提供端到端、全方位的核心业务及管理事务的智能支持解决方案，并且正在逐步向企业端、个人端延伸。我们也在持续探索包括自然语言处理、知识图谱、智能图像对比分析、区块链等技术在相关场景的创新应用和升级换代。在智慧司法领域，平安将不仅仅是参与者，更期望成为引领者。”叶素兰说。

2019 年 8 月，平安高管团队曾到最高人民法院做了一次汇报，着重介绍了平安智慧法院一体化平台“1444”顶层设计，即一张网、四大价值主张、四大智能应用和四大智库。具体来说：

一张网，是指通过构建智慧法院全视通，建立统一门户，有效整合最高院和全国法院系统，贯通审判、执行、服务和管理四大领域，管理 1000+司法指标，实现多维分析、趋势预测、主动预警、动态追踪。通过 BI（商务智能）+AI 的领先技术，基于不同岗位、不同角色及不同业务场景，构建全景透视、定制推送、智能搜索三大核心引擎，实现全局数据洞察和纵览；

四大价值主张，是指科技升级推动司法改革、数据赋能提升司法质效、技术创新增强司法能力、智慧司法助力服务大众；

四大智能应用是围绕法院核心业务，打造智慧审判、智慧执行、智能管理和智慧服务智能应用；

四大智库，是指通过整合汇聚法院内外部数据，利用数据分析引擎和知识图谱完成数据向知识的转化，打造法官、企业个人诚信、司法案例、法律法规等四大知识库，支撑智能应用的开发部署和数据决策分析。

最高院领导认为，平安深度参与智慧法院建设，体现出企业的社会责任感、助力国家司法建设的情怀，以及勇攀高峰的创新精神，非常契合最高院的规划方向。平安所提出的依托领先的创新科技和人工智能手段，构建强大的全球司法案例库和法律法规库，在现有成文法系基础上强化和完善案例指导体系建设的开创性思路和做法，是司法体系“颠覆性”的重大创新。

平安智慧法院一体化平台可以做到，以案件事实及争议焦点为核心，以全要素标签为基石，以 AI 模型算法为支撑，构建案件全息画像，智能筛选标准案例，结合法官画像实现精准类案推送，助力司法服务提质增效。与此同时，将全球法律法规进行标签化、颗粒化、结构化，实现成文法裁量为主、案例指引为辅的审判新模式，促进司法公正。

另外，在基础设施支撑方面，通过区块链和数据整合服务平台的构建，打造空中走廊，串联专有云、开放云，可以确保数据安全性，降低智慧法院建设成本，打通数据孤岛。

智慧财政帮助政府管“钱”

在平安云平台技术的各项应用功能中，有一项令城市管理者们特别动心，那就是财政管理功能。平安联合财政部财政科学研究院以及麦肯锡、毕马威等国际咨询机构，经过两年研发，搭建起了“公共资产负债管理智能云平台”。

该平台的主要目的是，给地方政府提供财政大数据云平台、财政智能分析系统和财政动态管理报告，找准地方财政的管理难点和痛点，包括债务规模究竟有多大、成本有多高、资产负债匹配如何、借债成本是否合理、财政稳健性与持续性如何等。

2017 年 6 月 30 日，平安和广西南宁市政府在南宁举行新闻发布会，宣布中国首个“公共资产负债管理智能云平台”正式上线运行，这意味着南宁在全国率先实现政府资产负债全面智能化管控、监测。

该平台将发挥“金融智库”功能，通过可视化的数据模型，为地方政府债务管理、深化国企改革提供决策依据。借助这个平台，可以实时监控财务状况，加强财政预警，系统防范政府债务风险，提高国资交易透明度，同时能从制度上有效预防投融资及产权交易领域的腐败。

以南宁为例，上线仅半年，融资服务平台累计有会员 157 家，其中金融机构会员 21 家，企业会员 136 家；累计挂牌项目总金额 90.04 亿元，已完成竞价项目 78.04 亿元，累计为南宁市国有企业直接节约融资成本超过 3700 万元。此外，南宁产权信息平台上线以来，累计成交 60 宗各类产权投资项目，总标的金额近 9 亿元，溢价超过 20%。

除南宁外，平安“智慧财政”已在广东省政府、深圳市政府、哈尔滨市政府等多地上线运行，助力地方政府管账、省钱。

与传统管理模式相比，智能云平台很好地解决了政府在财政管理中的诸多痛点。使用平安自行研发的城市综合发展评估等模型，可以提供公共资产负债管理整体解决方案服务。同时，强调政府顶层设计，聚合财政国资各部门资源，统筹项目建设落地运行，有利于实现政府数据标准规范、口径统一。

另外，云平台创新设计的“4 平台 10 子系统”的整体架构，全方位理清数据收集、分析、利用之间的逻辑关系，促使政府资产负债“摸得清、管得住、来去明、利用好”。平台利用了平安人工智能、大数据的成果，可以智能化辅助政府决策。在一整套系统支持下，政府资产负债管理长效机制得到完善，打破了目前“信息孤岛”“各自为政”的治理现状。

随着智慧财政第一期试点的成功运行，第二期项目很快推出——扶贫资金监管系统。该系统的上线，对提升扶贫资金管理规范化、使用透明性，具有重要意义。该系统可以帮助监管部门对支付凭证影像等定向监察，监测扶贫资金流向，跟踪扶贫项目状态，及时提供资金使用预警。该系统还和南宁市现有脱贫攻坚大数据系统打通，实现各级部门扶贫资金管理、项目管理信息互联互通，实现全过程数据流、审批流跟踪，帮助相关部门更有效地进行决策。

平安与多个省市的合作“多点开花”，已上线了智能监管、智能决策、资产负债管理、扶贫监管等多个智慧财政解决方案。该方案建立了500多个监测模型，监控5000多个指标，服务1000多家行政和企事业单位，每年为政府节省融资成本超亿元，成为政府眼中的“CFO”（首席财务官）。

2019年3月7日，平安与深圳市财政局签署合作协议，双方将合力共建深圳市智慧财政管理一体化平台，建立全市一体化数据、一体化业务、一体化服务、一体化应用的智慧财政信息化管理系统，为深圳市财政预决算政策的编制、执行和管理决策提供有力支撑。

根据协议，深圳市“智慧财政”一体化管理平台以主流互联网分布式技术架构为基础，采用“一体化”设计理念，推进25个财政业务版块的统一建设、部署和实施，实现由“传统经验型人力管财”向“可数据化智慧理财”转变；同时依托数据治理与深度应用，建设“泛财政大数据中心”，积极融入深圳智慧城市信息化建设体系，进一步强化预算执行、深化绩效管理，优化产业政策，提升国有资本运营效能，为政府决策提供更有力的支撑。

深圳市相关负责人表示，深圳“智慧财政”项目总体设计遵循了“财政是国家治理的基础和重要支柱”的全新职能定位，聚焦财政业务的流程再造和系统整合，旨在实现业务一体化、服务一体化、数据一体化、市区一体化，高效联通各级财政、预算单位、银行机构的现代财政管理信息系统，着力打造“服务型、决策型”财政，力争在先进性和科学性上做到“十年不落后”，也为全国财政信息化建设定义新标准。

智慧医疗帮助“看病”

2011 年，马明哲在深圳与麦肯锡高管进行了一场交流会，话题是“数据挖掘与数据开发趋势”。双方都认为，数据挖掘与开发已成为国际优秀企业竞争力建设的核心。

麦肯锡代表说，全球优秀企业都非常重视数据挖掘和整理，并通过对客户行为、习惯的分析，准确定位客户需求并进行营销，这是未来商业发展的重要趋势。沃尔玛、亚马逊、Tesco（乐购）等零售企业以及搜索引擎谷歌都有非常专业的数据分析团队，能利用消费者的搜索和交易数据，准确分析客户需求，开拓新的业务，产生了巨大价值。

例如，谷歌通过人们对某一种感冒病毒的关键词搜索分析，准确分析和预测了这种病毒在全美国的蔓延趋势，为美国政府提供了及时的参考，也给相关医药零售企业带来了重要的市场信息。

马明哲听完后感慨颇多。他想到了智慧医疗，一种商业直觉径自萌生，并且很快在平安的“金融 + 生态”战略中落地。

2016 年 12 月，重庆市卫生和计划生育委员会、重庆市疾病预防控制中心和平安科技，成立了大数据及 AI 在疾病防控领域的应用研究项目联合课题组。

徐亮是课题组平安方面的负责人之一。这位年轻的副总工程师在 2019 年入选《麻省理工科技评论》全球“35 岁以下科技创新 35 人”。他向我们介绍了项目研发的关键细节。

过去，政府机构的传染病疫情预防预警主要依赖传统人工监测，由研究人员向医疗系统内部各单位“定时抽样，每周汇总”。这种方式耗费了大量人力物力，且获取的数据结果相对滞后，亦无其他来源数据做比对修正，最终导致结果精度偏低。

针对上述问题，项目组充分发挥算法融合的技术优势，将宏观层面的数据学习历史经验，与微观层面的个体风险精确评估相结合，融合政府平台上采集的千万城市级数据以及气象、舆情等数据，同时结合本地疾病防控实际业务经验和专家知识，搭建出“AI+ 大数据”疾病预测模型。

一年后的 2017 年 12 月 27 日，平安与重庆疾控中心联合公布了智能疾病预测的最新进展：作为首个“AI+ 大数据”与疾病防控的结合，重庆智能疾病预测与筛查两大模型，在传染病预测和慢性病危险因素筛查方面取得阶段性成果，有助于指导民众进行疾病预防，助力政府部门在相关疾病的防控工作中提升效率，降低疾病预防和控制成本。

深圳市疾控中心后来也加入了项目。2019 年底，政府方面最新监测数据显示，应用流感、手足口病预测模型，可以提前一周预测传染病发生情况，流感 / 手足口病模型准确率达 90% 以上；应用慢阻肺智能筛查模型，可大幅减少筛查成本，提高筛查效率，该模型的准确率达到 92%。平安支持研发的智能疾病预测项目，帮助政府实现了疾病预测时效性更强、精度更高、范围更广、输出更稳定、可扩展性更强。

疾病预测项目获得了 2019 年 IDC 亚太区智慧城市大奖，是医疗健康类亚太地区唯一获奖项目，相关论文还被国际四大医学杂志之一《柳叶刀》子刊 *EBioMedicine* 发表。

近年来，平安已经在医疗科技的创新和应用中斩获了多项大奖。

LUNA（LUng Nodule Analysis）是肺结节检测领域具有权威性的国际评测。2017 年底，LUNA 公布的测试结果显示，平安科技的智能读片技术获得重大突破，分别以 95.1% 和 96.8% 的精度刷新了“肺结节检测”和“假阳性筛查”的世界纪录，双双获得世界第一。这是平安科技首次刷新医学影像领域世界纪录，也是平安在人工智能领域的里程碑式成果。

为了验证“电脑”和“人脑”到底谁更厉害，2018 年 12 月，复旦大学中山医院和平安智慧城市的智慧医疗团队联合举办了一场非常有趣的比赛——“全科智能医疗辅助决策系统”大赛。在比赛中，配备了平安智慧医疗 AI 辅助决策系统（AskBob）的社区医生团队以 86.2 比 51.5 的大比分优势，战胜了使用“传统管理办法”的社区医生团队。在场医疗领域专家高度肯定平安的智慧医疗 AI 辅助系统，认为其在赋能基层医疗机构、助推分级诊疗普及中将发挥重大作用。

数据显示，2018 年，非三级医院诊疗次数为 40 亿人次，接近全国总诊疗次数的一半。但基层医生诊断水平相对有限，智能医疗可以帮助基层医疗机构提高疾病诊断效率，提高诊断能力。

“AI 的核心，一是提高质量，二是提高效率。AI 想提高三甲医院等医生的水平很难，因为他们的水平已经很高，但二级医院、社区医院和乡镇医院还有大量医生需要 AI。”平安集团首席医疗科学家谢国彤说，“从切入点来说，面向基层的赋能空间非常大。”

平安智慧医疗以赋能基层为出发点，与顶级医院做科研，将应用部署在基层医院，赋能基层医生，帮助后者在诊疗过程中更好、更高效地进行判断。

在 2019 数字中国峰会上，113 名观众现场体验了平安智慧医疗的智能眼部 OCT 筛查系统，约 21 人被查出疑似视网膜病变。这一系统能在 3 分钟左右完成检测并给出参考报告，眼科疾病智能筛查准确率高达 98.6%，大大提高了检测效率。对缺乏专科医生的基层医疗机构而言，它能帮助基层医生尽早发现疑似患者。

目前，智能眼部 OCT 筛查系统中运用的智能影像技术，已经在国内 20 多个省市 75 个地级市落地，帮助基层医疗机构开展胸部、脑部、颈部等人体九大系统的智能影像读片，累计调用量超过 6000 万次。

而平安智慧医疗的AskBob智能辅助诊疗系统，更是在上千家基层医疗机构落地，辅助医生对上千种疾病进行诊断和用药。

2020年初，当新型冠状病毒肺炎疫情席卷而来，举国战“疫”之时，甫一开年，马明哲便召集大家开会，提出各业务线要把3亿客户、百万员工的保障服务、生命安全和身体健康放在第一位，采取坚决有力的措施，全力以赴、科学有效地做好疫情防控及医疗健康、保险保障服务等工作。

平安不仅第一时间快速响应，从物资捐赠、保险保障、医疗支援、金融服务等方面，多渠道、多手段全力参与抗击疫情、保障社会民生，积极履行企业公民的责任；布局多年的智慧医疗，也“冲锋在前”，大显身手。

事实上，正是由于这些年在医疗生态圈的不断积淀，平安才能在这次疫情来临时爆发出巨大能量，超出传统金融范畴，深入医疗领域创造价值。智慧医疗正在潜移默化地改变人们的就医习惯和医生的诊断习惯。平安期待着在城市健康攻坚战中，发挥更大的作用。平安的信心在于，平安智慧医疗借助世界领先级的技术优势，以及集成了百万医学概念、千万医学关系、千万医学证据的中文医疗知识图谱，可以源源不断地开发新的智能医疗服务应用场景，推动更多优质医疗资源惠及医务人员及患者，为城市健康保驾护航。

明明能活下来，非要再死一次

是时候来替平安的五大生态圈做个简单的总结了。

平安多年前在科技领域播种的种子，有的已经长成大树，陆金所、平安好医生、汽车之家等已经成为行业中的标杆企业；金融壹账通、平安医保科技虽仍在继续打磨，但已非常茁壮；智慧城市则全面开花。

我们在2019年4月初曾采访过一次陈心颖。前一周，她受新加坡政府的邀请，参加了一场新加坡举办的关于如何更好地建设智慧城市的头脑风暴。

“客观上来说，新加坡也意识到自己已经慢慢落后了，要知道，在一年前，新加坡市民要在路边停车的话，还需要去商店买个类似停车本的东西，并且还要有个人站在路边来记录你的停车时间，这在中国的很多大城市已经是很难想象的事情了。”陈心颖说。

很多国外的考察团都到过中国，也到过平安，也都对中国发生的变化很感兴趣。

在金融科技应用方面，平安已经走在全世界最前列，在医疗科技方面也有机会冲到世界第一。这样的判断是基于平安近 30 年的积累。目前，平安建有五大数据库、3 万多个不同疾病的资料，尤其是对 35 种慢性病有深入研究。以糖尿病为例，平安跟踪和分析了 2000 多万糖尿病患者，并根据他们的生活数据做出预测模型。

“要知道，糖尿病患者的有效治疗率只有 50%，大多数患者吃药方式正确与否、生活控制适当与否，所造成的成本相差了近三倍。我们建模型，分析不同人应该用什么药来控制，这都需要大量投入和钻研，不是一个泛泛的互联网或科技公司能做成的。”陈心颖说，因为我们有几千万的影像数据作为基础，而且都是真实案例。“现在有 1000 多家医院在使用我们的技术，做这样的事，比赚多少钱来得更有意义。”

陈心颖做了 13 年的战略咨询，她说自己偶尔也会陷入一个固定思维模式，认为“做战略应该做擅长的”，这本身没有错，但它可能导致一个企业只愿意做同一件事情。“在平安不会这样，智慧城市就是我们最新的探索。”

有一次，我们和马明哲交流时，他说平安将来是要和谷歌这类公司对标的。我们当时非常惊讶，就像更多年前他告诉我们，平安将来是要和汇丰、花旗去对标的一样。假如平安有朝一日真的跻身世界十大公司之一，那它的能力要素是什么？马明哲的总结是“四个有”：有钱、有人、有场景、有数据。

前两样的重要性不言而喻，平安过去对科技业务的投入是巨大的，是有积累的，大多数投入都已经在传统主业上得到了回报。所以平安做互联网、做科技，并不是从零开始，本身有丰富的资源可以利用。但后两样的重要性更加突出，因为 AI 和小孩子一样，并不是天生就会学习，而是需要在场景中不断磨合、不断学习，才能有进步的，平安有足够多的场景和数据。

以车险的“智能闪赔”为例：全国有 6 万多种不同的车型、2500 万种零配件、10 万多个修理厂、多到数不清的报价。“光这些，我们的产险公司就积累了 20 多年，现在场景和数据反而成了我们最大的优势。”陈心颖说，在过去 10 年里，平安也走了很多弯路。2013 年、2014 年时，平安就曾想做一个超级 App，把所有服务都放进去，把医食住行都整合在一起，后来发现这不太可行，用户认为金融机构的 App 要做专，而非大而全。后来，平安决定要做场景，但也有一些项目失败了，于是就在战略上做了新的调整，“该收购的收购，该整合的整合，该关掉的关掉”。

平安曾经做过一个“综合金融门店”项目。当时的想法是，金融不能只是线上，最后一公里很重要，所以一定要在线下做网点，在社区里开设门店。陈心颖自己也去碧桂园社区“捣鼓”了一年多，最后尝试着开了 77 个服务网点。

“我们当时预计，每家店可能用两年就可以实现赢利，但开店成本太高、利润太薄，最后这 77 个网点，总共 400 多人的团队，还是解散了，很痛心。”陈心颖说，这些学费并没有白交，给后来平安银行的网点建设和规划提供了很多值得借鉴的东西。

“以车生态圈为例，我们在收购了汽车之家之后，其实也走了很多弯路。虽然有了一定流量，但是变现能力不行，于是我们把自己的技术、金融业务和线下云平台注入，使汽车之家的变现能力变得很强，股价不到三年就翻了三倍。”陈心颖说，平安每个成功的互联网公司都经历过九死一生的过程——陆金所经过了 4 次大的调整，平安好医生第一款产品被所有人嘲笑，金融壹账通原有模式不被监管肯定……

很多时候，大家都以为终于能活下来的时候，马明哲又要求“再死一次”：再一次向死而生，之后都能上一个新台阶。

“在这个过程中，马总的态度如何至关重要。”陈心颖说，如果不是马明哲“罩着”和不是在平安的话，很多人都不敢，也不会做这些尝试。“就失败掉的几个项目来看，换作其他企业，足以让你‘滚蛋’几次了。但马总总是将失败的原因归于自己，这让我们非常感动。他既有企业家的敏锐嗅觉，又有胸怀，还愿意找专业的人，这真的不容易。”

“像陆金所，已经发展到创造利润的阶段了；像平安好医生，应该是在建立流量和创造收入之间。我们有多个科技板块的公司，现在在创造流量，或者说处在建立场景的阶段。”盛瑞生说，“五年后，这些科技公司会走到创造利润的阶段，它们会变成拉动整个集团利润增长的新动能。”

深圳“样本”的力量

2019 年 12 月初，“2019 智慧中国年会”发布了第九届中国智慧城市发展水平评估结果。其中，深圳以 77.4 分排名全国第一。本次评估范围选取了全国 108 个样本城市，评估工作历经 5 个月，评估指标包含了智慧基础、智慧治理、智慧民生、数字经济、创新环境 5 个一级指标、18 个二级指标。

评估结果显示,2019 年中国智慧城市平均得分为 56.8 分（满分 100 分），深圳、杭州、上海、北京、广州、宁波、南京、佛山、厦门、成都等城市入围十强。

此次深圳再获殊荣，是深圳政府及本地企业共同努力的结果。

2018 年深圳市政府把智慧城市建设作为一项重点工作来部署，计划用 3 年时间实现“一图全面感知、一号走遍深圳、一键可知全局、一体运行联动、一站创新创业和一屏智享生活”的“六个一”目标。在过去一年多里，平安智慧城市围绕“优政、惠民、兴业”，打造智慧政务、市民、企业三大一体化平台，全面赋能金融、医疗、交通、政务等领域，在深圳成功落地多个项目，共同推动深圳智慧城市建设。

在智慧政务方面，平安智慧城市协助深圳政府开发打造智慧政务一体化平台，并研发出智慧发改、智慧市场监管、智慧工信等一系列智慧政务产品，助力转变政府职能，深化简政放权，创新监管方式，推动“放、管、服”改革不断向纵深发展。如协助政府开发的智慧发改平台，可实现提前 7 个月准确预测核心经济指标走势。另外，协助政府开发的“互联网 + 明厨亮灶”平台，自系统上线以后，帮助政府提升了 10% 的公众食品安全信息服务满意度。

在智慧生活方面，平安智慧城市助力深圳市政府打造的深圳市统一政务服务 App“i 深圳”已成为国内领先的政务与便民服务移动平台。

在智慧环保方面，平安智慧城市与深圳市生态环境局签订战略合作协议，通过深入调研和创新设计，确立了深圳智慧环保“一中心四平台”的建设内容，并完成“630 工程”项目，开发上线 24 个系统，完成 11 大类、2000 项环境元数据、208 个主题库、15 个智能算法模型以及 9.17 亿条历史数据的清洗接入。同时，平安智慧环保成功中标深圳市智慧环保平台建设项目。中标金额 1.42 亿元，为目前国内智慧环保领域最大软件项目。项目采用物联网、云、大数据、区块链、人工智能、3S（遥感技术、地理信息系统、全球定位系统）等技术，以“一中心四平台”为总体架构（生态环境大数据与指挥中心、智慧环保监管平台、智慧环保决策应用平台、智慧环保服务平台、智慧环保政务平台），覆盖深圳生态环境局所有处室的 80 多个业务系统。

在智慧医疗方面，平安智慧城市与深圳市眼科医院围绕打造智慧眼科医联体正式开展战略合作，双方以智能眼科筛查为切入点，通过深圳市眼科医院牵头的深圳市眼科医联体，打造眼科智能筛查、诊疗平台，探索建立深圳市眼病分级诊疗和双向转诊的医联体协作模式。同时，平安智慧医疗与深圳市疾控中心等医疗卫生主管部门联手，在深圳落地应用的平安智慧医疗智能城市疾病预测，是利用“互联网 + 医疗健康”大数据前沿技术，突破性提出“宏观 + 微观”的深度智能城市疾病预测方法，结合本地疾病防控实际业务经验和专家知识，使传染病、慢性病预测模型准确率均达到 90% 以上。

不久前，平安还吸引到一位重量级人物——杜鹏的加入。杜鹏此前为深圳市政府党组成员，前海深港现代服务业合作区管理局（前海湾保税港区管理局）局长。加入平安后，他被任命为平安集团党委委员、副书记、集团智慧城市发展委员会常务副主任兼智慧办主任，全面负责智慧城市工作。

2019 年 12 月 11 日，平安智慧城市召开三年规划工作会议。快速进入角色的杜鹏要求公司内部各板块间要形成你追我赶的良好态势，要快速建立“以销售为龙头、以产品为基础、以模式为根本、以融资为动力、以收购为补充”的创新创业生态链。同时，还必须重视科技，进一步增强科技实力，在科研成果、专利申请、人才培养、产业合作等方面持续加大投入。要注重综合生态的打造，将自身打造为平台公司，为客户创造实实在在的价值。

古希腊哲学家赫拉克利特说，人不能两次踏进同一条河流。

变，是平安不变的宗旨。即使变中受挫，也从不放弃追求变化。

变化，既有渐进的革新，也有根本性的、因为技术变迁而产生的创新。平安在智慧城市等方面的重大突破，是因为它超越了以往成功经验带给自己的“行为惯性”，把握住了技术变迁带来的重大结构性创新机会。平安没有让过去的成功变成未来的绊脚石。

拥抱未来，追随趋势，争取“未来的生存权”。平安由此重塑了对企业边界的认识，对竞争对手的认识，对自我发展可能性的认识，从而义无反顾地创新与变革。从企业精神上说，平安还是那个平安，但从企业版图上说，平安早已不是那个平安。

“认识你自己。”这是最古老的神喻，也是驱动人类发展的深刻动力。

下一个 30 年，“金融 + 医疗 + 科技”，将让科技成为平安新的引擎和利润增长点。平安，正在迈向一个无边界、无止境，充满创造力的新时代。

第十四章 管控的艺术

对人生而言，重要的绝非
凯旋，而是战斗。

– 顾拜旦 –

上海平安张江后援中心，马明哲曾带我们进行了一次参观。这座于2006年7月启用的建筑园典雅而现代。马明哲有些感慨：“‘金融后台工厂化’的路子，别人都怕烦怕难，怕短期看不到成效，所以都不做。只有平安坚定不移地做了下来。”

他告诉我们，金融后台不仅是服务平台，也是管控平台。做金融，永远不能忽略的就是防控风险。

标准化、流程化、工厂化的金融运营后台启动后，平安分散于全国800多个城市的后台集中起来，服务于几千个分支机构的客户前端，实现了服务标准的统一，客户资源的共享，形成了规模效益。前台后台分开，有效防范了不同地域流程、标准、运营方式参差不齐所隐含的风险。

平安文化中有强烈的竞争意识，始终对标行业最高标准，要求明天的自己一定要比今天更好，“永远争取第一，永远超越别人”。这样的氛围给组织带来了强大的压力，而一次次的胜利又给组织注入了无比真实的成就感。

如何在竞争、创新和风险管控中找到最佳平衡点，没有成例可循。

汇丰曾评价说，平安的董事会运作、风险管理，跟国际标准没什么两样。

所谓国际标准的公司治理：第一，要有完善的治理架构，“五会”运作顺畅，制约明确，协同高效，各司其职，不越位，不错位，不缺位；第二，董事会的构成要专业化、国际化，并善用专业中介机构如会计师、律师、投行来辅助决策；第三，管理团队兢兢业业，诚信努力，对股东、客户、员工、社会和合作伙伴负责，平衡各方利益，实现企业可持续发展。

平安显然做到了这三点。多年来，平安从未发生过类似控制权之争、股东罢免董事的事件，这显示出高度的治理稳定性。与此同时，平安内部的管控体系也张弛有度，卓然有效。

高水准的治理

2018 年，马明哲和微软 CEO 萨提亚 · 纳德拉有过一次交流，讨论的话题是，在战略制定、业务发展的过程中，该因人设事，还是因事设人？

不同的公司，方法当然也不同。萨提亚 · 纳德拉谈道，微软在中国的部分业务本可以做得更好，但微软在中国总是先成立公司，然后再研究做什么业务，结果开了很多家公司，但业务发展不一定都很理想。这相当于“先生了个儿子，然后再给儿子找事干”。

马明哲告诉纳德拉，在平安，是反对“为儿子找事干”的，必须坚持“找到事情后，再生儿子”。

对任何创新业务，平安都不能输在战略上，都会先从顶层战略上思考如何选择要进行布局的行业、业务，再去思考如何构建相应的团队和资源，从而杜绝因人设事、因人设岗，避免战略不清、方向不明、资源浪费。

从我们的观察来看，平安的管理有几个特点：第一是组织文化，平安的文化比较简单，做事为主，结果导向；第二是战略，做任何事情都希望“多几个平台，多几个团队，看事情多看几步，看远一些”；第三是架构，平安的架构非常适合大规模集团的发展，就是对中后台进行统一集中管控。

这样做的好处是，基于管控有力的大平台，开展再多业务也是相对容易的，好比把土地翻整好了，在上面多种几棵树也不会影响肥力，但如果没有把土壤弄得非常肥沃，还要不断种树，就会产生很多麻烦。

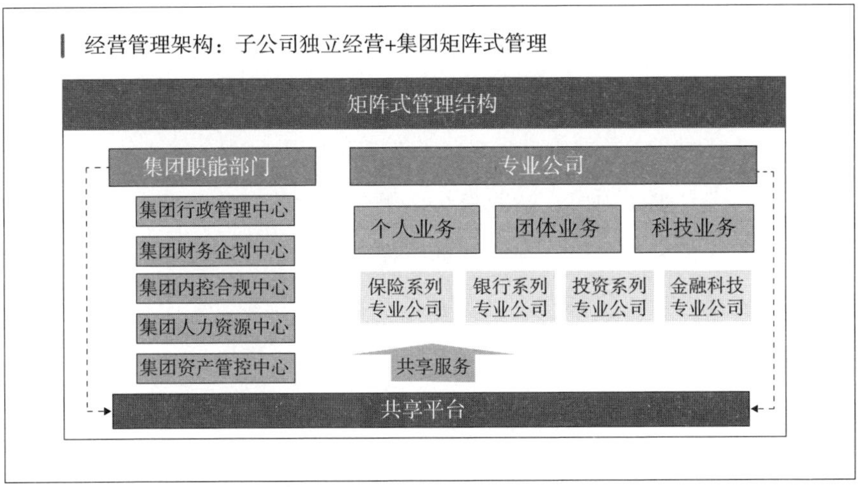

中国平安集团公司组织架构图

平安在引入汇丰做战略投资者之后，最大的收获就是中后台的集中。汇丰在全球都是这么做的，并且发展了那么多年一直都很稳定。平安多年前在意识到这个问题后，对中后台也做了集中，这不管是从公司内控管理，还是从资源共享、提升效率等方面来看，都是明智的。“要不然在管理那么多子公司的时候，就会疲于应付，效率成本就很难管控。现在对平安来说，再多几家专业子公司，管控的问题也不会太大。”毛标认为，平安之所以能同时开展那么多业务，齐头并进，管控有力，就是因为之前把顶层架构搭好了，基础工作扎实了。自然，事业就能做大。

在平安，集团的定位就是“红绿灯、方向盘、加油站”，每一项战略都是经过多次头脑风暴、反复研究得出的，而且不是制定之后就一劳永逸了，还要不断调整，半年一变或者一年一变，甚至可能一个月一变。集团和子公司之间，有非常紧密的对战略进行反馈的机制。

每个子公司的战略方向确实是集团制定的，但专业子公司也始终参与对战略的讨论、检视和调整。集团和子公司共同保证战略的可执行性、科学性，以及强大的执行力。

集团层面制订任何规划，都不允许“闭门造车”。一些创新业务公司的战略，可能要花上半年时间才能制定出来。这半年里，讨论会开得非常密集，并不是谁做一个幻灯片，拿着去执行就可以了。

平安人寿是集团内成立时间最早、规模最大的专业公司，全集团 60% 的盈利和收入都来自寿险。尽管管理层都非常熟悉寿险业务，但它的战略改革方案还是连续做了 13 个月才完成。在这个过程中，集团和专业公司一起不停修正。平安在战略制定上的慎重由此可见一斑。对自己最熟的行业尚且如此，就不用说那些创新业务公司了。

平安没有绝对控股股东和实际控制人，股权结构多元且高度分散，前几大股东之间持股比例相差不大，比较均衡，已经形成了外资、国有、民营企业以及其他社会公众股东等共同持股的“混合制”格局。这种均衡的股权结构，使全体股东都能通过股东大会充分行使股东权利。

在多元股权结构基础上，平安建立了运作规范、高效、国际化、专业化的董事会，致力于公司价值最大化。同时，设立了独立的监事会，监督董事会、管理层及公司的经营和财务状况，确保公司董事会、管理层的行为符合法律法规和公司制度，也保护了各方股东的利益，从制度上杜绝了“拍脑袋”和“一言堂”。

高水准的公司治理还要和中国的具体情况相结合。所以平安一直坚持“五会制”，即建立党委会、股东大会、董事会、监事会和执行委员会规范运作、相互制衡的公司治理结构。“五会”各司其职，确保公司治理专业、均衡、科学、高效决策，持续创造优良业绩。

平安对股东、客户、社会和员工负责，建立了一个高度平衡的机制，同时确保管理团队的稳定和公司战略的延续性、经营的稳健性，以促进公司的长期健康稳定发展。“市场化原则、专业化管理、国际化标准”是平安立足的三大基石，先进的运作机制和独立的经营体制则是平安成长的原动力。

“就像一座大楼，公司治理和董事会运作是经营的基础。基础完善了以后，业务才能做好。”马明哲作为董事长，在董事会是召集人而不是一把手，他说：“许多人认为董事长是领导董事会的。其实董事长就是一票，只不过我额外增加了一个召集、组织董事会召开的权力，根据股东和业务的要求，把议案提出来。董事会是集体决策。董事长是推选出来的，不是谁指定的。”

2014 年巴西世界杯之前，平安借着足球热潮，推出了一个模仿德国队的“4-2-3-1”——“平安战车”的概念。世界足球强队那么多，平安缘何单单选择德国队？原因就是——稳定！对平安这样的综合金融巨头来说，稳定是发展的前提，而德国队恰以稳定出名。德国队凭借扎实的足球根基，先进的技战术打法，严明的战术纪律以及钢铁般的意志，在世界足坛赢得了“德国战车”的美誉。

德国队最终捧起这一届世界杯。马明哲也把德国队频繁使用的 4-2-3-1 阵型转借到平安的组织架构上。

后场 4 个：集团投管中心、集团资金中心、集团内控中心，以及集团品牌、投资者关系。

中场 2 个：由数科、科技、金科组成的科技系列以及集团的企划、人事等。

前场 3+1：保险、银行、投资，以及由交易所、支付、好车、好房、征信、健康组成的非传统业务。

在战术方面，前场、中场、后场，各司其职，高效配合，进可攻，退可守。后场负责防守战术，需要明确定位，守住底线，防止后防空虚，确保不失球；以管控公司全面风险为职责，确保风控、资产、流动性、品牌安全。

中场负责助攻与组织战术，要做到传球支持到位，确定组织路线，协调资源，控制节奏。主要职责是建立综合金融大后援、科技引领金融的

“双引擎”发动机。

前场负责进攻战术，突破防线，独立射门，并帮助其他队友进球。传统业务要以“综合金融，贡献利润”为核心，做好金融超市、客户迁徙工作；非传统业务要以“互联网门户战略，贡献价值”为核心，做好海量获客，高频互动，积累大数据工作。

《第一财经日报》当时的报道称，“可以看出，在原有的架构基础上，一方面，互联网金融的前锋地位被凸显出来，与三大传统业务比肩，成为平安重要的突破方向，另一方面，包括数科、科技、金科组成的科技阵营被赋予了新的使命。在这种模式下，各个业务板块之间的合作也将更加紧密，通过定位形成清晰的地图，一方面减少内部损耗，另一方面也令原有的沟通、合作更加顺畅”。

很多企业步入多元化发展以后，往往出现老化、僵化、官僚化、竞争力减弱等情况，但平安从单一产险公司发展成为综合金融服务集团，竞争力却越来越强。马明哲感慨：“纵观中国企业发展，在从小到大的过程中，可能 90% 的企业都消失了；从单一到多元的过程中，95% 的企业都不见了，全世界的情况也基本如此。”

平安能够大而更强，是因为在大的过程中，做好了整体协调的工作。来自不同公司、不同背景的人，在平安的平台上，有共识，能配合。

2014 年，马明哲在高管培训会上说，面对平安（当时）26 家子公司，如何协调大家共同发展，是非常大的难题。“2013 年我画了一个‘平安战车’，这是进行整体性协调。战车里要有前锋、中控、后卫兼守门员，互相精诚协作，能守能攻，同进同退。平安战车的图画出来不难，但球员之间、每个单位之间能在工作实际中实现无缝配合，才是至关紧要的。要建成真正的综合金融，建立海纳百川、高度协同、内部资源充分共享的文化，建立具有强大执行力的机制，是最关键的，也是挑战最大的问题。”

有高管问马明哲：“你在这个战车图中处于哪一位置？”

马明哲当即表示，在目前的这个战队中，他的定位是领队、教练，“未来，我希望我能变为观众。平安经营和发展一定要建立在制度化的基础上，当时我们提出‘制度要建立在流程上，流程要建立在系统上’。作为董事长，如果我的工作就是为了平安的今天，平安就没有明天。但未来，我希望我是观众”。

2008 年金融危机前，全球有不少大型金融机构都在走综合金融道路，但在危机后，不少人认为，大型金融集团的架构过于复杂，是造成严重系统性风险的重要原因。

因此，金融稳定委员会（FSB）、巴塞尔银行监督委员会、国际保险监督官协会（IAIS）以及其他金融业国际监管机构，在金融危机后商讨制定了一系列针对“大而不能倒”的金融企业的监管规定。监管的一项重要内容是，提高对“大而不能倒”企业的资本要求，增加其资本“缓冲垫”，同时对其具有的系统重要性增加惩罚性的资本成本。

2013 年 7 月，平安入选了由国际保险监督官协会与金融稳定委员会共同公布的首批全球系统重要性保险机构（G–SII）榜单，也是唯一入选该榜单的中国保险企业。趁此契机，平安充分借鉴国际先进行业实践，积极落实 G–SII 项目成果运用，持续优化完善风控体系及业务规范建设，有效防范风险及潜在传染可能性，为平安的综合金融业务发展奠定坚实的风控保障，尤其为创新业务快速发展保驾护航。

马明哲在和一些国际大行分析师交流时称，从长远讲，加入 G–SII 对平安是有益的，因为它始终会发生，更早加入，会从风险管控方面给投资者和资本市场更多信心。

平安加入 G–SII，对公司的经营和管理水平有很大的改善和提升。G–SII 的相关标准非常科学，平安也在此基础上帮助保监会建立中国的 D–SII 标准。

防火墙：找到火，建好墙

现代企业的经营，有的是产品驱动，以少数或单一产品销售为主；有的是需求驱动，以满足客户多样化需求出发，销售综合型产品。金融企业，金是资金，融就是交易，各种金融产品虽然定位不同，但还是有不少统一的属性，比如风险控制。

有一年圣诞节前，马明哲接待了一家同行的董事长。客人非常关心平安在集团控股模式、治理结构、内控机制、后援集中与资源共享等方面的实践经验，特别是集团各成员公司的股权结构安排及其对集团化管控的影响，以及集团公司董事会与控股子公司董事会的职责、权限及治理边界是如何确定的。

马明哲一一做了介绍：

集团对子公司实行绝对控股，以股权为纽带，派驻人员参与子公司董事会及下属专业委员会，通过子公司董事会对子公司进行管理和控制，但集团成员一般不在日常经营管理层任职；

集团董事会与控股子公司董事会职责、权限及治理边界清晰；

集团董事会、子公司董事会及两个董事会下的专业委员会均各自独立，不交叉任职；核心层的子公司原则上不上市，有利于公司治理和关联交易管控；

集团通过子公司的股东大会、董事会、监事会，以及董事会下的专业委员会履行核心职能，完全遵守公司法、完全按照标准公司治理；

集团制定子公司之间的交易规则、底线规则，用红绿灯示警；

集团对子公司的管控，明确“抓大放小”的原则。涉及集团核心职能的重要工作，集团各中心制定完善的流程，明确时间和效率要求，仍由集团统一管理，而且要进一步强化管理。同时，集团根据各专业子公司的成熟程度、管理水平、规划能力、执行能力，按照不同类别，决定集团“放小”授权给各子公司的内容和权限大小。

平安集团首席稽核官叶素兰曾长时间在友邦韩国、友邦上海工作，来到平安时，正好遇上平安人寿发生投连险风波。她对我们说，长期的风控岗位工作经验让她明白，在中国的企业中“讲原则”特别重要，“不受人情左右，对事、对人公平、公正，是从事稽核工作的要求。一点都不夸张地说，我们就是平安的纪律检查部门，如果我们失职了，那么平安可能就会失守”。

一直以来，在平安的风控管理中，最重要的就是“不发生系统性信用风险”，风控的角色要由“事后应对”变为“事前监测”。

我们曾经向马明哲请教过一个最基本的问题，什么是金融？教科书上说是“资金的融通”；麻省理工学院的金融学教授说“金融是不同时空中的价值转换”，今天的一元钱跟明天的一元钱不是同样的一元钱，有风险的一元钱和无风险的一元钱不是同一元钱，价值在不同时空中是会转化的。

马明哲的回答则异乎寻常的简单：“金融就是杠杆，拿一元钱去做一元钱生意，这不叫金融；拿一元钱去做几元钱甚至更多元钱的生意，这才叫金融。但杠杆的另一面是风控，如果风险控制不好，就会产生巨大的风险，甚至会有倾覆之灾。”

那么在平安，是怎么应对风险的呢？叶素兰说：“在平安，风控管理团队要从一个原本是后援、督促管理的部门，转为一个通过平台设计来预测风险的部门；一个在风险还没发生时就开始统筹各个子公司，进行事前应对的‘前线’部门。这种角色的转变是最大的改变。我们做了大量的模型，来防范各种各样可能出现的风险，即使有突如其来的风险发生时，也不至于对公司造成太大损失。”

平安将风险管理视为经营管理活动和业务活动的核心内容之一，稳步建立了与集团战略相匹配，并与集团业务特点相结合的全面风险管理体系。

平安在成立初期，实行了以“三外”为主的国际化战略——引进海外战略投资者、学习借鉴国际化的公司治理结构、吸纳海外良才。“三外”的引入，给平安带来了国际化视野和全新的管理理念，风控的理念也随之引入，为后来平安业务高速发展和规模扩张奠定了基础。

2017年，马明哲提出，要以“双重后卫＋守门员”的“251体系”，全面管控风险，多举措防控金融风险。具体而言，“2”是指集团与专业公司双重风险矩阵管控机制；“5”是指按照国际标准构建覆盖信息安全风险、资产质量风险、流动性风险、合规操作风险、品牌声誉风险五大风险条线的管理框架，通过这五大支柱，实现从上至下、端对端的风险联控；“1”是指统一的风险监控及经营检视平台。

在不同时期，平安在风控业务领域的口号是不一样的，早期叫“守法+1”，2017年后叫“251”，这些都是便于记忆、传播的口号。当平安进入“金融＋科技”时代，数字科技全面渗透到金融风险管理中，“251”的“1”又被升级为iRisk，即平安智风控，一个面向全用户的一体化、智能化、场景化的AI风险管理平台。通过交互分析平台、AI工具平台、数据标签平台实现功能落地，实现智慧风控和精益管理。

其中，交互分析平台是统一的门户，核心是风控AskBob，利用自然语言处理技术（NLP）、图数据库、BI工具，通过构建意图识别模型和知识图谱，实现实时、多维、智能分析，呈现“千人千面”的能力。

AI工具平台则是支撑，实现风险的识、测、报、控，平安目前已有40多个AI工具，嵌入集团所有业态和风控全流程。

最后，数据标签平台是基础，实现数据统一治理。

借助AI工具在业务流程中的应用，平安智能风控具备从宏观、中观、交易对手、债项层面的“七大能力”。通过大数据、人工智能、云、区块链等技术重塑金融风险管理能力，是所有金融机构的当务之急，而平安已经完成了转型与切换。

让风控成为核心竞争力

平安的业务包罗万象，风控体系为行进中的平安持续护航。

一个公司的风控管得严不严，和公司当家人的意识高度相关。马明哲对公司业务的发展是设有底线的，这个底线就是风险可控，只有风险可控才能发展业务。

“在很多金融机构，业务部门和风控部门都存在矛盾，有时打得不可开交。外人并不知道，在平安内部，很少存在风控部门整天和业务部门吵架的情况。各子公司的董事长都非常专业，非常有风控意识，大家讨论问题，都是用数据说话，极少有大到需要去马总那里‘吵架’的分歧。”叶素兰说。

我们了解到，平安高管的薪酬是和风险管理挂钩的，只有不发生重大风险才能得到年度奖金，并且奖金不在当年完全发放，往往会递延两到三年，这也是为了有效管控风险。这个做法大大降低了部分子公司的管理者想以冒险心态，在短时间内大幅度提高业绩，然后让下一任来处理上一任期内的风险的可能性。

平安一直都在高增长的快车道上，关键在于，能否结合公司长期发展战略，制定有效合理的风险管理体系和风险偏好体系，这是需要有深层次的发展战略思考的。

平安的发展不仅专注于速度，更注重质量。不论是传统金融业务还是目前的金融科技业务，风险管理能力都是其核心生命力。虽然平安开展了越来越多的互联网业务，但叶素兰认为，互联网金融的本质还是金融，金融的核心是风控。互联网金融要实现安全、健康的发展，关键还是在于金融风控能力。“所有金融机构会遇到的风险，包括信用、市场、操作、法律、声誉风险等，这些风险互联网金融平台都会遇到，只是表现的形式可能不一样。由于互联网的特质，一旦出现风险，传播速度会很快。从这个意义上说，互联网风控的压力比传统金融机构更大。”

“把制度建立在流程上，把流程建立在系统上。”平安全集团上下，都知道叶素兰是一个不会卖人情的人。马明哲说过一个插曲：不少子公司的负责人，都会以业务发展需要为由，来找自己“开点口子”，有时候即使是他本人，也会碍于人情世故，不好意思直接拒绝，于是他就把这些事往叶素兰身上推。“我会和这些负责人说，你们去找叶素兰，如果她同意这么做，我就同意。然而，他们往往压根儿不‘敢’去找她，也就不了了之了。”马明哲说完，哈哈大笑。

“在选什么人进入稽核部门的时候，除了业务能力，我还会比较多地考虑人品方面的因素，‘正直’‘执行力强’是最基本要素，也是底线。”叶素兰对我们说，可能有些子公司的考勤考核比较松散，这不会被认为是“致命差错”，也许会被通融处理，但风控管理部门的要求非常高，其他子公司里的小差错，到了平安的风控部门是绝对不会被允许的。

以平安现在的风险管理水平来说，之前发生过的很多风险事件，应该不会再发生了。在过去几年，平安挤压掉了大量的对公业务，做了更多的零售业务，这其实就是在分散风险。与此同时，平安正在慢慢转向轻资产、平台服务、科技服务、智能服务。

不为外界所知的是，平安的风险管理部门有着与其他金融公司极其不一样的地方，就是有一批科技人才在“把守”，他们的主要工作就是根据模型和数据，测算平安有可能产生的一切风险，并对其分类分级，预先防范。

“但新的风险，例如声誉风险、运营风险、专利风险等，是需要重点提防的。”叶素兰说，平安把对风险的各种考量都注入了“251 体系”，由于集团拥有越来越多的互联网公司，传统金融公司也使用了大量科技，所以这几年的风控重点在于 IT 运营风险、信息安全风险等。

平安早就形成了一个共识，就是风险管理并不是风险管理部门的事。

全集团正在形成一个从上到下、有顶层设计的风险管理体系，并且贯彻到子公司、分公司的每一个角落。

月度经营会，避免“灯下黑”

古人云：“人有偏蔽，恶乎不自知哉？是故君子检身常若有过。”这句话就是提醒人们随时反省，不断打破幻象，检查不足之处。

有人问过马明哲，未来3~5年，平安最大的潜在风险是什么？

马明哲给出的答案是，主要是经济周期风险和公司品牌风险。

随着平安经营范围日益扩大，30多家子公司涉及不同行业，与国家经济周期、行业及市场周期相关性越来越强，对平安驾驭周期性、系统性风险的能力是一大挑战。针对各类风险，平安通过MEE（matrix，to the edge，to the end）管理模式，坚持横到边、竖到底，实行端对端管理。

由于平安涵盖全金融领域，为客户提供一站式服务，全集团统一使用“中国平安”品牌，任何业务出问题，都会影响整个集团，“一荣俱荣，一损俱损”。因此，平安更需要建立全面品牌风险管理体系，通过NPS（净推荐值）管理好每一个客户的接触点，并在集团各业务系列加强教育培训，坚持“守法+1”，即比法律规则更严一步。

平安对各子公司是如何具体进行管理的？姚波说，主要工具是月度经营例会，其目的是让集团及时了解各子公司在经营方面的情况，尽快发现问题并及时解决。

姚波告诉我们，平安的月度经营例会十多年前已经有了，是集团管控子公司的很好的形式。很多企业都是在从单一到多元、越来越大的过程中失控的，但平安在这个过程中，牢牢把控住了各家子公司的经营情况和风险点。

平安不是没有交过学费。有一段时间，各专业公司的经营分析报告流于形式，不能切中要害，问题反映不全面、不及时，透明度不高，集团企划部门对具体业务的了解与研究程度也不足。

从 2012 年开始，平安对经营分析会的质量要求大大提高，要求各子公司精简会议常规汇报材料，突出重点，建立标准化、模块化的主报告格式，增加重点模块着重说明，并且要求控制常规汇报时间，将主要时间用于讨论。

管控也是双向的。集团管控子公司，但集团的职能部门有时也会出现各种问题，如参加月度经营例会时准备不足，没有积极参与讨论等。这时候，企划部门就会介入，明确相关职能部门定位和职责，建立专门的报告体系，追踪各职能部门针对专业公司经营的反馈情况，不定期公布记录结果。

与此同时，针对会议决策工作事项追踪力度不够、落实不到位等问题，企划部门会设立会议工作事项追踪表，明确具体责任人与时间表，每月追踪、评价，将月度评价结果纳入责任人绩效考核。

“月度经营例会是一个机制。在会上，我们会讨论 KPI 指标的进度，研究具体问题，对市场主体进行比较，对竞争对手进行分析。子公司可以提出在哪些方面需要集团的支持，以及兄弟公司之间如何协同等，集团也可以随时过问子公司的经营情况，并提出具体要求，这也起到了督促的作用。”姚波帮我们做了一次深度“解密”，让我们能有机会一窥究竟：参加会议的集团人员一般来自风控、财务、人事等几个部门，子公司人员则包括董事长、CEO、总经理，还有一些重要的班子成员。一般的流程是，子公司负责人就过去一段时间的经营情况做约 30 分钟的简单汇报，内容包含 KPI 达成情况、市场对标主体的分析等，然后再来检视上次会议上提出的问题有没有得到解决等。

会议中，集团各职能部门会提出问题，就每个问题进行讨论，然后总结。会议的目的是帮助子公司研判，下一步的目标该往哪儿走、找谁来做，并且根据 KPI 的达成情况，看各子公司在经营过程中的方向是不是对的，或者说，路上有没有什么障碍，是不是需要集团帮助它把障碍给移掉，这样能够及早发现问题。

所有参会者都需要做充分准备，这是平安的风格。提问题的人要对业务条线非常了解，否则就会问出“很低级的问题”；反过来，回答问题的人也需要准备得非常充分，否则“面子上也会挂不住”。

好几家子公司的董事长、CEO 都和我们说起过月度经营分析会的事情，无一例外，他们对这个会议都非常重视。“就像一次高规格的路演，要是有什么问题回答不好，压力会非常大。大家交流的问题不是空泛的，不是务虚，而是非常具体的，真刀真枪的。”姚波说。

我们问姚波，集团所制定的策略就一定是对的吗？他说，在平安，“该集中的必须要集中，但经营和市场判断方面的灵活度也要‘沉下去’。平安有那么多业务，而且所处的行业又都不一样，保险和银行业务本身也很有差异，再加上现在有了大量互联网业务，必须根据这个行业的发展特性去制定和匹配策略。平安没有用一套模式来包打天下，在实际过程中，集团发现某子公司在经营过程中遇到了一些问题，就会和子公司一起来探讨、研究对策，如果子公司的分析有道理，那就会让它们放手去做，但必须是先要经过讨论的”。

平安集团的企划部门的主要任务是保证集团战略有效传导和实施。从 2019 年开始，高管的奖金部分由企划部门负责制定，固定薪酬部分则由人力资源按照岗位级别来定。平安集团企划部总经理付欣对我们说，做这样一个调整，是因为希望整个平安的高管团队能够更聚焦在经营结果和经营目标的达成上。

在 2019 年上半年，集团的企划部和集团战略发展中心合并了。合并之后，从战略到经营、计划、目标、预算、考核、资源分配等各环节，能够全部打通，成为“金融 + 科技”“金融 + 生态”战略的有效后勤保障，合并后的部门也是集团指挥部、作战部、参谋部、后勤部、培训部，等等。

平衡计分卡的发明者卡普兰教授在《哈佛商业评论》撰文说，如果公司拥有世界上最好的战略，但管理者无法将这些战略转化为运营计划并执行这些计划以达到公司的绩效目标，公司只会寸步难行。他指出，很多公司的糟糕表现不能归咎于管理团队的无能或疏忽，而是公司管理系统的崩溃。“这里定义的管理系统，是指公司在设计公司战略，将战略转化为运营行动，监测、改进战略和运营效率的过程中，使用的一整套流程和工具”，包括设计战略、转化战略、规划运营、监督和学习、测试并改进。

平安是一家使命驱动和战略驱动的公司，同时又是一家强执行和高度管控的公司。平安之所以能够完美地践行战略，靠的是系统、流程和习惯。平安的管控体系，无论是基础平台层面，还是日常监督层面，以及无处不在、无时不在的风控制度化安排，加上人人敬畏风险的文化，这一切使得这支庞大的舰队，不断穿越风浪，浩浩向前。

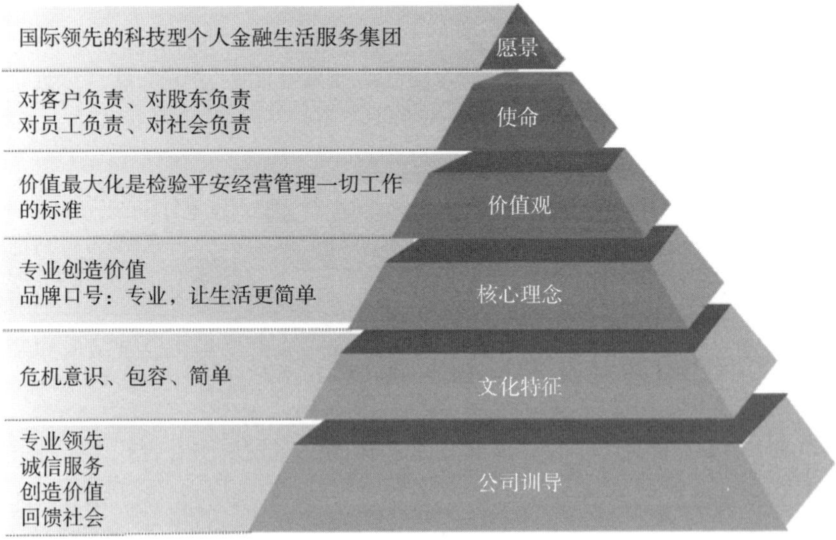

平安集团的价值观体系

第十五章

人是根本

知者行之始，
行者知之成。
圣学只一个功夫，
知行不可分作两事。

— 王阳明 —

多数人因为看见，而相信；少数人因为相信，而看见。

2017 年，平安总部搬到了位于深圳福田中心区、益田路与福华路交会处西南角的平安金融中心（PAFC）。在这块十年前拍下的 18931.74 平方米的土地上，当今世界最大规模的单体写字楼巍然屹立，以 592.5 米的高度成为深圳的新地标。

平安就这样，从蛇口招商路北六栋创业时几百平方米的办公室，到 1991 年搬入红岭中路的国投大厦二楼，到 1996 年搬入在八卦岭工业区一个抵债的厂房基础上改建的平安大厦，到 2008 年搬入福田 CBD 的星河发展中心，到 2008 年，坐落于上海陆家嘴的中国平安金融大厦正式竣工，然后到了被英国《卫报》称为“全球十大摩天大楼榜首”的平安金融中心。

平安不动产首席设计师吴衍说，平安总是在做和别人不一样的东西，办公楼的风格也体现了这一理念。深圳新总部一柱擎天；大理石和花岗岩石材风格的平安上海总部，在陆家嘴一片玻璃幕墙大厦中也与众不同。马明哲当时说：“平安是要做百年老店的，到时候就可以和浦西的万国建筑群隔江呼应，建筑风格和沧桑感就会比较搭配了。”

不平凡的事业，源自不平凡的人。

解析平安成功的关键，还是要回到人，回到文化，回到企业家精神。

简单纯粹

很多大型金融机构的领导人，都非常羡慕平安的简单。平安有强大的业绩考核体系，凭业绩说话，人际关系简单直接，坦诚相待，不搞论资排辈、拉帮结派那一套，追求简单和务实。

为什么平安在规模扩大、结构复杂化的同时，没有老化、僵化、弱化？就是简单务实。目标单纯，行动务实，没有弯弯绕绕，也就避免了“大企业病”。

任汇川的看法是，“大企业病”总是会在企业发展壮大的过程中出现，只是平安对“大企业病”的警惕性一直都非常高。平安能始终保持非常强的市场灵敏度和执行力，主要是因为建立了一套符合现代企业制度的机制和文化，让整个公司持续充满生机和活力，“不是说平安在所有方面都做到完美了，只是说，我们对官僚作风、低效、扯皮等现象，容忍度极低”。

市场竞争需要简单务实的协作文化。随着专业化分工越来越细致，任何工作都不是单个英雄人物的单打独斗能完成的，每项任务背后都需要跨系列、跨部门的许多同事一起配合。如果作风官僚、内耗严重、效率低下，势必落入市场反应迟钝、丧失竞争力的危险境地。

平安要保持内部运转高效、外部竞争灵活的特色，必须继续提倡简单务实的协作文化，坚持集团整体价值最大化的原则，营造局部服从整体、实事求是的管理氛围和简单直接、坦诚相待的人际关系。2019 年初，平安倡导“讲短话、开短会、写短文”的“三短”工作作风，也是为了惩治“大企业病”。

我们和 20 多位平安集团和子公司高管交流中发现，他们全部都认同“平安是一个能让愿意做事的人专心做事的地方”，“平安特别简单”。

智慧城市联席董事长杜永茂告诉我们，但凡愿意真心做事的人，都希望有一个非常简单的工作氛围，清楚自己和团队的目标，无论职位高低，大家都朝着这个目标打拼。“在平安，根本就不用搞拉帮结派，大家都用业绩说话，把心思花在‘搞关系’上得不偿失。对于热心搞办公室政治的人，团队里的其他人也会慢慢疏远他。”

人际关系是很多企业最难处理的问题。马明哲一直认为，“人际关系简单化是好企业的重要特征”，他想在平安倡导一种最简单的人际关系，营造一个“真正让人干事业”的环境。

平安从创业之初，就坚持以清晰的考核汇报线路、实实在在的绩效为导向；一切以价值最大化原则为衡量标准，让人际关系最大限度简单化、透明化；以清晰的公司整体目标和价值作为一切人际关系调整和发展的根本。这一原则至今未曾发生过改变。在马明哲看来，如果偏离了这一点，企业就容易失去方向。

“价值最大化是平安经营管理中，检验一切工作的唯一标准。”这是马明哲 1999 年 11 月初在平安企业文化推进会上提出的。20 年前，他就认识到，现代企业的竞争归根到底是企业文化的竞争，用他的话说，“企业有资本没人不行，企业有核心技术没人不行，企业仅有人也不行。企业需要一群有凝聚力的人，朝着一个方向，齐心协力，才能获得成功。优秀的企业文化是强大生产力，只有优秀的企业文化，才能有效协调企业员工，让大家拧成一股绳，团结一致，创造性地运用企业资本和核心技能，产生强大的生产力。”

回头看，在创业后的几年间，平安的企业文化处于“感性阶段”，更多是以传统文化为基础，根据自身价值观念以及市场竞争环境，将竞争和创新意识根植企业管理之中，为员工创造充分的发展空间，吸引并稳定优秀人才。

1995 年到 1999 年，平安的企业文化开始进入“理性阶段”，将中华传统文化精华和西方管理思想相融合，从而形成了个性鲜明的平安文化：以传统文化为基础，以追求卓越为过程，以价值最大化为导向。人无我有，人有我专，人专我新，人新我恒，追求卓越成了平安企业文化的核心。

“企业好比大海中的一条航船，面对激烈竞争的狂涛恶浪，全体员工唯有齐心协力、同舟共济，才能使企业的航船破浪前进，每个员工才能从企业的成功中同时获得个人事业的成功和最大的物质利益。”这是马明哲20年前就有的观点，“要实现长期价值的最大化，在必要时需要舍弃短期利润。在特定的情况下，不得不牺牲短期的和局部的利润以求得公司总体长期价值最大化的实现。过分强调短期利润有可能导致公司长期价值的损失。在统一战略部署下，牺牲局部或短期利润以求得公司价值最大化。”

为保障以价值最大化为导向，平安建立了一个最重要的机制，即“竞争、激励、淘汰”。竞争，是公司和个人发展的动力，通过内部竞争提升公司的市场竞争力，保证公司价值最大化的实现；激励是发挥潜能的催化剂，通过精神和物质两方面激励，鼓励员工最大化地创造价值；淘汰是进步的必要前提，是对不创造价值和破坏价值行为的否定，以适度的淘汰保证公司的持续发展。

正是这一机制的长期和严格贯穿，让平安始终活力四射。过去几年中，安盛、摩根、汇丰、花旗、安联等全球数一数二的保险集团管理层都访问过平安，学习和了解平安在保险、金融、科技领域的做法。

中国保险市场刚对外开放时，是中国企业去海外取经，现在则是海外的巨无霸们到平安来取经。德国安联集团CEO奥利弗·贝特在接受媒体采访时谈及安联未来的愿景和在中国的机会，他说，平安是一家非常优秀、值得安联尊重和学习的公司。

这在20年前、10年前都是不可想象的。当中国大市场和平安好机制结合在一起时，平安超越以前望尘莫及的国际巨头，只是时间问题。

2011年，平安曾向麦肯锡提问：企业如何在未来的长期发展中，保持经营管理和文化的持续性，成为百年老店？

麦肯锡对国际上的一些成功企业进行了研究，回答说，关键在以下因素：

第一，企业文化。企业发展最重要的是将成长过程中优秀的理念和文化固化下来，形成企业的精神内核。

第二，拥有一个专业型的、与时俱进的董事会。国际上很多成熟、优秀的企业，其董事会成员都是来自各行各业的顶尖专家和领导人，在市场上享有盛名，具有专业的经验、开拓的视野和与时俱进的理念，能够帮助企业把握战略方向，选择最佳、合适的管理团队。

第三，人才梯队建设和培养机制。

这三个要素都和人相关。人的连接和人的发挥，靠的就是文化与机制。

平安普惠的韩国籍董事长赵容奭是一个爱较真的人，他向我们讲了一个小故事。有一次他因一个业务发展问题和一位平安高层进行了长时间研讨，听完高层的想法后，他依然觉得没有把握，于是就下意识地问了一句："这能行吗？"这位高层斩钉截铁地告诉他："能行。"

赵容奭又问了句："为什么？"回答是"因为这是在平安"。过了很久，他才完全明白了"因为这是在平安"的意思——在平安，只要有想法，想做事，没有谁会先设置一堆条条框框加以束缚。

赵容奭对我们说，当初他还在韩国花旗工作，一位花旗总部的高管来视察韩国市场。大家议论纷纷，都以能见到这位大人物而兴奋不已。他甚至还脑补了一个场景——"万一这位大人物要和我打招呼，我该怎么回答才能给他留下好印象呢？"

最终这一幕并没有出现，这位大人物压根儿就没有看到赵容奭，而是径直和时任韩国花旗银行行长、后任平安银行行长的理查德下楼买咖啡去了。

若干年后，让赵容奭感到意外的是，当年那位大人物竟然和自己在平安成了同事，开会的时候也是挨着坐。"如果我和他都还在花旗的话，就算我再努力工作，在这么短的时间里，我们也是不可能挨得那么近的。我想这种事情，可能只有在平安才会发生，我也对'因为这里是平安'这句话深信不疑。”

赵容奭口中的这位来自花旗的大人物，是花旗全球零售银行前总裁 Jonathan Larsen（中文名“罗中恒”），目前为平安集团的首席创新官。

平安仿佛是一块超级磁铁，吸引着各路英雄豪杰，磁铁的磁性则在很大程度上来自马明哲的远见、感召力，以及平安创设的机制与文化。

“平安的环境简单，个人能做事，也能做成事。”这是一大批成名已久的行业精英舍弃过往，到平安重新创业的重要考量。

包容与创新

2017 年 11 月，平安集团全体执委大会召开。马明哲再次强调，平安成立以来之所以保持逐年进步，特别是综合金融模式取得了一定的成绩，核心原因是战略和文化。

这一年的 12 月底，一批来自哈佛商学院的教授来到平安，问平安 30 年取得成功的主要原因是什么，马明哲的回答依然是四个字：文化、战略。

诞生时，平安就是一只“出头鸟”。“出头鸟”精神就是敢为天下先，从文化上说，就是“走自己的路，让别人说去吧”。当很多公司因为惧怕“枪打出头鸟”而不愿突破条条框框时，平安敢于面对客户、面对市场、面对一线，本着价值最大化的原则，向各种陈旧的、不适应市场发展的制度和观念挑战，持续创新，并通过在经营管理的各个环节中全面贯彻竞争、激励、淘汰机制，培养和吸纳大量杰出人才，提高管理水平，提升服务品质。

30 多年的发展，平安不断为行业、市场注入新理念，但并非都能得到理解和支持，马明哲说：“同一件事情，不同的人从不同的角度会产生不同的看法。一旦我们的战略、方向确定，对于建设性的意见，我们应该听取，但也不能因为别人的不理解而改变我们的战略。今天，平安的很多改革创新项目，以及综合金融的战略模式，已经逐步获得了市场、监管的认同，所以，我们要走自己认为正确的路，其他人要说就让他们去说吧。”

在和哈佛商学院教授交谈时，马明哲把文化比作土壤，把人才比作种子，认为好的企业文化可以将种子变成茂密的森林。他说平安文化的核心是“危机感”和“包容”，“危机感是平安创新的持续动力和方向。包容表现在平安管理层中 60% 来自海外，不同文化、背景、语言的同事在一起愉快工作、精诚协作，有成就感，有包容的文化，才有良好的团队合作”。

“海纳百川”是平安管理层最喜欢说的词之一。“空降兵”们愿意来平安，并且能够立足、发展，得益于平安包容的文化。

此前为谷歌公司资深科学家、现为平安科技美国硅谷研究院执行院长的韩玫在和我们交流时，反复说到了这一点。韩玫在 2001 年获得卡内基梅隆大学机器人学博士学位，拥有 20 多项美国专利。

作为一名 60 后，韩玫在 2018 年初做出离开谷歌的决定是不容易的，何况还是加入一家中国公司设立在硅谷的研究机构。

“当时这个研究院只有我一个人，连复印机都是我先生帮着从商店里扛回来的，但我看到平安并不是为了赶潮流而设立美国研究院的，就觉得这家公司非常务实。”韩玫说，在谷歌工作时，很多像她这样做数据研究的科学家因为缺乏场景、应用，而无法把自己所学的知识进行转化，“但在平安有做不完的事情，有大量和我经验相关的应用场景，这种成就感才是我们加入平安的最根本的原因”。

因为从一开始就获得了来自平安的强大支持，韩玫和团队成员都觉得，虽然身在硅谷，但丝毫没有孤独感，每天都要和国内的同事做大量的沟通，这种惊喜和欣慰是自己在谷歌和 NEC（日本电气股份有限公司）工作时，不曾有的。

“平安会用人”，这是行业公认的。在有些企业中，员工的背景都差不多，例如在麦肯锡，可能都是做战略规划出身的精英，但在平安，各种各样背景的员工都有，最难能可贵的是，这些人聚拢在一起，为了同一个目标工作，并且都觉得可以尽情发挥、尽展所能。

韩玫说：“只要你有专长，就不会觉得没有用武之地，我觉得这是平安能够吸引各种人才的第一点。他们觉得在做一件很骄傲的事，自己工作了那么多年，学了那么多东西，现在有机会可以为民生、教育、农业、养老做一些有价值的事，感觉非常充实。”

韩玫曾陪同陈心颖参观过一家在硅谷的互联网巨头。“内行看门道”，她们发现这家公司现在做的事情相比两年前并没有太大的进展，反观平安，两年已经进步飞快了。

创新有不同类型。在平安，马明哲把改良型、渐进式的创新，叫“地球人的创新”；把革命性的、颠覆性的创新，叫“外星人的创新”。

在他看来，大部分情况下，人们接触到的是“地球人的创新”，也就是在已有基础上为了追求更好的效果、更高的效率、更大的产出，对传统技术、方式、方法、系统的持续优化。这种创新，并不改变现有的大环境和条件，只是不断越做越好。这是大到每个专业公司，小到每个基层岗位可以实现的创新，大家可以在本职岗位上、在日常工作中持之以恒地完善、提升。

而“外星人的创新”，就是完全跳出传统的界限和框架，可能远远超出了传统的模式、知识、技能、思维的范畴，而且会对传统业务带来极大的冲击，彻底改变原有的方式方法，让一个行业完完全全更新换代，甚至开创一个新的行业和市场。

这种创新，不受任何局限，而且要用“外星人”的思维和技术来创新。平安过去的创新历程中有一些教训，就是用“地球人”的思维来做“外星人”的事情，或者用“外星人”的思维来做“地球人”的事情，都是一种错位，容易走弯路。在两种创新上都要做到极致，这几乎是不可能的任务，但是平安做成了。

"'不创新是等死，创新是找死'成了很多企业、企业家的心结。在平安，这个观点没有什么传播的空间，因为平安要的就是创新，而且不怕死。在平安看来，不创新的公司一定会死。"盛瑞生说。

和我们交流过的诸多平安高管，几乎都认为，平安的创新就是做别人没做过的事，走别人没走过的路，没有可以借鉴的范例，"犯错、走弯路几乎是必然的。但大家有一个共识，就是试错、纠错是改革创新的必经之路，不必求全责备，关键是能及时发现错误并立即纠正。"

平安自身有非常强的纠错机制，如果哪里真出了问题，就会举一反三吸取教训，但绝不会停止探索和创新。姚波对我们说，平安往往是一边纠错一边创新，"在纠错的同时，持续关注市场最新动态，持续创新，抓住机遇"。

姚波说："平安是一个有错必纠的组织，眼里容不得沙子，对子公司要求很严。如果错误发生是因为事先没有意识到，那就提醒我们，未来需要通过系统和制度加以规范，更加完善，让出问题的概率降到最低。有了一套规范，就算问题真的还会发生，它的破坏性、影响度也能被降到最小。"

平安健康险董事长杨铮在和我们交流时说，一个人是否健康，要看他的神经末梢是否细胞健康，传导系统是否顺畅。前者健康，大脑就能指挥；后者健康，就能把大脑的意图传递到全身。

"两者都健康，才是真的健康。企业和人一样，平安的顶层战略规划是非常清晰的，同时层层传递下来又不变形，把100多万的营销员、几十万的员工聚拢到一起，难度特别大，但平安做到了行动的一致性。这种执行力并不是只体现在一两个小团队身上，而是整个平安里都是这样，不下苦功是做不到的。对于集团制定的战略规模，必须坚'信'，从一开始就有保留的话，是很难执行到位的，效果会大打折扣。"杨铮说。

平安大胆创新，坚决执行，不断总结经验教训，并将各种经验从管理制度和流程上加以固化；再试，再总结，再优化；循环往复，创新能力和管理能力同时迭代。

集团企划部有一项非常重要的工作，就是给马明哲及高层提交行业对标报告。付欣说，他们提交的最新一期对标报告中，选择了60多家公司跟平安进行对比，“我们现在不用公司的整体去对标，而是用某条业务线进行对标，在不同的业务线上，都会去找不同的对标公司，来看看我们和这个行业里最好的公司差距有多少、领先在什么地方等，哪些是值得我们学习的……这几十家公司，就是我们研究学习和努力的方向”。

2009年夏，马明哲接待一位媒体总编辑，在被问到平安和地域文化的关系时，他说，企业一出生，就受地域文化的影响，深圳地处广东，广东是改革开放前沿，平安不怕艰难、敢于探索、勇于创新的特点和广东文化的精神是一脉相承的；平安又在蛇口，继承了蛇口精神，在竞争中求生存，在创新中求发展。

正如马明哲所说，蛇口最根本的精神就是创新，创新作为一种基因融入了平安文化。平安做的很多事，在当时都不被理解。

作为“第一个吃螃蟹的人”、不安分的“出头鸟”，必须承受社会一时不能理解的压力。但一旦顶住压力，达成了创新，又会变成别人不易跨越的门槛。

马明哲的想法一向是，只有门槛高，才有优势，很多道门槛叠加起来，才能形成核心竞争优势。

“我们经常说，平安过去分为三个十年，现在平安已经进入第四个十年了，你可以看到我们是怎样如火如荼建立五大生态圈的。”盛瑞生说，很多人问他，平安为什么可以做到今天的这个样子？他觉得有一个秘籍就是：平安是一直在变化的，而且一直在颠覆自己，它不会等着别人来颠覆自己，“所以每隔几年，我们都要求下面各个专业公司放弃过去成功的做法。很多外边的公司把过去成功的经验当成一个宝，牢牢抓在手里，怎么都不舍得放弃，而平安是在不断颠覆自己”。

制度与平台

“兵强马壮”是外界对于平安最直观的认识，这些人缘何来平安？在平安是怎么成长的？平安如何管理和“笼”住这些既有业务水平，又有个性的人才？

平安在蛇口时就实行人才公开招聘以及灵活的干部用工制度，倡导“人员能进能出，干部能上能下，薪水能高能低”。单就“不讲究论资排辈”这一条，就吸引了大量有追求和抱负的年轻人加入。当时40多岁的孙建一、30岁刚出头的王利平就被叫作“老孙头”“王大姐”，可见平安队伍有多么年轻。

创业初期，为了吸引和留住更多人才，平安曾推出员工持股计划。顾立基回忆说，平安发展初期，没多久就碰到了资本金困局，有的老股东抱怨“只有投入，没见回报”，表示不愿意再出钱了。正好深圳出台了相关政策，于是平安就做了“员工持股合股基金”，在一定程度上解决了资本金困难，而且员工成股东，个人和公司发展捆在了一起。

孙建一对我们说，早期在蛇口，每个刚来的人都交3000元的，类似“保证金”。后来出现资本金问题时，就考虑是否可以用这部分资金作为资本金的一个来源，当时的三个股东是赞成的，但这个做法和当时的法规是有冲突的，后来请示了监管部门，允许平安以一个法人的形式来操作。

在平安早期股东中，先后有两家是员工投资集合性质的公司，即江南实业和新豪时。这一机制对平安早期补充资本实力、稳定核心骨干、创造持续竞争力起到了重要作用。

到2004年公司上市前锁定权益人为止，平安有近2万名员工参与了投资集合。在2007年中国平安A股上市时，员工投资集合承诺了三年的锁定期。在锁定期结束，实现全流通后，一大批跟随平安一起发展的老员工分享到了公司发展的成果，多年的坚守和努力终于得到了非常好的回报。

“奖勤罚懒、奖优罚劣”是平安人力资源管理中的一项基本原则。平安的特色在于，为了更加体现“公平、公正和公开”，将这些奖罚原则制度化、透明化，并且贯彻执行得更加严格和认真。

竞争、激励、淘汰三者并行的人才培养机制，倡导价值最大化的企业文化，以绩效为导向、公平透明的考核机制、简单的人际关系及广阔的发展空间构成了平安的人力资源管理系统。

加入平安已经30多年的平安产险董事长孙建平是一位从最基层做起的“老平安”。他说，在选择提拔人才时，平安考虑的角度，不是看年纪、司龄，而是看前面五年的业绩是不是够好、是否有足够好的职业素养，是否能将集团、总公司的政策不折不扣地加以落地。

孙建平直言平安不喜欢“三拍”型干部，就是拍脑袋决策、拍胸脯保证、出了事拍屁股走人的干部。“我在平安工作了那么长时间，知道整个公司的氛围是不喜欢‘只表态不做事’或者‘做不好事’的干部的。我们都喜欢用数据、用业绩说话。要‘三比’，也就是说，要和自己的过去比，和同行比，还要和集团内的兄弟公司比。此外，并没有什么很复杂的因素。”

孙建平说，这样的要求同样也适用于他自己。虽然他在平安成立早期就已经加入了，但哪天要是因为考核不达标，通知他下课的话，他也会欣然接受。“平安的干部能上能下，能进能出，是30年前就已经定下来的规矩，可以说是平安用人的最为重要的‘规矩’，是平安那么多年来最吸引人才的地方。在一个积极向上的公司里，规矩和风气都很重要，如果口头上说‘能上能下’，实际工作中，却是刀举得很高，落下来时又没有结果，那员工的想法就会不统一。”

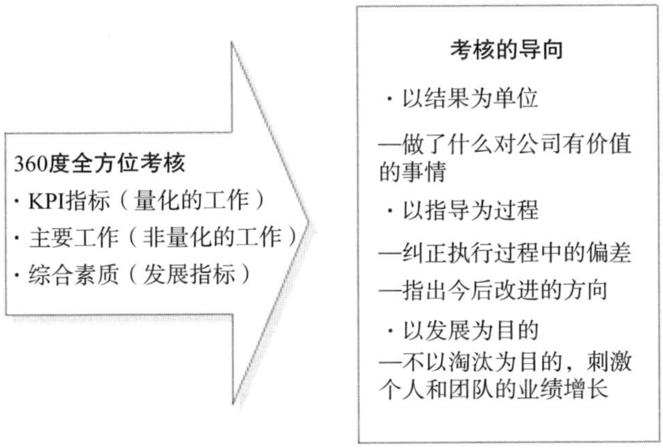

平安以关注工作结果与关注工作进步为目标的考核体系

时代在变。如何在互联网时代，让平安最急需的人才加入，如何让现有的人才发挥作用，是马明哲经常琢磨的事情。

互联网上流传过一则碧桂园董事局主席杨国强与马明哲的对话。杨国强问："你管理平安万亿资产，有什么秘方？"马明哲回答："并没有什么秘方，有的话也就是起用优秀人才，平安有很多年薪上千万的管理者。"

只要是专业人才，马明哲都非常尊重，不管员工来自哪里、有何背景，都会千方百计让其发挥才能。

陈心颖在加入平安之前，曾为在中资公司是否能适应环境而犹豫，但来了之后发现，其实并没有太大不同，都是讲究绩效导向的，氛围也比较简单。

事实上，不单单是杨国强，还有好多人问过马明哲关于平安如何挑选人才的问题。问得次数多了，答案越发精简。

马明哲说，平安选择人才的方法可以总结为"三个标准""两个画像"，最终实现"三个目的"。

"三个标准"是指，要有专业性和再学习能力，高处着眼、低处着手，有个性、情商高。他要求平安的高管们必须具备极高的专业性以及持续的再学习能力，而从概率上看，有个性、情商高、沟通能力强的人更容易成功，因为衡量一个 CEO 成功与否的标准，是看他个人能够撬动多少别的人才和资源。

“两个画像”是参考木桶模型，分别设定岗位画像和人才画像，通过两个画像的比较，判断是否匹配。

至于“三个目的”，马明哲归纳为“有成就感”“开心但是有压力”“有合适的薪酬”。

马明哲曾对哈佛商学院的教授们说，平安坚持战略先行，战术突破，也一直在锻炼自己的执行力，“事实证明，即使是一流的产品和项目，如果不能执行到位，也有可能成为众矢之的，一流的战略、二流的执行，不如二流的战略、一流的执行”。

有了愿景和战略，体制、机制和人才就是落实愿景、实现战略的保证。平安很早就提出，必须建立一支市场上最优秀、最有战斗力的人才团队，保持与之相适应的用人机制和薪酬体系，充分发挥全体员工的积极性、主动性和创造性。“一个产品的领先，顶多就是一年半载，一个系统的改进，顶多也就两三年的优势，而一支国际化的优秀人才队伍会带来持久的领先优势。”1988 年的平安是一只在小河里航行的小舢板，马明哲是小舢板的船长，而今天平安是“一艘在大海中航行的航空母舰”，驾驶航空母舰需要的技能与操纵小舢板自然不同。马明哲说，再努力的船长也要找到能帮助他驾驶巨轮的大副、二副、水手等专业人才，在大多数人眼里，马明哲是金融家，但他在蛇口的第一份工作就是人事工作，他本人就是平安的“第一人事经理”。

那么，被马明哲亲自面试是一种什么样的感受？

2000 年，平安想要为马明哲物色一批研究助理人选，要从年轻、有一线工作经验、高学历且有管理经验的中层领导中挑选，当时在江苏分公司任团险部经理的谢永林恰好符合这些条件，于是就被作为候选人选推荐给了马明哲。“他在提问时，像连珠炮似的，根本不给我们时间去多想，必须下意识地回答。你只要中间有停顿，他立马就提下一个问题了。其实，他是在考验面试者的反应、专业、人品。别看平时聊天时，马总说话总是慢条斯理，但在实际面试时，他语速非常快。”谢永林说。

马明哲是逼迫着对方凭本性来回答。蔡方方说，马明哲现在每周最少亲自面试 10~20 人，这项工作他一直在坚持，“他非常注重人的跨界思维、协同能力，可能在不经意的聊天过程中，就对被面试者进行评估、分析。很多企业家比较依靠直觉，但他比较讲究方法”。

平安的人力资源管理是其成功的一张王牌。在马明哲看来，主要是提供广阔的平台、良好的机制、激励的机制、透明的竞争，让有能力的人才在竞争中不断涌现，让大部分员工不断成长；在管理上不搞八面玲珑，而是制定富有挑战性的年度目标，像鲶鱼一样搅动竞争，“强行排名”，不好的就要淘汰；形成内部人才培养的“造血机制”，这样就不会过于担心人才流动。

人才流动在短时间内确实会影响队伍和业务的稳定，但就像踢足球，主力队员如果永远打主力，替补队员老是没有上场的机会的话，怎么能发现新人、知道他的才干呢？

马明哲认为：“人体的血细胞，包括红细胞、白细胞、血小板，每时每刻都有分解、死亡，而一套完美的‘造血机制’，使得我们体内的血细胞能得到及时更替，保证我们每天正常的作息活动。企业要形成良好的人才培养机制，根据需要制造出各种‘血细胞’，确保每一个重要岗位上有好几个人随时可以接上来，承担起相应的职责。”

产品可以被复制，人才可以被挖脚，制度可以被套用，只有企业的文化和精神是无法模仿的，是拿不走，撬不动，买不去的。所有这些，构成了平安独特的用人文化和用人机制，这也是平安赖以基业长青的根本所在。

平安的人才在平安的舞台上表现出突出的领导力和绩效，因此平安一直也是业内挖脚的重点公司。有几家猎头公司通过各种方式建立了平安各级管理干部的数据库，因为平安的干部是很多客户指定要挖的对象。

2019 年 11 月 22 日，中国平安发布公告称，李源祥因为个人工作安排原因将辞去公司执行董事、联席首席执行官、常务副总经理及首席保险业务执行官职务。友邦保险则同日公告称，董事会宣布已委任李源祥为候任集团首席执行官兼总裁，2020 年 3 月生效。

李源祥在新闻稿中表示，他在平安工作的 16 年间，见证了改革开放大潮下中国平安的一路奋斗和发展奇迹。在平安的 16 年职业生涯，是他个人职业生涯中最重要、最宝贵的经历，也是他最值得骄傲的职业历程。他也感谢了马明哲对他一直以来的悉心栽培、提携和启导，这使他受益终生。

平安也给予李源祥很高的评价，称他自 2004 年加盟平安以来，致力于将国际先进保险理念与中国实际结合，带领平安巩固了保险业务的核心竞争优势，在产品、服务、渠道和运营体系等方面升级强化了稳固的系统平台，建立了人才梯队，实现了平安保险业务的不断超越发展。同时，李源祥也为平安“金融 + 科技”“金融 + 生态”的转型做出了重要贡献。

平安还宣布，将聘任陆敏接替其出任首席保险业务执行官，分管保险业务及个人综合金融业务。

李源祥这样重量级的高管离任，市场关切度自然很高。在 2019 年 12 月 10 日下午召开的中国平安 2019 年第一次临时股东大会上，也有相当多的投资人将这个问题抛给了马明哲。

马明哲很淡定地说，平安为市场输出了很多人才，如果市场可以给出很好的价格。他觉得，人才的流动是合理的。“平安的梯队很强，任何一个岗位都有很好的梯队，不是靠某一个人。”

近年来，平安逐步建立起强大稳固的平台，整个集团形成了三个特色，就是总部大脑强、系统平台强、科技力量强。这三大特色有效降低了业务的波动，避免个人变动或者其他因素的影响。这样的机制和平台是拿不走的优势，也是公司蓬勃发展的基石。

危机动力学

李源祥在离开平安之前，和我们曾有过一次深谈。他提到："平安的危机意识很强，这是到平安上班的第一天就能感受到的。"

他回忆说，当时平安的职场还在八卦岭，每天早上在门禁旁都会站着一排人给同事们鞠躬，迎接各位同事。"我一直在想，这么做的目的到底是什么？后来想了想，可能是为了让迟到的员工感觉到不舒服，那么多人盯着你看，你自己肯定会觉得不好意思。在平安，你不能一直待在舒适区里，否则你的奶酪就会被别人抢走，因为平安无论是人事制度、企划考核还是机制，都会让员工尤其是高层员工无法进入舒适区。"

不止一位平安高管对我们说："在平安工作是很累的，它总是会想尽一切办法让你和它自己'不舒服'。"

别的企业，如果花几年时间找到一个行之有效的方法，一般都会照此下去，管理者和员工都会比较舒服。但平安不是这样。马明哲会要求不断放弃和颠覆之前已经取得了一定成效的模式，逼着团队去想更好更新的方法。举例来说，业内一直有公认，平安人寿的代理人培训是行业最好的之一，但两年前马明哲提出要将培训转向远程、线上，不再采用科室班的传统做法。当时很多高管的心里是犹豫的，毕竟传统的办法已经被证明了是非常好用的，而且行业里也没有其他公司采用了完全线上培训的方式。但经过充分论证和实践检验后，发现培训线上化之后，效果不但没有被削弱，反而能让好资源更加有效地循环利用。

"平安永远不会停下来，整个机制也让员工不能停下来，你需要不断寻求颠覆自己。就像身体的新陈代谢，不断奔跑，不断革新，越来越好。"盛瑞生说。

唐代诗人杜荀鹤在《泾溪》中写道："泾溪石险人兢慎，终岁不闻倾覆人。却是平流无石处，时时闻说有沉沦。"面对急流时，人人都会小心，所以不会听到有人掉到水里的消息，恰恰是在水流缓慢、没有礁石的地方，常常有人失足落水。

马明哲担心的正是如此，一旦骄傲自满、故步自封，抵触创新措施，压制员工的创新建议，阻碍公司的改革进程，平安将面临被淘汰的危险。在一次执委会上，他非常直接地告诉他的高管们，要"报忧、少报喜"，要他们"从痛点、问题里面找到短板和提升自己"，"多分析自己的不足，多研究对策"，"不要抓到一点点东西就来报喜"。

逆水行舟，不进则退。马明哲时常警醒、敲打大家，"不要把时间放在文山会海、做报告做幻灯片上，而是要放在业务讨论和行动上"。

"有时会发现，个别业务单位觉得自己已经做得不错了，就想着去稍微休息、调整下，这是万万不可的！"马明哲说，创业难，守业更难，单纯靠"守"是根本"守"不住的，"一停下步伐，就会失去冲劲和激情，失去应对挑战和压力的能力，这样终有一天会被淘汰。社会在不断地变、市场在变、竞争者也在变，机遇和挑战每天都不会一样"。

进攻永远是最好的防守。马明哲要全公司上下都记住一句话——"平安永远在创业"。"平安永远不要去想守业，想守业的话，那就不是平安。如果有一天，你们发现我这个董事长开始谈守业了，就可以让我下课。无论是过去、现在还是未来，我们唯一的选择，就是不停地创业、永远不断地在克服困难中前进，永远勇敢地迎难而上。"

马明哲的这些观点，可以说是一种"危机动力学"。

TCL 董事长李东生当年在收购法国汤姆逊和阿尔卡特遭遇挫折后，曾写过一篇《鹰的重生》。

鹰是世界上寿命最长的鸟，它一生的年龄可达 70 岁。

要活那么长的寿命，它在 40 岁时必须做出困难却重要的决定。这时，它的喙变得又长又弯，几乎碰到胸脯；它的爪子开始老化，无法有效地捕捉猎物；它的羽毛长得又浓又厚，翅膀变得十分沉重，飞翔十分吃力。

此时的鹰只有两种选择：要么等死，要么经过一个十分痛苦的更新过程——150 天漫长的蜕变。它必须很努力地飞到山顶，在悬崖上筑巢，并停留在那里，不得飞翔。

鹰首先用它的喙击打岩石，直到其完全脱落，然后静静地等待新的喙长出来。鹰会用新长出的喙把爪子上老化的趾甲一根一根拔掉，鲜血一滴滴洒落。当新的趾甲长出来后，鹰便用新的趾甲把身上的羽毛一根一根拔掉。

5 个月以后，新的羽毛长出来了，鹰重新开始飞翔，继续再度过 30 年的岁月！

虽然有人说，鹰的真实故事并非如此，但这个故事中包含的道理还是打动了很多企业家——在企业的生命周期中，有时候必须做出困难的决定，开始一个更新的过程；必须把旧的、不良的习惯和传统彻底抛弃，才能重新飞翔。马明哲在若干年前也曾拿“鹰”打过比方。他要说明的道理是，任何一项改革都会有阻力，企业改造失败的例子也比比皆是。这中间既有体制因素、习惯势力因素，也有改革方案本身不周全的因素，但最重要的是人对待改革的态度。

有些人有着高远的志向和广阔的视野，对市场的变化和企业的问题有着敏锐的判断力，对于改革有着明确的目标和迅疾的行动，如同翱翔于长空的雄鹰；有些人由于受到各种限制，失去了敏锐的观察力，对于改革虽然能够适应，但缺乏明确的目标和主动的精神，如同被圈养在笼中的鹰；而有些人则对市场的变化和公司的改革熟视无睹、漠不关心，如同博物馆的标本鹰，虽摆着鹰的姿势，却是死的，更谈不上雄心和活力。

对待第一种人，应该给予充分的鼓励，即使遇到挫折，也不应该放弃对他们的支持。搏击长空的雄鹰总比圈养在笼中的鹰要经历更多的风雨。摩托罗拉公司的座右铭是：我们歌颂光荣的失败。那些被动等待者不应该去嫉妒成功的改革者，更没有资格去嘲笑改革中遇到挫折的人。对待第二种人，我们应主动、热情地帮助他们去冲破内在和外在的束缚，唤起他们的雄心；而对于那些躺着、靠着、原地踏步的第三种人，应争取他们行动起来，不能让他们对公司的改革作壁上观，更不能允许他们坐在那里阻碍别人前进的道路。

中国古话说“惟日孜孜，无敢逸豫”，“民生在勤，勤则不匮”。马明哲常说的口头禅是——“平安要是太顺当了，我会不踏实！”他常拿三句话和管理团队共勉：遇难而退是狗熊，与难共存是必然，迎难而上是平安。

平安一直保持着旺盛的生命力和活力，并没有因为规模大而出现机构臃肿、僵化老化的情况，这与平安全体员工一直保持创业心态是分不开的。

在给集团管理干部的一封邮件中，马明哲写道：“为什么平安能够走到今天，和同业的差距逐渐拉开？因为我们总是有危机感，因为我们总是比同业看多几步，总是比同业提前走几步，否则我们肯定输在未来。”

马明哲这样描述他自己的日常节奏：几年前，工作到夜里一两点钟，仍觉得比较轻松；现在年纪增长之后，觉得有点吃力，但多年的习惯已经养成了，就不会再去改变；现在基本上还是白天开会，晚上处理邮件；深夜之后，等心情平静了，开始思考一些复杂的问题；在周末上午会补补觉，下午争取能打上一场球，要是不去打球的话，就在家里自己动手画画规划图纸。

我们曾经问，他所理解的企业家精神是什么？他通过邮件做了详细的回答：

> 世界上成功的企业家、成功的企业管理团队，无论在哪个国家、哪个行业，虽然存在千差万别，但有三个特点是普遍共有的。
>
> 强烈的成功欲望和激情。无论追求什么目标，都有一种发自内心深处、极为强烈的对成功的渴望。即使只是完成很细小琐碎的工作，只要它有助于成功，都会令他们无比兴奋和激动；即使遇到天大的困难和挫折，也能咬牙迎上去，克服它，成功的欲望越强，抵抗压力的能力就越强。
>
> 正向思维。这是成功者的思维方式，无论顺境还是逆境，成功者都能保持积极、开放、建设性的态度。遇到问题时，不轻易受负面信息和否定意见的左右，从不利中挖掘有利，从危机中发现契机，紧紧抓住被别人忽视的机遇。
>
> 亲力亲为，追求完美。优秀的管理人才不仅会制订宏伟的战略和计划，还能亲力亲为，把每一项计划推动并执行到底，而且往往极为追求细节，追求完美，严格控制每个环节的质量。

激励与竞争

在平安H股上市路演时，马明哲拿香港人喜欢的赛马打比方：管理人员的内部竞争就像是一场场跑马，员工先在小团队里面竞争，连续两年排名靠前，才有被提拔的资格；然后在大部门里面竞争，逐步升级；最优秀的一些人才，最终进入子公司、集团的班子竞争。孙建一说，在平安绝对不搞“说你行，你就行，不行也行；说你不行，你就不行，行也不行”的套路。平安允许有人暂时掉队、犯错，这不可避免，但是不可能为落后的人停下来等待。

在马明哲看来，因为平安所面临的竞争就像一场团体马拉松赛跑，如果体能状态不好，不能及时提速并抢占有利位置，就会被竞争对手甩在后面。要想在拥挤的赛道上脱颖而出，超越对手，要求平安的每一位管理人员、每一个专业技术人员，每一位销售人员都不断提升自己、练就体魄，从而在紧张、激烈的竞赛中挥洒自如。

除了被高薪挖脚，平安人才流动的另一个主因是绩效考核淘汰。在激励竞争和“人才地图”管理模式下，平安每年会在分层级的职位序列中找到前 10%~15% 的潜力人才，给这部分高潜人才得到晋升、获得更好的资源的机会，但同时，每年面临主动淘汰的员工达 5%~10%。虽然一些同行可以把平安培养的优秀人才挖走，但挖不走平安的模式与平台。平安内部不避讳谈论淘汰，还形成了关于淘汰的共识。

在用人上，平安非常注重实用主义，什么发展阶段需要什么样的人才。很多高管告诉我们，如果来平安，只是冲着收入来的话，那应该是待不久的，也很难在平安获得很好的发展。

平安的人力资源体系自成一体，跟别的公司都不一样。所以在人力资源管理领域，圈内人都会把平安的人力资源经验作为一个典型案例。在平安，人力资源的战略性被定得比较高，马明哲会亲自抓人力资源管理。

蔡方方介绍说，战略归结到最后，一切都是人的因素。“所以在他（马明哲）的意识里，是高度重视人力资源的，和其他公司不同，平安的人力资源比较强调经营性，强调如何在战略之下，人力资源管理部门协助经营部门，让计划落地。很少有一家企业的人力资源部门需要承担这样的任务，这正是让平安的人才战略区别于其他同行的地方，体现了平安以绩效为导向的思路。”

常有企业来平安学习人力资源管理经验，也常有人问：“为什么每天晚上 8 点多了，平安的楼里还是灯火通明？为什么这么多人都拼命地工作？”

蔡方方一般会回答，这其实是平安的一些管理机制，包括外界常说的“赛马制”，绩效排名，竞争、激励、淘汰的文化等。这些制度会让每个人去想自己如何才能做到更好。

没有竞争就没有平安。平安的竞争是持续性和全方位的。平安所提倡的竞争是比贡献、比管理、比发展。在平安内部，竞争已经贯穿经营管理的每一个环节。每年都有大大小小的业务竞赛、内部练兵、内勤比武，既有员工之间的竞争，也有团体之间的竞争；既有部门之间的竞争，也有各分公司之间的竞争。任何一个员工、任何一级干部、任何一个岗位都不可能置身于竞争之外。

正是这无处不在、无时不有的业绩、贡献、管理、效益的竞争，在让每一个平安员工感到压力的同时，激发了大家奋发向上、不断创新的精神，保证了公司的活力。

把智慧企业的能力输出

“人才地图”是平安人力资源管理的最核心的工具之一。它有三个维度，分别为绩效排名、胜任度、个人潜力，同时又有上百个框框的定义来描述每一个岗位，以及每一个岗位的要求。后来“人才地图”的名称被改为“综合绩效评估表”，但基本思路并没有太大变化。

在评价体系上，平安正在设计全新的评价体系，从业绩表现、经营及组织环境营造、科技创新应用及核心素质四个维度，对管理人才进行全面评价。平安的智慧人事系统 HRX 由此应运而生。

2019 年 4 月 14 日至 16 日，第十七届中国国际人才交流大会举行。平安展示了自主研发的 HRX 智慧人事系统，利用 AI、大数据等新技术，形成招聘、绩效、培训发展、薪酬激励、员工服务，还有数据平台的“5+1”新格局。通过大数据在底层构建员工全景档案，通过员工画像精准匹配，提供多方位决策建议，实现“用数据找人、选人、用人”。

HRX 建立的绩效系统，全过程串接 KPI 制定与分解、工作追踪、考核排名，上下级沟通辅导等考评环节，将经营目标和绩效全线打通，确保每一个目标层层穿透组织。

响应市场需求变化和公司竞争力的建立，人力资源管理/服务发生重大的转变

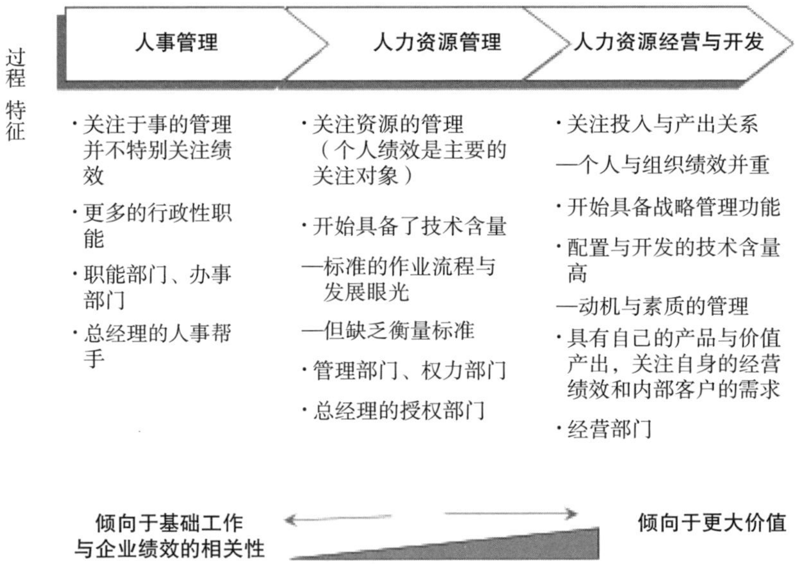

平安 HR 理念的演变过程

“在队伍行进的路上有一座山或一条河挡住了去路，75% 的人可能放弃；20% 的人可能选择绕行，猴年马月才能到达目的地；只有 5% 的人，会选择逢山开道、遇水架桥，不达目的誓不回头。”马明哲说。

平安人，就是这 5% 的人。

为什么马明哲在拼搏30年后思想还如此新鲜？也许他说的一段话可以解答："我的司龄是30岁，我的心态也只有30岁，30岁算是正当年吧，还可以和大家一起奋斗、继续努力。希望平安创立100年时的CEO会说，我们最早那个叫马明哲的CEO干得不错。"

马明哲领导的平安，证明了具有企业家创新精神的职业经理人团队，是商业文明的有力推动者。

他们胸怀理想，按照基业长青的方式做企业，把创造典范模式、推动行业进步看得比短期赚多少钱更重要，结果在商业上也获得了巨大成功。

他们将专业主义和创新精神相结合，通过"金融+科技"的赋能方式，打造开放赋能的平台，助力中国新实体经济的发展，更体现了正心善念、大道光明的力量。

他们的努力让我们看到，从中国起步的新兴企业，立足于中国市场和中国成长，有很大机会成为全球意义上的行业领袖。

联席CEO机制

如果把平安比喻成枝繁叶茂的大树，根是社会的需求，叶是不断创新的业务，干是文化、机制、现代治理和企业家精神，人才主导着整个光合作用，光合作用确保平安永远鲜活。

2018年12月14日，中国平安召开第十一届董事会第四次会议，审议并通过了《关于完善公司执行委员会决策机制和组织体系的议案》，增设三个联席首席执行官（简称"联席CEO"）岗位。根据安排，在马明哲的领导下，联席CEO们分别统筹管理个人、公司、科技业务，对三大业务群实施统一领导、专业分工。

2018年初，本书作者在围绕改革开放四十年进行调研时，曾拜访马明哲。问他"2018年最关注的三件事是什么"，他给了三个答案："三村建设工程”建设；加快“金融+科技”“金融+生态”战略的推进；深化以客户为导向的综合金融运营模式，并持续健全人才梯队培养机制。

随着联席CEO制的推出，马明哲关注的第三件事终于落地。

联席CEO是国际流行的管理决策模式，最早由高盛于1976年开创，世界500强中有诸多企业采用，国内也有不少企业效仿。

有的联席CEO模式和并购相关，如2015年滴滴打车和快的打车合并，滴滴打车CEO程维与快的打车CEO吕传伟共同担任联席CEO；有的联席CEO安排带有人才梯队的考察和过渡性质，如2013年台积电任命刘德音和魏哲家担任公司总裁兼CEO，直接向董事长张忠谋汇报，经数年检验，张忠谋退休时，刘德音被任命为董事长，魏哲家担任CEO。

还有一些是因为职能分解原因，如2013年三星电子任命消费电子部门总裁尹富根和电信部门总裁申宗钧为联席CEO，和原来的CEO权五铉共同管理，三人分别聚焦消费产品、电信和电子部件业务。当时市场公认，三星发展到一定阶段，公司业态变得庞杂而多元，非常考验管理层面对未来复杂且决策难度高的事态时迅速决断，把握全局又因事施策的能力，故通过联席CEO机制的设立来提高决策和经营效率。

平安为何增设联席CEO？平安集团管理层这样解析：在集团执行委员会现行的“执行官负责制”基础上，设立联席CEO集体决策机制，使之成为公司一项重要的制度化组织体系，有助于“集体决策、分工负责、矩阵式管理”的公司经营决策机制，更高效地整合内部资源、提升协同效率、强化风险管控，健全人才培养及梯队建设体系。

任何企业的决策机制、管理架构设计，都取决于企业自身所处的行业、发展的阶段、业务的规模、经营的复杂程度等因素。作为全球首批系统重要性金融机构，平安的业务复杂程度超乎想象。

推出联席CEO制度时，平安集团总资产近7万亿元，管理的资产规模近10万亿元。按金融属性，其中大部分属于客户端的负债资产，管理超过

1.8 亿金融客户的长期保险金、养老金、银行存款、证券投资资金。此外，又有多个科技平台已经孵化出来，生态圈的打造也初具雏形。平安集团保险、银行、资产管理及科技业务一级子公司超过 20 家，其互联网用户数也超过了 5 亿。

近年来，平安一直持续推进“金融 + 科技”“金融 + 生态”战略，在国内甚至国际独树一帜地深化综合金融经营模式。从 2016 年年报开始，外界就观察到平安将客户分层的概念引入业绩报告中，从客户角度阐释综合金融的交叉销售、客户迁徙等路径和模式。从那时起，平安逐步形成了清晰的“个人业务 + 公司业务 + 科技业务”三大事业群及架构。

追根溯源，针对三大业务线，增设联席 CEO 正是顺势而为，顺应战略转型之势、业务模式之势、客户需求之势，也顺应国际企业管理潮流之势。联席 CEO 们，在马明哲这位领军大雁的身后，形成了新的雁阵。

仅仅一年后，2019 年 10 月 24 日，平安再有大动作，董事会、监事会及高管层进行调整。孙建一担任监事会主席，谢永林、陈心颖接替孙建一、蔡方方出任公司执行董事，任汇川出任副董事长，谢永林出任公司总经理。

外界认为，通过这次调整，平安的根本目的是进一步巩固“联席 CEO+ 职能执行官”集体决策机制和模式，也是对公司治理架构的完善。其中，聘任谢永林出任集团总经理兼任联席 CEO，有效解决了之前出现的总经理岗位与联席 CEO 机制之间存在的职责交叉和重叠问题，从而提高了决策和执行效率。调整后，平安集团整个董监高队伍的平均年龄在 50 岁左右，也进一步实现了干部队伍的年轻化、专业化。

“马总是一位非常有远见的企业家，他精力充沛、好奇心旺盛，永远都在未雨绸缪，着眼未来。他将主要时间都花在集团和子公司的战略梳理和在新业务、新业态的布局上，只要是革命性、颠覆性、爆炸性的技术或管理创新，他都很关心。”盛瑞生说，马明哲作为“掌舵人”的这种品格，也直接影响了整个平安，危机感已成平安文化的基因，马总常强调平安“永远在创业”，每个人都面对市场瞬息万变、优胜劣汰的深刻的危机感。

从马明哲开始，平安人始终保持危机感，始终追求更好一点的改善。苛刻于己，为的是永无穷尽地利他。最近两年，平安加快利用科技提升金融业务的竞争优势，并将领先科技“输入”社会，提供服务，本质上都是对“利人方能利己”的践行。

孙建一说，马明哲不止一次告诉大家，如果有一天，发现自己的身体、精力或是学习能力已经适应不了公司的发展，他会选择退出。但退出的时候，必须给平安留下一个可持续发展的平台和机制，和一支能够带领平安持续取得成功的优秀团队。他正在努力，看能不能为平安再培养和挑选出更年轻的一批人才，推动科技和综合金融的进一步发展。

第十六章

无边有恒

不忘初心，方得始终。

—《华严经》—

2018年，平安迎来30周年庆。30年前13人的初创团队，今天已是拥有170万员工的金融科技集团。

马明哲在2018年新年致辞中写道："忆往昔峥嵘岁月稠，过往三十年，在漫漫历史长河中或许只是弹指一瞬，但平安伴随'春天的故事'的旋律，乘着改革开放的春风，扎根南海之滨深圳，在这片充满生机活力的沃土，精心耕耘，从无到有，从小到大，在竞争中求生存，创新中求发展。"

这一年，平安税后利润将近1200亿元，光税就缴了1213亿元。很多高管和马明哲开玩笑，"'1213'就是'要爱一生'的意思"。

平安必须追求利润，但利润并不是唯一的目标。三十而立，平安越发体会到，企业的发展与国家的命运紧密相连，与社会的发展休戚与共。

"平安的成长，得益于国家富强，得益于社会繁荣，得益于百姓对美好生活的向往和追求。这也正是我们30年前从蛇口出发时最原初的想法和憧憬，是中国平安立业的初心。面向未来30年，我们要更加铭记这个初心，更加懂得责任之重，更期待为民生改善尽绵薄之力。"马明哲和所有平安人这样分享。

30年河东，30年河西

平安的橙黄色标识，今天几乎无人不知。但在30多年前，平安品牌初创时期，品牌的主色是蓝色和黄色，保留着两大股东——招商局、中国工商银行的品牌印记。蓝色，代表了招商局的航运业务与大海的联系；黄色，代表了中国工商银行的金融背景。

1994年，平安在中国内地首家引入了个人寿险业务，平安的品牌也开始正式步入了“绿色时期”。这一时期，也是平安的高速扩张期。

盛瑞生回忆，1997年他刚加入平安的时候，正好是平安的保费收入突破了100亿元。“这对于平安是一个标志性事件。”平安在创立时间上与主要的友商相比要晚一些，所以在业务规模上始终落在它们后面，1993年到1994年，平安抓住了中国寿险业的发展机会，引进了个人寿险业务，使得公司进入了快速发展期，几十万直接面对客户的一线保险业务人员，对平安品牌的发展也做出了巨大贡献。

到2008年底，伴随着综合金融战略的发展，中国平安悄然在各种平面、电视及网络广告中替换上了新的以橙红为主色的标识。盛瑞生说：“品牌是消费者对企业的印象，这个印象既需要外在塑造，也需要最大程度体现公司整体价值，企业的追求、信仰和使命。平安在这个阶段品牌的调性，会更加体现专业感。专业不只是冷冰冰的，我们选择橙红的颜色，就是希望体现一种温暖的感觉。”

同时，橙色作为暖色系中最温暖的一种颜色，有辉煌、盛大的色感，也象征着对品质和专业的极致追求。2015年10月22日，马明哲应邀出席麦肯锡全球董事会，与麦肯锡约30位全球董事围绕平安集团的发展近况和发展战略等内容进行交流，他的题目就是“专业，让生活更简单”。

随后，“专业，让生活更简单”出现在了平安员工的名片上。

任汇川说：“这是平安想传达给客户的重要信息，是平安的核心价值，要长期坚持。”平安的每一个子公司、子品牌、子产品，都应该通过走专业化道路，不断提升竞争力。

何为专业？有两层含义：一是每家专业公司都能成为行业中最专业的公司；二是改变现在不同金融服务必须靠多个金融机构完成的传统模式，变复杂为简单，把简单呈现给客户，把复杂留给自己。

“专业，让生活更简单”这句口号，既是对客户的专业承诺和价值承诺，也是一站式的服务模式，更是一种创新科技时代的生活方式，一种有品质、幸福感的生活理想，因而超越了一般的财富管理、金融产品概念。

一个产业无边界的金融与科技公司，一个有强烈社会责任感的民族企业，这两者融合在平安身上，相互支撑，交相辉映。

2017 年 12 月 6 日，平安集团下属平安资产管理公司向香港联交所申报，平安资管通过港股通渠道累计买入汇丰控股（00005.HK）超过 10 亿股，持股比例为 5.01%，成为汇丰控股的重要投资者之一。2018 年 11 月 6 日，香港交易所网站披露亦显示，中国平安（601318.SH，2318.HK）旗下的平安资产管理有限公司已超越贝莱德集团（BlackRock,Inc.）成为汇丰控股当时最大股东，持有约 14.19 亿股股份，持股比例 7.01%。

在资产管理市场，保险资产已成为一股重要力量，不仅是长期资金的主要持有者、资本市场的重要机构投资者，也是支持实体经济发展的重要资金提供者。

银保监会公布的数据显示，截至 2019 年 7 月，我国保险业资产总额已达 19.44 万亿元，保险资金运用余额达 17.33 万亿元。其中，银行存款余额为 2.49 万亿元，债券余额为 6.04 万亿元，股票和证券投资基金余额为 2.21 万亿元。

承接保险资金运用管理的保险资产管理行业，已呈现出监管框架日益完善、资产规模不断扩大、投资渠道不断拓宽、人才队伍不断扩充、大类资产配置能力逐步提升等特点。

以平安资产管理公司为例，其前身为1999年设立的平安集团投资管理中心，于2005年挂牌独立运作，成为首批原保监会批准设立的专业资产管理公司之一。历经14年发展，平安资管的业务范围从最初单一服务保险主业的投资管理，逐步扩展到涵盖资本市场及非资本市场，具备跨市场资产配置和全品种投资能力，成为中国首屈一指的综合性保险资产管理公司。

“30年河东，30年河西。”2002年，汇丰入股平安，认购了10%的股份，成为平安第一大股东。当时汇丰的利润、市值等指标是平安的约20倍。仅过了15年，平安就成为汇丰的大股东，市值更是在2017年11月超越了汇丰。

与其说这是一次逆袭，不如说是高增长的中国市场给平安这样的领导者，创造了快速超越跨国公司的机会。如果说昔日的全球化主要是传统跨国公司主导的话，未来的全球化发展进程中，新兴市场的领导者也将扮演重要角色。

2019年，中国的GDP接近100万亿元，人均GDP突破1万美元。中国正在开启从全面建成小康社会到向高收入经济体和发达经济体迈进的新里程。对于平安来说，未来是迈向世界十大公司和最具创新精神的“金融+科技”“金融+生态”企业的关键时刻，责任更重大，使命更光荣。

“三村”工程

老渔夫圣地亚哥已经一连84天都没有钓到一条鱼，但他不肯认输，终于在第85天钓到一条身长18尺，体重1500磅的大马林鱼。大鱼拖着船往海里走，老人依然死拉着不放，即使没有水，没有食物，没有武器，没有助手，左手抽筋，他也丝毫不灰心。

鱼的劲儿非常大，拖着小船漂流了整整两天两夜，老人在这两天两夜中经历了从未经受的艰难考验，终于把大鱼刺死，拴在船头。然而在返航时不幸遇上了鲨鱼，老人与鲨鱼进行了殊死搏斗。最终，大马林鱼还是被鲨鱼吃光了，老人历经一番艰辛，最后拖回家的只剩下一副光秃秃的鱼骨架和一身的伤，可还是得到了人们的赞赏。

这是海明威代表作《老人与海》的故事梗概。“一个人并不是生来要被打败的，你尽可以把他消灭掉，可就是打不败他。”这句话，更是深深打动并激励了全世界的读者。

2017 年 7 月 19 日，马明哲作为老师，在安徽六安顺河镇平安希望小学为孩子们讲述了这个故事，并鼓励孩子们：“只有在逆境中的成长才更扎实。关键要保持积极心态，永不言败，艰难困苦都是暂时的，要有坚定的意志和毅力，把苦难当作锻炼意志、磨炼品格的好事，现在多吃苦不是坏事。”

六安顺河镇平安希望小学是平安援建的 114 座希望小学中的一座，更是其中的第一座。

平安公益之路始于 1993 年，平安刚刚开业 5 年。

“教育好一个贫困的孩子，可以彻底挖掉一个家庭的穷根。”在马明哲的倡议下，平安成立了希望工程救助小组，开始落实“中国平安希望小学建设项目”，帮助失学儿童重返课堂。同年 9 月，“希望工程”救助小组派三位工作人员前往安徽六安开展为期 5 天的学校选址的实地考察。

1994 年 9 月 8 日，经过各方大力支持，安徽六安顺河平安希望小学顺利落成并剪彩开学，1000 多名失学少年儿童在平安的捐助下重返校园。自此以后，周边乡村的儿童都有学可上，有书可读。

从这一年开始，平安开启了长达 20 多年的教育精准扶贫之路，并结出累累硕果。20 多年来，平安已陆续在全国 30 个省市的偏远贫困地区援建了 114 所希望小学，帮助逾 30 万贫困儿童能上学、上好学。平安建立起一套规范化、系统化的帮扶模式，通过教育精准扶贫，用教育挖掉“贫根”。

《孟子》有云，“穷则独善其身，达则兼济天下。”儒家思想在很大程度上影响了平安，马明哲对儒家思想也很有浸润。他的外祖父是马来西亚华侨，从1938年开始就一直捐资家乡修学、架桥修路，老人家的善举对马明哲也有很深的影响。

2016年，平安成立了农村金融服务发展委员会，由马明哲担任委员会主任；2017年初，中国平安教育公益理事会正式成立。

每年元旦，马明哲都要写一篇致辞。在2018年的致辞中，他完全没有提平安的业务发展规划，全文都用来描述一个大计划——“投入100亿元帮助贫困农村地区，实现根本性脱贫”。

这在平安内部被简称为“三村建设工程”，即通过“村官、村医、村教”的三个方向，实施产业扶贫、健康扶贫、教育扶贫，助力中国新时代美好生活的实现和美丽乡村的建设。

根据平安的计划，“三村建设工程”总体扶贫投入资金将达100亿元。其中，“村官”项目预计将投入90亿元，“村医”和“村教”项目各投入5亿元。后续会根据“三村建设工程”具体开展的情况，进行相应调整。扶贫任务结束后，“三村建设工程”将配合乡村振兴战略，扶持相对贫穷和经济欠发达的地区，助力国家加快推进农业农村现代化，拓宽农民的增收渠道，“建设美丽的现代化乡村”将是扶贫之后的下一阶段目标。

通过“村官”计划，实实在在帮助村集体做实产业，帮贫困户自力更生；通过“村医”计划让“病有所医”，让乡村家庭健康有托付，让乡村居民看病不再难；通过“村教”计划让“学有所教”，让农村孩子享受到更高质量的教育服务，带着梦想飞得更高更远。

集团总动员

2018年3月29日，中国平安与内蒙古自治区乌兰察布市人民政府签订“三村建设工程”扶贫战略框架协议书。乌兰察布市贫困面广，贫困人口多，贫困程度深，平安希望通过“三村建设工程”在当地的落地，利用3~5年的时间，大力提升乌兰察布的经济发展、医疗健康和教育发展水平，将乌兰察布打造成“三村建设工程”扶贫的样板和保险精准扶贫的典型。平安扶贫，由集团号召和统筹，下属各子公司则集体总动员，发挥各自优势，一个都不能少。

“村官”工程主要由平安产险负责实施。将通过“保证保险 + 全额贴息”等手段，撬动首期3300万元免息免担保的“平安扶贫贷”，重点扶持乌兰察布市奶牛养殖和燕麦种植两大地域优势产业，为贫困户购置代养奶牛和燕麦育种资料。

“村医”工程由平安好医生、万家医疗、平安租赁以及平安养老险等负责实施，通过“4+1智慧医疗”的综合行动，用科技赋能村医，做好村民健康管理，减少乌兰察布贫困地区村民因病致贫，因病返贫。“4+1智慧医疗”具体包括：村卫升级、村医帮扶、医视平台、医疗援助以及为村民建立专属健康管理档案。

在医疗援助方面，“村医”将为当地1000名贫困患者提供免费白内障手术，并组织城市名医下乡巡诊，让名医为村民提供面对面的便利医疗服务。通过村民专属的健康管理，让当地村民养成健康的生活习惯，同时通过App的日常监测数据，对村民进行疾病预防提醒及提出治疗建议。

“村教”工程则将通过“4+1智慧教育”综合行动，用科技赋能乡村教育，提升当地贫困地区的教育发展水平，助力学校教学水平提升和师资能力建设，帮助贫困学生成长成才，切断当地贫困的代际传递。

此外，依托于平安先进的AI、大数据科技优势开发的线上智慧教学平台，将在当地试点打造“双师”课堂，与顶尖学校、知名教师合作，让优质教育资源一触即达，全面提升内蒙古偏远贫困地区教育水平。

平安在提升乡村小学的教学和管理能力方面，极其用心。2018年4月10日下午，中国平安“村教”扶贫线上智慧教学平台——“三村晖”App

在广西百色正式上线，通过提供现场专项课程、远程培训和义务讲座等，提高贫困学生受教育水平。

著名歌手李健作为品牌大使也来到了现场，为当地的孩子们带来“三村工程”的村教首课，并专门为本次公益活动改编创作歌曲《山歌好比春江水》。音乐课上，李健与孩子们分享了自己成长与求学的经历，还谈到了家乡文化对自己潜移默化的影响。他希望孩子们在音乐中认识到世界的宽广，并勇于向外界探索，开拓视野，共建家乡的美好未来。

新《山歌好比春江水》也成为中国平安“三村建设工程”的推广曲，随着歌曲的传唱，中国平安的“三村建设工程”在广西、江西、内蒙古等地落地开花。

“扶贫工作真的不是纸上谈兵，而是知易行难。”两名平安扶贫干部，平安集团驻河源市紫金县龙窝镇扶贫工作组连塘村工作队队长杨庆丰、洋头村工作队队长钟军，曾给马明哲写信汇报他们一年多时间扎根河源，走村串巷，从种养殖门外汉摸索成“农业专家”的经历——两个村 1000 多户贫困家庭通过种养殖业增加了收入，增强了脱贫的信心，村里产业项目也初见雏形；他们为当地小学配置了 6 套多媒体教学设备，解决了小学电教设备紧张的问题，还利用连塘村小学闲置课室创办了连塘村平安幼儿园，辐射周边几个行政村，让孩子们像镇上的孩子一样接受教育，不输在起跑线上。平安对口支援的河源地区扶贫成果显著，在广东省扶贫工作考核中名列前茅。

马明哲收到信后，在第一时间写了回信。在信中，他回忆了自己 18 岁高中毕业后，曾有一段下乡当知青的经历，深知农村工作难免遇到很多问题，精准扶贫道路也不会一帆风顺，但广袤的中国乡村是一片大有作为的广阔天地，艰苦的乡村环境为锤炼意志品质、了解社情民情提供了很好的机会，也为年轻人施展才干、获得事业进步、实现人生价值提供了很好的平台。

贫困问题非一朝一夕所能攻克，内蒙古是“三村建设工程”落地签约的首站，之后平安又把“三村”扶贫逐步在广西、江西、云南、重庆、甘肃等中西部省市的贫困地区进行推广落地。

2019 年 7 月 4 日，中国平安与陕西省铜川市人民政府签订“三村建设工程”扶贫战略协议，“三村智慧扶贫工程”将在铜川市及陕西省各贫困地区落地。作为“村官”的实施主体，平安银行以“聚焦产业，金融扶贫”为核心，开发了多种产业帮扶模式，累计投放扶贫资金超 103 亿元，其中在陕西地区已发行 2.5 亿元扶贫地方债。

马明哲之后，一大批平安的高级管理人员纷纷到各地贫困村县，走进课堂、走进医院，用自己的专业知识和行动，努力改变当地的贫困现状。

2019 年 5 月初，陈心颖为河源市紫金县龙窝镇洋头小学的孩子们讲解《水稻丰收的秘密》，她以“智慧农业”为主题，通过科技与农业的知识问答、水稻种植模拟游戏、VR 黑科技体验等课程环节，激发孩子们学科学的兴趣。

6 月，蔡方方及其他五位平安 HR 高管组成的支教志愿队伍来到甘肃省临洮县太石小学，为学生们讲授了一堂“梦想启蒙课”，希望通过支教活动，用科学的职业规划方法，在贫困地区孩子们的心间种下“梦想”的种子，引导他们建立自我认知与展现价值的独立能力。

9 月，平安首席稽核执行官叶素兰来到铜川北梁红军小学，在法治课上扮法官，与学生审“校园丢笔案”。

在叶素兰看来，要想让“村教工程”为乡村校园注入科技活力，让乡村学校教育质量得到提升，不仅需要硬件设施建设，还要通过远程双师课堂、“三村晖”远程互助教学平台，以及线下招募志愿者支教，把发达城市的教育资源、师资力量与偏远乡村学校连在一起。“我们还要给乡村学校每一位孩子‘画像’。”下一步，平安还将运用大数据分析孩子们的兴趣爱好和特长，以更好地因材施教，培养专业型人才。

在平安集团党委和全公司1000多个基层党组织的号召下，累计80多万平安人参与扶贫工作。截至2019年底，平安“村官工程”已发放扶贫资金157.45亿元，直接带动建档立卡贫困户53813人，惠及贫困人口超50万；“村医”方面，升级乡村卫生所949所，培训村医11175人，开展移动健康检测车巡诊554场，体检义诊覆盖贫困地区人口近9万人次；“村教”方面，挂牌智慧小学1054所，培训村小教师11826名。

消费扶贫方面，2019年平安已帮扶贫困县超20个，累计上架扶贫农产品逾120种，平安内部销售总额逾1.5亿元。“扶贫保”累计联结4.6万名建档立卡贫困人员，年人均增收2090元。

和祖国共振

2019年，时逢祖国70岁生日。马明哲曾在多个场合提及《我和我的祖国》很动人，于是盛瑞生提议由马明哲带头，180万内外勤员工齐唱这首歌。

尽管平日里很少唱歌，马明哲听到提议后，还是欣然担任领唱。2019年7月1日清晨，马明哲带队，第一场合唱在平安金融中心109楼大堂响起。那是平安员工自主报名组成的合唱团，大家都非专业出身，面对镜头多少有些紧张，但几次排演后，很快流畅起来。之后的三个月，从平安集团到各专业公司、各地机构，都陆续掀起合唱热潮，平安晨会每天播送。

平安人与国家的共振更紧密了。

在最后剪辑的《我和我的祖国》视频短片中，马明哲深情地说道：“平安的成长得益于祖国的富强，得益于社会的繁荣，得益于百姓对美好生活的向往和追求。作为平安的一员，在此与180万平安人，共祝祖国繁荣昌盛，人民幸福平安，我们与祖国同行！”

10月11日，中国平安人工智能研究院创作的全球首部AI交响变奏曲《我和我的祖国》由深圳交响乐团首演。该曲目以中国近现代发展史为脉络，表现了自鸦片战争至今，中华民族波澜壮阔的发展历程。作品运用平安首创的AVM自动变奏体系，基于平安AI团队积累的海量历史音乐作品数据，体系化的音乐标签工程，系统化的自动变奏、音乐评价、专家规则模型，通过深度学习和强化学习融合的AI技术，以《我和我的祖国》《在希望的田野上》等经典曲目为基础，完成了涵盖五个变奏段落的人工智能交响曲创作。

马明哲说，在新中国成立70周年之际，希望运用自身的科技能力，以别出心裁的创新形式为国庆华诞献礼。

“我们坚信，中国发展的背后，必有一批屹立全球的优秀民族企业作为支撑，平安有信心、有信念继续为中华民族伟大复兴上下求索、奋发努力。”

AI作曲从创作完成到演出经历了不少波折。刚出来时，一些严谨、考究的学者从专业性角度提出了不少质疑，演出邀约也被拒绝。就在平安觉得演出无望，准备放弃时，深圳交响乐团向平安抛出了“橄榄枝”。

在排练现场，交响乐团的首席指挥林大叶说：“这是人类历史上第一次（AI交响变奏曲），虽然现在看起来不太完美，但代表着未来。”

这是平安将科技能力向人类精神文明领域渗透的一次尝试。过往，AI技术在人类生活中扮演的是“助手”“加速器”的角色，提高效率、方便工作和生活，聚焦于“实用价值”。这次的AI作曲，平安尝试关注人的心灵、引发人的精神共鸣，这无疑是在突破AI的极限。正如林大叶所言，不完美，但为未来开启了新的想象。

在新中国成立70周年前夕，马明哲于9月28日在《人民日报》发表题为《中国平安，与时代同行》的署名文章，称“平安的每一次突破，都得益于改革开放的政策推动”。

马明哲写道：“中国平安的发展，与改革开放同步。1988年，中国平安在深圳应运而生，一路走来，实现了收入、市值、纳税等指标年均逾20%

的复合增长，为2亿多客户提供服务。从国内首家股份制保险公司、首个综合金融集团到全球上市保险公司市值第一……新中国成立70周年之际，我们为企业的成就感到自豪，更感恩时代的机遇。服务国计民生是平安的初心与使命，进入新时代，我们进一步开发‘金融＋科技’潜能，强化创新驱动；我们发挥企业资源优势，开展精准扶贫，助力脱贫攻坚……”

国庆节当天清晨，《我和我的祖国》这首优美的歌曲回荡在天南地北的平安职场。

当企业家融入国家

我们开始创作本书时，正逢中国经济增速下行，资本市场萎靡不振，中美贸易争端爆发。人们在每一次经济遭遇寒意，开始自我怀疑的时候，就会争论：应该选择“凯恩斯增长”，还是“熊彼特增长”？

这两位1883年出生的经济学家，开创了两种不同的增长模式。

凯恩斯认为，危机是由于社会对生产资料和消费品的有效需求不足造成的，因此政府必须干预，加大投资，创造需求，改变预期。熊彼特，这位企业家创新理论的奠基人，强调的是，生产技术革新和生产方法变革对经济发展具有最重要的作用。

平安的历程启示我们，比起凯恩斯增长，弘扬企业家精神的“熊彼特增长”更为重要。

在21世纪，中华民族的伟大复兴，从经济角度看，就是要有一批具有全球竞争力的中国公司，具有创新能力的世界级的中国品牌。

一心一意的马明哲，领导平安一路前行，几乎跨越了所有金融领域。今天的平安集团直接管理着超过20个在行业内都很有影响的各类子公司。对马明哲而言，每个业务子公司的设立，都是一个创业过程。

“我主要负责从0到1的创新，从1到N就交给团队去做。平安从无到有，从产险到寿险，到信托、证券，到陆金所、好医生、金融壹账通等 30 多家子公司，每一个新模式出来，想明白后就开始找团队，推一把、扶上马，然后我再开始下一个 0 到 1。”马明哲说。

曾有一位金融业领导问他，平安有 20 多家公司，你只有一双手，可以管过来吗？他说，我两手是空的，专业的事情让专业的团队去做，我负责的是平安两三年后的事情。

在业内关于马明哲的说法中，我们印象最深的是三个。

第一个是另一家大型寿险公司董事长告诉我们的，“马明哲这个人爱学习，到保监会开会，听领导讲话时，别人觉得司空见惯，不怎么记录，而他坐第一排，用平板电脑一张张拍 PPT，弄得比他年轻的人不记都不好意思”。

第二个是业内流传很久的，“马明哲求才若渴，谁在行业里冒尖了就会被他盯上，他可以让猎头公司的高管在你办公室楼下的咖啡店办公，一两个星期天天找你喝咖啡，从来不怕被拒绝”。

第三个是关于创新的，马明哲时刻洞察全世界的商业创新，在亚马逊刚刚起步不久，他就在研究为什么线下连锁书店的业务规模远大于亚马逊，但市值远低于亚马逊。很多金融机构的一把手总是说，要创新跟着平安走就好了。一家知名保险公司的董事长曾说，“以前做保险是左眼看平安，右眼看友邦，现在是左眼看平安，右眼也看平安”。

平安历史上的第一个从 0 到 1，是从无到有打破旧的思维和体制的束缚，从高度垄断的体制中突围而出，成立一家市场化的保险企业。如今，人工智能、生物识别、云、大数据成为马明哲最关心的话题。他不断迸发新的火花，然后快速尝试，孵化出 1。

有体制和机制的优势，只要想好业务方向，马明哲就舍得花大代价将这个方向顶尖的人才网罗过来。无论什么国籍、背景、履历、学历，只要认同平安价值观，愿意做大事，做新事，都可以在平安找到大施拳脚的空间。

马明哲有广东人特有的商业头脑，但在平安，他常说的一句话是，“平安不是一个赚钱机器，而是一个有责任心的企业”。

平安脱胎于招商局集团在内地开办的第一个外向型工业区蛇口工业区。创立于1872年的招商局浓缩了中国经济近代化、现代化的足迹，其“以商务立富强之基”（李鸿章语）的理念也深深融入了平安的血脉。

招商局的创办是中华民族寻求出路的产物，从诞生就背负着富强自立、民族复兴的历史重任。其创立被视为“经国宏谟”，时人称“招商局之创设，于国家元气、中外大局实相维系”，“此事实关海防根本、洋务枢纽”，“此局之设，下可以利该局，上可以利国家，岂非大举哉？”招商局创办者李鸿章说，“倡办华商轮船，为目前海运尚小，为中国数千百年国体商情财源兵势开拓地步则大。”招商局的创办是力图用产业来撬动“国体、商情、财源、兵势”，以推动国家的近现代化进程。

招商局是中国第一家股份公司，使现代生产力和大工业生产方式在中国这片土地上得以实践，实现了由中国传统企业制度到现代企业制度的转变，“招商局开其端，一人倡之，众人和之，不数年间风气为之大开，公司因之云集”。

这样的历史传承和创新探索，让马明哲从创办平安开始，就“脑子装着生意，心里装着情怀”。

中国古语说“三十年为一世而道更”，意思是大概每三十年时代会有一次巨大的变化。在马明哲看来，平安所处的时代，是呼唤那些有着伟大理想和格局的企业涌现的时代，在中国商业史上，第一次可以“批量化地创造出好企业”。

如今的平安，基于大数据、人工智能、云技术的“云平台”，已经延伸到财政、社保、医院管理、公共健康、交通、社区、房产、教育、养老等多个公共服务领域，不仅帮助当地政府提高现代化的治理能力，推动智慧城市建设，也为百姓创造简单便捷的生活体验。虽然智慧城市的商业模式仍在探索之中，有人对马明哲举全集团之力进军智慧城市也有怀疑，但马明哲说：“平安的能力是我们创造的，更是改革开放的时代赋予的，参与‘智慧城市’是平安把这种能力回馈社会的方式，即便开始不一定赚钱，但我们别无选择，舍我其谁！”

改革开放之初的袁庚在蛇口有诸多探索，他的初心是：“看看什么叫中国特色的社会主义，看看此路通不通？如果不通，我们愿意接受实践法庭的审判！”以中国平安、招商银行、中集集团为代表的一批源自蛇口的优秀企业的持续健康发展，表明在中国特色社会主义的环境下，完全可以造就利民利国、对利益相关者高度负责的企业公民。

创业难，守业更难。从蛇口出发的马明哲说，“三十年河东，三十年河西。平安要向科技驱动转型，新的三十年刚刚开始。”从单一产险到综合金融，平安的上半场精彩不断；从综合金融到金融科技，平安的下半场让人期待。

对“未来全球领先的科技公司”这个新目标，马明哲认为，过去 30 年，平安的综合金融模式在人才储备、资金累积、数据深度和场景维度等方面积累了大量科技优势，平安的生物识别技术水平全球领先，覆盖多元场景，包括金融、医疗、生活、服务、安防等；平安大数据已建立起“1+N”生态圈合作伙伴关系，全集团数据量覆盖超过 8.8 亿人群；“平安 AI+ 脑”贯穿人工智能所有环节，其中疾病预测技术实现健康、控费用两大诉求；平安区块链可提供安全、可追溯、高效的交易记录方式，在金融及医疗健康、房产交易等多个场景中已经深入运用；平安的云服务则在社会公共服务、智慧城市、智慧政务等多个领域被广泛运用。

通过最近十年左右的探索，平安已经清晰地看到了“三个迁徙”的发生：保险客户向银行、资管客户迁徙，线下客户向线上客户迁徙，非传统金融客户向金融客户迁徙。由于把握住了行业进入的机会，探索出了行业立足和市场创新的路径，创造了集约性获客、制度化流程、模型化风控、标准化产品等一整套管理运营方法，用心、专业、创新的平安人，越发显得生生不息。

深圳平安金融中心马明哲办公室所在的楼层，从电梯一出来走进去，是一个很大的门厅，有一段时间，上面左右两侧，挂着两幅巨幅艺术作品。

右边的是佛教经文的书法作品。马明哲不是佛教徒，但他认为佛教是充满哲理的，很多问题可以通过佛教找到答案。他说自己比较相信“因果循环”，今天的果，来自几年前种下的因。对平安来讲也是这样，如果当时平安不坚持综合金融，今天的平安可能就只是一个保险公司，“我如果只做今天平安要做的事，那平安就没有明天。所以，只有做明天的事情，平安才有明天”。

左边的是艺术家曾梵志的油画作品《拉奥孔》，其灵感来自艺术史上最重要的同名大理石雕塑作品。《拉奥孔》由公元前 1 世纪中叶古希腊雕塑家阿格桑德罗斯和两个儿子创作，高约 184 厘米，现收藏于梵蒂冈美术馆。

曾梵志的《拉奥孔》集中仿画了雕塑中拉奥孔的头部，因为遭遇巨蟒致命的绞缠，拉奥孔的头部向后仰着，嘴唇微张，脸由于痛苦而变形，像是吼叫和极度的恐惧。他仿佛使尽全身力气，想把自己和孩子们从绞缠中挣脱出来，面部所有肌肉的运动都已达到极限，甚至到了痉挛的地步。

德国诗人歌德曾说，不管是对自己，还是对别人，人的痛苦都有三种感觉，即畏惧、恐怖和同情。雕塑能表现这三种感情中的一种已经极不容易了，而《拉奥孔》却同时包含了这三种感情。它高度的悲剧性激发了人们的想象力，是匀称与变化、静止与动态、对比与层次的典范。

把这样一幅作品挂在显眼的位置，马明哲想表达什么？据说他知道这幅作品时，作品已经在纽约找到买家了。他找到曾梵志，表示希望由平安来收藏。曾梵志问：“你从里面看到了什么？”马明哲回答：“不是痛苦，而是极致的欢乐。”他打动了曾梵志。

这就是马明哲的选择。承受的有多深，绽放的就有多高。最终超越痛苦和矛盾，只留下体验的充实和满足。一段生命旅程，能体验一千次、一万次，挑战极限，超越自我，此乐何极！

2018年初，平安希望为创业30年写一首主题歌，找到了著名歌手李健。李健创作了《懂得》，用朴素的歌声诠释了平安的旋律。

那是春的感觉
并非只在复苏的田野
还有风声雨声
孩子们朗朗读书声
每当夏日晚风吹送芬芳
给热烈的情侣
在那潺潺水边
说不完千言和万语
花开花谢白天黑夜
一切自然又不尽然
请你不要拒绝稍作停歇
我忙碌的朋友
你追逐着季节
可看到脚下的落叶
请你不要忽略年迈的人
别问我为什么
就像白雪覆盖的大地
深沉而辽阔
春夏秋冬经过才懂
世间冷暖无非自然
我那亲爱的朋友
你是否不能停留
你常感叹时间飞快

昨天还在
转眼未来已到来
无论怎样的未来
有些事不能更改
就像你在风雨面前
从不后退
只会为爱而流泪
请你不要胆怯善良的人
在黑夜里我陪你
你看天边的光或暗或明
却从未熄灭

无论是马明哲欣赏的艺术，还是李健歌中唱的“你看天边的光或暗或明，却从未熄灭”，总有一种力量在绽放，那是创造的力量，是精神的力量。

中国“PATH”的新使命

“PATH”是道路、路线的意思。

“PATH”也是当今中国最具创新力、引领性的四家世界级公司的拼音首字母的合成词，即中国平安（P）、阿里巴巴（A）、T（腾讯）、H（华为）。这四家公司，三家总部在深圳，一家总部在杭州，华为和平安分别诞生于1987年、1988年，腾讯和阿里分别诞生于1998年、1999年。

在肇始于2018年的中美贸易摩擦中，所有中国企业都在面对新的考验。当年《中国企业家》有句口号，“国力的较量在于企业，企业的较量在于企业家”。今天，中国商界应该会更深切地意识到“较量”的含义。

在未来十年、二十年，当中国经济总量进一步扩大时，中国会不会有一批公司，能和美国的 FAMGA（脸书、亚马逊、微软、谷歌、苹果）抗衡，放在全球也不逊色？目前来看，希望寄托在 PATH 身上。中国用户的数量、复杂性、挑剔性以及整个市场此起彼伏的高强度竞争已经倒逼着在供给端，锻炼出了一批和全世界竞争对手相比更好的中国公司。中国平安，就是其中最具代表性的公司之一。平安科技创新的突破，正在书写中国创新的新篇章。

马明哲笃信，科技是未来世界的主流。在科技影响下，金融可能有两个方向：第一，因为科技的加入，原来的金融体系变得越来越高效了；第二，科技与金融融合后，会产生很多新需求，这些业务在从前是不存在的。

十年前，很难想象移动互联网会发展到现在这样，颠覆了那么多个行业，又催生了那么多个行业。未来，在云计算、人工智能、大数据、量子计算等技术得到普遍应用的情况下，又有多少行业会被重塑呢？

平安的思路是“科技赋能金融、科技赋能生态，生态赋能金融”。一般的金融机构，可能认为只要把金融本业做好就可以了，但平安认为，要想把金融做好，就必须要依靠科技的力量，做着做着发现，只有形成生态圈了，才有竞争力。

从世界级公司的角度看，像平安这样的公司的成长逻辑有以下几点。

第一，立足于巨大而巨变的市场。

以车险为例，其背后的图景是：2018 年中国机动车保有量达 3.27 亿辆，其中汽车 2.4 亿辆，小型载客汽车突破 2 亿辆，机动车驾驶人突破 4 亿人，其中汽车驾驶人达 3.69 亿人。这样巨大的规模，使得科技研发上的投入非常值得，一旦有突破，成本就可以大大摊薄。同时，从抽样的角度看，这样的用户规模很容易形成分析模型，进而通过大面积使用，极大地降低成本（如微表情技术带动了线上审核，省却了线下建设网点的高昂费用）。

巨变是指用户需求和产品服务之间的快速反馈、修正与迭代，伴随技术进步和代际差异，这些变化日新月异，淋漓尽致。

“挑战–回应”是一个基本的分析框架。巨大和巨变的市场是挑战，对挑战进行创造性的回应，这是中国公司竞争力的重要来源。

第二，走向以创新为中心的竞争。

既然中国的市场规模有利于研发投入者获得丰厚回报，为什么过去中国公司对研发并不重视？原因可能有两点：一是容易挣的钱很多，无须研发；二是知识产权保护不够，不愿研发愿拷贝。

但中国市场还有另一些特点。比如，供过于求，过度竞争，打到最后，同质化没有出路，终究还是要走向依靠创新、品牌和差异化。又比如，残酷的竞争提升了消费者体验，消费者要求越来越高，倒逼企业想方设法“微创新”。再比如，中国的市场规模和增速，使得简单移植跨国公司的产品出现了不配称，如阿里巴巴之所以“去 IOE”（IBM、Oracle、EMC）就是因为按照 IOE 的架构，无法满足数据库扩展和阵发式营销推广（如“双 11”）的需要；而华为之所以高度重视研发，则是因为它一开始就要和世界高水平选手较量，产品事关通信质量，必须高质量、高稳定，没有真功夫是不行的。

中国各行各业的创新正在进入加速期，越来越多的中国创新也将走向世界。

立乎其大，则其小者不可夺也。为了满足巨大、巨变的消费者需求，为了在市场竞争中胜出，中国公司必须创新，一开始是应用创新，但走着走着，就必须进入更加底层、更加基础的创新。用华为公司董事、战略研究院院长徐文伟的话，过去的创新是通过已有理论做技术、工程和解决方案方面的创新，是“创新 1.0”，而未来则是要关注五到十年甚至更久远的发展，关注从 0 到 1 而非延续性的发展，关注基础理论的突破和前沿科学技术的发明，这是“创新 2.0”。迄今为止，中国公司还没有为全球商业文明贡献出重大的底层创新（如蒸汽机、电子通信、晶体管、阿司匹林、集装箱、互联网），从而产生世界意义的正外部性，但我们相信，这个创新时代正在开启。

自己才是自己命运的定制者。

由于改革开放后，中国现代化的起点是向西方特别是欧美日学习，导致中国公司的发展三要素，按照次序依次是依赖性、开放性、自主性。所谓依赖性，就是以引进、模仿为主，拜师学艺，边学边干。

什么是好公司？什么是样板公司？在很长时间，我们心目中的尺子基本都是欧美日的公司。中国公司的最佳命运似乎已经被定制好了，就是成为欧美日那些优秀跨国公司在中国的一个模板。但事实上，以 PATH 为代表的这些中国公司，观其曲折演化的路径，并不是某个国外公司的“拷贝版”。它们的成功具有内生性，只是从理论上没有被很好地总结。

本书以平安为例，就是试图总结中国公司的成长模式和创新模式。从应用的创新到组织的创新、科技的创新，最终是知识的创新。谁能更加自觉地顺应历史进步的大潮流，以人类福祉为念，科技向善，矢志创新，谁就能走到时代前列。

只要中国有世界最大的需求、最有活力的需求、最多样化的需求，有最激烈的竞争，还有自强不息、以人为本、以知识为本的奋斗精神，则中国公司就一定会走出一条属于自己的道路（PATH），它们的经验和模式也会像今天的 FAMGA 一样，泽被世界。

世界经济和商业发展的范式正在发生深刻转换。如果中国的优秀企业能更加自觉地把握新时代的机遇，必将创出无愧于自己、无愧于中国、无愧于世界的传奇。

万物生长，万木葱茏。在今天这个有史以来，创业者和企业家精神最广泛、最活跃、最生动的时代，通过马明哲这样的企业家和平安这样的企业的无与伦比的勤劳付出，中国不仅造就了世界历史上罕见的经济奇迹，也创造出一种让创业、创新、创造、创富可期待，让无数平凡人变得不平凡的新环境。在中国历史上，先秦诸子奠定了中国哲学的基础，即儒、法、道；7 世纪和 9 世纪奠定了中华文化的基础，如唐诗、宋词、科学发明、书画与理学；在 21 世纪和更长远的年代，我们希望中国企业奠定中国在全球商业文明中的辉煌地位。这需要时间，更需要远见、理想，需要在价值创新之路上追求和奋进。以商报国的责任感、全球化的视野、现代化的治理与管理、以人为本的情怀、与时俱进的创新精神，交织在一起，造就了平安。

在我们看来，平安是中国金融公司中最像科技公司的，是中国科技公司中最像金融公司的；是职业经理人体系中最具企业家精神的，是企业家群体中最具职业化风范的；是大公司中最像小公司一样充满灵敏度的，是灵敏灵活的公司中最注重风险控制的。奇妙的结合，造就了平安。

2020 甫一开年，新型冠状病毒肺炎疫情突如其来，举国战“疫”。平安举全公司之力快速响应。在 1 月 23 日一场开年部署会议中，马明哲提出要坚持高质量发展的路径，做好加强党建、抗击疫情、决胜脱贫、科技创新这四件大事，并且将之归结为“三心”。他说：“在新的一年里，我们积极研究前沿科技布局未来的决心不变，平安将持续推进科技创新，坚定走智能化、数据化经营之路；我们与祖国同心打赢脱贫攻坚战的恒心不变，平安将不遗余力开展精准扶贫工作，全面深入到‘三区三州’等深度贫困地区，助力夺取脱贫攻坚战全面胜利；我们服务客户、回报股东、回馈社会、奉献国家的初心不变，平安将积极发挥自身优势，服务实体经济，坚守企业社会责任，助力中华民族伟大复兴。”

在历史赋予的机会面前，唯创新与责任不可辜负。世界级中国企业家的涌现，以及他们所展示的胸怀国家民族未来、奋力拼搏、兢兢业业、永葆创新锐气的精神，让我们相信，我们正处在一个呼唤伟大企业同时也能够造就伟大企业的新时代，中华民族伟大复兴的征程上必将有更多世界顶尖企业的涌现。

物质不灭，唯一能与苍穹比阔的是精神。

商业无边，宛如无止之境。但心中有恒，如日之升，如月之恒。

心思纯正、态度淳厚的中国创新者和奋斗者，必将赢得属于他们的骄傲，也必将在 21 世纪世界经济的舞台上绽放荣光。

无远弗届，无止之境，没有最远，只有更远。